序

　　在數位時代的洪流中，社群媒體儼然已經成為我們生活中無法分割的一部分，它不僅改變了人們的社交方式，也深刻影響了我們對身體與容貌的認知與消費行為。在這個資訊瞬息萬變的世界裏，我不禁思考，社群媒體傳遞的審美標準如何形塑了我們對美的理解？容貌焦慮又是如何悄然影響著我們的心理健康、消費行為，甚至整個社會的價值體系？

　　促使我撰寫這本書的動機，源自於之前對於Z世代新媒體素養的研究與觀察。我看到許多青少年在成長中，因為社群媒體的影響，對自己的外貌產生深刻的不滿，甚至採取極端手段來追求不切實際的審美標準。同時，這種容貌焦慮並不限於年輕女性，男性、兒童甚至年長者也正被捲入這場無形的壓力漩渦。這是一個值得深思的重要社會議題，因此，我希望透過這本書，能夠呈現容貌焦慮的性質、影響，以及它如何與數位時代的文化和技術發展密切交織。

　　這本書的目標，不僅在於加深讀者對容貌焦慮現象的理解，更期望為學界和業界提供有價值的洞見。我希望這本書能激發更多關於身體意象、心理健康與社會文化關係的討論，並引導讀者重新審視當代審美觀對個人和社會的影響。同時，我也希望提供具體建議，幫助政策制定者和企業設計更包容、更多元的社群媒體內容和行銷策略。

　　這項研究的完成，離不開許多人的協助與支持。首先，我要感

謝參與研究的每一位受訪者，他們願意分享許多相當個人的隱私、心情和看法，這些經歷與洞見讓研究成果更具深度與溫度。其次，我要特別感謝我的研究夥伴和團隊，他們的智慧與努力讓這本書得以順利出版。最後，我要感謝我的家人和朋友，他們在這段期間給予我無限的支持與鼓勵。

懷著感激之情，我將這本書獻給每一位為自己容貌感到焦慮的人，希望它能成為一面鏡子，讓我們看到的不僅是自身的外表，更是多樣而美好的內在價值。

沈宗南 謹識

2024年12月於上海

目　錄

序　i

第一章　緒　論　1

一、社群媒體對於女童的影響　2

二、社群媒體對於青少年的影響　3

三、家長對於兒童及青少年在新媒體方面的引導　5

四、社群媒體蔚為風潮所帶來的正向影響與負面影響　6

五、身體意象焦慮與研究缺口與研究目的　7

第二章　容貌焦慮與身體意象　11

一、「瘦即是美」及中西歷代審美觀之發展　12

二、身體意象文獻定義與評估　16

三、不同性別對身體意象認知的影響　18

四、不同年齡對身體意象認知的影響　20

五、影響身體意象的其他因素　24

六、身體意象相關構念之衡量方法　24

七、身體意象焦慮及社群媒體之影響　30

八、社會比較理論與身體意象焦慮文獻回顧　33

九、自我客體化理論與物化身體文獻回顧　34

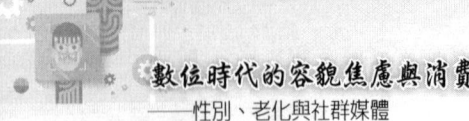

第三章 消費者價值知覺 37

一、理性效用與感性價值 38
二、Holbrook消費者體驗與價值知覺 39
三、Sheth, Newman & Gross之消費價值理論 40

第四章 容貌焦慮與消費實證方法論 47

一、定性研究主題 48
二、研究設計 50

第五章 容貌焦慮的認知元素 55

一、容貌焦慮認知元素：自我劣等感 56
二、容貌焦慮認知元素：主流審美規訓壓力 59
三、容貌焦慮認知元素：自我效能低落 62
四、容貌焦慮認知元素：過度執著 65
五、容貌焦慮認知元素小結 68

第六章 容貌焦慮的時機與啓動 71

一、第一印象建立與容貌焦慮 72
二、自慚形穢效應與容貌焦慮 76
三、主角身分對容貌焦慮的催化作用 79
四、容貌焦慮之催化因素：同學會 82
五、個人身材與容貌弱點與容貌焦慮 87

目　錄

　　六、攝影揭示效應與容貌焦慮　89
　　七、容貌焦慮啟動時機小結　92

第七章　容貌焦慮標的：身形的自我評估　97

　　一、女性身形意象之評估：自信與不滿之碰撞　98
　　二、男性身形意象之評估：自信與不滿之碰撞　110
　　三、身形評估後之因應消費　121

第八章　容貌焦慮標的：容貌的自我評估　127

　　一、女性容貌之自我評估　128
　　二、男性容貌之自我評估　143
　　三、容貌焦慮之因應消費　153

第九章　他人眼中的自我：年齡焦慮與消費　165

　　一、從妹妹到阿姨：女性對稱謂的情緒反應與身分轉換　167
　　二、從哥到叔叔：男性在年齡認知與稱謂期待間的平衡　174
　　三、年齡焦慮與消費之性別差異　181
　　四、稱謂與年齡焦慮之消費與行銷意涵　193

第十章　顯老認知與消費啟示　195

　　一、女性知覺的顯老特徵與其行銷與消費者心理影響　196
　　二、男性知覺的顯老特徵與其行銷與消費者心理影響　210
　　三、消費者抗老化行為與消費模式分析　222

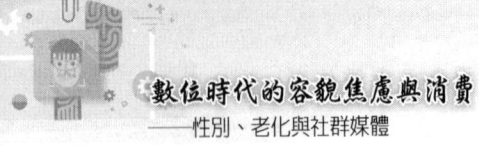

第十一章 社群媒體中的修圖文化：性別差異與容貌焦慮的交織 239

一、社群媒體中的女性視角：美肌修圖行為的態度與意涵 240

二、社群媒體中的男性視角：修圖行為的功能性與文化張力 249

三、性別差異與容貌焦慮的交織小結 257

參考文獻 259

附　錄：定性研究深度訪談實錄 265

圖表目錄

表2-1　兒童及青少年身體質量標準表　31
表4-1　深度訪談訪談大綱　51
表4-2　訪談樣本匯總表　53
表7-1　女性受訪者身體意象統整表　108
表7-2　女性身體各部位之滿意度　109
表7-3　男性受訪者身體意象統整表　119
表7-4　男性身體各部位之滿意度　120
表8-1　女性受訪者容貌意象統整表　141
表8-2　女性容貌各部位之滿意度　142
表8-3　男性受訪者容貌意象統整表　151
表8-4　男性容貌各部位之滿意度　152
圖2-1　Slade身體意象影響因素模型　27
圖3-1　Sheth, Newman & Gross之消費價值理論　41
圖5-1　容貌焦慮認知結構圖　69
圖6-1　容貌焦慮啓動因素圖　93
圖10-1　女性抗老消費模式關係圖　229

第一章

緒　論

- ↗ 社群媒體對於女童的影響
- ↗ 社群媒體對於青少年的影響
- ↗ 家長對於兒童及青少年在新媒體方面的引導
- ↗ 社群媒體蔚為風潮所帶來的正向影響與負面影響
- ↗ 身體意象焦慮與研究缺口與研究目的

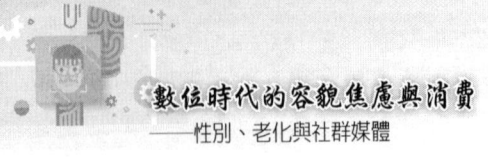

當十二歲女童的耶誕禮物清單滿滿都是化妝品和護膚產品時……

一、社群媒體對於女童的影響

之前，一對澳洲的父母公開了他們女兒寫給聖誕老人的信，引起了廣泛的關注，小女孩的信中寫到她的耶誕禮物清單包括許多看似僅適合成年女性的名牌美妝品、高檔香水和護膚產品；不符年齡與需求的願望清單，引起眾人譁然。與此同時，美國抖音（TikTok）上的熱門話題之一，也是顯示許多十二歲以下的女童在保養品和化妝品專櫃，或者藥妝店愉快地試用的情景。其中不乏使用父母擁有之信用卡付費而引發家庭紛爭的案例。

除了女童們的年齡應不至於對於美妝及保養商品有如此高度之需求之外，許多皮膚科醫師也提醒，許多護膚產品的成分並非針對兒童的膚質，尤其是美白或除皺商品，幾乎都包含了高度刺激性成分，對女童的皮膚有可能造成傷害。但女童們往往認為護膚商品及美妝商品，都是改善容貌，有益於自身，使用美妝品及保養品是對身體更好的作為，並不會想到護膚美妝商品的傷害性和副作用。

許多人探討這些在女童中蔚為風潮的化妝與護膚產品，除了是自身父母在使用之外，女童如此喜愛並關心這些商品的主要原因，應該是以社群媒體為主的各種影音平臺，讓女童們看到漂亮的網路紅人示範或使用這些商品，便想要效仿，而這些網路名人的使用經驗，往往比女童家人更有影響力，亦即大部分女童對於美妝或護膚商品的過度沉迷與喜愛，多半不是來自於自身母親或女性家人的使

用經驗，而是來自於社群媒體中的意見領袖。

上述對於「美肌的迷戀」已非過去小女孩對於媽媽化妝台上瓶瓶罐罐的好奇與新鮮感，而是一種來自於社群媒體的催化後，對於某種特定容貌條件的執念，使其對美妝和護膚保養品產生強烈的購買欲望。因此也有許多學者提出新媒體世代的童年是短暫且被剝奪的，因為社群網站使得兒童太快、太全面、太大量接觸成人議題，網路紅人的影響力不論在行為上還是價值觀上，都對兒童產生強烈的影響，兒童們會想要爭相效仿，而這些網紅所傳遞的價值觀往往與物質主義和容貌焦慮相關，使得兒童們甚至年紀輕輕就開始對於能否「青春永駐」感到焦慮，並且開始想要盡一切可能性維持容貌。

二、社群媒體對於青少年的影響

(一)社群媒體中的青少年容貌焦慮

在女童族群中，此現象已然如此嚴重，那就更能一窺在青少年族群中，其所面對的容貌競爭、比較與典範差異所造成之心理壓力有多麼的大了。許多研究已經指出，社群媒體在容貌方面的爆炸性資訊及影音資源，不但沒有增加青少年與同儕之間對於打扮與容貌多元化之接受度，反而形塑了某種「標準容貌」及「標準身材」，並且不斷地提高所謂的「標準」。而影像科技的美肌、美容、妝容調整、AI修圖等技術，又讓容貌的標準變得更難以企及。更雪上

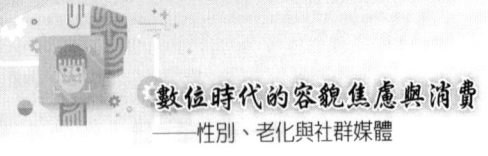

和短影音網站,讓孩子更多接觸紙本閱讀或戶外活動,則可能會是更好的選擇和娛樂來源。也許可以先試著讓孩子接觸更專業或優質的兒童和青少年媒體,使其資訊來源不要僅限於短影音網站,也可使其未來的資訊管道不會過於狹隘。另外,當孩子開始使用社群媒體和影音網站時,最主要的當然是關注孩子當下喜愛和在意的短影音網站為何,以及其所追蹤之網路紅人的主要議題。不論議題為何,比起高強度的禁止,反而更應該設法與兒童或青少年討論以及引導其價值觀。

許多家長抱怨孩子沉迷於短影音網站,但主要原因往往是因為在一開始時,家長便沒有提供除了上網觀賞影片之外的其他選擇或娛樂,對於孩子的閱讀或戶外運動的引導,也往往非常匱乏,使得短影音網站成為孩子最大的消遣來源。因此,在孩子接觸網路等新媒體時,花時間引導與其討論,或提供其他替代的休閒管道,使其生活上的娛樂和資訊管道更加多元,也是相當重要的做法。

四、社群媒體蔚為風潮所帶來的正向影響與負面影響

社群媒體及短影音平台的崛起,已然快速顛覆了現代人們溝通、獲取資訊、理解世界和展現自我的模式。上述所言不但是指現代人生活中,在媒體使用上出現新的裝置,更重要的核心是,新媒體以及社群媒體已經完全成為大部分人們生活整體中難以分割的一部分,也成為人們人際社交中的重要影響因子。過去的人們會從實體的社交互動中感受真情、形塑自我概念、建立互動模式,並以真

實的人際互動中所知覺到的他人反應作爲線索，以瞭解更多的自我形象、建立自我的認定，並據之更進一步建立與他人交際互動之模式。

社群媒體可以超越時空連結不同地區的眾人，社群媒體本身所具備的各種媒體屬性，也是一個可以盡情、豐富展現自我的平台，個體除了使用文字，也可使用影像、聲音、短影音等模式來展現自我。許多個體在社群媒體上找到同好、發表心情與專業、得到更多共鳴、得到更多機會，而社群平台也幫助許多個體牽起許多合作的契機、串起情感的連結、建立專業的分享機制等等。然而，強大的工具就猶如一柄雙刃劍，既同時能產生正向的功能與幫助，在同樣的舞台上也可能有危機和挑戰，其中身體意象（body image）和自我知覺（self perception），當屬所有上網者受到相當程度衝擊的領域了。

五、身體意象焦慮與研究缺口與研究目的

身體意象焦慮（body image anxiety）指的是個體所覺知到對於自身生理外貌的不滿意和困擾。在社群媒體已然成爲大部分人生活中的一部分的時刻，身體意象焦慮成爲一種愈來愈普遍的現象，尤其是不論男性還是女性幾乎在社群媒體平台上，都會不斷地接觸到所謂「理想的身體」、「理想的外貌」、「理想的美」等標準。事實上在社群媒體平台上的種種關於美貌或人體的影像和影音，往往都是矯飾過的後製作品，其樣貌或其所代表的美貌之標準，也往往相當不切實際與狹隘，但這些狹隘、不切實際的標準卻儼然成爲

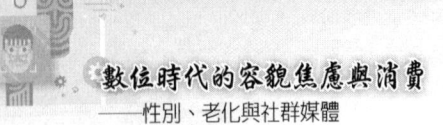

數位時代的容貌焦慮與消費
——性別、老化與社群媒體

一種普世價值，而在網絡環境中的人們，往往不自覺地拿自己的身材、樣貌、條件與之相比較，若有所差異，便認為是自己在「美」方面的表現不足，絲毫沒有考慮個別差異，以及所謂真正美麗的標準與定義是相當多元的，並非網路上所形塑的那麼狹隘。上述現象造成許多年輕世代，甚至成年人都在虛幻的社會比較之下，對自我知覺與外貌產生負向評價，甚至更進一步採取不健康的因應行為，例如：嚴苛的運動鍛鍊、沒有科學根據的斷食等等，對生理健康與心理福祉都產生負面的影響。

　　不論是一般大眾，還是心理學家，或是各媒體方面的研究者，無不認為社群媒體對自尊和身體意象造成的影響是一個日漸重要的議題。因此瞭解社群媒體上的種種影音素材對於人們的身體意象焦慮造成影響的機制，還有人們對於此方面的自覺與因應策略為何，都是相當關鍵的研究方向。另外，過去的身體意象的研究多半針對年輕女性為大宗，但隨著鋪天蓋地的社群媒體影響，不同年齡層的女性和男性們，其實都會深受網路上或社群媒體上狹隘身材典範的負面浸染。但對於這些族群——包括各年齡層之男性、各年齡層之女性的分析與瞭解，卻非常的缺乏，因此本研究亦將探討這個部分。

　　另外，在社群媒體的研究上，目前大部分的研究主要針對Facebook，其他社群平台或影音平台，則較少觸及，然而，對於不同世代而言，有許多不同的社群媒體選擇，例如：Instagram、TikTok、YouTube等等，事實上後者更是年輕族群主流的使用工具，因此，本研究的探討範圍也將不會設限於固定的社群媒體，而將放大範圍至使用者最熟悉或最常使用的平台。

　　社交媒體、身體意象和網路使用者福祉感三者之間，相當錯綜

複雜地交互影響，當然個體本身的自尊與自我價值，也是影響其如何看待社交媒體和自身形象的重要因素，因此本研究的主要目的在於探討上述種種因素間的交互作用，並期望在數位時代中，能提供網路及社群媒體使用者一些關於身體意象焦慮的洞見，鼓勵網絡環境中的使用者更能擁抱身體意象的多樣性，及更積極正面的自我形象，並據之發展出各自有效預防身體意象焦慮的策略。也希望透過本研究的發現，能促進更正向多元、更具包容性的線上環境，提高所有網絡使用者的自尊、身體意象，及整體心理健康和福祉。

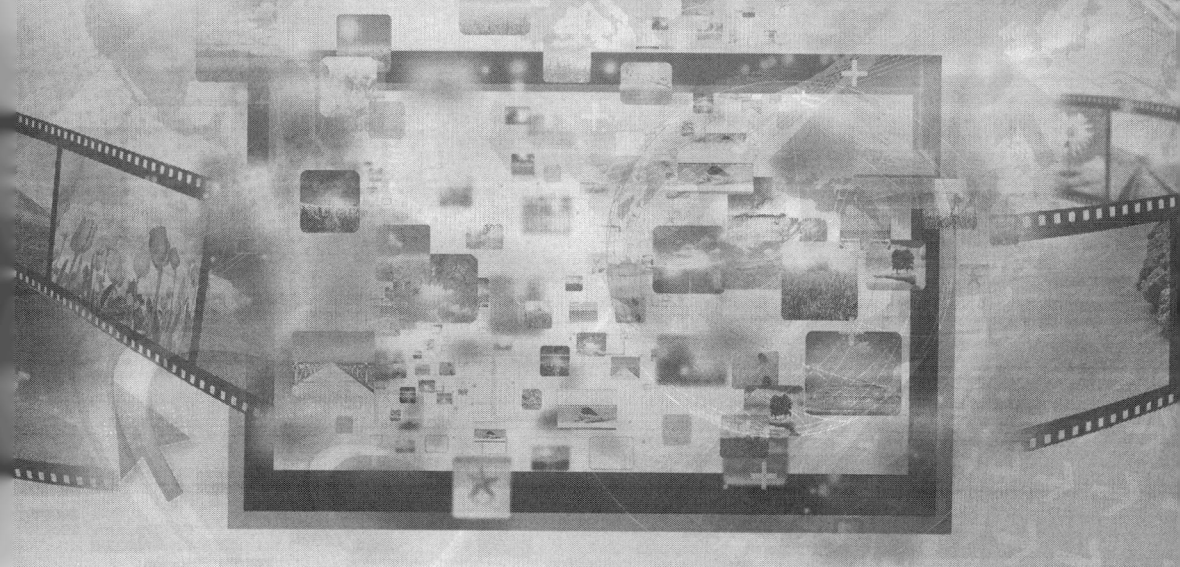

第二章

容貌焦慮與身體意象

- ▰「瘦即是美」及中西歷代審美觀之發展
- ▰ 身體意象文獻定義與評估
- ▰ 不同性別對身體意象認知的影響
- ▰ 不同年齡對身體意象認知的影響
- ▰ 影響身體意象的其他因素
- ▰ 身體意象相關構念之衡量方法
- ▰ 身體意象焦慮及社群媒體之影響
- ▰ 社會比較理論與身體意象焦慮文獻回顧
- ▰ 自我客體化理論與物化身體文獻回顧

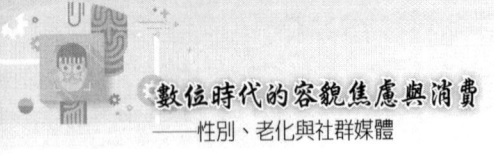

數位時代的容貌焦慮與消費
——性別、老化與社群媒體

一、「瘦即是美」及中西歷代審美觀之發展

在過去大眾媒體盛行的時代，由於各式行銷、廣告不斷炒作與渲染，使得「瘦即是美」的觀點深入人心，在無意識中，苗條纖瘦已經成為大眾心中唯一理想的身型，如此嚴苛的標準幾乎讓所有女性都時時刻刻將「減肥」掛在嘴上而不覺得突兀，維持體態和節制飲食成為女性必然之生活常態。

而到了現今社群媒體發達時代，社群媒體使得各個族群皆能低成本地透過相同的平台發聲，就其性質而言，應是更能促進多元審美觀念的進展，然而目前在社群媒體上的主流，仍然以「瘦即是美」為大宗，雖然以豐滿女性為訴求核心的「棉花糖女孩」，以及強調健康健美的各式其他審美，已經日漸增多，但就數量而言，社群媒體上的審美標準仍然略嫌單一與單薄，也讓閱聽眾以為這是一直以來的美麗標準。

事實上各時代、各地區對於「美」的意識和認知，並非如此單一，不同時代、不同地區也因為不同的文化脈絡和背景而有不同的意識形態，對於美的定義當然也有不同的發展和體悟。現在的瘦即是美風潮雖然如此的理所當然，但不同的時空背景、風土民情，審美觀念或社會對於體態審美的迷思也會有截然不同的發展。

(一)東方審美發展脈絡

就東方審美發展而言，不同時代有不同的美麗追求。在春秋戰

第二章　容貌焦慮與身體意象

國時期，曾有地區與今日一般流行纖細腰肢，在墨子所著之《兼愛》一書，便記錄「昔者楚靈王好士細腰，故靈王之臣皆以一飯為節，脅息然後帶，扶牆然後起。比期年，朝有黧黑之色。是其故何也？君說之，故臣能之也。」亦即，因為君主喜歡極細的腰圍，使得大臣們都竭力減肥，並且深呼吸才能束緊腰帶，緊繃到必須扶著牆才能站起來，這樣的飲食和生活習慣，過了一年臣子們就面有菜色而營養不良了。而後宮妃子為了追求當時主流的體態美，極盼得君主的偏愛，也是一同追求纖腰節食，甚至營養不良而餓死，當時，「楚腰」便是指極端纖細的腰圍。這股追求弱質娉婷及纖柳腰肢的風潮，也繼續延續至漢朝，漢朝的美女趙飛燕，即是以舞姿輕盈、身輕如燕而得名，趙飛燕為漢成帝之皇后，傳聞其身姿輕盈至可表演掌上舞。

所謂「環肥燕瘦」便是指漢朝的趙飛燕，及唐朝的楊玉環。兩者雖然都是美女的代名詞，但身形體態卻完全的不同。到了唐朝，國勢強盛，社會風氣開放多元，此時的審美標準，乃「以豐腴為美」，強調健康與壯碩的身材，因而就男性而言，自然就是以強壯高大為標準，就女性而言，就是又大又圓的臉，豐滿的腰線與臀部，健康的身體，亦即女性所擁有之圓潤、柔和豐腴的外觀是此時審美標準的主流。考古學家一九五九年在陝西省西安中堡村唐朝時的墳墓所挖掘出之唐三彩人俑，就顯示出人俑會刻意將襯料穿在衣服之內，用之來撐起衣物，使身體看起來更豐腴渾圓。在唐朝所遺留下來的文物與畫像中也顯示，唐代仕女的裝扮皆相當大膽袒露，也凸顯其豐腴的身型和渾圓的體態。韓愈在〈豐送李愿歸盤谷序〉中將文人一心一意想要得到皇上欣賞青睞的心情，比喻為美女想要得到帝王的恩寵，寫到文人如後宮妃子般彼此「爭妍而取憐」，其

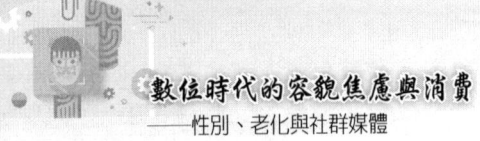

中描繪美女的語句為「曲眉豐頰」，亦即有著彎彎的眉毛，豐腴的臉頰，再次驗證唐朝時期，以豐腴為美。另外，在白居易的〈長恨歌〉中提到「天生麗質難自棄，一朝選在君王側。回眸一笑百媚生，六宮粉黛無顏色。」指的便是唐玄宗對於楊貴妃（即楊玉環）的寵愛。歷史上對於楊貴妃的身高體重有眾多版本，但多半皆在一百六十公分上下，六十五公斤左右，雖然並非現代人嚮往的纖瘦身材，但無庸置疑是唐朝的第一美女，可見唐朝當時社會主流的審美觀，重視的是豐滿健康。

任教於北京大學的葉朗教授曾在其著作之《美學原理》一書中提到，一個社會或時代對於豐滿體態的偏愛，通常與該時代興盛蓬勃、社會風氣開放飛揚有關。若以此來審視清朝審美所強調之嬌弱體態、白玉皮膚，似乎也較可理解。清朝時期的女性，相對於唐朝，受限較多，尤其是貴族世家，無不希望府上女性能安分在室，此時期強調嬌弱，而大戶人家、富有千金才能裹小腳的風潮亦彰顯了對清朝的社會主流而言，女性健康強壯體態並非美，而三寸金蓮的小腳與纖弱，及因過少戶外活動而白皙的肌膚，才是美。

(二)西方審美發展脈絡

西方的審美發展亦可從希臘羅馬時期所留下的文化窺見一二。其中雅典娜和維納斯雕像，所展現的是充滿渾圓線條的豐腴體態，與當時流傳之希臘神話相結合，女性所代表的就是孕育生養萬物的大地，因此展現大地的豐饒與母性的身體意象，便成為當時美的標準。直至文藝復興時期，大地母親所代表的豐腴投射在藝術品與畫作中的女性身上，仍是常見的趨勢。而該時期受到基督教與天主教

中聖母形象之影響，反映在藝術與畫作上，聖母及其所代表之母性皆以豐乳肥臀來展現，腰間多皺褶的體態更是常被作為土地蘊養萬物的隱喻，皆是該時期社會視為理想之審美標準，可見該時期社會文化中，對於女性所肩負生育責任的意象和價值。

然而到了西元十六至十七世紀，歐洲審美風潮卻有了轉變，女性開始重視腰部纖細，螞蟻腰成為當時法國宮廷貴族追求的目標，而能對比出腰部線條的豐臀，也成為法國女性所重視的部分。因此，源自於義大利的束腹也隨著纖腰豐臀的風潮而流行至法國，束腹的穿著使女性更能顯露出沙漏型的身形線條。巴洛克時期的審美主義因而由上述元素加上大量的皺褶與蕾絲，構成了經典的華麗繁複之蓬蓬裙裝扮。

女性追求沙漏型身材的風潮在十九世紀後期達到高峰，對於當時的女性而言，擁有纖細的腰部曲線、小巧的胸部是一種被社會認可和理想化的標誌。在這樣的社會氛圍下，肥胖變成為要防堵的缺陷存在，豐腴的身材被賦予了貶義，如此的社會氛圍也進一步加劇了對較豐腴身材的偏見和反感。這種對纖細身材的追求，也在當時的報章廣告中得到了廣泛的宣傳。各種減重、飲食控制的相關資訊被大量傳播和渲染，並且通常以誇大的手法呈現減重塑身方法的效果，例如將其描繪成改善外觀、提升自尊的絕佳途徑。這樣的宣傳策略進一步強化了社會對於纖細身材的追求。

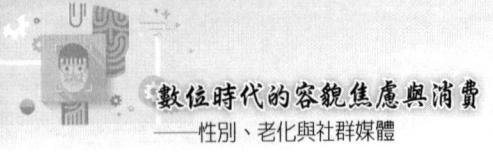

二、身體意象文獻定義與評估

(一)身體意象構念與定義

最早提出身體意象（body image）概念的學者，一開始是發現人們對於自身身體的認識，會形成一種認知，亦即身體意象是人們在心中對於自己身體的心理圖像（mental picture），是後天建構出來的認知，值得注意的是，雖然身體意象的標的物是自己的身體，但此認知卻與「他人」有密切的關係（Schilder, 1942）。在後續研究中，身體意象漸漸有了較明確的定義，學者指出身體意象是個體對於所擁有的身體所建構出的形象，此形象不僅僅反應個體明確的感官知覺（亦即所看到、所觸摸到的實體身體部分）相關，還與心理層面、社會層面所接收到的資訊及上述資訊的交互運作有密切相關，因此個體所建構出的身體意象，其實是不斷調整的動態歷程（Schilder, 1950）。

在身體意象此一概念被提出來之前，學術界在看待身體意象的研究時，完全沒有考量任何「他人」的因素，因為在此之前，對身體意象的研究的主要觀點就是僅有腦部受到損傷的人，在身體知覺上才會因為腦傷而有所偏差或扭曲。亦即可說過去學者默認所有人的心理與感官知覺，應該都能如實呈現自身身體的樣貌，因此身體意象就如身高體重一般，並不是什麼特別需要探討的議題。然而自從Schilder（1942; 1950）提出了三重建構的身體意象後，進一步啟

蒙了心理學家與社會學家從心理動力和社會動力的角度去切入影響人們看待自己外型的影響因子。甚至後續學者也將此部分認定為個體自我建構的首要部分（Wright, 1988）。

在身體意象的構念受到重視之後，愈來愈多學者對其提出看法與設法衡量之。有學者強調身體意象的演進與孕育，認為身體意象不是某個時間片段的產物，而是個人循序漸進對於外觀與自我身體慢慢建立起之看法，並且會影響到其他自我形象的建構（Wright, 1988）。也有學者仍強調傳統感官知覺的角度，但加入了除了客觀知覺之外的主觀評價，認為身體意象是個體對於自己身體輪廓的知覺、對於身體知覺的正確性，以及對於自身魅力的知覺之綜合考量（Fisher, 2014）。可說身體意象是人們對於自己身體與生理各方面特徵所給予之主觀的、綜合的評價，此部分的評價不只是個體自身對於自己身體的認知與認識，還包含他人對於該個體的評價，以及個體對於他人提供之評價的採納程度和知覺。

(二)身體意象評估組成

就評估與衡量層面而言，也有學者提出身體意象的組成是體重、體型大小，以及其他決定外貌之身體外觀三者，在評估上亦分為三部分，分別為：知覺層面、主觀層面和行為層面（Thompson, 2001）。其中知覺層面指的是個體對於自身體型與身體各個部位之認識與瞭解，此部分會因過去的經驗、個體自身因素、個體的生理特質、個體所處之文化與社會價值觀而有所不同，也是會隨著年齡增長而漸漸成形（Cash, Wood, Phelps & Boyd, 1991; Slade, 1994）。主觀層面是指對上述自我身體的滿意度、關注程度、認知評價，此

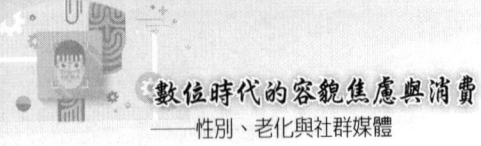

部分主要強調個體較為主觀的感性因素,部分學者認為,此部分的主觀意見與評價,也會來自於個體在人際互動時,從他人對待自己或給自己的評價中所得來的資訊,並根據上述資訊形成的自我價值判斷(Thompson & Dolce, 1989)。行為層面則是指個體因為自我身體外觀的知覺,而進一步影響到其後續人際互動或社會交往的行動,通常是因自身身體外觀的知覺而刻意迴避某些會造成自身不適的情境之行為。

雖然學者對於身體意象定義眾多,但總結起來可歸納出幾個共同的特性。首先,身體意象乃個體對於其身體的知覺與感受,並非完全客觀的數據或覺知,而是包含主觀的部分,唯過去的身體意象的研究,主要針對還是身材、身型、體重等與身體相關的特徵,雖然也有少數涉及臉部容貌,但並非主流;廣義的身體意象應包含容貌,但學界對此部分的探討卻非常少。其次,身體意象的社會性特質遠大於生理性特質,與個體一直以來的生活經驗、與他人互動的歷程密切相關,也與個體人格、自我、自我形象有密不可分的關聯。最後,則是身體意象也會更進一步影響個體的行事舉止,及與他人互動的模式。

三、不同性別對身體意象認知的影響

過去一般刻板印象中會認為女性比男性更重視身體意象,也更重視他人對自身容貌身形的評價與看法。的確也有部分學者在研究中得到類似的結果,例如:有學者發現女性比男性更重視外表及容貌,也比男性花費更多的時間與精力來打扮自身,在此同時,雖然

第二章　容貌焦慮與身體意象

女性花在容貌身形維護的時間與金錢成本較男性高，但其對於自身的身體意象也愈不滿意（Wright, 1988）。類似的研究相當多，皆發現可能因為對於身體意象較為在乎，因此女性不僅在身體外貌上的滿意度較男性低，連在健康與體能的自我評估都較男性更為負面（Cash & Brown, 1989）。在行動方面，尤其是體重數字、減重措施、塑身運動等，女性都較男性更加積極，並且有較強烈的企圖（Murray, 2008）。

但近年來的研究，在性別與身體意象方面，則呈現另一種趨勢與價值觀，隨著時代潮流的演進以及新媒體科技的發達，男性對於身體意象也愈來愈重視，一方面期望能夠有更高的身高，以及更健碩的身材，擁有強壯與健美的肌肉線條以展現陽剛魅力（Frederick et al., 2020）；另一方面，也有一股潮流是傾向美男子風格，鼓吹男性美容保養，強調容貌上的乾淨精緻，例如席捲全世界的韓國影劇風潮中，大多數韓劇都有男性與女性一起敷面膜的情節，男性敷面膜就如生活日常一般地展現在世界各國的觀眾面前。

在男性與女性身體意象上較大的鴻溝，出現在面對「老化」時，社會文化所給予的雙重標準（Sorell & Nowak, 1981）。當歲月痕跡出現時，大部分的男性會讓他人覺得更有特色、更成熟穩重，然而大部分的女性，則會讓他人或自身覺得容貌的老化是較為負面的變化，主要是因為社會大眾對於女性的評價往往來自於外貌，而非個人能力（Sorell & Nowak, 1981）。在過去針對銀髮族的研究中，研究者發現對女性而言，最讓人困擾的問題首位是體重，其次才是記憶衰退；而對男性而言，則幾乎沒有人提到體重（Rodin & Ickovics, 1990）。很顯然熟齡女性在面對老化時，除了要處理老化所帶來的負面影響，還比男性有著更多需要「對抗老化」，以維持

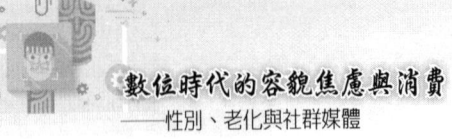

美好身體意象的壓力,但隨著時代改變及「美男子」風潮盛行,對於熟齡男性在身體意象上,是否會產生如女性一般的壓力,是目前尚未有較多探討的議題。

因此綜合上述各文獻可得知,傳統上也許認為身體意象是女性的專屬議題,過去的研究也較多僅針對女性受到的衝擊和影響切入。然而隨著時代的改變、社群媒體的發展,與過去截然不同的男性身體意象文化真正興起,男性也愈來愈重視自身的身材、身體形象、容貌等等議題,因此不同性別在身體意象的重視程度也許差距會愈來愈小,但不同性別在身體意象上所遭遇的各種社會壓力和價值衝擊,都不盡相同,所欲採取的策略,可能也非常不同,這是目前學術界仍沒有大量介入的重要議題,因此本研究也希冀能在此方面加以深入探討。

四、不同年齡對身體意象認知的影響

(一)青春期前的身體意象發展

青春期前的身體意象主要來自於個體所處的環境和照顧者的價值觀,在社群媒體尚未發達的時代,青春期前的小女孩主要由父母或同儕接收到關於身體的價值觀與判斷美醜的信念,也會因此而深受影響。許多小女孩相當早就會模仿家中的成年女性,不論是在化妝打扮方面,還是在看待自己身體意象方面(Chernin, 1983; Hill, Oliver & Rogers, 1992)。例如:Charles & Kerr(1986)的研

究中，便發現英國與澳洲的兒童，甚至在八歲時，便已經有了保持苗條身材的壓力，並且開始對自己的身形不滿意。另外，許多女性在成年之後回顧，自身對身體意象的啓蒙與不滿意，往往也是從青春期之前便開始了。甚至，許多身材較為豐腴的兒童，皆有自小時候便因為身材而被群體排擠的經驗（Cash, 1990; Lewis & Scannell, 1995）。而上述研究，都是社群媒體還沒開始發展之前就已經有的趨勢，現今社會，在社群媒體的影響力更甚於過去的大眾媒體和父母價值觀時，現代的兒童所受到的相關壓力更大（Modrzejewska et al., 2022）。

(二)青春期的身體意象認知

青春期是人們身心、體型劇烈改變的高峰時期（Bennett & Hodkinson, 2020; Usmiani & Daniluk, 1997），青少年也是大部分訴求容貌相關的網路紅人或社群媒體的目標族群，因此青少年時期對於身體意象的認知，顯然是相當重要且關鍵的時刻。許多研究都顯示，青少年或青少女在身體意象的焦慮，是從青少年開始增強，更雪上加霜的是，此年齡區段似乎有向下延伸至小學生的趨勢。青春期的青少年與青少女常有偶像崇拜的情結，而現今社群媒體上不論是偶像明星還是網路紅人的發表與作品，幾乎都是經過美化後的影音素材，使得其不論在容貌上還是身材上都過於脫離現實，此外，各種媒體也不斷地將苗條與成功、魅力加以連結，使得苗條近乎等同於好人緣、具備吸引力，而這種「瘦即是美」的強力概念洗腦之下，使得較為肥胖的青少年與青少女容易感到壓力與挫折，同時也容易受到相關之羞辱與霸凌（Talumaa et al., 2022; Vartanian & Porter,

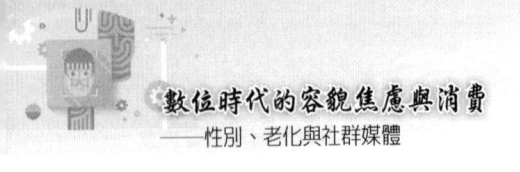

2016）。

(三)不同年齡身體意象之比較

不同年齡對於身體意象的認知，在過去的研究中幾乎都只針對不同年齡的女性進行探討，而少有涉及不同年齡男性的看法。在不同年齡區段的女性方面，對於身體意象之認知的確有相當程度的差異，例如，研究顯示年輕女性對於社會他人所給予的壓力和關注，在乎程度更高，因而對於追求苗條窈窕身材，也有更高的動機。而較為年長的女性，所感受到的社會壓力或他人壓力則較年輕女性小，但也並非沒有壓力（Kilpela et al., 2015; Pruis & Janowsky, 2010），可能是社會對於年長女性的外貌的關注較少，也可能是年長女性自身建立起自身的較完整的價值體系，而對於他人看法的免疫，雖然目前尚未定論，但兩者皆是有可能的原因。

另外研究也發現，隨著女性年齡漸長，對於「瘦即是美」的迷思，也會漸漸減少（Kilpela et al., 2015; Pruis & Janowsky, 2010），此部分雖然也可能和年長女性身材多半趨於豐腴有關，但也可能與前述所列之對於他人眼光較不在乎，以及社會壓力對於中年或年長婦女之體型較不嚴苛有關。

上述研究幾乎都在探討不同年齡層女性的身體意象認知差異，但實際上，也有研究發現，隨著年齡改變，女性對於自身身體意象還是有不變之處（Samuels, Maine & Tantillo, 2019），意即，大部分女性對於自身身體意象的不滿意，通常隨著年齡增長，也不會有所改變——既不會更不滿意，也不會因對於社會他人的眼光較不在乎而變得滿意，也就是存在著一致性地不滿意（Pruis & Janowsky,

2010; Quittkat et al., 2019; Samuels, Maine & Tantillo, 2019）。

(四)各年齡層男性與女性的身體意象

　　如前所述，在過去年齡對於身體意象影響之研究幾乎都只針對女性進行探討，而少有涉及不同年齡男性的看法。事實上在過去的社會價值觀及文化氛圍中，男性通常並不會也不需要特別注意容貌或身材。事業有成的男性有著較為壯碩的身材與啤酒肚，似乎已經成為一種刻板印象，而男性容貌的老化，也較少會得到社會壓力，在某些傳統文化中，反而更增添成熟穩重的氣息。對男性而言，外貌顯老所帶來的不是外界的壓力或譴責，而是某種德高望重的社會資本。然而，在現今社群媒體蓬勃發展的時代，社群媒體中無數的圖像、影音展現出對於「美男子」、「健美身材」、「肌肉線條」等追求，甚至許多影音和文字也形塑出「有肌肉線條才是健康」或「男人魅力當如是」等等價值，使得種種新媒體上的影音素材，也已經成為許多男性審視自身身體意象的參考。雖然大部分上述素材仍然針對年輕男性，但針對男性「懼老」、「恐老」的價值傳遞也逐漸增多，使得現今男性和過去女性一般地面臨社會他人對於自身容貌審視評價之壓力。因而不同年齡層的男性，在身體意象上，也許亦會出現不同的看法和經驗，過去研究少有探討此部分，因此，這也是一個值得進一步瞭解的議題。

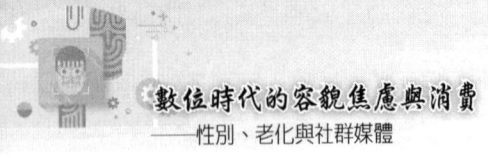

五、影響身體意象的其他因素

既然身體意象是長時間醞釀發展而來的自我概念，除了性別、年齡之外，當然還有其他影響身體意象的因素，例如親子關係或母女關係，也會影響個體對於自身身體意象的肯定或否定。Vered & Walter（2015）的研究便顯示母女關係對於女兒的身體意象影響相當大，若母親對於女兒的身體意象感知相當正面，則女兒的幸福感會顯著增加，且女兒感知自身身體意象的評價和母親對於女兒身體意象的評價是顯著正相關，亦即母親的態度和認知會大大影響女兒的對於自身身體意象的態度與認知。

六、身體意象相關構念之衡量方法

身體意象既然是一個較為複雜的構念，在衡量方面，也反映出此構念的多面向性，例如：有學者將圖像思考的元素融入身體意象的衡量中，而發展出圖像式的身體意象評量表（body image assessment scale）（Thompson & Gray, 1995），讓受試者在不同的高矮胖瘦與身型比例之身體體型圖像中，選取自覺認為與自身類似之圖形，由受試者的選擇，可以看出其所知覺自身之身體意象的樣貌。此類圖像選擇式問卷常用的有五大身型法和九大身型法兩種（Thompson & Gray, 1995）。

此外，也有學者從知覺和態度兩方面來衡量身體意象，知覺的

部分除了測量與記錄個體的身體各部位尺寸和全身影像等客觀數據之外，也一併衡量個體主觀所知覺到的自身體型，以比較兩者之間的差異。態度部分，則是以問卷來衡量個體對於身體的態度、評價、認知與行為（Pruzinsky & Cash, 1990）。

(一)知覺衡量模式

同樣是從知覺和態度兩部分來探討的學者還有Slade（1994），其所界定的知覺與態度和Pruzinsky & Cash（1990）非常類似，但仍有一些概念上的差異。主要是Slade（1994）所提到的態度，稱之為身體概念（body concept），是個體對於自身身體的主觀感受，包含認知、態度、情感，而沒有行為面的衡量。而知覺的部分則是個體對於自身體型衡量與判斷的準確度，通常測量的方式是利用光線投影在牆上，受試者可以自行調整光源和自身體型的大小，使之投射出最接近自身胸、腰、臀、腿等各個部位尺寸的樣貌，此法稱為身體部位評估程序（body site estimation procedure）（Slade, 1994）。過去研究顯示，和男性相比，通常女性都會高估自己的身體尺寸，甚至高估至25%左右（Altabe & Thompson, 1996; Thompson & Gray, 1995）。

除了上述投射方法，知覺層面的身體意象衡量還有Massara & Stunkard（1979）所提出的自我體型圖像法，主要是應用圖片和影像，呈現各種不同大小胖瘦尺寸的身體類型，讓受試者去選擇符合目前自身狀況和心中理想狀況的圖片。受試者自身的狀況和心中理想狀況的差距，則可以反映出其對於身體樣貌的滿意程度，若差距愈大，則代表愈不滿意。

與之類似的尚有Gardner & Moncrieff（1988）利用可調整垂直軸的影像方式，讓受試者調整螢幕中呈現的影像之胖瘦高矮，將螢幕中的真實影像調整校正至受試者認可的尺寸，以此來反映受試者心目中自身的身體意象。研究者亦可根據此調整來檢視受試者身體意象知覺扭曲的程度。在此研究中，大部分的女性都傾向於誇大自己的體型，也就是都評估自身的體型遠比實際上來得肥胖，值得注意的是，愈瘦的女性，其高估自身體重體型的程度反而愈高（Gardner & Moncrieff, 1988）。

(二)態度衡量模式：Slade身體意象影響因素模型

除了知覺層面的衡量，身體意象另一主要部分則是態度方面的衡量，在態度衡量方面，Slade（1994）進一步提出了七個影響身體意象的相關因素，詳見以下說明，也可從圖2-1看出各個因素之間的關係：

1. 過往之身體經驗感官知覺（history of sensory input to body experience）：指的是個體一直以來對於自身身體、外貌、體型等知覺到的各種感官刺激經驗，此部分是屬於身體意象在心理方面的呈現。
2. 體重波動歷史（history of weight change / fluctuation）：此因素通常影響較大的是過胖或過瘦者之類的體重異常族群。其體重之波動將影響其的身體意象。
3. 文化及社會規範（cultural and social norms）：指的是影響個體身體意象之社會或文化規範。例如：當代社會對於「瘦即是美」的審美標準，會不知不覺影響到個體的身體意象，並

第二章　容貌焦慮與身體意象

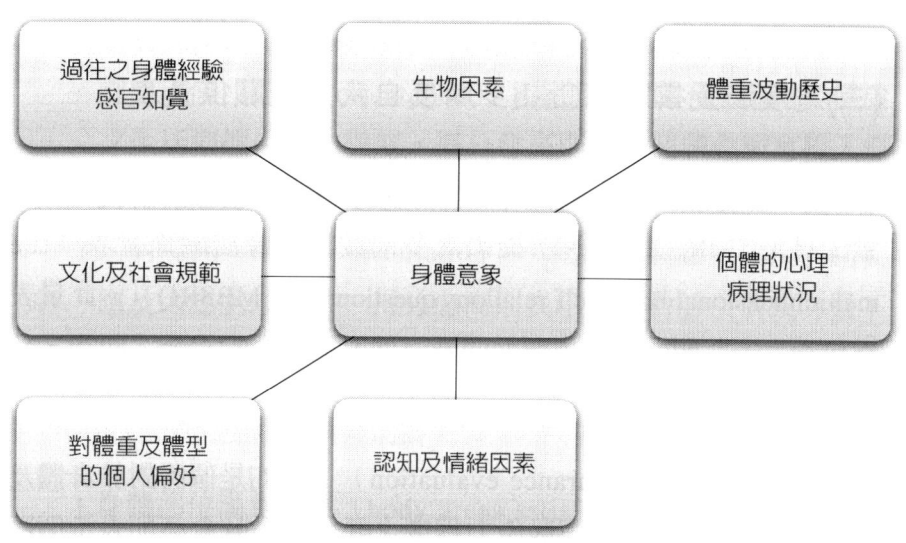

圖2-1　Slade身體意象影響因素模型

且對於肥胖或豐腴產生排斥感。
4. 對體重及體型的個人偏好（individual attitude to weight and shape）：此部分強調個體對於不同體重和體型的個人偏好，主要和個體自身一直以來的經驗和價值觀所形塑出的個人偏好有關，較不同於整體社會風氣或環境氛圍。
5. 認知及情緒因素（cognitive and affective variables）：個體對於與自身身體意象相關的信念和情感。
6. 個體的心理病理狀況（individual psychopathology）：此因素指的是有些個體之所以會有偏執的身體意象，是因其擁有某些精神疾病，例如：厭食症或暴食症的患者通常會有身體意象扭曲（body image distortion）的現象。
7. 生物因素（biological variables）：個體生理相關的各項指標，除了反映其身體狀況，也會影響其身體意象。

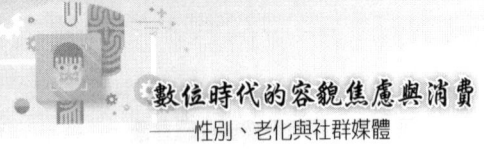

index, BMI）。BMI指數的計算方式是以體重（公斤）除以身高（公尺）之平方。由上述計算可以得到一數值，以此數值來衡量個體是否過輕、過重或是正常。世界衛生組織便建議可以身體質量指數來衡量肥胖的程度，國民健康署也建議我國成人的身體質量指數應維持在18.5到24之間，意即低於18.5則個體可能有過輕的問題，可能會有營養不足、骨質疏鬆等問題，而高於24則有過重的疑慮，也可能有高度慢性病之風險，過輕與過重皆對健康有礙。

至於兒童和青少年的身體質量指數，則由於兩者處於高度發育狀態，而無法像成人一般給予穩定的數值來界定過輕或過重。通常是使用該年齡區段的BMI平均數及標準差，取其常態分布之最高5%及最低5%作為過輕和過重之標準，詳情可參考**表2-1**。許多研究都顯示BMI過輕組之自我外貌評價分數都顯著高於BMI標準組與過重組，亦即BMI值低者，其對於外表的評價都高於BMI值高者，即使個體已經過瘦而不健康，但其對於自身的身體意象，仍因低BMI值而有較高之滿意度，可見「瘦即是美」的偏差價值觀，已經影響了人們對於身體意象的看法，也可見身體質量指數和身體意象之間存在著相關性。

七、身體意象焦慮及社群媒體之影響

身體意象焦慮（body image anxiety）此一構念主要是個體對於自己身體在他人眼中的負面評價的感受，此處的他人，並非單指實體上的存在，也並非僅限於個體熟識的人，也包括陌生人、想像中的存在，或虛擬的社會情境、社會群體等等（Schlenker & Leary,

第二章　容貌焦慮與身體意象

表2-1　兒童及青少年身體質量標準表

年齡	男生 過重 ($\geq 85^{th}$)	男生 肥胖 ($\geq 95^{th}$)	男生 嚴重肥胖 ($\geq 120\%$ of 95th)	女生 過重 ($\geq 85^{th}$)	女生 肥胖 ($\geq 95^{th}$)	女生 嚴重肥胖 ($\geq 120\%$ of 95th)
5	17.7	19.4	23.3	17.1	18.9	22.7
6	17.9	19.7	23.6	17.2	19.1	22.9
7	18.6	21.2	25.4	18.0	20.3	24.4
8	19.3	22.0	26.4	18.8	21.0	25.2
9	19.7	22.5	27.0	19.3	21.6	25.9
10	20.3	22.9	27.5	20.1	22.3	26.8
11	21.0	23.5	28.2	20.9	23.1	27.7
12	21.5	24.2	29.0	21.6	23.9	28.7
13	22.2	24.8	29.8	22.2	24.6	29.5
14	22.7	25.2	30.2	22.7	25.1	30.1
15	23.1	25.5	30.6	22.7	25.3	30.4
16	23.4	25.6	30.7	22.7	25.3	30.4
17	23.6	25.6	30.7	22.7	25.3	30.4
18	23.7	25.6	30.7	22.7	25.3	30.4

1982)。而上述負面的情感和反應包括但不限於退縮、自卑感、過度檢視自身或過度忽略自身等等，並反應在自我表達上。

　　一九八九年開始有學者較有系統地構念化身體意象焦慮此一構念，並且建立了測量身體意象焦慮之量表（Hart, Leary & Rejeski, 1989）。在此，身體意象焦慮是被研究者視為社會焦慮的一種子分類（sub-type），此種社會焦慮是與生理身體相關的，亦即個體擔心社會中他人對於自身生理身體的觀察、評價、判斷，而產生的焦慮感受。由上述定義可知，即使在那個尚未有網路及社群媒體的年代，身體焦慮已經密切地和「他人」連結，無法分割。亦即身體意

象焦慮是一種固著於他人評價與他人比較的焦慮感受。此部分與接下來要回顧之社會比較理論亦密切相關。

在身體意象的研究方面，過去的學者側重在大眾媒體中的女性意象如何影響女性個體形塑自身的身體意象，然而大眾媒體式微，社群媒體興起的現今，女性個體，甚至男性個體，不再被動地從大眾媒體接收身體意象相關資訊，只要是網路使用者，都有機會上傳自己的身體圖像，並且得到網路上眾多認識或不認識的回饋與評價，而這些評價又再度彼此激盪，得到更多關於理想身形、理想身材的標準。

社群媒體的普遍性、瀰漫性，致使其成為許多人生活中不可或缺且自然存在的一塊，而社群媒體上關於身體意象及關於美的定義與理想化意涵，也不可避免地成為時時形塑社群媒體使用者在此方面的價值觀與標準的最大影響要素。社群媒體的使用者，通常會一整天被社群媒體中所謂「理想的身體意象」轟炸，但這些圖片與文字，往往是相當單一、狹隘且沒有考慮任何多元化意涵的內容。

更雪上加霜的是，上述這些理想的身體意象，甚至不是真實的人體呈現，因為當代攝影科技及修圖相關軟體蓬勃發展，所以大部分的照片皆可透過濾鏡或事後修圖而達到幾乎無瑕疵的美化，這些經過編輯改造的圖片影像，便在網路上大幅流傳，而進一步形塑與造成更高不可攀的身體意象標準，也讓一般人們在接觸了如此標準之後更形焦慮，與對自己的身體容貌產生否定（Schlenker & Leary, 1982）。

八、社會比較理論與身體意象焦慮文獻回顧

　　人們對於自己的身體意象,即使有感官上的接觸,但在沒有比較基準時,通常也無法給予自己身體意象明確的評價。就如同許多亞洲人,往往在到了美國之後,才發現過去購買衣物常常選擇的大號尺寸,在不同的國家,竟然也就成為當地的小號尺寸。因此社會比較理論顯示,原本對於自己身體意象無法評價的人們,會因為周遭所提供的線索而據以判定自身的價值及容貌高低(Perloff, 2014)。一位身高一五八公分、體重五十公斤的女性,在亞洲地區也許會認為自己是中等身材,因為大部分購買衣服時,她會選擇M尺寸的服飾,然而到了歐美等地,也許她會發現,自己需要購買尺寸S或是XS的服飾,此時她可能就會認為自己不再是中等身材而是嬌小型身材。在上述例子中,服飾尺寸標籤所提供的資訊,就成為該女性判定自身身材的線索之一。

　　當社群媒體成為展現自我形象的平台時,所有網路使用者當然可以主動上傳與呈現自己的身形樣貌,而充斥著這些網路使用者的資訊,也不僅僅是他們的親朋好友,更多的是網友、網路名人(網紅)、知名偶像等等,這些人所提供的圖像與刺激都會更進一步成為使用者社會比較的起點,並且很輕易地讓網路使用者將自身身體物化,並將自身價值與身體標準有錯誤地連結。因為在社群媒體上,大量的濾鏡及修圖照片充斥,會使人們傾向向上比較(upward social comparison),亦即將自己與社群媒體中的眾多單一標準圖象加以比較。此番向上比較通常會造成大部分個體的負向自我知

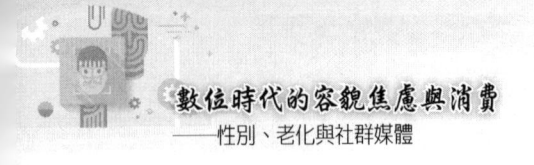

當消費者對於自身身體意象有所不滿，或感到焦慮，或者有了新的期待，通常都會形成行動意圖，上述行動意圖會促進消費者設法進行一些降低不滿程度、削弱焦慮感，或者是自我增進的行動。這些行動有些會對身體意象產生正向影響，有些則僅能暫時舒緩焦慮不安感。而這些行動的抉擇，基本上都是基於消費者價值知覺（consumer value）（Holbrook, 1999）。

一、理性效用與感性價值

消費者的決策過程從消費前、消費中，到後消費，是一個動態、連續且複雜的歷程，而消費者知覺價值的相關研究，早期多半是由經濟學的效用觀點出發，也就是由理性的觀點來解釋上述歷程。在此脈絡之下，消費者對於商品的購買，都是基於要解決自身所遇到的問題或需求，而選擇的主要關鍵，就是理性分析該商品的功能與規格，及商品所能帶來的功能性利益，商品或勞務是否能稱職地成為解決問題的工具，影響著消費者的購買意願，因此，具有目標導向的分析與功能性分析的結果，即是消費價值的展現（Solomon, Russell-Bennett & Previte, 2012）。

從經濟學出發的理性觀點，忽略了消費者感性層面的需求，以及其他非功能性方面的考量，因此後續學者在探討消費者價值時，便設法加入了消費者的社交需求、情緒表達需求、幻想和追求樂趣的元素，並從享樂性和美感需求的角度來探討（Hirschman & Holbrook, 1982; Hirschman & Holbrook, 1993）。

就切入角度而言，強調「感性因素的經驗觀點」和強調「理性

因素的功能觀點」雖然有著截然的不同，但卻是不能相互取代的兩者，就消費歷程的完整性而言，上述兩者更像是互補的角色，大部分的商品幾乎都兼具兩種價值的成分，只是可能因商品本身的性質而偏向某一類的價值。偏向理性因素的「效用價值」往往與工具性、功能性商品結合。反之，偏向感性因素的「享樂價值」則更著重在商品本身提供的興奮程度、幻想程度、自信感受等價值，此類商品與情感因素的連結相當偏重個體化、個性化，往往不同消費族群和同樣的商品會有不同的連結，這些連結通常涉入大量的幻想、感受氛圍、樂趣、專屬於個體的符號意義等等（Hirschman & Holbrook, 1982; Holbrook & Hirschman, 1993）。

二、Holbrook消費者體驗與價值知覺

上述從消費者經驗來切入的觀點，使得研究者強調消費者在面對購買決策時，精神上所經歷的種種體驗，因此，商品的象徵意義、炫耀的可能性、享樂的成分，和建構出的美感，成為核心（Hirschman & Holbrook, 1982; Holbrook & Hirschman, 1993）。由此觀點定義消費者價值知覺，乃是指消費者在面對商品時，所感受到的一種互動式、相對性的偏好經驗（interactive relativistic preference experience），也就是消費者對於某商品的知覺價值事實上包含了三種元素，或者更精確的說法應該是消費者價值是由「消費者經驗」、「互動性」、「相對性」、「情感偏好」四者相關所構成的（Holbrook, 1999）。

更進一步說明，所謂的「互動性」，指的是消費者知覺價值是

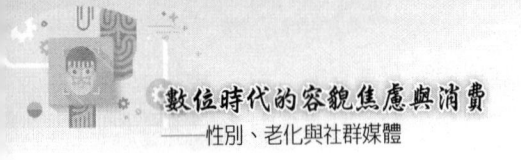

由消費者和商品在購買歷程中的種種互動所建構出的,同樣的商品,若經過了不同的互動歷程,在消費者知覺價值上,是極有可能產生完全不同程度的差異,例如:同樣是在國外旅遊時購買品牌皮包,在時間充裕能充分瀏覽、試背商品,且銷售人員能充分介紹商品的情況,和時間不足匆忙一瞥的情境相比,即使是同樣一個款式的品牌皮包,也會給予消費者完全不同的價值知覺。

「相對性」指的仍是消費歷程中的種種動態因素會影響消費者對於商品價值的知覺,亦即相對性強調的是消費者對於商品的經驗與價值知覺,是可以比較的,也會因為和不同標的或情境的比較,而得到不同的結果,例如:同樣的風衣外套,會因為季節不同,而使消費者有不同的價值感受,若是在乍暖還寒的春天,一件好看的風衣外套會讓消費者覺得倍增魅力又實用;但同一件風衣外套在炎熱潮濕的夏天,就相對失去了吸引力。

「情感偏好」指的是消費者對於商品的偏好會隨著消費者本人的特質而有所不同,因此就功能性而言,即使是同樣的商品,能解決的也是同樣的問題,但對消費者而言,卻會因個人情感方面的偏好而產生不同的態度。

綜合上述三項特性,可總結出第四項特性即「消費者經驗」,指的是消費者知覺價值是建立與存在於消費經驗上,而非建立在特定商品上。

三、Sheth, Newman & Gross之消費價值理論

根據上述精神,Sheth, Newman & Gross(1991)提出了消費價

值理論（a theory of consumption values），藉此模型來統合消費者購買決策，此模型有三個前提如下所述：

1. 消費者的選擇乃是多元消費價值的函數，亦即多種消費價值會以不同的權重方式影響消費者的價值感，最後消費者會綜合考量並選擇價值感最高的品牌或商品。
2. 上述提到的不同消費價值之權重值並非固定的，而是隨著不同的情境而會產生不同的影響。
3. 模型中各消費價值是獨立的。

在此模型中，消費者的決策共受到五種消費價值之影響，詳細模型可參考**圖3-1**，五種價值分別為：功能價值（functional value）、社會價值（social value）、情緒價值（emotional value）、

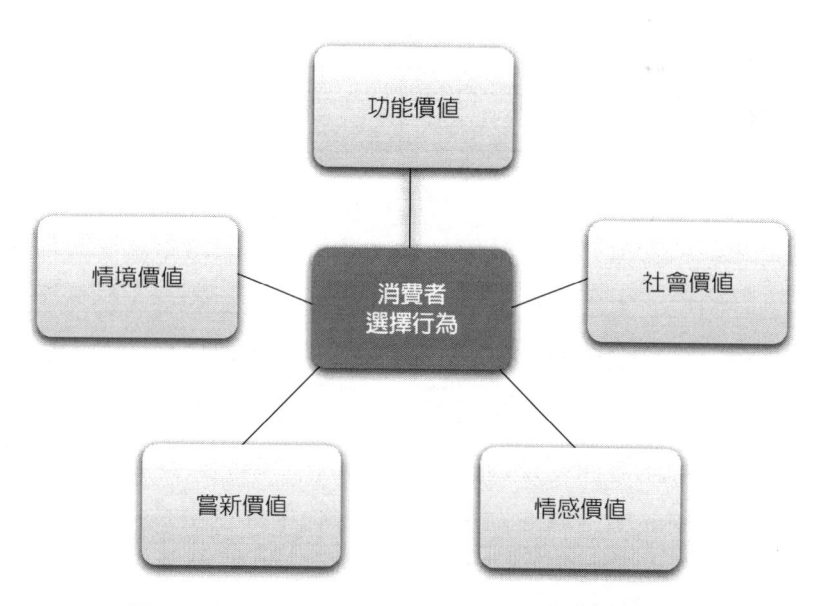

圖3-1　Sheth, Newman & Gross之消費價值理論

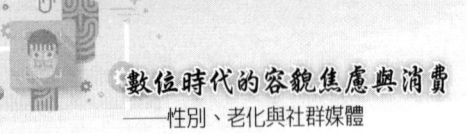

嘗新價值（epistemic value）、情境價值（conditional value）。後續也有許多學者針對此五類價值加以延伸或進行更深入之探討，因此，整合Sheth, Newman & Gross（1991）及後續各學者之研究，加以說明上述五種消費價值如下：

1. 功能價值：功能性價值指的是消費者所知覺到商品的效用，尤其是商品在功能上、實際操作上、有形實體上的展現。傳統上在討論消費者決策時，商品的功能或效用通常是首要考量的因素，影響功能價值的重要因素還有產品的規格、屬性、價格、品質、效能或用途等。

2. 社會價值：指的是商品可以提供消費者一種和某個社會群體的連結意義，亦即商品本身的功能可能不是消費者首要考量，而是購買該商品會讓消費者感受到自身是屬於某社會群體的一分子，更甚者，能獲得該群體成員的認同，或是提升社會地位、符合該群體的隱性規範、塑造某種形象。因此社會價值通常也會和某些人口統計變數或是群體的刻板印象相連結。例如：就購買汽車的決策而言，汽車的功能性考量雖然是相當重要的商品屬性與商品價值，但汽車品牌及所屬的群體中，大部分的人開怎麼樣等級和款式的車，仍然對於消費者有壓倒性的影響，人們會想要選擇與自身所在的社會群體相符合的汽車品牌或車款，以符合無形的隱性社會規範，或是得到群體中他人的認同。社會價值的考量會出現在各式各樣商品中，就連廚房備品此類聽起來是相當功能性導向之商品，也會因使用者對於所屬群體的形象考量，例如：是「好媽媽」使用還是「貴婦」專用，還是「能幹的主婦」使用，而有不同的品牌偏好。除了上述所提到的認同感或形象

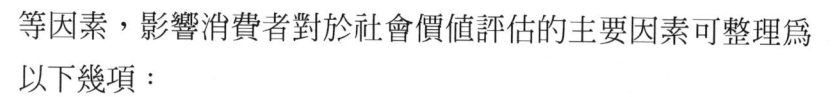

等因素,影響消費者對於社會價值評估的主要因素可整理為以下幾項:

(1) 社會階級(social class):不同的社會階級原本在消費方面就展現出不同的模式,因此不同的財富程度、職業、名聲、家世等會隨之而有不同的商品偏好和消費習慣,也會讓消費者在面對商品選擇時,想要以某些品牌或商品來代表或晉身至某個社會階級(Mihić & Čulina, 2006)。

(2) 象徵價值(symbolic value):指的是商品因本身品牌、設計或其他特性,而具有了特定的符號價值,商品本身的機能性不再是首要考量,消費者購買商品在意的是商品的形象、流行性、時尚話題性,及其他商品的意義性,上述特性會成為消費者展現自我或延伸自我的符號表現。象徵價值所提供的標的,除了讓消費者提升自我形象、對外展現不同的性格或角色、提供群體歸屬感(Park, Jaworski & MacInnis, 1986)之外,也能為消費者自身帶來不同的幻想和意義表徵(Hirschman & Holbrook, 1982; Holbrook & Hirschman, 1993)。

(3) 參考群體(reference group):消費者的決策深受他們在乎與重視之參考群體的影響,亦即消費者在進行消費決策時,參考群體會是他們重要的比較與參照對象。參考群體相當廣泛,近至消費者身邊認識的家人、朋友、同事,遠至消費者不認識的社會名人、網路紅人、偶像、社會文化中的普世標準或傳奇人物,皆有可能是個體的參考群體。消費者會依據參考群體的行為、態度、偏好、價值觀以及消費模式來做為選擇的標準。當參考群體中的指標人物開

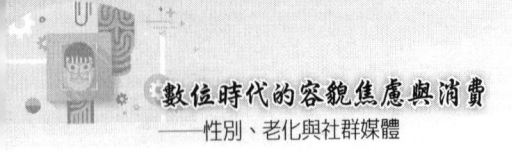

始使用某項商品或某種特定品牌時，消費者就可能會受到影響或啟發而追隨該指標人物，隨著愈來愈多人追隨，蔚為潮流的消費模式，也就成為更有利的參考群體。同理，消費者也有可能檢視自身的商品消費，若發現有與參考群體風格不符合的狀況，若該群體對消費者而言是重要的指標，則其可能會調整自己的消費模式和商品偏好，以讓自己符合參考群體的期望或標準。因此參考群體的行為、偏好和價值觀對於消費者的影響力是非常大的，因為其大部分時候會成為消費者購買決策的選擇指標（Mohd Suki & Mohd Suki, 2015）。

3. 情緒價值：指的是商品具有喚醒、誘發某種情感的能力，消費者會因該商品而得以維持正向情緒或轉換負向情緒，或擁有某些特定的情感狀態。因此，商品提供的情緒價值，主要是針對消費者個人的情感需求，通常都是幫助消費者轉移負面情緒或增加正向情緒，例如：衝動性購買或非計畫性購買往往都是因為商品提供了激發消費者某些特別的情感狀態，像是開心、興奮、覺得可愛等等而有了購買意圖（Silvera, Lavack & Kropp, 2008）。

4. 嘗新價值：指的是消費者學習、接觸、認識新商品時，會追求商品所能帶來的好奇感、新鮮感，另外也會因商品能滿足消費者在知識追求方面的渴望而覺得有價值。因此，舉凡能讓消費者覺得新鮮、特別，或從中學到新東西的商品，皆能帶來嘗新價值（Furukawa, Matsumura & Harada, 2019）。在此的「嘗新」不一定得真的是全新的商品，或是提供高深的學術知識，只要對消費者而言，能夠勾起其好奇心，使其

覺得有趣、與過去認知有所不同、開了新眼界等等，皆屬於嘗新價值。例如，市場上出現新的咖啡品牌，對於習慣既有品牌的消費者，就是提供了嘗新價值（Muhamed, Rahman, Hamzah, Zain & Zailani, 2019）。另外，旅遊規劃中出現過去較少見的安排方式，像是閨蜜之旅、冒險之旅，對消費者而言，非常規的安排就能夠提供嘗新價值。因此對廠商來說，如何設定目標族群提供對其而言「非舒適圈」的選擇，乃是提高嘗新價值重要的原則。綜上所述，也有學者指出消費者追求嘗新價值的核心，乃是大部分消費者都想要保持某種程度之刺激感，不論是商品中的冒險元素，還是追求商品的多樣化、新鮮感，在在都能讓消費者覺得不同於平凡日常，而這些變化性便帶來嘗新價值。

5. 情境價值：指的是商品因為某種情境因素或環境因素而產生了高度的價值，但若脫離了該情境因素則商品本身所能提供給消費者的價值就會下降。例如，在疫情之前，口罩的需求量和所能提供的價值並不太大，但疫情初起時，則千金難求，即是環境和情境所賦予的價值提升。另外，各種節慶相關產品，例如，耶誕卡片、中秋月餅也是類似的狀態。而除了季節性、環境性因素外，也有一些商品是屬於事件性，例如，婚紗、婚紗照皆是大部分人一生僅會接觸到一次或少數次的商品，但其在該情境之下，所能提供的價值卻是相當高。當然，還有一些較微小但也是屬於情境價值的商品，例如，看電影時的爆米花，或是生理期時的衛生棉等。

總結上述，可發現本理論所提出的五種消費價值其實相當依賴消費者的解讀，不同消費者即使對同一商品，也會有不同的價值判

讀。就以購買高價藝術品而言，消費者有可能是基於避稅的功能性價值；也有可能是因為藝術品所帶來的情感價值；當然，藝術品在社交上所能發揮的人際和社交價值，也可能是消費者購買的主因；而同樣的藝術品若是在慈善拍賣中購得，則其所提供的情境價值就相當高了。因此，單一商品的消費決策，有可能因消費者的背景或心態不同，而被不同的消費價值所驅動。若能理解消費者心中的價值取向，則可大大增強商品行銷切入的價值觀點。

第四章

容貌焦慮與消費實證方法論

- 定性研究主題
- 研究設計

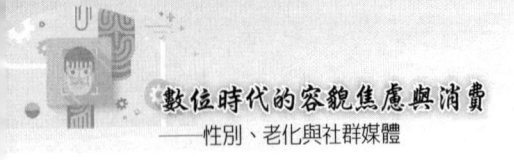

在進行消費者身體意象與容貌焦慮的深入探討時，由於所接觸的構面都是深入消費者心理狀態的核心分析，單純量化的問卷調查，往往難以企及許多幽微細緻的消費者心理構面及內心掙扎，因此本研究採取深度訪談法（in-depth interview），欲透過消費者的生活案例和經驗分享，進一步深入剖析各年齡層及性別之消費者容貌焦慮及消費相關議題，以得到對於消費者內心最深刻的理解和詮釋。

一、定性研究主題

消費者的容貌焦慮其實端視其對於自身認知狀態的覺察，自我覺察程度較高的消費者，較能感受到自身對於容貌相關議題是否有所焦慮或不滿。另外，也可能有部分的消費者對於社會上或社群媒體中所呈現的容貌要求已然接受或視之為常態，因而視容貌標準為一既定規訓，因此本研究想要從訪談及消費者所提供的案例中，探知消費者對於容貌焦慮的認識，以及促進其自我剖析容貌焦慮的程度。

而消費者面對容貌焦慮時，有何看法與態度，採取何種策略及因應行動；不同的認知和態度，是否也影響其後續的行動選擇，此部分也是本研究所欲探討的議題之一。

當然消費者所採取的行動，除了與其本身的態度和認知相關，尚與其本身的性別與年齡階段有關。在年齡方面，不同年齡層面或世代對容貌焦慮的擔憂之處，以及不同年齡層面對老化致使容貌衰退的態度，都可能有多樣化之內涵。在性別方面，則男性與女性對

第四章　容貌焦慮與消費實證方法論

於容貌焦慮關注的部分，也可能會因社會期許而有相當之不同，另外，面對老化時，男性與女性所焦慮與採取行動之策略，亦有可能因其性別所承受之不同社會壓力，或是所擁有之不同焦慮認知，而產生極大之差異，此皆為本研究所關注的焦點議題。

最後則是社群媒體在上述容貌焦慮的形成與規範當中，是形塑消費者容貌焦慮認知的重要工具，同時也是消費者展現自身容貌重要的重要媒介，社群媒體和容貌焦慮如何交織與互動成新的容貌焦慮文化，亦為本研究所欲探討之焦點議題。

因此，綜上所述，本定性研究之研究問題為：

Q1：消費者對於容貌焦慮的認知為何？能否知覺到自身容貌焦慮狀態？
Q2：消費者對於自身容貌滿意度之質與量的狀況為何？
Q3：消費者對於自身容貌焦慮的因應策略和行動為何？
Q4：消費者在容貌焦慮的認知和行動上，是否有性別差異？
Q5：消費者對於老化及相關議題的態度與行動為何？
Q6：消費者對於容貌焦慮的議題是否因年齡階段或世代之不同而有所差異？
Q7：社群媒體在消費者容貌焦慮中所扮演的角色與其之影響為何？

根據上述研究問題擬就之深度訪談大綱，將在下一節詳細說明。

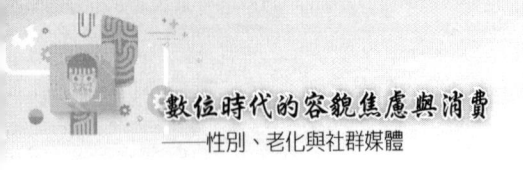

二、研究設計

在研究設計方面，由於定性研究強調透過質化資訊的呈現，並萃取出有意義的意涵，因此，本研究採用深度訪談法。訪談內容主要是對容貌焦慮等相關議題的認知，與日常生活中經驗到的容貌焦慮與容貌相關事例。根據定性研究的七個研究問題，本研究設計了深度訪談大綱，分為七大區塊，從基本的暖場與資訊披露，到容貌焦慮的自覺與認知相關議題，在此過程中，訪談者注意儘量讓受訪者分享相關經驗或自身看法，以期得到更多有關受訪者對於容貌焦慮的認知與經驗，此部分最主要透過瞭解受訪者對自身外貌中最滿意和最不滿意的部分來切入。

在瞭解受訪者對於容貌焦慮的種種態度之後，則根據不同年齡層與性別的受訪者，分別探討其所面臨的容貌壓力與所感知到之社會容貌期許，試圖探討不同世代以及性別在容貌焦慮上的經驗，此部分包括不同世代與性別在職場或生活中遭遇與容貌相關的種種經驗及其應對方式。

此外，也針對老化的議題，瞭解不同世代與性別面對老化此議題的看法和因應模式，包括對於容貌老化的定義與態度，採取的行動等等。對於微整形、抗老保養品、保健食品、健身課程等等相關抗老商品的接受程度與採納應用程度，也會一併在此詢問。

最後則是探討受訪者們對於社群媒體上容貌規訓的看法，以及社群媒體在受訪者們形塑容貌知覺時所發揮的影響，也會探討到人們大量使用美肌軟體或修圖軟體的相關議題，瞭解受訪者對此之認

同程度。訪談大綱之具體內容可參見**表4-1**。

表4-1 深度訪談訪談大綱

深度訪談區塊	訪談綱要內容
一、暖場及基本資料	1.性別。 2.年齡。 3.對容貌及時尚之看法。 4.社群媒體使用狀況。
二、容貌焦慮認知與態度	1.容貌焦慮概念理解程度。 2.對自己身材最滿意／不滿意的部分。 3.對自己容貌最滿意／不滿意的部分。 4.容貌焦慮情境探討。 5.容貌與自信的關係。
三、追求容貌的理由	1.想追求什麼樣的容貌或身材。 2.追求的原因（該容貌所帶來的利益為何）。 3.不帥氣、不美麗的壓力源為何。 4.若達成了目標，你生活可能的改變為何。
四、容貌焦慮與世代	1.如何辨識不同世代。 2.對不同輩分的稱呼（例如：差幾歲女性會叫阿姨）。 3.各種稱謂背後的年齡與世代意涵。 4.有魅力的長者樣貌。
五、老化與抗老商機	1.是否恐懼老化。 2.顯老的線索（言行舉止、容貌衣著等等）。 3.最不能接受的老化特徵。 4.老化相關商機與消費。
六、容貌焦慮的性別議題	1.男性與女性對容貌之關注點。 2.男性與女性對於年齡稱謂的在乎程度。 3.男性與女性對於老化的態度。 4.男性與女性在「顯老」上之差異。
七、社群媒體與容貌焦慮	1.社群媒體更新頻率。 2.社群媒體上之群像。 3.對於拍照美肌及使用濾鏡之看法。 4.喜愛的網紅或藝人在外形或容貌上是否有參考效應。

在樣本蒐集方面，本研究先通過網路招募，然後展開面訪，訪談時間從六十分鐘至九十分鐘不等，共訪談三十位不同年齡與性別之受訪者，受訪者編號按照受訪時間先後排列，受訪資料如下：

1. 性別：受訪者中男性共十四位，女性共十六位，呈現差不多均等之比例，女性受訪者較男性受訪者多兩位。
2. 學歷：本研究目標族群並未特別限定，反而儘量以年齡、性別皆能更加均等為原則，因此並未控制學歷部分。大部分受訪者為大學學歷以上，僅六位因目前就讀大學，其最高學歷為高中。其餘受訪者學士為十二位，碩士十位，博士兩位。
3. 年齡：受訪者年齡分布為十九歲至四十五歲。其中二十五歲以下共十位，二十六歲至三十五歲共十一位，三十六歲至四十五歲共九位。各年齡區段皆有相對應之受訪者。
4. 居住地區：受訪者居住地區分布於台灣北部、中部、南部、東部。其中北部最多，共十二位，中部八位，南部七位，東部三位。

本定性研究樣本的詳細資料，可參考**表4-2**。

表4-2 訪談樣本匯總表

訪談編號	居住地區	性別	年齡	姓氏	學歷
NO.1	北部	女性	34	C	碩士
NO.2	中部	女性	19	L	高中
NO.3	南部	女性	29	C	學士
NO.4	北部	女性	23	W	學士
NO.5	中部	女性	24	Y	學士
NO.6	東部	女性	34	L	碩士
NO.7	中部	女性	28	T	學士
NO.8	南部	女性	39	L	碩士
NO.9	北部	男性	33	C	碩士
NO.10	北部	男性	45	W	碩士
NO.11	北部	女性	27	K	學士
NO.12	中部	男性	42	H	學士
NO.13	南部	女性	43	Y	碩士
NO.14	北部	女性	38	P	碩士
NO.15	北部	男性	36	H	博士
NO.16	南部	男性	32	L	碩士
NO.17	北部	男性	22	B	高中
NO.18	北部	男性	33	F	碩士
NO.19	北部	女性	19	D	高中
NO.20	中部	女性	21	L	高中
NO.21	南部	女性	23	S	學士
NO.22	北部	男性	23	G	學士
NO.23	中部	女性	22	L	高中
NO.24	南部	男性	27	K	學士
NO.25	北部	男性	30	H	學士
NO.26	中部	男性	37	W	學士
NO.27	南部	男性	22	S	高中
NO.28	東部	男性	26	H	學士
NO.29	中部	男性	40	T	碩士
NO.30	東部	女性	45	M	博士

第五章

容貌焦慮的認知元素

- ↗ 容貌焦慮認知元素：自我劣等感
- ↗ 容貌焦慮認知元素：主流審美規訓壓力
- ↗ 容貌焦慮認知元素：自我效能低落
- ↗ 容貌焦慮認知元素：過度執著
- ↗ 容貌焦慮認知元素小結

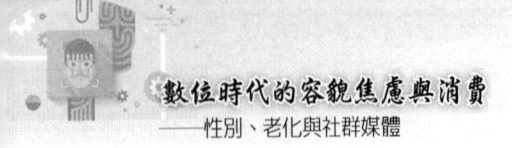

前述文獻已對容貌焦慮的定義及其程度診斷進行了詳細闡述，然而，對於一般消費者而言，是如何認知此概念，又是如何定義自身的容貌焦慮程度，是否與文獻中的定義相符，或者其所認知到並重視的元素，和傳統文獻有所差異，並未明確，此乃是本研究關注的焦點，以下將根據此部分的訪談結果加以整合並進行命題發展。

參與質性研究的三十位受訪者，在訪談一開始接受詢問時，便全數表示聽過「容貌焦慮」此一詞彙，並且皆能夠根據其所瞭解的容貌焦慮定義，加以分析自身容貌焦慮的程度。由於參與本研究的受訪者們，皆非容貌焦慮或是心理、社會相關研究者，卻都對容貌焦慮此一詞彙有相當之認知與瞭解，足見容貌焦慮在當代社會中，已經是一個相當普遍且重要之議題。以下為各受訪者的回應內容，本研究將從這些回應中分析並萃取出受訪者對容貌焦慮核心的認知。

一、容貌焦慮認知元素：自我劣等感

在受訪者所提到的容貌焦慮認知中，最大的共同點即為個體認為自己容貌或身材不如他人之「自我劣等感」，在許多受訪者對於容貌焦慮的定義中，都有提到類似的觀念。而自我劣等感的來源，則是源自於「比較」。人們會將自己的容貌與自己在各種媒介或真實世界中所接觸的他人容貌加以比較，並根據比較結果強化自身的身體意象或信念。

從受訪者的回應內容中可發現，頻繁出現的「不如人」、「和他人相比」、「相形見絀」等等詞彙，顯見「比較」乃是容貌焦慮

第五章　容貌焦慮的認知元素

的核心認知之一。

> 我覺得容貌焦慮是因為和別人比較後，覺得自己的長相、身材不如別人，然後覺得對自己的容貌沒有自信，尤其是因為社群媒體更容易看到陌生人的美照，所以比起以前，現代社會的人更容易有這樣的感覺。
>
> F3-29yr

> 我認為容貌焦慮是對自己的外貌不夠自信，認為自己容貌不如他人，或怕別人因為自己的容貌而改變態度的一種患得患失的心情。
>
> F2-19yr

> 我想是指對自身的外表，如長相、身高等等，因為認為不如其他人而感到焦慮，也可能進一步去買保養品、健身運動、進行醫美療程等等，自卑感可能會嚴重到做出非必要或違反常理、有害健康的事。
>
> M9-33yr

> 我對容貌焦慮的認知是：當透過與他人所展現出的外貌比較時，認為自己的外貌有相形見絀之處，因而對自己信心降低、產生焦慮感。
>
> M29-40yr

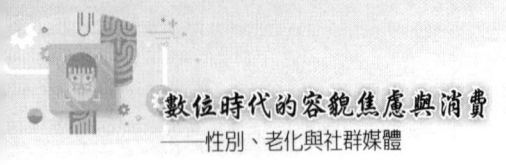

數位時代的容貌焦慮與消費
—— 性別、老化與社群媒體

> 個人覺得就是跟身邊的人或看過的人做比較，對自己現在的容貌，好像不僅僅是指臉，整體身材也可以感到不自信、焦慮，進而出現改變自己，例如：化妝、服裝打扮的行為，不一定會有實質上的改變，但就是會造成心理的負擔、壓力。
>
> F19-19yr

> 我認為有「容貌焦慮」的人指的是經常性地認為自己的外在條件不如他人，並且因此而感到心情不愉快的狀況。
>
> M24-27yr

由以上的回應內容中，可發現容貌焦慮雖然是個人對自身容貌的認知，但他的觸發與起始點，有相當大的比例，涉及到與他人之「比較」，他人作為參照點而凸顯出自身不足的情境，便會使個體心生相對劣勢的感受，而產生自我劣等感，因此，容貌焦慮並非個體單人自身的某種情緒或特質衡量，而是關乎與他人相較之後的評估與接受程度，由此可得命題一如下：

命題一 容貌焦慮的觸發與形成並非僅源於個體對自身外貌的單獨認知，而是與他人進行比較時，個體在感知相對劣勢情境中的自我評價，進而產生的自我劣等感。

第五章　容貌焦慮的認知元素

二、容貌焦慮認知元素：主流審美規訓壓力

　　在與他人比較的過程中，也顯見消費者心中原本已經存在既有的審美標準，當然，此審美標準有相當大的可能是來自於某些主流媒體或社群媒體之渲染，而非符合現實，甚至可能難以企及，但消費者仍然深受影響，而一心想要追求，因此，在此標準的量尺上，判定自身並不符合完美審美，因而感到焦慮。在受訪者的回應內容中，也有相當多人提到類似的觀點。

　　其中多數受訪者提及，人們在進行外貌比較時的基準主要來自於幾個方面，包括「社會大眾的審美標準」、「他人的眼光」以及「社群媒體所呈現的標準」。這些外在的參照點不僅形塑了個體對自身外貌的認知，還進一步強化了容貌焦慮的形成與加劇。透過參考這些社會性的標準，個體往往在不自覺中內化了外界對美的定義，並將其作為自我評價的依據，這種現象也凸顯出容貌焦慮並非單純來自個人內在的情緒反應，而是與社會比較機制密切相關的心理動態。

> 就我的理解，大概就是會在意自己的外在形象是否符合社會大眾的期待，甚至到過度在意導致心理健康產生影響。或者是常常不滿意自己的外在形象，可能因為太在意他人的看法，害怕他人覺得自己長相差，感到焦慮不已，只要一出門需要見到別人，就會開始慌張。
>
> F6-34yr

> 大概就是很擔心自己長得好不好看,擔心自己不是符合大眾喜好的長相、身材。
>
> F4-23yr

> 容貌焦慮就是不滿意於自己的外表、會擔心自己的外表不滿足自己的期待,或自己假想中的大眾的期待,而感到不安、焦慮。
>
> F21-23yr

> 大概就是對於自己呈現在他人眼中的形象過度在意,尤其是對於面貌在他人眼中的形象。且認為社會上對於外貌有一定的標準,希望自己可以達到該標準。常將自己與他人做比較,深怕自己不符標準。
>
> M22-23yr

> 我認為容貌焦慮是一種現象和話題,它沒有精確的定義,但通常是指一個人對於他自己的容貌是否符合特定標準(無論是社會大眾給予的期待或是他自己的期待),特別是和他人進行比較而遜色的時候,感到焦慮的一種現象
>
> F7-28yr

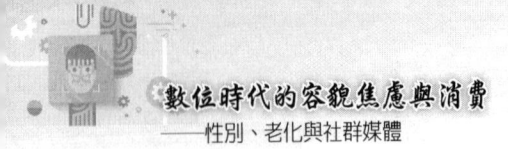

第五章 容貌焦慮的認知元素

> 就是外貌協會，擔心外貌及別人的社會評價而產生的焦慮。
>
> M15-36yr

> 我認為是人際互動下帶來的一種心理焦慮，大多發生於國中時期後的青少年中，看重對於他人的想法、評價，甚至嚴重影響自己的日常生活與情緒。當然現在社會有一種外貌導向，導致於現在不只國中生，我覺得上班族或一般人也普遍都有一點點容貌焦慮。
>
> F8-39yr

> 我有聽過容貌焦慮這個詞，它的意思是對因為外在形象而引發的焦慮情況。比如在看到他人的外在條件後，對比自己，覺得自己不符合大眾期待的理想形象，因而產生焦慮。
>
> M28-26yr

　　由以上的訪談摘錄，可得知主流審美規範乃是容貌焦慮的重要基準點，亦即人們會從不同的媒介管道接收到社會大眾的主流審美標準，並據此作為基準，同時也假想他人會以此標準來衡量自身，因此對於自身容貌不符標準便會引發壓力與焦慮，由此可得命題二如下：

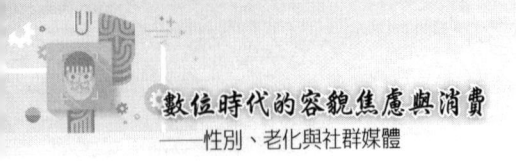

數位時代的容貌焦慮與消費
——性別、老化與社群媒體

> **命題二** 主流審美規範是容貌焦慮的重要基準點，個體透過各種媒介接收社會大眾的審美標準，並假設他人也會依據這些標準來評價自己，從而導致當自身外貌不符該標準時產生壓力與焦慮。

三、容貌焦慮認知元素：自我效能低落

命題一與命題二均強調了他人作為參照點及相對比較的影響，然而容貌焦慮中確實亦包含更為個體化的因素，這些因素主要表現為個體對自身容貌的自信不足與過度放大缺陷的現象。本節將首先探討自我效能低落的影響，透過具體範例加以說明，並據此提出命題。下一節則將深入探討過度放大容貌缺陷的心理動態。

> 容貌焦慮就是對自己的外表、身材不滿意，焦慮自己外貌不佳，可能在人際關係、交往上造成阻礙。
>
> M27-22yr

> 意思是指人對於自己的外貌不自信，進而產生焦慮情緒。
>
> F11-27yr

第五章　容貌焦慮的認知元素

> 容貌焦慮就是擔心自己的容貌，甚至達到焦慮的程度，我想在現在這種外貌協會當道的年代，應該成為當代人的一種日常壓力了吧！
>
> F13-43yr

> 大概的理解是對自己的長相沒有自信，對於在人前出現有障礙，認為自己再怎樣打扮都不夠好。
>
> M26-37yr

> 我認為容貌焦慮來自對自己的不自信，縱使自己的樣貌並非如此糟糕，但很有可能會因為一些小缺陷，像是眼睛太小、眉毛不對稱，而讓自己陷入焦慮之中，不可自拔。
>
> M18-33yr

> 我覺得容貌焦慮是覺得自己的外貌不夠好看的一種焦慮，像是不夠壯碩、不夠精實、皮膚不夠好，會覺得自己長得很不順眼。
>
> M17-22yr

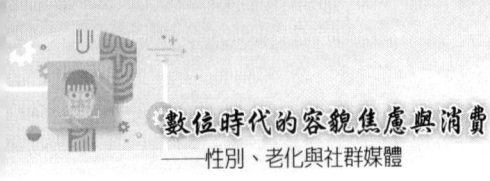

數位時代的容貌焦慮與消費
—— 性別、老化與社群媒體

> 容貌焦慮簡單來說就是不滿意自己的外貌,通常有容貌焦慮的人會對於自己的外貌特別敏感,經常檢視自己的一個外觀,尤其有任何小瑕疵,都會特別感到擔心憂慮,而且也會因為外貌而感到沒有自信,進而影響自己的情緒,導致自信心低落,甚至出現一些負面情緒。
>
> M16-36yr

　　自我效能意指個體對自身能力或特性的評估是否具備競爭力,在此所指稱之能力或特性,自然就是容貌。自我效能與其說是一種客觀的評估,不如說是個體對於自身能力或特性的信念。當此信念偏向正面時,則個體對於自身的容貌是相當有自信,且覺得自己可以達到外界標準的,反之,當個體自我效能低落時,則對於自身的評估自然傾向於負面,因而無法正確衡量自身容貌,或是對自身容貌評判過於苛刻,因而對該個體而言,會有無論如何都無法達到合格標準的感受,因此產生高度焦慮,由此可得命題三如下:

> **命題三** 當個體的自我效能感低落時,對自身容貌的評價傾向負面,並容易過度苛刻地評判自身外貌,從而導致個體感到無法達到社會標準,進一步引發高度容貌焦慮。

四、容貌焦慮認知元素：過度執著

　　容貌焦慮認知中的個體化的因素，除了自我效能低落之外，根據訪談者的回應內容，另一個重要的因素即為過度執著。過度執著嚴格說來包含兩種要素在其中，其一為對於容貌或身形瑕疵的過度放大，其二為對於容貌或身形較難更動之特色的執著與擔心。從以下受訪者的訪談內容可略窺一二。

> 我認為容貌焦慮是一種因為過度擔心自己的外貌而焦慮、憂鬱的心理問題，
>
> F14-38yr

> 容貌焦慮是對自己的外表過度在意，並且因為這份過度在意而產生焦慮，不斷放大檢視自己外表的不完美。
>
> F1-34yr

> 我對於容貌焦慮的認識是沒辦法欣賞自己的長相，總是無限放大自己容貌上的缺陷，並且不斷跟別人進行比較。
>
> F20-21yr

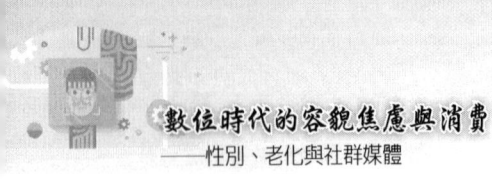

數位時代的容貌焦慮與消費
—— 性別、老化與社群媒體

> 大概就是對於自己的外在容貌容易感到不適與焦慮，會時時刻刻在意自己的外在，並且跟他人比較，深怕一點缺點或不如其他人，但其實在其他人眼裏看來覺得還好，很正常。像是會覺得今天臉是不是比較腫啊，頭髮是不是有點亂啊，穿這個衣服褲子比例好不好看、會不會比較顯胖等等的，如果太嚴重會干擾到處理一些日常事務的效率，甚至對生活會感到困難。
>
> F23-22yr

> 我想容貌焦慮指的就是對自己容貌過度在意，或是患得患失的狀況，這個人可能就是時時刻刻都覺得要很在意自己的容貌身材或是穿著打扮，然後時時都覺得自己不夠好，所以才會焦慮嘛！
>
> F30-45yr

> 我有在電視新聞看過，也聽朋友說過這個詞，我想對於現在的年輕人而言，應該很普通吧！容貌焦慮就是對於自己的容貌不滿意而感到焦慮，導致沒有自信面對人群，嚴重者甚至可能會因此而不敢出門。
>
> M12-42yr

> 有嚴重容貌焦慮的人甚至有可能導致足不出戶，或是花上好幾個小時在化妝或是打扮上，也不願與人有過多接觸，以避免對方發現自己外表上的不足。
>
> M24-27yr

第五章　容貌焦慮的認知元素

> 容貌焦慮是有關人對他人的臉部想像、投射，並因無法掌控其評價，所帶來的壓抑、憤怒和疲倦等的情緒。因評論的對象是自己，所以無法逃脫鋒利般的評語，使自己陷入人為刀俎、我為魚肉的無奈情境中。雖然可以暫時抽離自己的情緒，但長久下來還是會有如慢性病般的侵蝕。
>
> M25-30yr

除了自我效能感低落之外，容貌焦慮的個體化因素還包括其他重要成分，根據訪談內容顯示，另一個關鍵因素是過度執著。過度執著可分為兩個相互關聯的要素。第一個要素是個體對自身容貌或身形瑕疵的過度放大，這種放大往往基於對外貌評估的主觀偏見，導致個體對瑕疵的敏感度超過實際的影響。第二個要素是對容貌或身形中較難改變的特徵過度專注與擔憂，這些特徵可能包括生理上的結構性差異，如身高或臉部輪廓等，並且由於這些特徵的相對固定性，個體對其進行不斷的負面自我評估，進而引發長期的焦慮感。這兩個要素共同作用，深化了容貌焦慮的心理動態，並使個體難以擺脫對外貌的過度關注與擔憂。從以上可得到命題四如下：

命題四　在容貌焦慮的個體化因素中，過度執著扮演著關鍵角色，具體表現為個體對自身容貌瑕疵的過度放大，以及對難以改變的外貌特徵的過度關注和擔憂。這兩者相互作用，進一步加劇了容貌焦慮的情況。

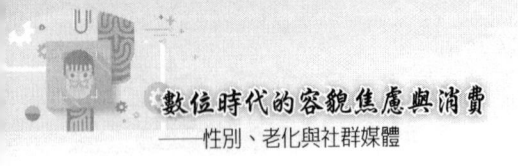

五、容貌焦慮認知元素小結

本研究深入探討了容貌焦慮的認知結構，顯示其形成與發展過程中可大致可分為兩大類因素：他人相關因素與個體自身相關因素。首先，從他人相關因素來看，容貌焦慮往往受到外部社會標準的影響。受訪者的回應明確指出，個體在進行自我評價時，常常依賴於社會大眾所建立的審美標準、他人的目光及社群媒體所傳遞的理想形象。這些外部參照點不僅塑造了個體對自身容貌的認知，更加深了對自我形象的不安感與焦慮。個體在與他人比較的過程中，會發現自身的不足，從而引發自我劣等感。這種情況表明，容貌焦慮並非僅僅是一種內在情緒反應，而是與社會比較機制密切相關的心理動態。

其次，關於個體自身的因素，研究發現，容貌焦慮與自我效能感的低落有著密切的聯繫。自我效能感是個體對自身能力及特性的信念，當這種信念偏向負面時，個體往往無法客觀評價自己的容貌，並且可能對自身的缺陷進行過度的放大。這種對自身容貌的不信任感進一步引發焦慮。此外，過度執著也是容貌焦慮的一個關鍵個體化因素。過度執著的特徵可分為兩個方面：一是個體對自身瑕疵的過度放大，二是對難以改變的外貌特徵（如身高或臉部輪廓）的強烈關注與擔憂。這些因素共同作用，形成了惡性循環，進一步加深了個體對外貌的焦慮。上述模式亦可參照圖5-1所示。

總而言之，有別於過去容貌焦慮的定義，根據本次訪談，在一般消費者的認知中，容貌焦慮的認知結構是一個複雜的心理現象，

第五章　容貌焦慮的認知元素

```
    自我劣等感          主流審美規訓壓力
         \              /
          外部機制因素
              |
         容貌焦慮
         認知結構
              |
          個體化因素
           /      \
      過度執著     自我效能低落
      • 放大瑕疵
      • 執著於難以改變的外
        貌特徵
```

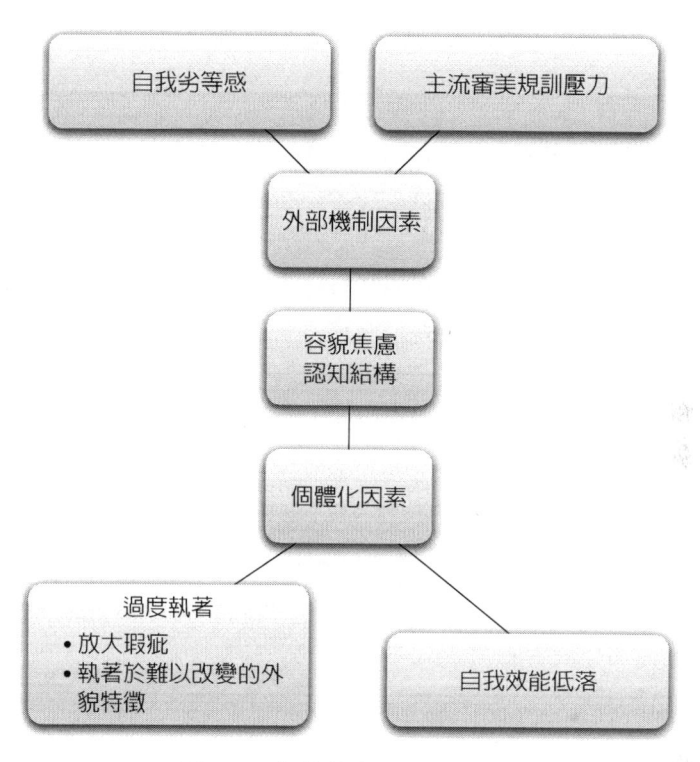

圖5-1　容貌焦慮認知結構圖

受多重因素的影響。在他人相關因素中，外部社會標準和他人評價的影響不容忽視；而在個體自身相關因素中，自我效能感的低落和過度執著則構成了個體對自身容貌的焦慮基礎。

第六章

容貌焦慮的時機與啟動

- 第一印象建立與容貌焦慮
- 自慚形穢效應與容貌焦慮
- 主角身分對容貌焦慮的催化作用
- 容貌焦慮之催化因素：同學會
- 個人身材與容貌弱點與容貌焦慮
- 攝影揭示效應與容貌焦慮
- 容貌焦慮啟動時機小結

數位時代的容貌焦慮與消費
——性別、老化與社群媒體

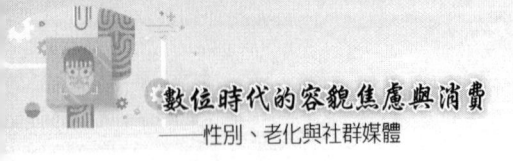

從深度訪談的結果中可以得知,大部分的消費者對於容貌焦慮的程度大約是以中等程度為大宗,再雙向往完全沒有焦慮與非常焦慮的兩極分配來分布,但除了高度焦慮的受訪者之外,大部分的受訪者在容貌焦慮程度上,都有某些特定的時機與啟動點,以下將根據此部分的訪談結果進行命題發展。

一、第一印象建立與容貌焦慮

容貌焦慮在現代社會中是一個普遍的現象,特別是在面對他人時,焦慮的情緒往往會隨著場合與情境的不同而增減。無論是熟人之間的社交場合、第一次見面的場景,或是在社交媒體的影響下,我們常常會因為別人的外貌而不自覺地與自己進行比較,從而引發對自身容貌的不滿。這種焦慮不僅僅是對外表的過度關注,更反映了個人對自我價值的質疑。當我們處於需要建立或維持印象的情境時,例如參加同學會、追星聚會或面對認識但不太熟的人,容貌焦慮便更加明顯。這些情境強化了我們對他人目光的敏感,讓自我形象的瑕疵被無限放大。

在深度訪談的結果中,容貌焦慮時機與啟動約莫可分為幾種不同的類型,其中常見的時機為「第一印象」建立時。許多受訪者皆提及與陌生人的見面,或是較為不熟的朋友、工作夥伴見面時,會有較高的容貌焦慮。亦即容貌焦慮多在需留下良好印象的情境中啟動,尤其是面對不熟悉的人時,而與熟人見面則較為輕鬆,因為彼此之間的互動不再依賴外表來建立印象,因此在這類非正式的社交互動中,外表打扮的重要性會相對降低。興趣社群聚會等社交活動

第六章　容貌焦慮的時機與啓動

中，因社交媒體互動與照片分享的增多，個體對外表的自我檢視更加嚴格，也會觸發容貌焦慮。另外，職場中的正式場合，如面試，外貌則成為展示專業形象的工具，亦是產生容貌焦慮的可能時機。總結來說，對於陌生情境、較不熟悉的人們，個體會有想要維持與建立良好形象的期待，因此會希望自身所呈現的樣貌，能夠讓對方產生好感，因而對自身容貌與打扮產生壓力。以下的訪談摘要揭示了大多數現象的特徵。

> 對我來說，容貌焦慮比較會出現的時候，應該是跟不熟悉或是久未見面的人聚會時，我會更在意自己的外表是否維持在好的狀態。如果是熟人，可以比較隨便打扮就見面，但不熟的人，我會覺得第一印象很重要，所以會想要把自己呈現一個好的第一印象。
>
> F1-34yr

> 追星朋友的聚會會讓我比較緊張，因為追星的朋友大多都是平常在網路上聊天的人，要實際見到面會很擔心自己和社群軟體的照片有落差，追星聚會通常也會拍很多照片，所以大家都會打扮得很可愛漂亮，所以如果有要去參加這樣的聚會，會花很多心思在打扮上面。另外，見較不熟的朋友也會比較緊張，會擔心他們不知道怎麼想我，所以也會想要打扮一下。
>
> F4-23yr

73

數位時代的容貌焦慮與消費
―― 性別、老化與社群媒體

> 記得之前在某一份工作面試時，我都很擔心我的打扮會不會讓公司留下不好的印象，因此為了讓自己看起來更好，我會特別早起床，抓頭髮、梳油頭，也會先準備好比較正式得體的衣服。
>
> M12-42yr

> 要見女友的朋友的時候，會覺得別人的男朋友都這麼帥，他們會不會覺得為什麼只有我女友的男朋友這麼普通，會不會覺得他怎麼會選這麼普通的男朋友。我通常可以的話，會打扮、抓一下頭髮再跟他們見面，然後衣服也會選比較能修飾身材的衣服，儘量讓我自己是相對我自己覺得順眼的樣子，比較不會一直想著他們會不會覺得我很醜、很邋遢。
>
> M17-22yr

> 有人在議論別人長相的場合吧！雖然可能當下不是在說自己，但是會想到自己的長相是不是也在背後被人議論，特別是異性真的很喜歡議論女生的外表。
>
> F21-23yr

第六章　容貌焦慮的時機與啓動

> 婚禮或大型餐會的時候。因要跟很多人見面，但我無法掌握別人在想什麼，因此愈多人時，我的焦慮會愈高。現在社群媒體泛濫，可能一不小心就被人「群組公審」面貌，或是在threads上被譏笑長相，所以我都會儘量避免這類沒必要的社交的場合。若真的參加了，我也會避免跟那些愛拍照或議論長相的人談話，走路時會假裝聞到怪味道，以手遮住嘴巴等。
>
> M25-30yr

由上述訪談可發現，面對陌生人，需要建立第一印象時，的確會是容貌焦慮啓動的重要時機，例如訪談中有提到的：第一次見面、參加工作面試、參加追星聚會（原本的追星朋友，只有在線上聯絡）、見女朋友的親友等等，皆是必須和陌生人建立關係的場域，由於是原本不熟識的陌生人，見面時機通常也沒有太長時間可以相互相處與認識，因此第一次見面即是形象建立的重要參考，大部分個體都會希望自身擁有較佳的容貌，能在見面初始便提高好感度。上述情境由於具有不可逆的特性，因此容易觸發與增加個體的壓力和容貌焦慮。由以上可得出命題五如下：

命題五　個體在與陌生人互動時，因為缺乏長期互動的條件，初次見面便成為形象塑造的重要依據。由於第一印象建立的情境具高度不可逆性與壓力，個體的容貌焦慮會因此被觸發並顯著提升。

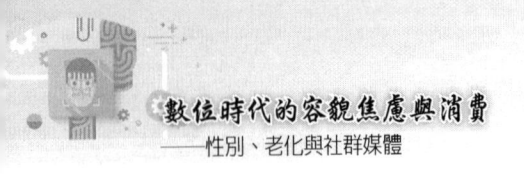

二、自慚形穢效應與容貌焦慮

除了在第一印象建立的情境下，受訪者也普遍提及其他會引發容貌焦慮的場合，尤其是在與其他人進行社交互動時，若他人經過精心打扮，而自身並未特別注重外貌打理，便容易產生自我形象不如他人的感受。這種情境下，個體往往會感覺自己與周圍環境的時尚標準或社交要求不相符，從而感到格格不入或羞愧，這樣的心理反應進一步觸發了容貌焦慮的產生。特別是在一些需要特別注重外表的正式場合或社交活動中，這種心理壓力尤其強烈，因為個體認為自己與周圍他人的外表形象存在明顯差距。容貌焦慮在此情境下，不僅來自於個體對自我外表的自我評價，還涉及到對他人期待和社會標準的認知。綜上所述，互動過程中的心理壓力和不匹配感，是觸發容貌焦慮的重要因素。此部分的受訪者心聲可參考以下訪談摘錄。

> 我個人是台中人，我走在台北街上的時候，我的焦慮程度應該有9，因為台北人，尤其是信義區，多數女生都打扮得非常漂亮走在街頭上，沒有化妝，長得樸素的時候，走在路上會稍微覺得有點格格不入。但回到台中後，我的焦慮感有明顯下降，因為台中人大部分人也都穿T恤、短褲，素顏在路上走，因此在台中的時候，我的容貌焦慮程度大概是5，但到台北的話，焦慮感會直線上升。
>
> F5-24yr

第六章 容貌焦慮的時機與啓動

> 我覺得最容貌焦慮的是去中山或信義逛街的地方，因為在那裏出現的人多半是精心打扮過的樣子，而且只會看到對方的外表，完全就是憑外在判斷一個人的地方，不會有任何例如個性、成就等定義自己的情況，有時候只是要在那邊轉車或剛好經過買東西，沒有特別要逛街，就會感覺特別不自在、格格不入，也會覺得特別沒有自信，只想趕快回家。
>
> F3-29yr

> 好看的人多的時候，視花錢、花時間打扮為理所當然的人多的時候。像是走在路上看到很多女生都精緻到不像要去上班一樣，像我們辦公室，在旺季真的每天都要加班、熬夜，但有一群人每天睡不到四個小時，每天還願意花兩個小時打扮。我沒有辦法，真的沒辦法。怎麼辦，人家就是漂亮、有錢追逐流行、有時間打扮。我只想睡覺啊！但我還是很在乎。只是在辦公室我也就算了，因為同事都是天天見面，大家真實的一面，早就都知道了。而且現在到了一個初老的年齡，誰臉上有什麼皺紋、淚溝，大家也都知道啊！現在的議題大概就是要不要去醫美。
>
> F13-43yr

77

> 看到帥氣的同學、朋友的照片應該自卑感最強，他們看起來都很體面，穿得很潮，動作姿勢也很帥，然後通常都是在喝咖啡或逛文青市集、出國玩。在路上遇到他們和女朋友或是一群差不多的朋友在一起的時候，也會有種啊我怎麼這樣的感覺……
>
> M9-33yr

> 偶爾在期末考的時候，我會比較隨性一點，但偏偏這時候很常有市集或各種活動，很容易遇到漂亮女生，偶爾站在旁邊會覺得小緊張。我的做法就是告訴自己我也是很好看的人，只不過因為目前有更重要的事情需要專注，因此比較不會花太多時間打扮，同時鼓勵自己多多欣賞，還有鼓勵稱讚漂亮女生，然後讓自己知道下次要約會可以學習看看他們的穿搭。
>
> F20-21yr

> 我在街上看到有其他人穿著很時尚的時候，會提高我的焦慮。
>
> M27-22yr

> 大概我覺得應該是參加婚禮的時候吧，因為在婚禮的場合，每個人都穿著很正式，而且大家感覺衣服搭配、化妝技術都超級好，而我自己的外貌算起來應該算是普通，但我不太會特別搭配衣服或是打扮，所以在這種大場合下我常常感到容貌焦慮。
>
> M16-32yr

從上述訪談內容可見，消費者在不同情境中往往會不自覺地進行社會比較，即根據周圍人的外貌和穿著，對自身的形象進行相對性的評估與判斷。例如，消費者在逛街時，會根據其他顧客的穿著來評估自身的時尚感和合適性，尤其是在都會區等具有高度時尚文化的場域中，這種比較更加明顯。同樣地，在社交聚會中，個體往往會根據其他與會者的外表打扮來判斷自己是否符合當前場合的社交標準。如果發現自身形象在比較中處於劣勢，個體可能會感受到來自社會期許的壓力，進而引發更高程度的容貌焦慮。這些比較行為體現了消費者如何在不同社交場域中根據他人的外表來塑造自我認知，並反映出社會比較對容貌焦慮的重要影響，由此可得到命題六如下：

> **命題六** 消費者會不自覺進行社會比較，當處於高度時尚的都會區或具有特定穿著的社交聚會中，而發現自身處於比較之相對低點時，則會感到自慚形穢，因而導致容貌焦慮。

三、主角身分對容貌焦慮的催化作用

先前所探討的容貌焦慮觸發機制，多數情況下發生在個體試圖融入群體或屬於群體中大多數成員的情境中。然而除了是成員中一分子的情境外，當個體處於核心位置，自身為主角時，周圍所有人的目光與注意力都集中於其身上，這樣的情境將更可能引發容貌焦

數位時代的容貌焦慮與消費
──性別、老化與社群媒體

慮。因此,主角身分所帶來的社會聚焦效應,成為產生容貌焦慮的重要催化因素。這樣的情況常發生在工作上的重要會議、與重要他人的單獨見面,或是各種表演場合等等,可從以下受訪者摘錄中得到更進一步的舉證與說明。

> 像是一些大家必須把目光與注意力集中到我身上時的情境,容貌焦慮的程度就會變高,會更加焦慮,然後想很多,比如說以前學校上台報告,或一群人開會討論輪到我發言的時候,而且如果愈重要的場合程度也會隨之提高,比如說像是面試一間很想要去工作的公司時,就會更加注重。通常如果狀況允許,我會選擇戴上口罩或把自己隔在一個東西的後面,例如講台。保持距離可以減少焦慮,不能的話,只能一直請親友幫我看看是否有什麼奇怪的地方,然後多練習之類的,減少焦慮感。
>
> F23-22yr

> 工作上的重要會議、正式場合時,容貌焦慮程度較高,另外,如果有那種多年不見的朋友聚會,我也會有相當的容貌焦慮。我會特意打扮出席。平時我都素顏、西裝,但出席以上活動時,我通常會特別看看有沒有一些肌膚缺陷的狀況,也許會用遮瑕膏處理一下。
>
> M10-45yr

第六章　容貌焦慮的時機與啓動

> 會感到（容貌）焦慮，通常是工作上上司找我談話……
>
> M15-36yr

> 公司每個月會開重要會議，有專案在身的主管當月就會需要上台報告，各大分部的長官都會到總公司開會，如果有要上台，就需要著正裝參加，每次都害我要很注意當天自己的妝容是否到位，會一早起來請很會化妝的妹妹幫忙，不然結束後總會被人評論一番，尤其是公司新進的妹妹們，各個都很會打扮，他們可能會覺得我們這些老鳥，是不是都沒有廉恥心了，都不打扮。
>
> F6-34yr

> 我覺得在參加學術會議的時候，會讓我的容貌焦慮比較偏高，因為在向別人報告研究的時候需要上台，而且大部分人都會穿著正式的服裝。
>
> M28-26yr

> 通常在很多人面前露面的場合，如發表會、演出，會讓我的容貌焦慮程度提高。我通常會事先整理自己的容貌、買新衣服，或研究新的化妝手法。例如有音樂會演出，我會在一個星期前做頭髮、買衣服、除毛，儘量讓自己處在最好的狀態，以減緩容貌焦慮。
>
> F14-38yr

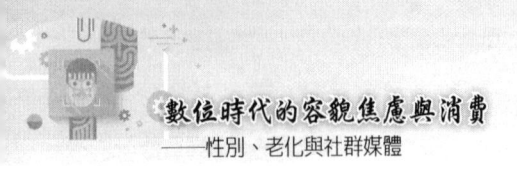

從上述消費者的心聲可得知，當個體擔任情境中被觀看、注視的主要角色時，多數人皆會特別關注他人眼中的自身形象，並希望能展現出最理想的外表。這種情況與先前提到的情境不同，以往消費者可能因偶然進入某些場合而未做充分打扮，從而感受到容貌焦慮，例如：因轉車途經時尚商店街、意外參加同學會或社交聚會，這些情境下容貌焦慮較為突然。而當預期自己即將成為焦點，如參加重要會議、上台報告、婚禮等場合，消費者通常會在心理上提前感受到壓力，並投入更多精力打理妝容、服裝和造型。然而，即便事先準備充分，當進入該場合後仍可能因擔心未能符合他人期待，而出現患得患失的心理，進一步加劇容貌焦慮。因此，基於上述觀察，得出以下命題七：

> **命題七** 當個體在社交場合中擔任主要角色時，即使事前已進行充分的形象準備，仍可能因他人評價的期待而產生顯著的容貌焦慮。

四、容貌焦慮之催化因素：同學會

在受訪者的回應內容中，集各種提高容貌焦慮形態之大成的情境，當屬同學會了。受訪者口中的同學會，除了是各種社會比較展現的場域，也有可能是自身以主角出現的舞台，而久未逢面的狀況，也會形成一種重新建立第一印象的契機，當然也可能是已設定好社交服儀，但被受訪者忽略，使其感受到自身格格不入的時尚大

第六章　容貌焦慮的時機與啟動

街。幾乎前述種種促成容貌焦慮的因子，都匯聚在同學會此一情境中，因此，許多受訪者皆有提及同學會對於容貌焦慮之催化，詳見以下訪談摘要。

> 同學會，我通常會直接不去，實際上我也真的沒去，在有一群同齡人的狀態下，我的容貌焦慮程度又會進一步提升，像同學會這種場合更有很多人會好好打扮再去，每個人都很精緻，就我自己在醜，也沒辦法以正常表情跟大家聊天，會擔心自己的表情現在看起來是怎樣子的，所以乾脆不去，去了只會後悔。
>
> F2-19yr

> 就是跟比較不常看到或是見面的同學朋友吃飯時。因為我高中唸女校，有很多朋友都高學歷且漂亮，跟她們很好，但因為課業繁忙比較不常見面，久沒見面就怕自己是不是又胖了，大家都會化精緻的妝容，但我還是一樣懶！我還是一樣醜！為了這個我可能會刻意控制飲食三至五天，至少讓自己的臉不要那麼腫，然後一定會化全妝，會儘量穿可以遮肉的衣服。當然我的朋友們人都很好，不會批評我的身材長相，但誰不想真心被稱讚是美女……
>
> F11-27yrr

83

> 同學會吧。由於是一個扳回一城或說是重新建立自我形象在他人眼中的關鍵時刻，畢竟誰也不知道下次見是什麼時候，如果一個不注意留下差印象，後續即便自己已經改頭換面，若沒見面或發文，對方也不知道。所以我會覺得同學會會增加容貌焦慮。我通常會打理好自己，提前幾天便開始準備。一直在腦中模擬對方看到的自己，髮型、服裝都會注意。
>
> M22-23yr

> 因為熟人大概也都知道你長怎樣了啊！或者該這麼說……不是不熟的陌生人，而是知道你是誰，但還不熟的人。就像去參加同學會，我也會緊張。同學雖然都認識，但很久沒見了啊！所以就是我剛剛說的「不熟的陌生人」。要是真的是不熟的人，那好像也不會在乎，因為就像路人甲乙丙，其實走在路上，我也不大管別人怎麼看我啊！但同學會就是可能會有認識的人來，或者是知道我的人，這種情況之下，就會焦慮。而且到了我們這個年齡，我覺得大家的人生途徑都差別很大，有些人沒結婚，有些人結婚沒生小孩，有些人沒結婚有小孩，有些人結婚有小孩，很像繞口令……所以，隨著現在社會價值觀也愈來愈開放，大家看的不是你有沒有結婚或生小孩，而是看你過得好不好啊！我也算是有點慶幸，自己就是那種傳統路徑的媽媽，有結婚有小孩的那種，但別人還是會看，好喔，既然你過得那麼符合社會價值，那你過得好嗎？它怎麼看過得好不好？不就是第一眼看你穿得怎樣、長得怎樣嗎？所以就是要打扮啊！
>
> F14-38yr

第六章 容貌焦慮的時機與啓動

> 人多的場合且裏面有我在意的人的場合，才會讓我容貌焦慮提高。因此有些婚禮，雖然人很多，但比較是公事應酬之類的，我就比較不會患得患失，比較像是去看戲的，或是一個觀察者的角色。但如果是同學會，那可能就會想要好好打扮一下，通常一定要去洗頭吧！然後好好化妝，最近的話，身體狀況比較好，氣色也還可以，所以花的時間就不會太多。
>
> F30-45yr

> 我平時比較沒有穿正裝的經驗，也不太瞭解自己適合什麼樣的款式。所以當我在那個場合（學術會議）看到同齡的朋友都打扮得很得體的時候，就會開始焦慮自己的打扮是否合適、會不會不夠正式，或是過於正式，而影響老師對我的看法。近期我在參加學術報告的時候，就準備了一套白襯衫和西裝褲，還特別選購了一雙同色系的皮鞋，在現場的時候，我發現大部分的同儕都有穿著正裝，甚至有人還穿了西裝外套，可是很少有人跟我一樣選擇穿搭皮鞋。而且大家都有特別修理過自己的髮型，但我平時都是留很短的頭髮，這就讓我感到焦慮自己的髮型和著裝會不會不匹配。
>
> M28-26yr

數位時代的容貌焦慮與消費
—— 性別、老化與社群媒體

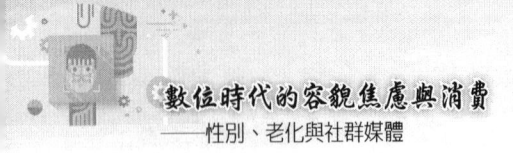

> 與大學同學的聚會時會提高我的容貌焦慮程度，由於大家出社會之後對於外貌也因為公司的要求而不得不做出改變，已經無法像大學時就算很邋遢也不會受到責難，這讓持續升學的我感到十分不習慣，這讓我也變得不太願意參加如大學同學會等等的活動。
>
> M24-27yr

> 不是人多少的問題，同學會，人也很多，而是大家是否都盛裝出席或特別打扮的問題。其實我就是無法把自己搞得很正式。像我上班的環境，大家都穿得很休閒，之前有聽大學同學說，什麼他們有周五休閒日，可以穿得比較casual，我當時就想，我不需要啊！我們公司每天都是周五casual日。但遇到正式場合，我就比較焦慮一點，怕自己不得體。
>
> M16-32yr

　　從上述受訪者的回應內容中，可發現同學會的確綜合了許多容貌焦慮會出現的情境。但除了前述提過的第一印象、社會比較、自慚形穢效應、主角身分等等，受訪者的回答中尚有一大類別沒有被歸類到前述因子的部分，即為對於上班服飾及裝扮或正式服飾之陌生感。從幾位訪談者的內容都可看出，有些人排斥同學會的原因主要是因為自身目前的角色或工作並不需要正式服儀，因此缺乏類似的衣服，也沒有穿著習慣，例如：同學可能都已經畢業進入社會，時常穿著西裝，而受訪者本人可能尚在學校進修碩士，因此平時並不需要也不會接觸到襯衫、西裝等較正式的服裝，在穿著上便感受

第六章　容貌焦慮的時機與啓動

到不自在。也有受訪者雖然已經在工作了，但其工作場域並沒有穿著西裝的要求，其工作生活上所習慣的穿著，也較偏向休閒風格，因此對於要正式穿著的場合，一樣會感受到不自在。從以上討論可得命題八、命題九如下：

> **命題八**　對正式服裝不熟悉或不適應時，會因穿著上的不自在而引發容貌焦慮，尤其是日常生活中無正式著裝需求的個體，焦慮感更為明顯。

> **命題九**　同學會匯聚了多種容貌焦慮的觸發因素，包括社會比較、重新建立第一印象、主角身分及對正式著裝的要求，因而成為容貌焦慮的重要催化情境。

五、個人身材與容貌弱點與容貌焦慮

除了上述啓動容貌焦慮的幾個主要因素之外，尚有兩個較少受訪者提及，但也相當顯著之影響因素，其一為會展現個人身材容貌弱點的情境。在訪談中大部分的受訪者皆有提到自己滿意或不滿意的身材、容貌特點，但僅兩位受訪者特別強調，在某些會凸顯身材

數位時代的容貌焦慮與消費
—— 性別、老化與社群媒體

或容貌缺點的情境，會使得他們的容貌焦慮升高，他們亦會想辦法避免該情境出現。

> 個人認為容貌焦慮提高的情境者主要是在戲水時露出上半身，因小腹如前述為全身較為明顯的不足之處，因此在與同儕具有較平坦小腹者共同戲水而需露出上半身時，會產生較為明顯的焦慮感。通常會選擇以花襯衫等衣物遮蔽，如月中去台南漁光島戲水時，至少皆著花襯衫稍微遮擋，而避免能使他人直接看到小腹。
>
> M29-40yrr

> 如果拆分為身材跟容貌的話，我在身材方面會有一定程度的焦慮感，因為我的肚子很大，所以在爬山、跑步這些戶外活動的時候，我的服裝很難遮住我的肚子，因此在拍照的時候就會看到自己的肚子非常明顯，通常這個時候我會穿外套遮住肚子，但有時很難做到，比如太熱的時候。
>
> M26-37yr

從以上訪談摘錄亦可得知，雖然僅是小眾，但在當今社會中，某些特定情境下的容貌焦慮，例如穿著泳衣或參與需要展示身材的活動時，這種焦慮感會使特別意識到自身容貌弱點的消費者壓力上升。個體在面對可能暴露自身身材或容貌缺陷的場合時，往往會感受到強烈的不安和焦慮，這是因為社會對外貌的重視使得個體在社

交場合中感到壓力。在這些情境中，受訪者的焦慮感不僅影響了他們的自信心，還可能影響他們的社交行為，促使他們採取各種避免策略，如選擇寬鬆的衣物或避免參加涉及展示身材的活動。此外，這種焦慮也反映了個體對自身身材形象的負面評價和社會比較的影響。在與他人特別是身材較為理想的同儕同處時，個體可能更加敏感，進一步加劇了對外貌的焦慮。從上述討論，可得到命題十如下：

> **命題十** 個體在某些情境中，如露出身材或容貌弱點的場合，會顯著提高容貌焦慮，並導致他們積極尋求避免此類情境的策略。

六、攝影揭示效應與容貌焦慮

另一個較小眾的容貌焦慮啟動時機，與上述提到的容貌弱點有異曲同工之妙，即是攝影拍照時誘發的容貌焦慮。此部分僅兩位受訪者提及，但顯然其對於照相相關之情境，皆有相當程度之焦慮與對自己容貌感到自卑之想法，詳見摘要稿如下：

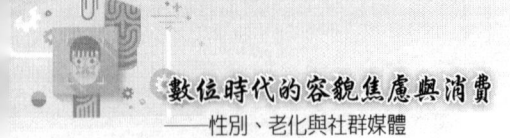

拍證件照的時候會讓我的容貌焦慮程度提高，因為拍證件照的時候就會很明顯地看出你本人長什麼樣子，很簡單而粗暴地檢視你原本的相貌如何，很殘酷的是你的臉是不是有點歪歪的，都會被放大，像我的臉還是有一點點不對稱，而且在拍證件照的時候會顯得特別兇、有侵略性，所以並不是很美觀，但我也看過一些人的證件照就很正常，和他本人差不多，會讓我非常的羨慕，因此提高我的容貌焦慮程度。我通常就是不太會去看原本的照片，交給攝影師幫忙修圖，這樣我至少就不用面對自己最真實的缺陷。在拿到證件照之後，通常我都還是很滿意，像是我的高中照片，我覺得很好看，在多年以後我幾乎忘了我高中的時候可能並不是那麼上相，所以我會選擇不去看當初拍出來的樣子，只要證件照好看就好，因為多年以後只會留下那張照片，但其實已經忘記當年長什麼樣子，也不會太在意，畢竟比較在意現在鏡子裏的本人好不好看，雖然我覺得這樣也是一種欺騙自己的行為吧。

F7-28yr

第六章　容貌焦慮的時機與啓動

> 遇到人多的聚會，例如同學會或是家族聚會的時候，我會特別裝扮自己，例如使用化妝工具或是用髮型去修飾，所以我認為在這一種情境下的確會提升我個人的容貌焦慮，像是我在參加家族聚會的時候，我可能會在準備拍照前特別去廁所用鏡子整理自己的外貌再去拍照。其實人多的聚會，那個照片別人也不一定會注意到你，但是因為現在大家都會把照片放在社群媒體上、放IG，所以也不知道誰會看到，就會有點介意。我覺得大家可能都跟我有類似的心情，所以很多人去人多的聚會，都會特別打扮，最後就變成那個不打扮的人，顏值特別低，其實在日常生活中，搞不好她根本不是最差的。
>
> F8-39yr

> 當要拍照時，我就會感到焦慮，因為常常朋友在檢查照片時，都會告訴我「不要閉眼」，縱使我眼睛從未闔上。為此，我會盡可能地睜大我的雙眼，也會透過戴眼鏡放大我的瞳孔，只希望自己的眼睛在照片上會看起來大一些，不致於這麼沒精神。
>
> M18-33yr

　　在當前社交媒體快速發展的背景下，攝影所引發的情緒焦慮愈發顯著。社交平台上所分享的影像不僅僅是個體瞬間的捕捉，它們同時承載了他人對於個體的看法、評價以及社會主流的審美標準，這些因素無疑加劇了個體在拍攝及分享過程中的焦慮感。特別是在照片被廣泛分享和評價的環境中，個體往往感受到一種強烈的比較

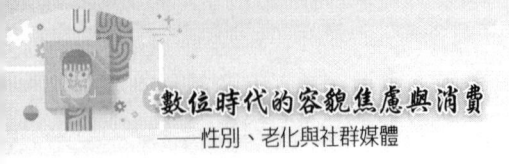

壓力，進而影響他們對自我形象的認知與評價。此外，這種焦慮不僅限於外觀的表現，還可能延伸至個體在社交場合中的自信心與自我價值感。因此，攝影所引發的焦慮已成為一個不容忽視的研究議題，根據上述討論可得以下命題十一：

> **命題土** 在社交媒體蓬勃發展的背景下，攝影引發的容貌焦慮顯著增加，因為分享的影像承載了他人評價和社會審美標準。

七、容貌焦慮啟動時機小結

在現代社會中，容貌焦慮已成為一個普遍現象，尤其是在特定情境中更為顯著。瞭解與探討容貌焦慮的啟動與時機不僅有助於揭示容貌焦慮的根源，也能促進相關預防措施的發展，以減少這種焦慮感並增強個體的自信心。綜合上述訪談摘錄與命題發展內容可得知影響容貌焦慮啟動的時機，約可從以下六個因素分析，如圖**6-1**所示。

(一)第一印象建立

在社交互動中，第一印象的建立對於容貌焦慮的啟動具有顯著影響。許多受訪者在面對陌生人或初次見面時，因希望留下良好印

第六章　容貌焦慮的時機與啟動

```
        第一印象建立
   ↗              ↘
特定情境的          自慚形穢效應
個人弱點暴露感
   │                │
外觀要求的正式性    主角身分的聚焦效應
   ↘              ↙
        攝影揭示效應
```

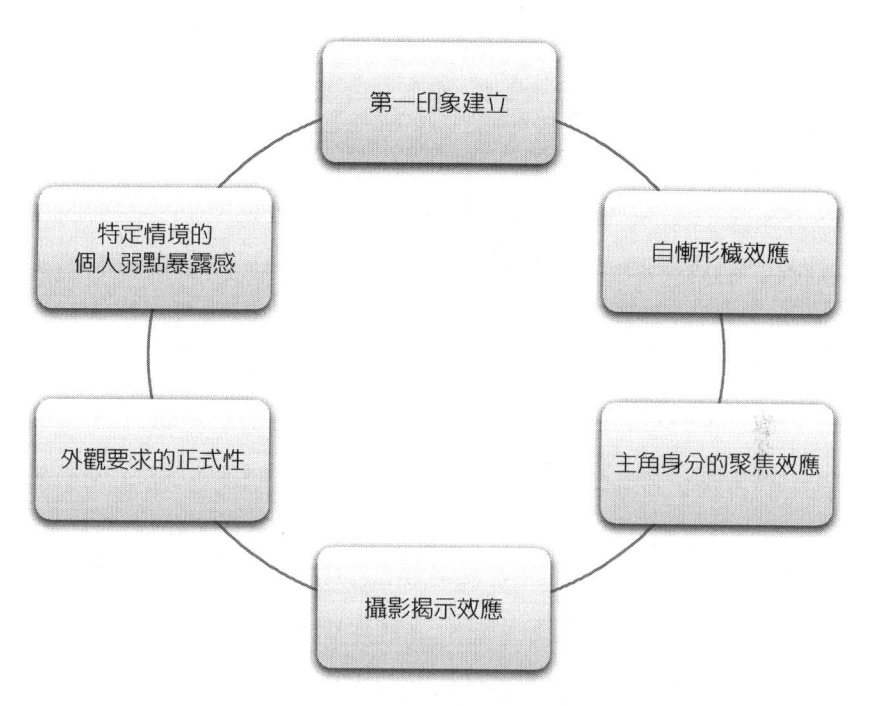

圖6-1　容貌焦慮啟動因素圖

象而感受到更高的容貌焦慮。這種情況使得個體對外貌的自我評價更加敏感，強化了對他人目光的依賴。

(二) 自慚形穢效應

　　自慚形穢效應進一步加劇了容貌焦慮的表現，當個體在社交場合中遇到精心打扮的他人時，往往會感到自我形象的劣勢。這種情境下，個體會強烈感受到與他人外表的比較，從而產生不安和焦慮。

93

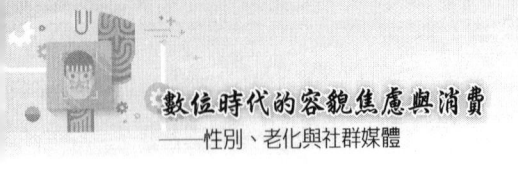

(三)主角身分的聚焦效應

當個體在特定情境中成為焦點,如工作會議或社交聚會時,主角身分的聚焦效應會促使他們更強烈地關注他人對其形象的看法,進而引發更高程度的容貌焦慮。在這些情境中,個體通常會投入更多時間和精力在外貌打理上,以期達到社會期望。

(四)攝影揭示效應

攝影所引發的焦慮在社交媒體的背景下日益顯著。受訪者指出,在被拍攝或分享的情境中,對自我形象的評價和比較壓力增加,進而引發情緒焦慮,影響自信心和社交行為。

(五)外觀要求的正式性

正式場合對外觀的要求加劇了容貌焦慮。在需要遵循特定穿著標準的情境中,個體面臨著更高的外貌評價壓力,這可能影響他們的自我認同和社交互動。

(六)特定情境的個人弱點暴露感

最後,特定情境下的暴露感是容貌焦慮的另一個重要因素。受訪者的反應顯示,個人身材和容貌的弱點在特定場合會顯著增加焦慮感,特別是在需要展示身材的情境下。當個體面對可能暴露身材缺陷的場合時,焦慮感尤為明顯,這反映了社會對外貌的重視程度。

第六章 容貌焦慮的時機與啓動

　　除了以上六個因素之外，研究顯示，同學會類型的情境對於容貌焦慮的觸發具有顯著的影響。這主要是因爲同學會所營造的環境幾乎涵蓋了前述各種啓動容貌焦慮的機制，從而成爲一個綜合性提高容貌焦慮的壓力源。在這些場合中，參與者常常面對來自同儕的比較壓力，以及對過去印象的重建需求，進一步加深了對自我形象的焦慮。由於社會比較的強烈存在，同學會提供了一個特別的情境，使得個體在社交互動中對外貌的關注與評價被放大，成爲研究容貌焦慮的重要場域。

第七章

容貌焦慮標的：身形的自我評估

↗ 女性身形意象之評估：自信與不滿之碰撞
↗ 男性身形意象之評估：自信與不滿之碰撞
↗ 身形評估後之因應消費

數位時代的容貌焦慮與消費
——性別、老化與社群媒體

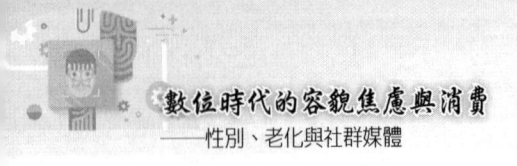

在瞭解了容貌焦慮的相關元素與啓動時機之後，受訪者也針對自身狀況分別陳述了讓自己備感焦慮或滿意的身材或外貌特點，並針對自身的身材與容貌加以分析，對於瞭解消費者是如何看待及評估自身容貌與身材，本章節提供了豐富的素材，從訪談實錄中也發現在對於自我身材評估的部分，男性與女性滿意或不滿意的部分有相當大之差異，因此在以下分析時，以性別做爲區隔因子，首先進行女性身形意象之陳述與統合，第二節再針對男性的部分加以陳述與整理，並分別根據此部分的訪談結果進行命題發展。

一、女性身形意象之評估：自信與不滿之碰撞

大部分受訪者對自己的身形意象皆有不大滿意之處，但由不同性別的受訪者之訪談內容可發現，男性與女性對於身形意象的滿意與否及針對之特點相當不同，顯見男性與女性所採用之審美觀點，有相當大之差異，由此可見審美標準在性別上之分化相當明顯。許多男性抱怨的問題，幾乎不會在女性對自身的不滿中出現，例如：手臂太細。因此以下先就女性而言，探討其所在意與不滿意之部分，與第二節男性的觀點相較，則可明顯呈現兩者在意之處的差異。

另外，雖然訪談時受訪者皆分別陳述了自己滿意與不滿意的身形特性，但由於秉持著一貫的審美觀點，因此大部分對身形的評估仍是整體的描述，因此以下的摘錄也儘量將受訪者滿意與不滿意之特點同時呈現，以維持受訪者思考與評估時的整體感。

第七章 容貌焦慮標的：身形的自我評估

(一)纖細的手臂線條

對女性受訪者而言，手臂線條的纖細會是讓其感到滿意的部分，有幾位受訪者皆提到類似的看法。

> 整體而言，我對自己身材是不滿意的。不過也有滿意的地方啦，我最滿意手臂，因為我手臂比較沒有贅肉，也蠻修長，看很多人都有蝴蝶袖，我都沒有，就覺得蠻不錯的。最不滿意的是腿跟肚子，因為總覺得腿有點粗，腿型也不太好看，而肚子跟現在很多女生比也太胖，一堆贅肉，我希望能達到腿又直又細又白，但也不要像竹竿，最好是看起來有在運動，勻稱的腿，腰也希望達到有點馬甲線的身材，至少不要看起來都是脂肪，希望整個人看起來是健康、散發活力的，不是看起來死氣沉沉的。
>
> F2-19yr

> 身材的話……還算滿意吧！若是說到最滿意的部分應該是四肢細長。最不滿意的部分，我會說是太乾扁。那說到這個滿意四肢細長的原因，我會覺得是因為常常聽到有人羨慕我的手腳細，自己喜歡的穿搭風格也剛好和這樣的體型很搭的樣子。然後如果說到不滿意太乾扁的原因，是因為我是比較吃不胖的體質，從側面看非常的乾扁，不太健康，也常常會被說看起來太不健康了。我是希望可以看起來是健康的瘦，而不是讓人覺得這個人好像生病了。因為瘦的關係，我也沒有什麼胸部，很慘，雖然這是事實，但有時聽到別人拿這點對我開玩笑，還是會不由自主羨慕有胸部的人。
>
> F4-23yr

數位時代的容貌焦慮與消費
―― 性別、老化與社群媒體

> 我不滿意我的身材耶。好啦！也有滿意的地方，但整體而言是不滿意的。我最滿意的是手腕纖細，因為我個人覺得手細細的樣子是好看的，我喜歡骨架小的感覺。而我最不滿意的是我的腿，因為我覺得我的腿不夠長，在比例上是很不好看的，就算我再怎麼瘦也還是看起來腿很短。對我來說腿很短就是一件不好的事情，但我又改變不了，而且在穿衣服上，還會感覺好像褲子拉太高，感覺很笨拙，無法補救，而且是完全致命的，這就是我不滿意的部分。其實我並不是特別希望身高很高，但我期待的身材是腿長、腿很筆直，而且身材必須是端正的，所以不能長短腳，還有骨架小，至於胖瘦其實我並不是特別在意。
>
> F7-28yr

> 我對身材並不是特別滿意，我個人是梨形身材，也不是特別瘦的女生。我的大腿根部很粗，上面肉肉的，而且也有小腹跟蝴蝶袖，身材最滿意的部分可能是下手臂，因為不論我的胖瘦，我的下手臂看起來都是細的。最不滿意的部分應該是大腿，因為大腿真的滿粗的。但是對於能夠達到什麼樣的身材，我也沒有明確的想像，可能覺得大腿再瘦一點就好，不需要到太瘦，只要勻稱然後沒有很明顯粗的地方，對我來說足矣。
>
> F5-24yr

第七章　容貌焦慮標的：身形的自我評估

(二)身高、體重、比例、體脂

在當前社群媒體發達，網路上充滿了許多「瘦即是美」的審美觀之壓力下，也有許多受訪者對於自身身形的抱怨是不夠瘦。甚至有受訪者提出，沒有對特定身形有強烈不滿意，但若能再瘦三到四公斤，她覺得全身都會更好看的說法。與此類似，但切入觀點較不同的是，也有幾位受訪者提到，他們並不在乎體重數字，與體重相比，更重要的是「比例」要好，對這些受訪者而言，所謂好的比例，當然也是偏高眺勻稱型態的比例。

> 對自己身材不太滿意耶。不滿意的地方是希望自己可以再瘦一點，但希望是有運動線條的瘦，希望是更健康的，因為比較不常運動，所以體脂比較高，羨慕有肌肉但線條漂亮的女生，但也知道是她們努力運動而來的，所以不太會因為這樣否定自己。滿意的部分應該是身高，就我自己的審美而言，不過高或過矮，平時穿衣服不會太困擾褲長的問題，所以算滿意，另外滿意的部分還有比例，雖然腿不是特別長，但整體比例而言是滿意的。
>
> F3-29yr

> 目前對自己的身材還算滿意，雖然不高但蠻瘦的。最滿意的部分可以說是整體比例蠻好的，我是說身體跟腿的比例，這樣在穿搭上面，比較不用顧慮太多，像是考量怎麼穿更能顯得腿長這種問題。最不滿意的應該是身高不夠。
>
> F19-19yr

> 嗯，現在算是我比較偏胖的時候，所以應該是不滿意吧！我不知道該怎麼說，就是我再瘦個三至四公斤的話，旁邊的人其實看不大出來哪裏瘦，但大家就都會稱讚說：妳看起來氣色好好喔！所以不滿意的點，大概就是全身都有點胖吧！但你要說身材上滿意的點，好像也是雖然有點胖，但胖得很均勻，我沒有什麼嚴重的小肚子或大屁股……胸部也還蠻剛好的，所以，雖然我對自己的身材不滿意，但怎麼講呢，我還蠻喜歡自己的身體的耶！不知道你懂不懂那種心情？就是覺得挑不出太嚴重的毛病，而且還蠻感恩就是只要瘦一點就好看了！我會這樣說是因為，有些人就算瘦一點，可能也還有很多有的沒的，例如：人很瘦，但卻有小肚子那種……但我沒有，所以就覺得蠻不錯的，哈哈。
>
> F30-45yr

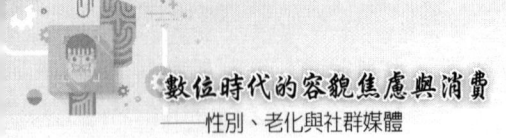

第七章　容貌焦慮標的：身形的自我評估

> 目前不太滿意。但最滿意的是腰，因為我的腰線不太會因為體重而產生變化，就算發胖也不會胖在腰上，而且線條也蠻流暢。你看我生小孩後，也還是有腰，這實在讓我太感恩了。最不滿意的是身上的肥肉，因為體脂率太高，讓體能變得很差，皮膚狀態也不好，身體也容易感到疲勞，穿搭的選擇變少，不容易買到合身的衣服。因此我希望可以讓體脂率降到28以下，腹部和臀部的肉可以更加緊實。
>
> F14-38yr

除了體重、比例之外，多數女性受訪者也相當在乎自己的身高，幾乎都是認同愈高愈好的標準，大部分受訪者皆不滿意自己的身高，認為自己夠高，對身高滿意的，則都是因為身高相當高。除了某一位受訪者有提到，非常滿意自己的身高是因為「與平均身高一樣」，亦即不追求過高，僅追求中間值，使自己的身高和他人比較時，不會太矮也不會太高。

數位時代的容貌焦慮與消費
—— 性別、老化與社群媒體

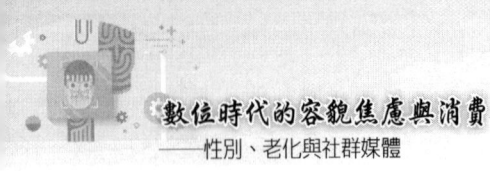

> 不知道該說滿意還是不滿意，普通吧！說到最滿意的部分是身高，因為至少差不多為台灣女性平均身高，身邊常常有比較矮的女生朋友，站在一起就會比較突出，腿長一點跨步的距離也比較大。最不滿意的部分是較為肥胖，因為不是那種纖細的身材，臉看起來腫腫的，導致整個人看起來偏胖，很多好看的衣服也無法撐起。我有期待中的身材，因為我目前身高一百六十左右，希望體重四十八公斤，整個人看起來纖細，可以穿得下漂亮衣服。所以就是個比例問題。
>
> F6-34yr

> 最滿意的是自己的身高！雖然女生一七二常常被說太高，但我和自己喜歡的演員身高一樣，所以非常自豪！哈哈！比較不滿意的地方可能是腳掌比較大吧！……小時候常常被家人說腳長太大，鞋子不好買，上游泳課什麼的會擔心被同學問。但現在已經沒那麼在意了。身高比別人高的話，腳比別人大感覺也是理所當然的！哈哈哈！本來希望可以跟正常女生的腳差不多大就好了，不然喜歡的鞋子都沒有可以穿的size。
>
> F21-23yr

> 不滿意，我沒有什麼滿意的部分，不滿意倒是一大堆。不滿意自己的身高，非常矮，你看也知道，我不到一五五公分，體重很重，腳也很短，雖然不到過重，但絕對不算多數人眼中的「瘦」。我希望自己能長高一點，雖然來不及了，但希望自己身高至少有一百六，BMI約十九至二十，不用太瘦，至少穿衣服不會太局限。現在我的身材真的穿什麼都不行，看起來一點也不精緻，跟朋友拍照很吃虧，但身高真的沒辦法改，而且我覺得身高太矮又太瘦看起來很像小孩，但太矮只要一胖就真的很胖……很難拿捏。
>
> F11-27yr

(三)健康、陽光、成熟的肌肉線條

除了較為單一、和社群媒體主流鼓吹的審美標準較一致的審美觀之外，也有受訪者提到較為不同的看法。崇尚陽光、健康、成熟的感覺，不希望自己呈現病態過瘦的「幼態美」，因此不喜歡自己太過纖細，希望自己骨架再大一點，並且更有肌肉線條一些。

> 我對於自己的身材還算滿意，特別滿意的部位是上肢的肩頸部和背部，比較直立有線條，我偏向於梨形身材，再加上我平時習慣久坐，造成下肢比較肥胖，但是我聽聞臀腿部位粗其實對於核心訓練有幫助，能夠比較穩定，所以後來開始運動增加下肢力量，期待能夠達成有肌肉線條的身材。
>
> F8-39yr

> 嗯嗯！我是滿意的。最滿意的是腿，但我覺得我的手臂跟肩膀可以更強壯一點。……因為我很喜歡穿背心跟洋裝，如果我的骨架再大一些，比較可以撐起來這些衣服，而且我覺得骨架太小，有種「幼態美」的感覺，但我不是很喜歡。我期望的身材是健康、陽光、成熟的，那種看起來很有線條的身材，因為我自己很喜歡健康的身體線條。
>
> F20-21yr

> 還算滿意吧！如果不在乎外界的眼光的話。最滿意的部分，其實還好，沒有太不滿意的，但也沒有特別滿意的，硬要說的話就是蠻健康的吧！……雖然不是特別纖細高躯，不過因為蠻喜歡運動的，所以有點肌肉，以後老了可能比較不容易肌少症。最不滿意的部分，可能是身高吧，雖然不是特別矮到很誇張，但真的也是有點偏矮，如果可以高一點的話，身材比例看起來也會比較修長，也比較不會看起來很小隻，不過看起來目前我這個年紀，身高還要長高是比較沒有希望，只能靠穿搭去改善看起來的感覺。
>
> F23-22yr

第七章 容貌焦慮標的：身形的自我評估

> 我覺得要看情況和場合。在家裏只有我一個人時，我對自己十分的滿意，沒有任何問題。但是只要一想到現在的女生都追求纖瘦的身材，就會開始覺得自己太胖；看到社交平台上鼓吹突出的鎖骨，就會開始覺得自己肩頸不好看；看到路上有時髦的女生都很修長，就覺得自己太矮。我也因為我姐姐覺得自己腿太粗，才讓我也開始注意自己的腿的粗細。我覺得這個真的很看周遭的環境和我接收到的資訊。
>
> F13-43yr

(四)女性身體意象之滿意與不滿小結

根據前述訪談結果，各受訪者的訪談簡單整理於下面兩張表，從**表7-1**可見每一位受訪者對於自身身形的滿意與不滿意之處，而**表7-2**則是統整了所有女性受訪者的回答，依照最頻繁被提及的不滿意部位為順序，加以整理的表格。可從兩張表的內容得到女性對自身身體意象的評估。

從**表7-1**中可得知，當提及自身身材時，大部分女性普遍仍是不滿意居多，幾乎全數女性對自身的滿意點，都只有一項，甚至有受訪者對自己的身形完全沒有滿意的部分，而不滿意的部位則多數有兩項以上。

至於女性對自己身體的滿意與不滿意主要集中在以下各方面：在滿意的部分，多數女性受訪者普遍認同手臂和腿部的線條，並對自身的手腕、肩膀和整體比例表示滿意，特別是在瘦身的女性中，

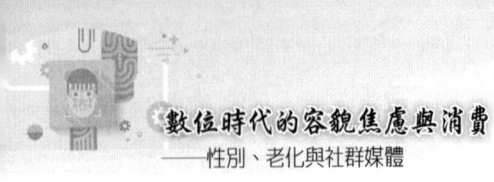

表7-1 女性受訪者身體意象統整表

受訪者	年齡	滿意部位	不滿意部位
F5	24	下手臂（不論胖瘦都顯得纖細）	大腿（根部粗，上方有贅肉）、肚子（有小腹）、蝴蝶袖（上手臂有贅肉）
F2	19	手臂（沒有蝴蝶袖，修長纖細）	腿（粗且腿型不佳）、肚子（脂肪多，贅肉明顯）
F4	23	四肢細長（被羨慕，和喜愛的穿搭風格很搭）	身材乾扁（側面看起來過瘦，顯得不健康）、胸部（小，常被開玩笑）
F7	28	手腕纖細（骨架小，看起來纖細）	腿（過短，比例不佳，顯得笨拙）
F3	29	身高（適中，穿衣不需擔心長度問題）、身體比例（整體勻稱）	希望更瘦（有運動線條）
F19	19	身體比例（上下身比例佳，穿搭較方便）	身高（不夠高）
F8	39	肩頸部和背部（線條良好）	臀腿部（下肢較粗，影響身材穩定）
F6	34	身高（略高於平均，穿衣方便）	臉（腫腫的，顯得人偏胖）、身材比例（希望整體看起來纖細）
F11	27	-	身高（不到155cm）、體重（偏重）、腿短（比例不佳）
F13	43	在家時滿意（不在意外界審美標準）	胖（社交平台影響）、肩頸（鎖骨不明顯）、腿（受姐姐影響，開始在意腿的粗細）
F14	38	腰（線條流暢，體重變化少）	肥肉（體脂率高，影響體能和外觀）、體脂率（希望降到28以下）
F20	21	腿（纖細修長）	手臂、肩膀（骨架偏小，不足以撐起穿搭風格）
F21	23	身高（172cm，與喜歡的演員相同）	腳掌（偏大，買鞋較不方便）
F23	22	健康體態（喜歡運動，有肌肉）	身高（偏矮，比例顯得較小隻）
F30	45	胸部（適中，雖胖但均勻）、無嚴重問題	全身稍胖（體態偏胖，但均勻）

第七章　容貌焦慮標的：身形的自我評估

這樣的身材特徵通常被視為理想。這表明女性在自我評價中，對於手臂和腿部的纖細感受到認可，反映了當代社會對於女性身材的偏好。

然而，在不滿意的方面，受訪者普遍提到的大腿、腹部以及整體身高的不足，顯示出女性對於身體形象的焦慮。特別是對大腿粗壯部分，受訪者沒有人對自己的大腿滿意，而對大腿粗細程度不滿意則是最多的，揭示了社會對女性身材的刻板印象，尤其是在追求纖細形象的背景下。此外，許多受訪者表示，對自己身高的不滿意使她們感到壓力，這顯示出社會標準對女性自我認知的影響。

表7-2　女性身體各部位之滿意度

身體部位	滿意受訪者（編號）	不滿意受訪者（編號）	不滿意受訪者數量
大腿（粗）	-	F5（粗），F2（腿粗），F7（腿短），F4（腿型不好），F30（腿粗）	5
身高	F19，F21	F11（矮），F2（身高不夠），F3（身高不高），F6（身高偏矮）	4
腰部	F14	F2（脂肪多），F14（腰部肥肉）	2
胸部	-	F4（胸部不夠），F2（胸部脂肪多）	2
手臂（蝴蝶袖）	F2，F4，F20	F5（手臂有贅肉），F8（手臂不夠強壯）	2
腿部比例	F3	F7（腿短比例不好），F14（腿的比例不好）	2
全身比例	F3，F19	F2（全身比例不好），F11（全身胖）	2
上肢（肩頸部）	F8	F13（肩頸不好看）	1
小腹	-	F2（小腹贅肉），F14（腹部脂肪多）	2
手腕	F2	F7（手腕不夠纖細）	1
背部	F20	F11（背部肥肉）	1
部	-	F6（臉腫腫的）	1
體脂率	-	F14（體脂率高，影響健康）	1

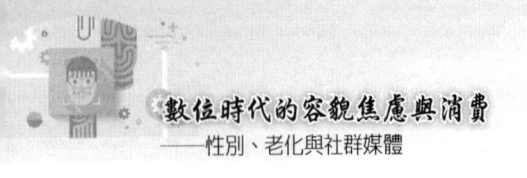

二、男性身形意象之評估：自信與不滿之碰撞

男性受訪者和女性受訪者在滿意與不滿意的部分有少許雷同，但更多的是差異。在男性受訪者的回答中，不若女性經常提到讓自己滿意的「纖細感」，男性受訪者滿意或不滿意的部位雖然也是遍布全身，但最主要還是環繞著「是否具有肌肉線條」此一主題。然而無論男女，對於「身高及比例」的重視成為一個顯著的共同點，顯示出不同性別對理想體態的共同需求。

(一)肌肉線條之強調

對男性受訪者而言，肌肉線條的是否顯著與優美會是讓其感到滿意的部分，幾乎大部分的受訪者皆有提到類似的議題，雖然所在意的身體部位不同，所提及的部位相當廣泛，例如：胸部、腹部、腿部、手臂等等，但都會特別提及肌肉線條是否流暢或明顯。在滿意的部分，往往提及其對於某部位的肌肉線條滿意，而不滿意的部分，則是因該部位缺乏肌肉或是線條不好看。

第七章　容貌焦慮標的：身形的自我評估

> 還算滿意，滿分十分的話，我自評約七分。最滿意的部分是臀部，我努力透過健身讓臀部更翹。不滿意的部分是腹部和胸部，希望胸肌可以更大，看起來比較性感。也希望沒有小腹，如果有六塊肌、人魚線最好，「前凸後翹」一詞就是我想像的理想身材，哈哈！不是女性那種，是男性的前凸後翹。
>
> M10-45yr

> 我對我目前的身材算是感到滿意吧。滿意的地方是我的身材應該是算適中，不偏胖也不偏瘦，不滿意的地方大概就是小腿有點細吧，我希望能夠小腿再結實一點，這樣整體的比例會好很多，如果可以的話，也希望胸肌更加強壯一點。
>
> M16-32yr

> 尚可接受。最滿意的是整體身形跟比例，但不滿意腿的部分。……我認為自己的腿肌肉分布過於集中，小腿內側肌肉鼓起，並且摸起來又硬又厚實，過於粗壯，就像蘿蔔腿一樣凸出一塊。雖然這是「肌肉腿」，並非脂肪堆積的「水腫腿」，還是看得不是那麼喜歡。我期待自己的下半身能更加修長，小腿形狀好看一點，這樣夏天穿短褲起來才會更有自信。
>
> M18-33yr

> 我對身材還不算滿意。最滿意的是肚子沒有太多贅肉。不滿意的部分是腿和手臂。……我期望能達到一般有運動習慣的人的身材，有明顯肌肉線條、肌肉量的樣子。因為我的腿和手臂都有點太細，常常被當作沒有運動習慣的人，但可能是我吃太少或消化系統功能較差，因此吸收比較差，所以我希望能增加更多肌肉，讓我的整體身材看起來更健康。
>
> M27-22yr

> 我對自己的身材總體來說還算滿意，最喜歡的部位是我的手臂，因為之前有一陣子很喜歡去攀岩，所以我覺得手臂的肌肉有鍛鍊到，看起來比較紮實，所以我平常也喜歡穿無袖的上衣，露出手臂的部分。最不滿意的部分我覺得應該是身高和腿長。……因為我覺得自己的身高不算是很有優勢，大概一七五左右，相較於同齡人來說雖然不會太矮，可是在穿搭上就需要多考慮身高的限制，腿長的部分是我覺得我的身材比例沒有到很好，腿偏短一點，所以如果能夠讓我的腿再長十到二十公分，我覺得會讓我對自己的身材更加的滿意。
>
> M28-26yr

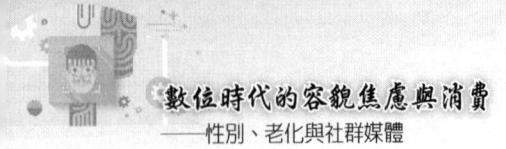

第七章　容貌焦慮標的：身形的自我評估

> 我對自己身材尚算滿意，其中最滿意之處為腿部，最不滿意之處為小腹。……前者因為長期具有運動習慣，我長期在登山，故腿部整體肌肉較為結實、具有線條感；後者則係因為相較之下是肌肉較不明顯的身體部位，故較不滿意。對於不滿意部位期望能達到小腹較為平坦，且具有稍微肌肉線條的狀態，且全身其他部位的肌肉線條亦可更加明顯。不過其僅為單一部位，故對於自身身材整體而言尚算滿意。
>
> M29-40yr

> 最滿意手臂至手指。……我的手臂至手指，肌肉很均勻，線條算是不錯，很多人有說過我手指好看，我覺得男生的手好看，好像也是一種魅力，哈哈，自己說的。
>
> M22-23yr

> 不滿意。最不滿意的地方是腿吧！最滿意的地方可能是屁股，因為跟大部分一般人比不算太扁。不滿意的地方是腿，大概就是這樣。……因為我覺得我自己太矮了，腿很短，而且不像很多矮矮但瘦瘦的人，雖然腿不是很長，但至少可以直直又有肌肉的，穿什麼樣的褲子都好看。我的腿是屬於不均勻的，然後還有點X型腿，褲子就很吃版型比例，沒辦法穿合身的褲子，會看起來變很胖、比例很差，加上因為之前受傷，有一些疤痕的色素沉澱，有時候看到就會很在意。我希望我的腿可以又長又勻稱，又有一點肌肉，然後比例好看、直直的。……另外，也希望胸肌可以明顯一點，我腹肌不大練，卻有，胸肌練很多，卻一直沒有，不知道為什麼。
>
> M17-22yr

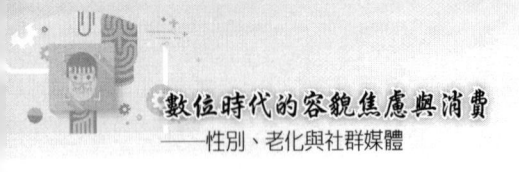

(二)體態臃腫與肥胖之關注

除了特定部位的肌肉線條之外，男性受訪者在乎的另一大宗元素，主要聚焦於體態的整體肥胖與否。雖然男性較不追求女性受訪者所在意的纖細感，但仍然對於身上過多脂肪處，頗為在意。這和前面提及肌肉線條的部分也有其相呼應之處，但關注此部分的受訪者，多半更重視的並非肌肉線條，而是對於身上某些部位臃腫肥胖的不滿意，也有提及肥胖造成健康疑慮等因素。

> 身材的話，我不算太滿意，但還可以接受。因為相較於自己曾經有過的體態，現在算是增胖許多，但以外界標準來看，應該算是標準身材。……最不滿意腹部。另外，不滿意肚子是因為，認為自己的腹部相較於其他器官或說是身體部位，較為有肉、有脂肪、較凸的。應是內臟脂肪過多所致。希望能夠減少內臟脂肪，擁有更為纖細、有曲線的腹部。亦即有更瘦的腰圍、腰部。若可以擁有更多肌肉更好。
>
> M22-23yr

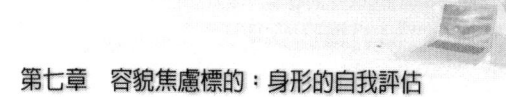

第七章　容貌焦慮標的：身形的自我評估

> 我小時候非常的胖，也因此國小時成為被霸凌的對象，甚至曾被關在廁所，就算到現在這麼久了，還是有點陰影，這使得我對自己的身材一直以來都不是很滿意。當然我知道這也是我自己的問題，因為我不是很喜歡運動，不過我目前的BMI算是在適中範圍，但還是有肚子。老實說，我對自己的身材沒有滿意的部分，最不滿意的應該就是腹部吧，找不到方法可以減，我也希望擁有腹肌，但又一直沒有動力督促自己去健身房訓練，這輩子應該不太可能成為肌肉男了吧！
>
> M12-42yr

> 我應該算是稍微不滿意吧！最滿意的話應該是會想要透過裸露出更多的肌膚部分給他人觀看，並且會因此而得到大量自信；最不滿意的標準應該是指完全不想讓任何人看見自己身體的任何部分，而可能選擇穿著厚重的外衣或是口罩、帽子等遮蔽。……我認為我目前體脂仍然有點偏高，有時會不願意讓他人看見自己的身材（例如在海邊的時候），希望有朝一日可以達到能看到腹肌的程度。
>
> M24-27yr

> 我對自己的身材不是很滿意,所以並沒有最滿意的地方,頂多只能說是沒有意見而已。……最不滿意的地方是我的腰跟腹部,雖然我的BMI屬於正常範圍,但我的內臟脂肪和體脂率都偏高,是泡芙人的身形,因此肚子很大,沒辦法穿太緊身的衣服,覺得自己看起來像河童,因此我對於自己身材的期望,就是能夠把腹部減下來,除了可以讓穿衣服的選擇更多,在戶外場合也不會覺得彆扭。
>
> M26-37yr

> 不滿意,原因不是身材曲線不好,而是我更在意健康,像是我最近被檢查出糖尿病前期,但我不胖啊,為何糖尿病找上我?因為生活習慣的關係,我很瘦但沒健康,沒有傲人曲線,我也不會去追求身材,因為沒錢去健身房,錢都要拿去洗腎。
>
> M15-36yr

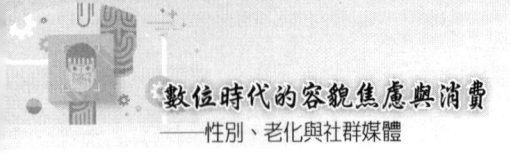

(三)身高與比例之考量

和女性相同,男性受訪者對於「身高」和「比例」具有高度重視,尤其在視覺效果和外觀滿意度的影響上更為顯著。多數男性認為,身高較高能增強個人自信,也更符合他們對理想外貌的期望。此外,比例協調對男性而言具有直接的吸引力效果,對於腿部或身形的長短、對稱性,以及四肢或體態的整體和諧度,均是受訪者關

注的核心。比例在男性自我形象中的重要性，顯示了他們對優化身材的具體偏好，尤其是對如何達到「高䠷」身形的執著。

> 我覺得比例真的很重要，男生其實高就帥了，如果沒有夠高，那好歹腿要長，比例要好一點。有一次我看到一個外國男生，穿長大衣，覺得很帥，我當時很沮喪，覺得自己無法穿長大衣，因為太矮了，但後來我發現，那個外國人，只是看起來很高，但其實根本就和我一樣，大概一百七左右吧！可是他腿超長，那就是比例好，所以才會讓人覺得他很高。
>
> M17-22yr

> 我最滿意我的比例，因很多人說我有一百八，但其實只有一百七十幾。我也常保持運動與飲食的習慣，以避免自己沾上肥胖的症狀。……如果説不滿意的部分，應該是肌肉。很多人要求男性都該有肌肉，但我認為比例好看最重要，雖有時會覺得有一點太弱。我個人其實沒有期待要有什麼樣的身材，只要不肥胖即可。若能變成精壯型的身體，也是不錯的選項。
>
> M25-30yr

> 整體而言的話，勉強可以啦！滿意的……至少沒有重大缺陷吧。我最不滿意自己的就是腿長，我身高只有一六八，但這麼矮好歹腿也長一點吧，也沒有，大概就是五五身，胖一點就很矮肥短，然後胸肌瘦的時候跟著不見，胖的時候也沒多大。我是不指望自己能有像模特兒或健身教練的身材啦，但因為我矮，至少不要胖，可以無畏地露出平坦肚子就好了，腿也細細的就好了。不過因為我很愛吃，只好多運動，現在看起來腿滿壯的，肚子卻還是肉……唉唉！
>
> M9-33yr

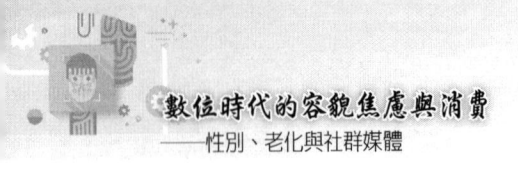

(四)男性身體意象之滿意與不滿小結

根據前述訪談結果，各受訪者的訪談簡單整理於下面兩張表，從**表7-3**可見每一位受訪者對於自身身形的滿意與不滿意之處，而**表7-4**則是統整了所有男性受訪者的回答，依照最頻繁被提及的不滿意部位為順序，加以整理的表格。可從兩張表的內容得到男性對自身身體意象的評估。

從**表7-1**中可得知，當提及自身身材時，和女性雷同，大部分男性普遍仍是不滿意居多，幾乎全數男性對自身的滿意點，都只有一項，甚至有受訪者對自己的身形完全沒有滿意的部分，而不滿意的部位則多數有兩項以上。

至於男性對自己身體的滿意與不滿意主要集中在以下各方面：在滿意的部分，與女性不大相同，男性並沒有特別集中於對何者部

第七章 容貌焦慮標的：身形的自我評估

位感到滿意，至多是在身形比例上，滿意的人較多。

表7-3　男性受訪者身體意象統整表

編號	年齡	滿意部位	滿意原因	不滿意部位	不滿意原因
M15	36	無	更在意健康	體重與健康	雖然不胖，但健康狀況欠佳，生活習慣導致糖尿病前期
M16	32	整體比例	不胖不瘦	小腿、胸肌	小腿希望更結實，胸肌期望更強壯
M17	22	臀部	不算太扁平	腿部、身高	腿短不均勻，腿部有疤痕，X型腿影響美觀，身材比例不好
M18	33	整體比例	腿部結實	小腿肌肉	肌肉集中，蘿蔔腿影響美觀
M22	23	手臂、手指	肌肉均勻	腹部、腰部	腹部內臟脂肪過多，腰圍不夠纖細
M24	27	身材比例	顯高	體脂比例	希望體脂率降低並能顯現腹肌
M25	30	整體比例	維持運動習慣	胸肌	希望增強肌肉，更具強壯體態
M26	37	-	-	腰部、腹部	泡芙人身形，內臟脂肪和體脂率偏高
M27	22	肚子	沒太多贅肉	腿、手臂	希望增加肌肉量，以改善整體健康外觀
M28	26	手臂	攀岩鍛鍊	身高、腿長	覺得腿短、身材比例不佳，身高影響穿搭效果
M29	40	腿部	運動鍛鍊	小腹	小腹缺乏肌肉線條，希望更平坦
M12	42	-	-	腹部	小時肥胖被霸凌影響自信，期望擁有腹肌
M10	45	臀部	健身鍛鍊	腹部、胸肌	希望擁有更大的胸肌和六塊腹肌，追求男性理想身材
M9	33	-	-	腿長、胸肌	身高較矮，腿不長，肚子有贅肉影響穿搭效果

119

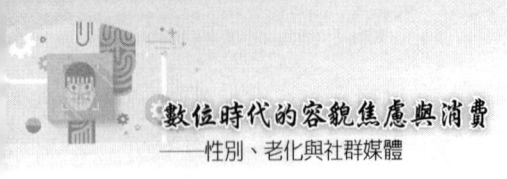

然而，在不滿意的方面，可從**表7-4**發現，男性呈現與女性截然不同的樣貌。最多男性受訪者不滿意的部位是胸肌，這是女性受訪者幾乎都沒有提到的部分。而腹部肌肉或小腹問題，也是男性相當重視，並有所不滿意的部位，此部分和部分女性受訪者相同。至於小腿、腿長、身高頻繁地出現在男性受訪者的訪談實錄中，由此也可見身高、比例相關議題對於男性而言，也是相當重要的。總體而言，男性對於身體形象的關注集中在肌肉線條、比例及健康體態，特別是在核心和四肢部分，呈現肌肉結構及身體比例在男性形象中具備重要地位。

表7-4 男性身體各部位之滿意度

身體部位	滿意受訪者（編號）	不滿意受訪者（編號）	不滿意受訪者數量
胸肌	-	M16，M17，M25，M10，M9	5
腹部	M27, M10	M22，M26，M29，M12，M9	5
小腿	-	M16，M17，M18	3
體重/健康	-	M15，M24，M26	3
腿長	-	M17，M28，M9	3
身高	M25	M17，M28，M9	3
體脂率	-	M24，M26	2
腰部	-	M22，M26	2
手臂	M22，M28	M27	1
臀部	M17，M10	-	0

第七章　容貌焦慮標的：身形的自我評估

三、身形評估後之因應消費

從前幾節整理可發現身形評估之後，消費者若產生了焦慮，也有可能會反映在實際的消費作為上，消費者因應身型不滿處之策略與作為其實相當類似，但仍可依照主動性與被動性分為兩大類。第一類消費者自主健身與運動，比較類似由消費者個人規劃與發起，通常和生活作息相結合，屬於比較自主執行的模式。第二類參加專業課程與規劃，則是仰賴專家課程或醫療介入來處理自身的身形問題，相較於第一類較少花費，第二類專業課程的消費則較高，但通常也有較嚴謹的規劃，以下消費者訪談實錄，可比較兩者之不同。

(一)自主健身與運動

不少受訪者選擇透過運動來改善身形，增強體態的自信。例如F6每天放學後堅持健身房運動一小時，雖然過程中感到疲累，但運動後的成就感支撐了她的習慣。M18表示曾透過跑步和重訓來調整小腿肌肉的分布，希望讓腿部線條更好看。飲食調整也是部分受訪者的重要策略，例如，M28加入減糖飲食與生酮飲食社團，透過學習簡單的飲食搭配來維持身材。這類行為表明，容貌焦慮促使受訪者探索更加經濟且日常化的體態管理方法。

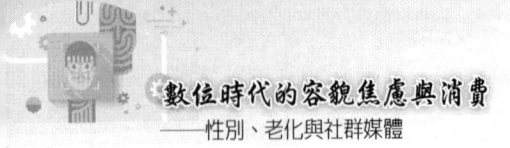

> 因為有點微胖，每天下課都會去健身房運動個一小時左右，雖然去的當下覺得很麻煩、很累，但堅持去運動完後都會覺得很值得！
>
> F6-34yr

> 剛剛有說過，我對自己粗壯的腿很沒有自信。因此，我曾經有非常長的時間，透過跑步跟重訓來拉伸我的小腿肌，讓它的分布好看一些。
>
> M18-33yr

> 身形部分，我勤勞上健身房，每周運動約三次，自主訓練來維持體態。外表部分，我比較沒那麼積極，偶爾會使用精華和乳液的保養品。就是之前我提到朋友贈送的產品，但我僅使用最基礎的保養品，之前有敷過一次臉，覺得好濕，不舒服。
>
> M10-45yr

> 我沒有報名什麼健身課程，但我有加入一些減糖飲食或生酮飲食的社團，從裏面瞭解到簡單的飲食搭配，就可以幫助自己維持身材。
>
> M28-26yr

第七章　容貌焦慮標的：身形的自我評估

> 除了健身課外，我沒有進行過任何上面所描述的活動，我會選擇健身課的原因也和常保青春無關，目標是為了增加自己的肌肉，並期待透過這些課程改善自己的健康。……因此從這方面來看的話，常保青春或許是一個附加的好處，目前我從事健身活動已經快兩年，雖然體脂肪的下降和肌肉量的上升速度緩慢，但一切都朝著好的方向在走，也感受到自己的體能相較疫情期間有明顯的進步，因此我認為進行健身活動是有幫助的。
>
> M26-37yr

> 就健身吧。體力不好就常跑健身房，開始運動後期末熬夜真的也比較不累，心情不好也能透過健身排解。
>
> F11-27yr

> 曾在家做瑜伽，想說這樣會讓體態看起來比較好，很多人衰老之後體態也會不好，像是駝背，或是拖著腳走路，看起來很沒精神。好多老人看起來衰老之後都會縮小，有些甚至駝背駝到快九十度，所以我認為體態也是很重要的，正確的體態能從內而外散發活力。
>
> F2-19yr

(二)專業課程或醫療介入

　　一些受訪者表示，他們的體態管理不僅僅是為了外表，而是與

數位時代的容貌焦慮與消費
―― 性別、老化與社群媒體

健康目標相結合。F1曾購買健身房會員，雖然未達到瘦身效果，但認為固定運動讓她的健康狀態有了提升。M26報名健身課程近兩年，雖然目標是增加肌肉，但他也認為健身活動有助於改善體能，並提升健康狀況。

> 我曾經做過一些戶外運動，比方說登山健行、溯溪等等。我還蠻愛戶外活動的，或者是上健身課程。另外我也會購買一些保養品、防曬等來幫助自己能夠維持良好體態，展現最棒的一刻。
>
> M16-32yr

> 也有買過一年的健身房會員，希望讓自己的身材更有線條以及能瘦小腹……可是我後來太忙了，就沒有再去了，覺得有點可惜，是說當時也沒有特別瘦下來啦！就瘦身而言，大概是無效吧！不過就健康而言，那時每週都有固定運動，我覺得對身體狀況是有幫助的，也比較不容易疲累。
>
> F1-34yr

第七章 容貌焦慮標的:身形的自我評估

> 我很少買保養品,不過因為我的背上有生長紋,主要是之前太胖瘦下來的關係,有到皮膚科看診,醫生建議我用皮秒雷射,因此我有固定每周到診所做皮秒雷射,目前雖然還沒完全好,但也有顯著改善了。不過如果未來有機會的話,我會想要去做抽脂,雖然過程可能會有一點痛苦,但我想這樣可能也會讓自己比較好看,這樣也可以讓我的身體比較健康一點。
> M12-42yr

> 和一般大肌群的健身課比起來,我其實比較喜歡皮拉提斯,覺得更有意義。
> M22-23yr

這些分類清楚地顯示,消費者因應容貌焦慮的行為在方法上存在顯著差異。一部分人選擇透過自主運動來改善體態,這種方法不僅能提升健康狀態,也能減少對商業產品的依賴。例如,M26提到參與健身課程帶來的好處,不僅體現在體脂下降與肌肉量增加,更讓他在疫情後明顯感受到體能的改善。同樣地,F6每天在健身房運動,雖然過程疲累,但堅持後帶來的成就感讓她更加自信。還有F2,她透過瑜伽不僅改善體態,還希望防止隨著年齡增長出現的駝背等問題,這些選擇不僅著眼於當下,更考量到長期的健康與形象維護。

另一部分人則依賴專業醫療手段或美容產品,期望以更直接的方式快速達到目標。例如,M12透過皮秒雷射改善生長紋,並考慮進一步進行抽脂來精緻化身形,這些選擇反映出他對自身外貌有高

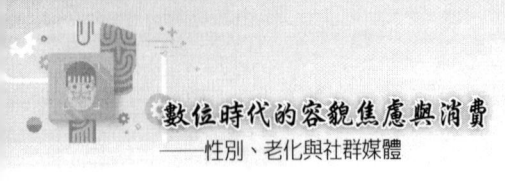

度要求。同樣地，M22每天使用面膜與面霜，希望延緩皮膚老化，甚至特別關注脖紋的改善，這展現了對細節的重視。F1則購買健身房會員，希望通過專業的環境達到瘦身和身材線條的目標，儘管未能持續，但健康狀況的改善仍然令人滿意。

綜合來看，自主運動更傾向於持久的努力與生活習慣的改變，而專業醫療和美容產品則強調快速見效與針對性解決問題。這些行為模式不僅反映了個人對美的不同期待，也展現了每位消費者在時間、資源與價值觀上的差異。

第八章
容貌焦慮標的：容貌的自我評估

- 女性容貌之自我評估
- 男性容貌之自我評估
- 容貌焦慮之因應消費

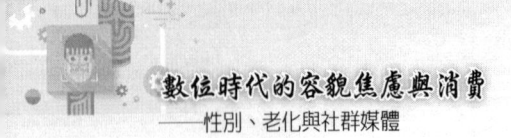

數位時代的容貌焦慮與消費
—— 性別、老化與社群媒體

在第七章中,主要整合與分析男性與女性受訪者在身材上的滿意與不滿意。而本章則是針對男性與女性在容貌上的自我判斷與評估加以分析。與身材評估相比,不論男性或是女性對於自身的容貌方面,都有更多的想法,不論是滿意或不滿意,皆能更詳盡地描述其所在意之處。雖然在容貌方面,男性與女性的歧異不若身材來得大,但為方便不同性別間之比較,分析上仍以性別加以區隔,以下第一節的部分,先針對女性受訪者對於自身容貌的看法,加以整理與分析,第二節則針對男性的部分,進行分析與整合。

一、女性容貌之自我評估

女性在容貌上的評估標的,幾乎環繞著「五官」為主,以眼睛、鼻子、嘴巴、牙齒等為大宗,除了五官之外,較一致被提及的則是「皮膚」。和身材方面的自我評估較為不同之處,在於身材方面的評估,受訪者對自身滿意之處較少,多半還是強調不滿意之處。然而在容貌方面,雖然大部分消費者也都提及了對某些容貌特點的不滿意,但滿意之處卻相當多,顯見容貌方面的審美標準較為多元,女性所受到的審美標準壓力,相對較小。例如:有受訪者提到對於自己的雙眼皮非常喜愛,反之,也有受訪者提到滿意自己的單眼皮。

(一)眼睛:靈魂之窗

在容貌的評估方面,不論滿意與否,幾乎全數的女性受訪者皆

第八章　容貌焦慮標的：容貌的自我評估

有提到眼睛，超過三分之二的受訪者是對眼睛感到滿意，而三分之一的受訪者則是不滿意。顯見在受訪者心中，眼睛、眼神所占之重要地位。以下訪談實錄中，雖然都是受訪者針對眼睛的評估，但可發現不論是審美標準還是關注細節，都有所不同，除了眼睛本身，與眼睛相關的睫毛、眼周細紋、雙眼距離等等也是女性關注的焦點。

> 我對自己的容貌算滿意的。最滿意的部分是眼睛和鼻子，因為常常被稱讚眼睛大、鼻子挺，像混血兒。
>
> F1-34yr

> 對自己的容貌我也是不滿意的。不過這當中，還是有滿意的地方，最滿意眼睛，因為比較大，眼睫毛比較長跟濃密，不大需要用睫毛膏。
>
> F2-19yr

> 滿意的部分是眼睛，因為喜歡自己的雙眼皮，看起來眼睛比較大、比較有精神，也不需要花太多時間畫眼妝，自己就蠻喜歡。
>
> F3-29yr

> 不滿意。我對容貌就是不滿意，也不是說沒有滿意的地方啦，先說滿意的地方，滿意的部分就是眼睛……至於滿意眼睛的原因，我覺得我的眼睛算大，是咖啡色的，這樣好像算是很特別。
>
> F4-23yr

129

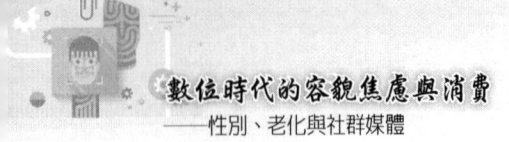

> 不滿意。就是不滿意,很直接吧!……最不滿意的是
> 單眼皮、眼睛很小。因為人的眼睛,大眼睛比較好
> 看、有神,從以前就會被別人嘲諷小眼睛,雖然知道
> 是玩笑,但就是會難過,而且上妝會吃不進去,遠遠
> 看甚至不知道是不是有張開眼睛。所以我的理想容貌
> 中,眼睛大一定是重點!希望眼睛變大一點,有想要
> 去縫個雙眼皮之類的,至少讓自己看來比較有神,但
> 我真的很忙,日子也就這樣過去了,有重要的場合,
> 只好靠化眼妝了。
>
> F6-34yr

> 我對自己的容貌,應該還是偏向「滿意」。我最滿意
> 的部分,是我的眼睛,因為我的眼睛是雙眼皮,而我
> 很喜歡雙眼皮,而且我知道很多人喜歡雙眼皮。在和
> 其他人比較的時候,有被稱讚過雙眼皮是好看的,我
> 也知道身邊有人動過割雙眼皮的手術,所以我覺得我
> 擁有某些人特別去追逐的東西,也可以說這算是滿足
> 了我的虛榮心。
>
> F7-28yr

第八章　容貌焦慮標的：容貌的自我評估

> 我對於自己的容貌其實是滿意的。最滿意我的眼睛，從小都會被身旁的朋友或家人稱讚，我的眼睛會笑很討喜……另外眼周可能是近幾年用眼過度，我覺得淚溝和細紋也變得有點嚴重，這是最近比較不滿意的部分。不過偷偷跟你說，其實我之前只是覺得，自己看起來有點「顯老」而已，根本沒有特別發現到底是哪邊在老，有時候還覺得就是太累了「氣色不好」而已，直到後來辦公室同事都在討論醫美，我才慢慢學到什麼是淚溝、什麼眼周細紋。
>
> F8-39yr

> 最不滿意的部分是自己眼距太開、眼位太高，整個人看起來就超級不精緻，沒辦法很著重畫眼妝，眼距開、眼位高真的注定當不了美女，化不了流行的妝，而且我臉還很大，就很糟糕。總之就是希望自己眼睛大一點，臉小一點，想要長得正常一點。
>
> F11-27yr

> 不過和別人比較起來的話，大致上也是不滿意，最主要是犀斗、痘痘、不均勻而黑的膚色、下塌的眼睛。……下塌的眼睛看起來很凶，有些人跟我反映過，我覺得這會阻礙我的人際發展，不容易陌開。
>
> F13-43yr

131

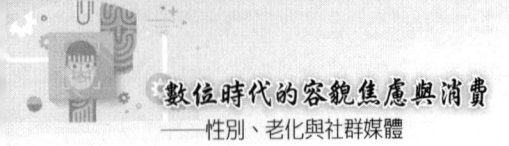

數位時代的容貌焦慮與消費
——性別、老化與社群媒體

> 還算滿意。最滿意的是眼睛,因為我的眼睛是單眼皮,雖然有人會因為自己是單眼皮而感到自卑,但我覺得單眼皮是我最有特色的特徵,具有一種古典的美感,搭配適當的妝容會顯得與眾不同。
>
> F14-38yr

> 對自己的容貌是蠻滿意的。最滿意可能是整體都蠻乾淨整齊的,特別是眼睛很大,感覺從小到大一直以來被稱讚的就是我的眼睛,又大又圓。
>
> F19-19yr

> 覺得可以更好的地方可能是……我的眼睫毛……因為太稀疏了……我覺得我的眼睛部分比較沒那麼明顯,可能泡泡眼加上內雙。因此睫毛不多的情況常常讓我看起來有點累、沒有精神。我期望達到的狀態是睫毛可以豐密一些,至少能夠撐起我的眼睛,讓他看起來炯炯有神。
>
> F20-21yr

> 眼睛……至少沒有太大的缺陷這樣。皮膚也沒有特別爛到需要常常就診,都還算是蠻健康的人,不過常常覺得長得漂亮的人,確實還是很多地方會比較吃香一點。
>
> F23-22yr

第八章　容貌焦慮標的：容貌的自我評估

> 對自己的容貌算是滿意吧！眼睛、眉毛、鼻子、嘴巴我都覺得蠻好看的啊！……我也很喜歡自己的眼睛，就是有一種溫柔的感覺，算是圓眼睛嗎？不過，現在算是有不滿意的地方，就是我的眼下。可能是老了，總覺得那邊很容易水腫，只要身體狀況差一點，或是熬夜，就會水腫，你現在看應該還是腫腫的……那個水腫讓我眼睛下線條有點奇怪，我希望身體可以再好一點，那個區塊可以不要水腫。
>
> F30-45yr

(二)單一標準下的差異：女性對理想鼻形的追求與自我認知

多位受訪者表達了對鼻子形狀的不同看法。部分受訪者認為鼻樑不夠高或鼻頭、鼻翼過大，影響整體美感。他們認為鼻子位於臉部中央，因此形狀對整體容貌有顯著影響。有些人甚至形容自己的鼻子為「蒜頭鼻」，且曾嘗試按摩等方法，希望改善鼻型。另一位則提到，鼻翼較寬使得鼻子在臉上顯得過於顯眼，希望鼻翼小一點會更美觀。不過也有受訪者對自己的鼻子線條相當滿意，甚至被誤以為曾整形，整體上，大家普遍認為高挺的鼻形更理想，顯見此方面的審美觀點仍相當單一，但各人對鼻子形狀的在意點有所不同。

數位時代的容貌焦慮與消費
——性別、老化與社群媒體

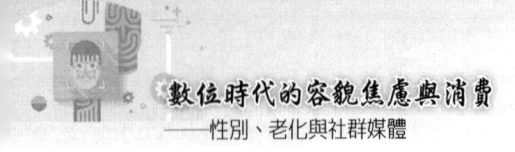

> 對自己容貌也不太滿意。不滿意的地方是覺得自己鼻子不挺,希望自己鼻子可以再高一點,覺得鼻子挺的女生基本上都很漂亮～但除了醫美好像沒辦法達成,只能靠化妝～
>
> F3-29yr

> 最不滿意的部分應該是鼻子吧,覺得鼻頭、鼻翼有點大,然後鼻樑跟山根不太高,就會覺得不是太好看,尤其鼻子又是在整張臉的正中央,會影響整體看起來的感覺的。
>
> F23-22yr

> 比較不滿意自己的鼻子,我的鼻子算是蒜頭鼻,國中時曾經上網查找鼻子的按摩方式,期望能夠改變鼻子的樣子,直到現在有時候拍照,也會因為鼻子的比例比較大,會有些困擾。但平常部會特別去注意。
>
> F7-28yr

> 容貌我也是還算滿意,主要也是改不了,哈哈!最滿意的可能是臉型。比較不滿意的可能是鼻子吧⋯⋯其實臉型就是普通的臉型,但自己蠻喜歡的,不會太大或說很稜稜角角,所以就滿意。那鼻子是因為比較大,所以在臉上存在感很重,我喜歡把臉圈住的髮型,所以看起來就又更明顯。也不是說多不滿意鼻子,就是如果能鼻翼再小一點會更好看!哈哈!
>
> F21-23yr

> 眼睛、眉毛、鼻子、嘴巴我都覺得蠻好看的啊！我有一次在路上，還被問過是在哪裏整形，那個女生覺得我的鼻子線條太美了！我只好跟她說是媽媽給我的！
>
> F30-45yr

(三)臉部下半部形態對容貌之調和

　　除了眼睛、鼻子之外，女性受訪者也認為臉部下半部對整體容貌具有顯著影響，特別是牙齒、嘴巴和下巴的特徵對自我形象至關重要。許多人對牙齒排列不整齊或暴牙表示不滿，指出暴牙不僅導致嘴唇突出，影響側面輪廓的美感，也讓他們在拍照時避免露齒笑，因而猶豫是否進行矯正。嘴巴的形狀和唇部色澤也是關鍵因素，厚唇或唇部色素沉澱常讓受訪者感到困擾，部分人甚至需要化妝來改善唇色的均勻度和氣色。此外，因嘴凸導致法令紋提早出現，讓他們覺得側臉輪廓不符合傳統審美標準，進一步降低了對嘴型的滿意度。下巴形狀則影響臉部整體輪廓的立體感，若出現下巴後縮或咬合不正的情況，則會導致嘴凸或「戽斗」現象，使側臉輪廓不美觀，甚至影響整體氣質。受訪者認為，下巴的形狀不僅影響側臉線條，也使他們更意識到美的標準在於五官的和諧，因此許多人希望通過矯正來改善臉型。綜上所述，臉部下半部的細節，包括牙齒的整齊度、嘴唇的形狀和下巴的輪廓，都對受訪者的容貌滿意度產生深遠的影響。

數位時代的容貌焦慮與消費
——性別、老化與社群媒體

> 最不滿意的應該是嘴巴的部分,牙齒不算整齊、嘴唇又有點太厚,不知道要怎麼笑拍照的時候會比較好看,讓人有點為難。此外我的臉算是容易長痣的,也是不喜歡。……雖然有幾顆痣是有畫龍點睛的作用,但太多就顯得很亂。對於上述不滿意的部分,我國中的時候戴牙套,牙齒的部分就有所改善,但更理想的狀態,會是嘴唇再薄一點、痣再少一點。
>
> F19-19yr

> 不滿意的部分是嘴巴,我希望自己的嘴唇可以再收進去一點,整體五官會更立體。
>
> F1-34yr

> 我最不滿意的部分,就是我有點嘴凸,這讓我看起來年紀輕輕就有法令紋,而且我知道如果不矯正的話,老了以後應該是會有很明顯的法令紋,我不確定是骨爆還是暴牙,但我知道這個手術肯定不便宜也有風險,而且我也沒那麼多錢做這種矯正手術(包括戴牙套),所以我對此感到特別遺憾,而不滿意;而且我也很明確知道,有人判斷是不是美女的標準,是看下巴和鼻尖是否能夠完整連成一條線,我用自己的側臉相片測過,我的上嘴唇有碰到那條線,所以我知道我不是這個標準下的美人。我其實很希望可以改善嘴凸。其實我鼻子應該也算滿塌的,或許這個也是一個「系統上的問題」,不過鼻子的部分我好像還好,我期待的還是改善嘴凸。
>
> F7-28yr

第八章　容貌焦慮標的：容貌的自我評估

> 最不滿意的是嘴唇，因為嘴唇有天生的色素沉澱，唇周相當暗沉，有時候顯得很沒有氣色，上妝時需要特地遮瑕才能讓唇彩顯色。因此我希望自己的膚色和唇色能夠更加均勻，顯得有氣色一點。
>
> F14-38yr

> 最不滿意的部分應該是下巴，我有咬合不正和下巴後縮，而下巴後縮進一步地導致凸嘴，導致我側面看起來真的有點像是魚，哈哈。期望的理想狀態當然是能夠改善下巴後縮，可能矯正骨暴，然後把我的下巴凹回來，但我個人不太崇尚醫美，所以可能不會想往這樣的狀態發展。
>
> F5-24yr

> 不過和別人比較起來的話，大致上也是不滿意，最主要是犀斗、痘痘、不均勻而黑的膚色、下塌的眼睛。犀斗讓我看起來很像猿類不像人類，所以我開始矯正，想除掉犀斗。
>
> F13-43yr

> 剛剛說不滿意的部分，我想最嚴重的是牙齒……是因為我天生缺一顆牙的關係，所以我門牙長得非常大，整體上排牙齒有明顯的暴牙，也不算整齊。暴牙導致的嘴凸讓我的側臉非常的不好看，拍照時也幾乎都不會露牙齒笑。以前曾經想過要矯正，但覺得自己比起暴牙好像更無法接受戴牙套的樣子，即使自己也明白矯正只是一段時間而已，可是就是覺得無法撐過去。
>
> F4-23yr

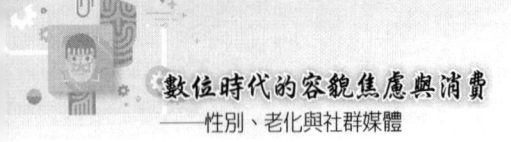

(四)五官之外：皮膚狀況對外貌自信心的深遠影響

受訪者對皮膚的滿意與不滿之處呈現明顯差異，凸顯了皮膚在整體容貌滿意度中的重要性。部分受訪者對自身的白皙膚色或良好的膚質表示滿意，認爲膚色的均勻與白皙能增加自信，並且符合社會對「白皙即美」的審美期待。有些受訪者特別強調，膚況良好讓他們更顯年輕，甚至常被誤認爲年齡較小。另一方面，一些受訪者對皮膚問題感到困擾，尤其是痘痘、泛紅和出油所帶來的影響，並表達了皮膚過敏體質或膚色暗沉對外貌自信心的打擊。這些問題往往無法輕易根治，導致長期的自信心不足。因此，儘管皮膚不屬於五官的一部分，但由於其能顯著影響個人容貌的整體觀感，皮膚的狀況在受訪者的容貌滿意度中占有相當重要的地位。

第八章 容貌焦慮標的：容貌的自我評估

> 滿意。最滿意的是我的皮膚，因為我的膚況從小到大保養得很好。
>
> F20-21yr

> 最不滿意皮膚，因為有過敏體質常造成我臉紅紅的，加上是大油肌，很難根治痘痘的問題，所以，現在我最希望達到皮膚沒有痘痘跟泛紅的狀態，我真的不要求什麼光滑細緻，只要儘量接近一般人就好。以前曾多次嘗試治療，花了約五萬塊，卻每次都在以為要好轉的時候又復發，搞得自己愈來愈不自信，皮膚好壞真的會很大影響一個人的自信。
>
> F2-19yr

> 不過也是有滿意的地方啦！很少而已，最滿意的部分就是我很白皙，因為一白遮三醜嘛，哈哈，從小印象中，都是說女生白白的，就會覺得可愛，所以這部分，我算是有占到便宜。
>
> F6-34yr

> 整體來說的話其實還算滿意，沒有到特別漂亮，但是還算過得去。最滿意的部分應該是白皮膚，雖然不是什麼天選冷白皮，但我的皮膚算白。
>
> F5-24yr

139

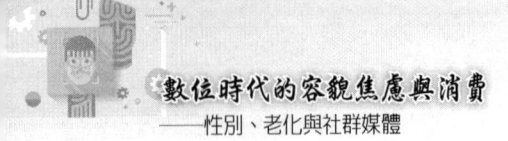

> 最滿意自己皮膚很好，從小到大沒長過幾次痘痘，從來不需要因為痘疤還是膚況不好擔心。也滿意自己看起來年輕，在國外讀書時常常被誤認為小孩，就是十五歲以下，但其實我已經快二十五歲……而且我的膚色還好黃！雖然我不黑但很黃，真的很劣勢。
>
> F11-27yr

> 另外不滿意的地方是覺得自己膚況不好，容易出油，所以會長痘痘又容易暗沉，很羨慕皮膚光滑的人，希望自己達到臉部有自然亮光的樣子。
>
> F3-29yr

> 我也看皮膚科想除掉痘痘。膚色不均勻看起來髒髒的，所以我希望自己的膚色均勻一點。
>
> F13-43yr

(五)女性容貌自我評估小結

根據訪談資料的綜合分析，可以得出一些發現。首先，眼睛的滿意度最高，十一位受訪者對眼睛表示滿意，顯示眼睛在容貌中的重要性，許多受訪者認為眼睛的大小和形狀是提升自信和美感的關鍵。其次，鼻子是主要不滿意的部位，六位受訪者對鼻子的形狀表示不滿，特別是鼻子的挺度和形狀成為她們的主要困擾，這可能與社會對「美鼻」的期望有關。嘴巴和牙齒的評價則顯示出兩極化的

第八章　容貌焦慮標的：容貌的自我評估

趨勢，雖然有三位受訪者對嘴巴表示滿意，但六位對其不滿意，這顯示嘴巴是容貌中一個容易引發自我懷疑的部位，而牙齒方面則未有滿意者，且兩位對牙齒表示不滿。此外，對於皮膚，只有三位受訪者表示滿意，而四位表示不滿，特別是痘痘和膚色不均等問題，這些問題直接影響了受訪者的自信心，以上皆可參考**表8-1**及**表8-2**。整體而言，女性對於容貌的評價反映了社會對美的期待與個體自我認知，眼睛作為重要的吸引力來源獲得普遍滿意評價，而鼻子和嘴巴則成為不滿意的焦點。皮膚狀況雖然不直接屬於五官，但在影響整體美感和自信心方面同樣重要。

表8-1　女性受訪者容貌意象統整表

受訪者編號	年齡	滿意的地方	滿意的原因	不滿意的地方	不滿意的原因
F1	34	眼睛、鼻子	眼睛大、鼻子挺、像混血兒	嘴巴	希望嘴唇能收進去，讓五官更立體
F2	19	眼睛	眼睛大、睫毛長且濃密，不用睫毛膏	皮膚	過敏、油肌導致痘痘和泛紅，影響自信，花費高卻效果有限
F3	29	眼睛	雙眼皮讓眼睛顯大有神，眼妝簡單	鼻子、皮膚	鼻子不挺、膚況差易出油長痘，嚮往光滑皮膚
F4	23	眼睛	眼睛大且為特別的咖啡色	牙齒	缺一顆牙導致暴牙，側臉不美觀，難以接受戴牙套
F5	24	白皮膚	膚色較白，雖非天選冷白皮但滿意	下巴	咬合不正和下巴後縮，側面像魚，希望改善但不崇尚醫美
F6	34	膚色白	一白遮三醜，從小被認為白皙可愛	眼睛	單眼皮眼小，被嘲諷上妝效果差，理想是縫雙眼皮
F7	28	雙眼皮	雙眼皮美觀且受人稱讚	嘴凸、法令紋	嘴凸導致法令紋明顯，渴望改善但無資金或接受風險

141

(續) 表8-1　女性受訪者容貌意象統整表

受訪者編號	年齡	滿意的地方	滿意的原因	不滿意的地方	不滿意的原因
F8	39	眼睛	被稱讚眼睛討喜且會笑	鼻子、淚溝和細紋	鼻子大，淚溝和細紋顯老，渴望改善氣色
F11	27	皮膚好、年輕	皮膚少痘、顯年輕	眼距開、臉大、膚色黃	眼距開、臉大影響精緻度，無法跟風妝容
F13	43	-	-	戽斗、痘痘、膚色不均、下塌的眼睛	戽斗像猿類影響自信，膚色不均顯髒，下塌眼睛被認為凶
F14	38	單眼皮	單眼皮具古典美，妝容效果獨特	嘴唇	唇色暗沉顯得沒氣色，上妝需遮瑕
F19	19	眼睛	眼睛大且被稱讚	嘴巴、痣	嘴唇厚、牙齒不整，臉上痣多，影響整體美觀
F20	21	皮膚	膚況佳、保養好	睫毛	睫毛稀疏影響眼睛神采，渴望豐密睫毛
F21	23	臉型	臉型適中，個人喜愛	鼻子	鼻子大存在感強，期望鼻翼再小一點
F23	22	眼睛、皮膚	眼睛無大缺陷，皮膚健康	鼻子	鼻頭鼻翼大，鼻樑低，影響整體美觀
F30	45	五官整體	被稱鼻線條美、眼睛溫柔	眼下	眼下水腫影響線條，身體狀況差時更明顯

表8-2　女性容貌各部位之滿意度

容貌部位	滿意的受訪者（編號）	滿意受訪者數量	不滿意的受訪者（編號）	不滿意受訪者數量
鼻子	F23，F21，F30	3	F1，F3，F8，F21，F23	5
嘴巴	F1，F4，F19	3	F1，F4，F7，F14，F19，F30	6
眼睛	F1，F2，F3，F4，F5，F6，F7，F8，F14，F19，F30	11	F6，F11，F13，F20	4
皮膚	F5，F6，F19	3	F2，F3，F13，F11	4
痘痘	-	0	F2，F3，F13	3

第八章　容貌焦慮標的：容貌的自我評估

（續）表8-2　女性容貌各部位之滿意度

容貌部位	滿意的受訪者（編號）	滿意受訪者數量	不滿意的受訪者（編號）	不滿意受訪者數量
下巴	F5	1	F5，F13	2
牙齒	-	0	F4，F19	2
膚色	F6	1	F13，F11	2
臉型	F21，F19	2	F11	1
單眼皮／雙眼皮	F7，F14	2	F6	1
眼周淚溝和細紋	-	0	F8	1
厚斗	-	0	F13	1
眼睫毛	F2	1	F20	1

二、男性容貌之自我評估

男性在容貌方面的自我評估，很明顯比身形方面的評估更加多元與細緻。在被問及對自身容貌滿意與不滿意的部分時，都有明確的部位描述。男性對於自身容貌的滿意部分主要集中在特定的五官特徵，例如鼻子、眼睛、眉毛和酒窩，這些部分通常因符合個人對「獨特」或「精神」的外貌認知而受到青睞。對於不滿意的部分，多數男性表達了對黑眼圈、皮膚狀況、臉型（如方形下巴或偏長不對稱）以及眼睛小或單眼皮的困擾。此外，有些男性指出鼻子比例過大或蒜頭鼻的特徵，使得整體臉部比例不協調。

在容貌評估的多樣性上，男性表現出對外貌特徵的細緻觀察。多數男性強調了五官的立體感和比例協調的重要性，並且對於五官中的「缺陷」更易表現出期望「中性」或不過於誇張的改變。而在

143

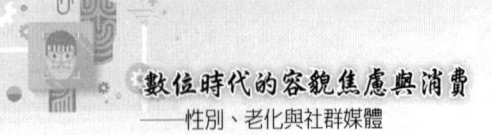

數位時代的容貌焦慮與消費
—— 性別、老化與社群媒體

整體外貌呈現方式上，一部分男性明確表示出希望改善皮膚質感、黑眼圈及眼睛大小等，使自己看起來更有精神、氣場更強。這反映了現代男性對於容貌的自我期望和社會形象的複雜關係，也顯示男性在容貌焦慮的表達和行為方面，並非僅僅受限於傳統的「自然自信」形象。

(一)男女共通的在意點：靈魂之窗

在容貌的評估方面，不論滿意與否，男性和女性的敘事風格有些許差異。大部分男性會一次提及所有滿意或不滿意的部位，不像女性通常針對某兩三項深入討論原因，男性則較為廣泛描述，因此以下整理，也因應此類之敘事風格為主，而不若第七章女性的部分完全依照滿意或不滿意的部位來切割。

雖然男性的陳述較為偏向整體風格，但仍然有部分男性提出對於單一部位的滿意或困擾，最大宗的部位和女性一樣，都是眼睛。不論滿意或是不滿意，約有將近三分之二的受訪者男性提及眼睛。

> 我對自己的容貌還算滿意，最滿意的部分是眼睛。……因為我覺得自己的眼睛還算大顆，而且是雙眼皮，這讓我看起來會比較的有精神，所以在和別人交流的時候，我也更喜歡有眼神接觸，讓對方能夠感受到我的善意和誠意，畢竟眼睛是心靈的窗戶。
>
> M28-26yr

第八章　容貌焦慮標的：容貌的自我評估

> 我對自己的容貌滿意度應該是普通，最滿意的地方是沒有近視，所以不用戴眼鏡。……我覺得只要近視的人把眼鏡脫下來，就會給人眼神渙散的感覺，但不是每個人戴眼鏡都好看，所以能夠不用戴眼鏡，我認為是一件很棒的事情。
>
> M26-37yr

> 普通。對自己的容貌最滿意的在於外觀上沒有很明顯的大規模缺陷，且比例看起來還算正常。但我最不滿意自己的眼睛。……由於眼睛形狀細長，再加上單眼皮，會讓我看起來時時刻刻都很沒有精神，甚至還常常被其他人說可不可以把眼睛張大點。如果可以，我希望眼睛能大一點，最好是搭配一副雙眼皮，給人的感覺會更有朝氣，眼睛在臉上的比例也會更加和諧。
>
> M18-33yr

(二)臉型在男性容貌評估中的核心地位

在評價容貌時，許多受訪者男性的分析與描述皆會以整體臉部五官的平衡來切入，不只是單論眼睛的大小或形狀，而是連動到所有五官和臉型的比例搭配。從各個受訪者的內容中，往往可發現，其對容貌的意見充滿了「牽一髮而動全身」的看法，亦即抱怨的不是眼睛大或小，而是臉部形狀影響眼睛大小的感受，或者是鼻子高挺與否影響了眼窩凹陷的感受。可從男性的分析中發現，其對於自

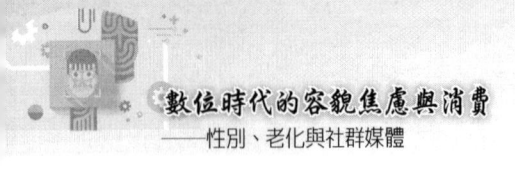

身五官的理解，相當深刻，與刻板印象當中男性較為不在乎五官的看法，大相逕庭。

> 目前我對於自己的外貌算是不太滿意。滿意的部分的話應該是五官都還行；不滿意的地方大概就是眼睛小吧，我希望自己的眼睛能夠大一點、有雙眼皮，這樣能夠讓自己整體的五官看起來更加出色！氣場也更強吧！不過常聽女生去割雙眼皮，我倒是沒聽過男生去割雙眼皮的，所以也只是說說而已。
>
> M16-32yr

> 我滿意自己的容貌，雖有時會被說像方塊臉，但我覺得五官也很重要，而我五官是整齊的。我的髮型搭配我的五官，至少給人感覺是有原則的一個人，因此這是我滿意我容貌的地方。……有時別人也會說，我的側面缺乏弧度，有點太方正，但我知道那是無法改變的。即使之前也戴過牙套，但骨頭是固定的，所以不會過度不滿意。若能期待改變，我希望臉型能更圓滑一些即可。
>
> M25-30yr

第八章　容貌焦慮標的：容貌的自我評估

> 最滿意的部分為皮膚，痘痘不多。但近期由於長了濕疹的緣故，好像也無法完全滿意皮膚的狀況。我最不滿意的的地方為蒜頭鼻以及小眼睛。我認為自己眼睛在整張臉上占的比例有些過少，以致於臉部看起來大，而眼睛小。鼻子則是太大，尤其是在拍攝照片的時候尤其明顯，就是整體比例有點怪。……希望能夠縮小些鼻子在臉上占的比例，也就是不要蒜頭鼻，而是一般的鼻子。眼睛則希望能夠大一些。
>
> M22-23yr

> 整體而言，我對於自己的臉不滿意。最滿意的是眼睛，因為眼睛有大外雙，而且黑眼珠還算大。最不滿意的地方是臉的輪廓，因為遺傳的關係，我的下顎骨方方的，就是最近很常聽到的那種圓方臉，特定角度拍起來可以有下巴，但只要角度抓不好，整張臉就很像御飯糰，一整顆又圓又方，而且因為下顎的關係，微笑的時候整個臉的肉就往旁邊擴大，整個臉就會看起來很大，而且髮型也因為臉型受到很多限制。我雖然不喜歡花美男，不用那麼精緻，但也不大希望自己是粗曠風格。
>
> M17-22yr

> 容貌的話，我想也是普通吧！沒有太滿意，也沒有太不滿意。最滿意的應該是鼻子，小時候有被稱讚過，還滿挺的。可是眼睛不大而且是單眼皮，所以鼻子反而顯得有點大。臉型應該是最不滿意的，偏長而且不對稱，眼睛也大小不一。雖然說不對稱本來就是正常的，但我覺得我是很明顯那種，把照片水平翻轉看起來差很多。而且我有一點戽斗，在矯正之前牙齒也咬合不正，現在側面還是滿可怕的，上半部凹下去，下半部凸出來。加上我天生黑眼圈（或因為鼻炎？），眼下看起來更凹了，我希望首先黑眼圈能好一點，然後眼睛大小不要差那麼多，側面好看一點。哈哈，沒想過男生也想這麼多吧？
>
> M9-33yr

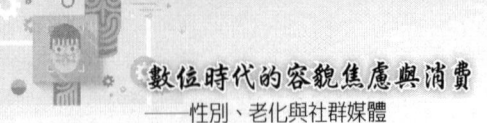

(三)當男人凝視鏡中：五官之外的皮膚與髮際線

在男性受訪者的訪談紀錄中，除了五官比例與臉型之外，皮膚與頭髮的狀況亦被視為主要關注的面向之一。值得注意的是，相較於女性受訪者在訪談中對皮膚滿意與不滿意的比例相對均衡，男性受訪者在談及皮膚狀況時，表達的多為負面評價。換言之，當男性的皮膚狀態達到可接受水平時，大多數男性對此並無顯著知覺與關注；相反地，當皮膚出現問題時，才會特別知覺到，並引發明顯的不滿與抱怨。也因為上述原因，可發現在男性受訪者的抱怨當中，對於皮膚的不滿往往是較為顯著的痘疤，或濕疹的問題。另外，與皮膚相關的髮際線、眼周肌膚暗沉或黑眼圈也是類似的狀況。

第八章　容貌焦慮標的：容貌的自我評估

> 我的話，普通吧！最滿意的話，我應該就會成為那種經常在社群媒體上發自己的自拍照的人，並且積極透過各種角度的照片來向他人展現自己的優勢；最不滿意的話應該就是除了不會想要發照片之外，光是連跟朋友合照這件事都會有非常大的壓力，也會希望朋友不要將包含自己在內的照片給發到社群媒體，以防止他人看見自己糟糕的外貌。……我不滿意的部分在於膚況，痘痘的問題經常出現，使我不太願意拍照，經常會透過戴口罩或喬角度的方式，遮掩自己的缺陷，使得光是連拍照一事都感到麻煩，最終放棄。
>
> M24-27yr

> 還算可以，滿分十分的話，我自評約六分。不滿意的部分是黑眼圈，總讓我看起來很疲憊。另外，我也希望皮膚可以更好，畢竟男性肌膚比較容易出油，毛孔粗大，希望可以膚質看起來更好一點。
>
> M10-45yr

> 我對我的容貌整體都還算滿意，最滿意的部分是五官，長得都很和諧，沒有特別不好看或不一致的地方，而我最不滿意的部分是頭髮。……我覺得我的頭髮髮量有點過於稀少，常常在運動的過程中會有瀏海分岔的問題，因此我希望能增加我的髮量，達到一般人的平均量即可，運動後不會有瀏海分岔的問題，且髮際線也不會太高，看起來髮量過少。
>
> M27-22yr

> 我對自己的容貌挺滿意的,其中最滿意的部分是眉毛與眼睛,最不滿意的部分是鼻頭。……前二者係因為眉毛整體較為濃密整齊,且眼睛明亮有神,易給人有自信、有精神的感覺;後者則係因為鼻頭有一個較為明顯的痘疤,故屬最不滿意之處。期望達到的狀態是痘疤徹底剷平,且鼻頭毛孔能縮小一些。不過因其只是容貌中的單一較小範圍,也未曾聽他人論及相關部位,故整體而言對於自己容貌是滿意的。
>
> M29-40yr

> 我對自己的容貌沒有很滿意,但就如同我前面所說,我沒有很在意,因為覺得我也比不過別人。最滿意的大概就是有美人尖跟小酒窩吧,因為算是我個人的特色。而對於最不滿意的是我臉上有很多年輕時留下的痘疤,看起來皮膚很粗糙。年輕時,看了皮膚科好幾次,也都沒有改善,且常常覺得臉很油,很希望可以像明星那樣有個晶瑩剔透的臉,但可能也是自作自受,因為我長期都比較晚睡。
>
> M12-42yr

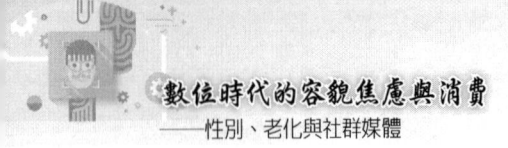

(四)男性容貌自我評估小結

在對男性容貌的評估中,受訪者們的陳述顯示出對五官比例與臉型的瞭解與分析,可詳見**表8-3**與**表8-4**。根據受訪者的回應,可以得出關於男性對於自身容貌的滿意與不滿意部位的結論。首先,在滿意的部位中,整體比例及個人的特點會是最為突出的部分。例

表8-3 男性受訪者容貌意象統整表

受訪者編號	年齡	滿意的地方	滿意的原因	不滿意的地方	不滿意的原因
M9	33	鼻子	小時候被稱讚過，鼻子挺	眼睛、臉型、黑眼圈、牙齒	單眼皮使鼻子顯大，臉型偏長不對稱，黑眼圈加深眼下凹陷，牙齒咬合不正，側面線條不滿意
M10	45	-	-	黑眼圈、皮膚	黑眼圈讓人顯疲憊，男性皮膚易出油，毛孔粗大，希望膚質改善
M12	42	美人尖、小酒窩	具有個人特色	痘疤	臉上有痘疤，看起來皮膚粗糙，年輕時曾就診無改善，皮膚油膩
M16	32	五官	五官整體還行	眼睛	眼睛小且無雙眼皮，希望雙眼皮增強五官整體效果
M17	22	眼睛	大外雙且黑眼珠大	臉輪廓	下顎骨影響臉型和微笑，臉部顯大，髮型受限，不喜歡粗獷風格
M18	33	五官比例	沒有明顯缺陷，比例正常	眼睛	眼睛細長、單眼皮，常被指缺乏精神，希望眼睛大且有雙眼皮，比例更協調
M22	23	皮膚	痘痘不多	鼻子、眼睛	蒜頭鼻和小眼睛使臉比例失衡，期望鼻子和眼睛比例協調
M24	27	-	-	皮膚	痘痘多，影響拍照意願
M25	30	五官、髮型	五官整齊，髮型搭配效果好	側面輪廓	側面缺乏弧度，期望臉型更圓滑
M26	37	無需戴眼鏡	沒有近視，不需配戴眼鏡，避免眼神渙散	-	-
M27	22	五官	五官和諧	髮際線	髮量少，運動後瀏海分岔，希望髮量增加
M28	26	眼睛	眼睛大、雙眼皮，看起來有精神，善於眼神交流	-	-
M29	40	眉毛、眼睛	眉毛濃密整齊，眼睛有神	鼻頭	鼻頭有痘疤和毛孔問題，期望痘疤消除、毛孔縮小

151

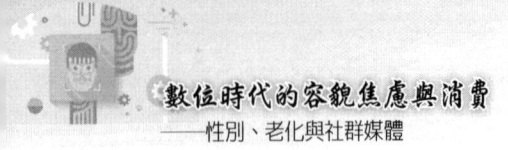

表8-4 男性容貌各部位之滿意度

容貌部位	滿意的受訪者（編號）	滿意受訪者數量	不滿意的受訪者（編號）	不滿意受訪者數量
眼睛	M17，M18，M22，M28	4	M9，M16，M18，M22	4
臉型	M25	1	M9，M12，M17	3
皮膚	M10，M24	2	M10，M12，M24	3
鼻子	M9，M29	2	M22，M29	2
黑眼圈	-	0	M9，M10	2
痘疤	-	0	M12，M29	2
毛孔粗大	-	0	M10，M29	2
臉頰	-	0	M15	1
下顎骨	M25	1	M17	1
頭髮	-	0	M27	1
五官比例	M25，M27	2	-	1
美人尖	M12	1	-	0
酒窩	M12	1	-	0
眉毛	M29	1	-	0
眼神	M26	1	-	0

如，受訪者M9對於自己的鼻子表達了滿意，因為小時候曾受到稱讚，認為鼻子挺拔，並對臉部五官整體比例有較佳的增色。M12則因美人尖與小酒窩的個人特色感到自信，顯示出男性在某些特徵上的自豪感。此外，M28提到的大眼睛和雙眼皮讓他感到精神奕奕，表明眼睛在滿意評價中占有重要地位。

　　然而，與此同時，男性對於自身的容貌也有不少不滿意的部分，尤其是眼睛、臉型以及皮膚狀況。M10強調黑眼圈和皮膚問題，使自己看起來疲憊；而M18則對細長的單眼皮表示不滿，期望能擁有更大的雙眼皮來增強整體的五官效果。值得注意的是，這些不滿意的部位多樣且細緻，例如M22對於鼻子和眼睛比例失衡的困

擾，或M29提及的鼻頭問題，這些都顯示了男性在容貌自評中的深度與細緻化。與女性受訪者相比，男性在談及皮膚狀況時，表達的往往是負面評價，這反映出男性對於容貌的關注主要集中在當皮膚出現問題時才會有顯著的意識。儘管男性的敘事風格偏向於整體性，卻依然展現了對特定部位（如眼睛、鼻子、黑眼圈等）的細緻評估。

總體而言，這些評價表現出男性在特定特徵上的自信與對缺陷的關注，顯示出他們在容貌上的多元化需求，以及對自我形象的持續追求改進的渴望。受訪者對滿意部分的評價多集中於符合他們對「獨特」或「精神」外貌的認知，而不滿意的部分則反映出他們對於臉型、皮膚狀況及眼睛大小的期待和對社會形象的複雜關係。最終，這些陳述展現出男性在容貌焦慮的表達上不再受限於傳統自信形象，並彰顯出他們對自身外貌特徵的細緻觀察。

三、容貌焦慮之因應消費

容貌焦慮無論在男性或女性之間，都與個體對自身外貌的評估密切相關，並直接反映在其消費行為中。無論是對保養品、化妝品的投入，還是對醫美療程的選擇，這些行為都顯示了個體對自我形象的追求與調整。透過逐字稿的分析，我們可以發現，容貌焦慮如何驅動不同性別在消費模式上的表現和差異。

女性受訪者傾向於結合個人需求與經濟條件進行消費選擇，從高價保養品到醫美療程，反映出她們對細緻外貌管理的重視。同時，群體影響與媒體教學也強化了這些消費行為。而男性受訪者則

更多地展現出針對性功能需求的消費行為，例如選擇特定的保養產品或醫美項目，以回應他們對形象管理和性別刻板印象的反思。以下將綜合探討所有受訪者在經歷自身容貌評估之後，反映在消費行為上的模式。

(一)高額消費的驅動力

容貌焦慮促使部分受訪者願意投入高額資金在保養品和醫美療程上。F30提到，年輕時曾花四萬多購買高端保養品牌海洋拉娜，即便薪水有限，仍認為外貌維護值得這樣的高投入。F13也提到因看到辦公室同事雷射的效果顯著，進而跟風嘗試，並購買了一整套的雷射療程，反映出容貌焦慮不僅推動個人消費，還可能受到群體效應的加強。

> 年輕的時候就是瘋狂買保養品，那時候薪水也才四萬多，卻可以一次就花四萬買海洋拉娜。但也是因為高級的保養品都用過了，現在確定保養品真的不用買太高級……哈哈。
>
> F30-45yr

第八章　容貌焦慮標的：容貌的自我評估

> 我也保持著嘗試的心態買過四萬元的海洋拉娜保養品，當時是想，要買就買最貴的，如果沒效，以後我就都買開架式的就好。所以我就直接去專櫃，請櫃姐幫我分析我的膚質和需要的產品，然後也沒有討價還價，就阿莎力地買了！但是我覺得自己的皮膚還是一樣黑，膚色一樣不均勻，痘痘一樣多，而且身邊有人花了幾萬塊在化妝，結果比沒化還難看，不如不化，我就覺得這種投注不划算。
>
> F13-43yr

(二)消費行為的多元化探索

容貌焦慮驅動消費者探索不同類型的產品與服務，包括保養品、化妝品與醫美療程。例如，F1關注化妝教學影片來提高自身美妝技巧，並試圖透過化妝品提升面貌整體性；而F11則選擇進行雙眼皮手術來改善外貌並提升自信。同時，F3則選擇以抗皺淡斑的保養品與膠原蛋白等保健品延緩衰老，展現多元化消費取向。

> 有割過雙眼皮，因為自己眼距太寬又單眼皮，會讓眼睛看起來很無神、很小。剛好朋友家裏就是開整形診所，所以找醫師評估一點也不困難，割了雙眼皮後比較有自信，也常常有人說自己眼睛大，眼睛漂亮，睫毛很濃、很長之類的，會比較有自信。拍照比較好看，而且看到同儕都可以畫好看的眼妝就很羨慕，單眼皮的人真的比較少，所以利用網路資源學習化妝比較困難啦！。
>
> F11-27yr

> 維持的話，就是有使用保養品跟保健品，因為有些保養品有抗皺淡斑成分，可能多少有點幫助延緩長皺紋的功效……花小錢買保養品也是一種方式，雖然保養品效果有限，但還是能看到成果。保健品的話就像吃膠原蛋白或維他命C對皮膚比較好，雖然不確定是不是就真的有用，但只要沒壞處，好像也沒差，所以我都還是會試試看。
>
> F3-29yr

> 我會觀看化妝教學影片，吸收新的化妝技巧，以及關注有沒有新的美妝產品，其實蠻有幫助的，尤其是化妝影片常常都會先介紹臉部各器官，就是眼睛、鼻子、嘴巴的特性，讓我對自己的五官更有瞭解，也知道要如何美化。
>
> F1-34yr

第八章　容貌焦慮標的：容貌的自我評估

> 我沒有實際去過醫美診所耶，但之前我有搜尋過墊下巴的醫美案例，因為當時我覺得自己的嘴巴有一點凸，期望能透過墊下巴改善整體視覺，但後來覺得這樣治標不治本，所以最後選擇的是矯正牙齒，改善嘴巴凸。
>
> F1-34yr

(三)經濟條件對消費選擇的限制

部分受訪者表達，經濟條件影響了他們的消費行為選擇。F4提到目前尚未嘗試醫美療程，但對較低成本的水飛梭療程感興趣，視未來需求而定。F2則認為，雖然醫美效果更直接，但目前經濟狀況只能選擇相對平價的保養品。

> 除了瑜伽之外，我也會用保養品，但我自己用覺得沒什麼用，可能沒找到適合自己的，我以後有錢可能會直接去打雷射，我感覺那是最有用的。
>
> F2-19yr

> 醫美的話，沒有去過，但蠻想試試看的，最近想試的是水飛梭，也許之後真的覺得很有需求，就會去吧！
>
> F4-23yr

> 雖然跟醫美比，還是醫美比較有用，因為能馬上看到效果，但經濟尚未允許的情況，花小錢買保養品也是一種方式。
>
> F3-29yr

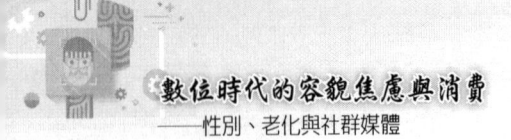

(四)社會期待與群體影響

容貌焦慮的消費行為也反映了社會期待與群體影響。例如，F13描述整個辦公室瘋迷醫美的情況，即使自己原本無意參與，仍因群體影響開始研究醫美。此外，F6因雀斑問題曾接受雷射治療，並表示治療後的改變增強了自信心，體現了消費行為的社會心理需求。

> 之前有去雷射雀斑，因為雀斑自我國中起就一直存在，常常因此很在意別人盯著自己臉上的斑點看，或問我：為什麼有這個？是遺傳的嗎？我就會覺得很煩，也會很在意別人的看法，每每照鏡子看到那些斑斑點點，就會很難過，很想它們趕快消失，雷射完就覺得煥然一新！
>
> F6-34yr

第八章　容貌焦慮標的：容貌的自我評估

> 我有雷射過。因為我上面不是說花大錢買了保養品沒用嘛，結果那時，我們辦公室正在研究雷射，其中一個妹妹去雷射回來，整個臉都紅通通，我一開始覺得很恐怖，但後來發現，她皮膚真的變得很細，就也跟著去試試看，沒想到，效果真的很明顯，就是皮膚在修復期之後，會變很好，我就買包套了。所以，算是看別人弄得不錯，也就跟著被口碑行銷了吧！
>
> F13-43yr

> 我最近開始研究醫美，其實是我們整個辦公室都在瘋迷醫美，我就算不想加入也無法，耳濡目染了……但是我因為犀斗的關係有開始矯正，也是一筆很大的開銷，所以醫美可能只會先做一些較便宜的項目吧！
>
> F13-43yr

(五)對保養與醫美效果的質疑

　　一些受訪者對高額消費的有效性表現出懷疑態度。F13提到，曾投入大筆資金購買高端保養品，但效果有限，並質疑這類消費的投資回報率。同樣地，F5因擔心後遺症而放棄嘗試非介入性的皮膚科療程。

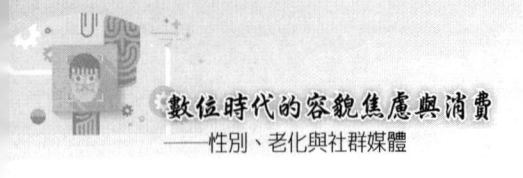

> 我也保持著嘗試的心態買過四萬元的海洋拉娜保養品……但是我覺得自己的皮膚還是一樣黑，膚色一樣不均勻，痘痘一樣多，而且身邊有人花了幾萬塊在化妝，結果比沒化還難看，不如不化，我就覺得這種投注不划算吧！
>
> F13-43yr

> 我有特別上課學習過化妝，那時候是公司補助我們去開發自我興趣，好多人都去學，但老實說，效果不大顯著。
>
> F13-43yr

> 非介入性皮膚科療程雷射曾經有想過，但是，是想改善毛孔粗大，不過看多人分享具有滿多後遺症問題的，因此可能還是沒有這樣的打算。
>
> F5-24yr

(六)性別角色的刻板印象影響

性別刻板印象對男性消費者的行為也有一定影響。例如，M17認為男生使用保養品是打破刻板印象的一種表現，並分享自己購買保濕產品來穩定膚質的經驗。M18也提到使用男性專屬保養品系列，反映出男性消費市場的逐漸成熟與細分。

第八章 容貌焦慮標的：容貌的自我評估

> 雖然過去觀念好像認為男生不用保養，但現在其實已經有很多男性保養品系列了。我也有擦乳液保養臉部的習慣，讓臉更保水、更緊實，看起來更青春、活力煥發。
>
> M18-33yr

> 除了上面的跑步和重量訓練之外，就像你說的，我眼睛比較細長，我的眼睫毛比較淡，搭配我的細長眼型，看起來更糟。為此，我有畫眉毛，讓臉整體更立體，也讓自己看起來更年輕、更青春。
>
> M18-33yr

> 我有買專櫃的保養品，讓自己的膚質更穩定，能夠保持一定的皮膚狀態。雖然很多人都說男生不用保養品，因為臉夠油，但我覺得那是刻板印象。
>
> M17-22yr

> 雖然很多人都說男生不會用保養品，但實際上我也會買面膜或是面霜，每晚擦，保持肌膚水分及彈性，希望消除淡斑或細紋。使用時也會帶到脖子，希望消脖紋。
>
> M22-23yr

161

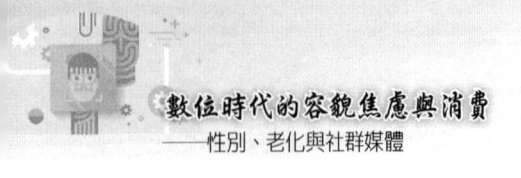

(七)日常作息與保養中的容貌焦慮因應

容貌焦慮帶來的消費行為已滲透至日常生活。F19提到會定期使用化妝水與敷美白面膜，認為簡單的日常保養足以維持目前的膚質狀態。F20則認為健康飲食與規律作息更為重要，並淡化對商業化產品的依賴。

> 其實我比較沒有在買保養品什麼的，除了健身，就是儘量讓自己吃得好一點，規律作息，不過這個好像前面都說過了。
>
> F20-21yr

> 基本上因為我現在還算年輕，沒做過手術或醫美的療程。但絕對會做的是每天的清潔，洗臉完一定會用化妝水，偶爾，真的是不定時、想到就做，大概兩、三個禮拜一次，會敷美白面膜。覺得現在還年輕就維持現狀就好，不用使用太過滋潤、刺激的產品。簡單就好！
>
> F19-19yr

> 我也不太確定那時候為什麼會長青春痘，因為我現在就沒怎麼長青春痘，可能是現在的飲食比較自然吧！
>
> F7-28yr

第八章 容貌焦慮標的：容貌的自我評估

> 我個人唯一有在使用的動作應該是擦防曬，因為紫外線對於皮膚的傷害的確蠻大。其他保養品我僅有擦化妝水或是基礎的保濕，有可能是因為年紀的關係，我尚未到很注重抗老的產品，所以比較重心的保養還是著重在控油或保濕而已。
>
> F5-24yr

> 我還蠻懶的，所以一開始都沒用保養品，後來是朋友送我一整組，我才開始用，發現還是有一點差別，但我保養品都很簡單，有一天沒一天地擦。我還算喜歡吃蔬菜和喝水，不怎麼吃油炸的和喝飲料，所以沒什麼太大的皮膚問題。不過我覺得運動對健康和身材好，但對皮膚好像不太好耶，我有時候會因為流汗長東西，然後臉很紅。
>
> M9-33yr

綜合以上幾點討論，可發現容貌焦慮對於消費的影響很廣泛，從高金額投入、探索多元產品、群體影響，到日常生活作息的落實等等皆有，另外，對消費商品和服務的效果之檢驗與質疑，也是許多消費者建立相關因應策略的基礎。這些消費行為不僅受到個人需求驅動，也與經濟能力、社會期待以及性別角色密切相關。

第九章

他人眼中的自我：年齡焦慮與消費

- 從妹妹到阿姨：女性對稱謂的情緒反應與身分轉換
- 從哥到叔叔：男性在年齡認知與稱謂期待間的平衡
- 年齡焦慮與消費之性別差異
- 稱謂與年齡焦慮之消費與行銷意涵

數位時代的容貌焦慮與消費
—— 性別、老化與社群媒體

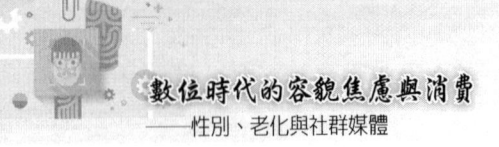

在社會互動中，稱謂不僅僅是語言溝通的工具，更承載著個體對自我年齡、身分以及社會地位的認知。因此他人口中的稱謂，自然也代表了他人對於該個體的評估與態度，亦可說稱謂直指年齡和外貌在社會文化中的敏感意涵。透過口語稱謂如「姊姊」、「阿姨」、「哥哥」、「叔叔」等，個人對自我年齡的感知以及他人對其年齡的判定往往引發情感波動。這些稱謂既是禮貌的表達，也可能成為潛在的社會心理壓力來源。

容貌焦慮（appearance anxiety）與年齡估計（age estimation）是現代社會中廣泛存在且相互交織的心理現象，尤其在涉及性別角色與社交互動時更為突出。本研究逐字稿中，受訪者普遍表達了對被認為「年長」的情境的情感反應，其中女性傾向於更加注重他人對其年齡的認知，且常因為被稱為「阿姨」而感到困惑或抗拒。同時，男性受訪者則多對「叔叔」或「阿伯」的稱呼持不滿態度，雖然也有部分男性對年齡相關稱謂表示適應與接受。這些差異顯示出，性別對於外界年齡評估的敏感度具有一定的影響，並可能與文化期待及性別角色定位相關。

在消費情境中，稱謂的影響更為複雜。無論是服飾店、餐飲服務或市場交易，稱謂往往成為商家與消費者互動的重要媒介。受訪者提到，某些不合適的稱呼會導致負面情緒，甚至影響消費體驗與購買決策。這突顯了稱謂作為消費互動中的細微但重要的文化符號，其在建構身分認同與社會關係中的角色值得進一步研究。

透過分析這些經驗，本章將針對稱謂在現代社會中的心理與社會意涵，並探討其如何影響個體的容貌焦慮、年齡認知以及消費行為，第一節的部分為針對女性受訪者的分析，第二節則是男性受訪者的分析，第三節將針對兩性之間的共同處與差異處與行銷意涵加

第九章　他人眼中的自我：年齡焦慮與消費

以探討。

一、從妹妹到阿姨：女性對稱謂的情緒反應與身分轉換

從訪談摘錄中，可發現女性受訪者約莫可分為三類。第一類為「拒絕型」，也就是拒絕接受「阿姨」稱謂，期待「姊姊」或其他較年輕的稱呼。第二類與第一類相反為「接受型」，他們理性接受「阿姨」稱謂，視其為角色或年齡增長的象徵。第三類類似上述兩類的調和體，稱為「情境型」，接受或拒絕視場合與稱呼者而定。以下分別顯示三類受訪者的訪談實錄精華。

(一)拒絕型：拒絕接受「阿姨」稱謂，期待「姊姊」或其他較年輕的稱呼

這類受訪者通常對年齡感知敏感，認為「阿姨」過於成熟或老態。他們傾向以「姊姊」來維持年輕形象，且稱呼者的年齡對她們的反應有顯著影響。如果稱呼者明顯比自己年長或僅稍年幼，被叫「阿姨」會引發不適。例如：F2-19yr被明顯年長的中年女性稱為「阿姨」感到尷尬，認為「十九歲被叫阿姨很奇怪」。而F20-21yr則是對「阿姨」的稱呼表示抗拒，希望被稱為「姐姐」以感到年輕。F13-43yr被不恰當年齡的稱呼激起情緒，認為自己仍應被視為年輕女性。

167

> 在之前服飾店打工，站試衣間，被一個看起來四、五十歲的阿姨叫阿姨，當下其實心情不太好，有種wtf的感覺，畢竟我比他小一輪，而且她口氣很沒禮貌，還叫得很大聲，我覺得蠻丟臉，如果被比我小的叫阿姨，我可能比較可以接受，因為十九歲就被叫阿姨實在很奇怪！
>
> F2-19yr

> 我這輩子第一次被叫阿姨是十八歲時打工，被一個三十幾歲的媽媽叫她女兒叫我阿姨，我「記恨」到現在，哈哈！我上個月去菜市場買褲子，被店家一個三十幾歲的男生在我背後叫我阿姨，我轉過去差點給他巴蕊，幸好他馬上改口說：啊不對！應該是美女。我就算比她大，好歹叫「那個女生」吧。
>
> F13-43yr

> 有一次有一群家人請我幫忙拍照，然後我那時候剛好從學院走出來，拍完照片後，那位爸爸就說：「快跟阿姨說謝謝！」我聽到真的躁起來，就覺得我可以幫你拍照，但你講最後一句話，讓我很後悔幫你！哈哈！還有一次我在捷運讓一個小弟弟位子，結果他阿嬤就說：「跟阿姨說謝謝！」當下聽到真的覺得嗯……我也才二十一歲……「如果你叫我姐姐，我會更開心。」
>
> F20-21yr

第九章　他人眼中的自我：年齡焦慮與消費

> 我曾被小小孩叫阿姨一次，但其實不太能接受，因為我剛從歐洲交換回來，我在歐洲都被稱呼Kid、Miss，但為什麼回台灣就變阿姨？但也沒有真的很不能接受，畢竟那種五歲以下的，我硬要生也是生得出來……有時候會被什麼路邊攤店員叫姊姊，但通常都是看起來年紀輕輕、來幫爸媽的，就蠻可以接受。但我目前最常還是會被各種店員／辦事人員叫妹妹，這才是我比較熟悉的稱呼，哈哈！
>
> F11-27yr

> 之前有一個客戶的窗口，怎麼看都比我大啊！但她可能想說她不是跟我同一層級的，畢竟我算是對到她老闆的，所以她每次看到我都會XX姊、XX姊的叫。她就已經看起來老了，我又是姊，那不就我更老！我有一次很委婉地說，妳叫我英文名字就好了，結果，下一次她叫我英文名字後面還是接一個姊！我真是XXX。
>
> F6-34yr

(二)接受型：理性接受「阿姨」稱謂，視其為角色或年齡增長的象徵

　　此類受訪者較能接受「阿姨」稱謂，並將其視為自然的年齡定位或社會角色。即使略感尷尬，也能快速調適。她們認為稱謂僅是外界的判定，並非完全影響自我認知。例如：F3-29yr認為小朋友稱呼自己為「阿姨」是合理的，對稱呼不過於計較。F14-38yr認為稱

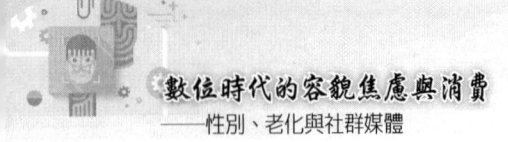

謂影響不大，因其自身已有孩子，對「阿姨」的接受度較高。F30-45yr則是有孩子後，對「阿姨」稱謂的接受度提升，認為符合其角色定位。

> 我還好耶……被朋友叫姐通常都是朋友之間開玩笑，所以不會不能接受。如果是年紀比我小的女生叫姊姊，也不會不開心，覺得是很正常的稱呼。被年紀小的小朋友、國小以下叫阿姨……我其實也不會覺得不舒服，因為確實能當他阿姨，哈哈！不會對他們太計較稱呼啦！
>
> F3-29yr

> 對我而言，被別人叫「姊」或阿姨……等稱謂不會讓人無法接受，可能是因為目前也到了這個年齡，也有小孩了啊！阿姨、媽媽都已經被叫過了，平常在公司裏面，同事都叫名字，稱謂上好像沒什麼感覺。不過，如果把稱謂當作是別人對我年齡的估計，那可能……會有一些不一樣的感受吧！
>
> F14-38yr

> 我常在網路上看到年輕女生被小孩叫阿姨，然後就很生氣，說應該要叫姊姊，但那種事，老實說，我沒遇過耶，可能我比較娃娃臉，或者該說，我開始變老，都是有小孩以後……那既然我已經有小孩了，被別人叫阿姨也就正常了啊！
>
> F30-45yr

第九章 他人眼中的自我：年齡焦慮與消費

(三)情境型：接受或拒絕視場合與稱呼者而定

這類受訪者對「阿姨」或「姊姊」的接受度取決於場合和稱呼者的特徵。當稱呼者為年幼小孩時，較能接受「阿姨」；但若來自不符合其認知的年長者或社會互動場合，則會引發反感或困惑。例如：F4-23yr被小朋友叫「阿姨」可接受，但認為該稱呼應對應年齡較大的女性，對初次被叫「阿姨」有情感震撼。F11-27yr對小小孩的稱呼抱持較寬容態度，但期待在其他場合被視為「妹妹」。F21-23yr逐漸習慣被稱為「阿姨」，但仍認為年長者的稱呼可能不恰當。

> 有被叫過姊姊，也有被叫過阿姨，聽到阿姨會覺得自己有這麼老嗎？但也不會特別在意，聽到姊姊時會比較開心。但老實說，我現在的年齡，實際上也就是阿姨了啦！我自己還沒生小孩，但我周圍的同輩許多人都是媽媽了，所以被叫阿姨，也是正常吧！只是如果是被小朋友叫阿姨，那就算了，但被那種看起來是大學生的年輕人，叫我阿姨，還是會覺得……有點誇張，你懂不懂事啊！怎麼樣也就是姊姊吧！畢竟，我還沒到可以生出大學生小孩的年齡啊！好吧！如果早婚一點，可能可以，但還是覺得很誇張！我可能還沒準備好要接受。……
>
> F1-34yr

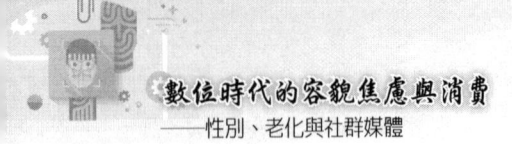

數位時代的容貌焦慮與消費
——性別、老化與社群媒體

> 有一次在火車上坐著時,旁邊的妹妹有一直踢到我,她的媽媽和她說「妳踢到阿姨了。」那個時候有點震驚,開始思考是不是今天的穿著比較成熟之類的,還有想「原來我也開始會被認為是阿姨了!」因為那次是第一次被這樣叫,所以有點嚇到,說實話有一點難過,因為認為阿姨可能是四十歲以上才會被叫的稱呼。
>
> F4-23yr

> 有類似的經驗!去餐飲業打工的時候,有媽媽教小朋友,可能幼稚園左右,叫服務員時會說:跟阿姨說你要什麼~受到了人生第一次衝擊!雖然對小朋友來說我是阿姨沒錯,但從年紀明顯大我十歲以上的媽媽口裏說出來,會有種想要吐槽「蛤?」的感覺,會想說自己看起來是阿姨嗎?很明顯妳年紀比我大吧!但後來就習慣了,我就是阿姨!欸!
>
> F21-23yr

(四)小結

總結以上三類,可發現這三類反應反映了女性對稱謂的敏感性與個人年齡定位的多樣化,拒絕型的女性,強調心理年輕感,和其真實年齡不見得有線性相關,只要是個體不認為自身年齡符合該稱謂,則會拒絕被冠以該稱謂。而接受型的個體,多半不是沒有緣由地真心接受,主要是個體的自我與該稱謂已經達到某種程度的調和,也就是該型態展現對年齡現實的自我調和。而情境型可說是介

第九章　他人眼中的自我：年齡焦慮與消費

於上述兩者之間，在特定互動中調整心理感受，可能隨著情境的調整，也可能在日後對自我概念加以調整，而趨向接受型。

這些差異可能與受訪者的年齡、角色定位及文化期待有關。就年齡而言，年齡是影響對稱謂接受度的主要因素之一。年輕受訪者對「阿姨」稱謂表現出強烈抗拒，因其尚未將自己定位為成熟女性，心理年齡與外界的預期不符。中年受訪者較能接受「阿姨」稱謂，可能因自我認同與外界評價逐漸趨於一致。例如：F4-23yr提到第一次被叫「阿姨」時的震撼，顯示年齡增長的過渡期是心理調適的重要階段。至於角色定位方面，女性對自身社會角色的定位，影響了對稱謂的接受度。尚未成為母親的女性可能不願接受與育兒角色相關的稱謂，如「阿姨」。已成為母親的女性傾向接受與母職相關的稱呼，視之為角色的一部分。例如：F14-38yr提到自己已經有孩子，因此「阿姨」或「媽媽」的稱呼對其影響不大。而文化期待方面，文化中對女性外表與年齡的刻板印象加劇了對稱謂的敏感度。亞洲文化強調年輕與美貌，導致年輕女性對「阿姨」稱謂敏感，因為這代表外界對其年齡的重新界定。同時，稱呼中的不對等性（如明顯年長者稱年輕人為「阿姨」）也反映出文化中潛在的階層與禮貌期待。

在消費與行銷方面，可推論年齡影響了心理預期與稱謂的接受程度，這同時也反映在消費選擇上，年輕族群可能偏好能強調青春形象的品牌與產品；角色定位決定女性是否將稱謂視為身分認同的一部分，這也引導了母職相關產品或服務的市場定位，如針對已成為母親的女性推出更具實用性或情感價值的商品；文化期待則加強了稱謂與女性外表年齡的連結，影響了對美容、保養及形象管理相關產品的需求。這些變數相互作用，不僅形塑了女性對稱謂的敏感

173

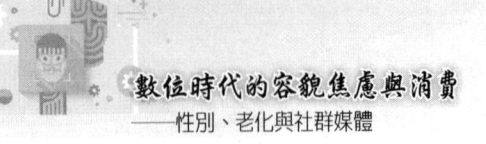

性與多樣化反應,也為品牌在溝通策略中提供了針對不同年齡與角色定位女性的精準行銷機會。

二、從哥到叔叔:男性在年齡認知與稱謂期待間的平衡

男性對於稱謂的反應,亦可分為三類,有部分類型與女性在對稱謂的反應(拒絕型、接受型、情境型)相似,但也有些許性別的差異。男性的三種類型:抗拒型、調適型、中立型,同樣反映了對稱謂的多樣化反應,尤其在稱謂是否符合心理預期與社會角色定位上,兩性均表現出敏感與調整的趨勢。然而,男性特有的中立型顯示了一種不受稱謂影響的穩定性與理性,這是女性類型中所未見的特質。相對於女性在拒絕或接受之間往往受情境驅動的反應,男性中立型受訪者更傾向於將稱謂視為社會互動的工具,並不直接影響自我認同或情感反應。這一性別差異或許反映了文化期待與性別角色對稱謂敏感性的不同影響,也為理解性別溝通中的微妙之處提供了新的視角。以下則針對男性對於稱謂感受與反應的三種類型加以說明。

(一)抗拒型:強調年齡不符以拒絕老化標籤

此類受訪者對稱謂的敏感性較高,尤其是當稱謂與其心理年齡或外表形象不符時,容易產生強烈的負面情緒。抗拒的根源在於心理落差與對形象的高度關注。在心理落差方面,非關個體真實年

第九章　他人眼中的自我：年齡焦慮與消費

齡，而是稱謂不符合個人對年齡或外表的心理定位。另外，抗拒型的回應，也多半產生在公開場合，亦即情境敏感性高，在公開場合或被年紀相近者稱爲「叔叔」或「阿伯」時尤爲抗拒，並有強烈的情緒反應。例如：M17-22yr提到「我覺得我這個年紀不值得被叫阿伯吧！」或是M22-23yr說的「心裏想：這位媽媽，妳才是阿姨好嗎！」。

> 最近的一次經驗是我回家的時候在電梯裏面遇到鄰居的小孩。鄰居的阿姨直接讓她的小孩叫我叔叔。當下雖然我的表情沒有露出任何的不愉快，但是我的內心還是比較震驚的，我甚至開始計算自己和這個小孩的年齡差距，最後我還是不覺得他應該叫我叔叔，應該叫我哥哥。所以在離開的時候我特意跟他說弟弟再見，希望他下次再遇到我的時候可以叫我哥哥，哈哈！
>
> M28-26yr

> 因為我認為叔叔大概也要三十歲以上才能叫，所以被年紀比我小的人叫叔叔，我會不太能接受，如果是幼稚園或小學生也就算了，有時候國、高中生這樣叫時，我就會感到不悅，但表面上當然不會直接表現出來。
>
> M24-27yr

175

數位時代的容貌焦慮與消費
—— 性別、老化與社群媒體

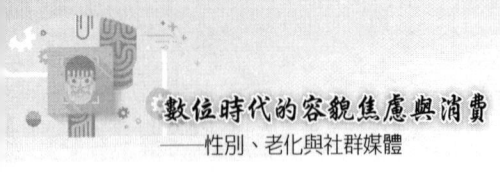

> 我曾被叫叔叔，在我才二十一歲左右的時候。首先我不認為這個年紀就該要被叫叔叔。其次，是一位年紀比我長的媽媽叫他小孩，小孩確實比我小啦！這麼稱呼我的，心裏想：這位媽媽，妳才是阿姨好嗎，不要教妳小孩隨便亂叫別人叔叔啦！叫哥哥不好嗎？哈哈！
>
> M22-23yr

> 我跟一般的男性不一樣，不喜歡被叫「老」。雖然我有一個跟我年紀相仿的侄子，我還是嚴正拒絕他稱我「伯伯」，每當他這麼稱呼我時，我就會感覺自己好老、好醜；相反地，我更希望他稱呼我「哥哥」，這不僅拉近我跟他的距離，也讓自己感覺更舒坦。
>
> M18-33yr

> 有，剛剛我在電梯裏面的時候，有個阿嬤帶著孫子進來電梯，然後就對我說「四樓，謝謝！」然後跟孫子說，跟阿伯說謝謝。我今天穿這樣，也不算老吧！我就覺得我這個年紀不值得被叫阿伯吧！我心裏會想，我看起來很老嗎？所以才被叫阿伯，總之就算是現在被叫阿伯也還不能接受。
>
> M17-22yr

第九章　他人眼中的自我：年齡焦慮與消費

> 明明我跟他年紀一樣大，結果他叫我阿伯，這是在百貨公司的時候，我在跟朋友逛街，結果遇到一個人，我不小心撞到他，結果他說阿伯什麼什麼之類的，當下有點不太開心，看起來他年紀應該比我大吧，結果把我叫那麼老。但除了他把我叫老，我覺得重點是很不禮貌的態度，而且當著我朋友的面，我們都很尷尬。
>
> M16-32yr

(二)調適型：理解社會規範並接受稱謂變化

　　此類受訪者隨著年齡增長或經歷累積，逐漸接受社會互動中的稱謂，並開始理解其背後的文化或情感意涵，從而降低對稱謂的敏感性。其對稱謂的接受程度隨時間推移而提升。將稱謂視為尊重或文化習慣的象徵，而非自我價值的反映。且能理性看待稱謂與自我形象之間的矛盾，並選擇適應。例如：M10-45yr提到「經歷多了，也就可以瞭解，也許對方是想要給我一種『尊重』的感覺。」，以及所說的「年輕時會為此感到不開心，但後來也就習慣了。」

數位時代的容貌焦慮與消費
──性別、老化與社群媒體

> 是不會太在意，但還是會自我懷疑一下。我有時會被叫叔叔，但對方的確也是可以叫我叔叔的年紀。只是比較麻煩的是，我比較常被叫小，尤其是穿輕鬆一點去散步的時候；參加活動之類的則常被以為是高中生或大學生。其實我不會很開心啊！因為究其原因應該是因為身高和穿著吧！也不是因為我真的年輕。如果穿寬鬆平常一點，就很像放學隨便穿一穿就和朋友出來玩的高中生。我現在大都穿襯衫西褲，看起來比較成熟一點……吧！。
>
> M9-33yr

> 我很早就被叫老了，一開始是什麼時候，也不大記得，印象中年輕時好像會為此感到很不開心！被看起來很油條的廠商叫「哥」……但後來好像也就習慣了，畢竟我肚子這麼大，一看就是「事業有成」的中年人……再來就是髮際線也有一點後退的危險，哎呀！……
>
> M12-42yr

> 現在喔，現在除非被叫歐吉桑，不然被叫哥、兄、叔叔、大叔，都還算習慣了啦！只是你這麼說，讓我想起，剛開始工作的時候，有被年齡比我大近十歲的人稱呼哥，對方是職場的客人。蠻無法接受，主要是因為對方年齡比我大許多，覺得很荒謬。但現在經歷多了，也就可以瞭解，也許對方是想要給我一種「尊重」的感覺，所以才會這樣稱呼吧！
>
> M10-45yr

第九章 他人眼中的自我：年齡焦慮與消費

> 我有被叫過叔叔，多是小朋友會這樣稱呼。可能會覺得有點老，所以會不太喜歡小朋友這樣稱呼我。……但因我也不是剛出社會的小朋友、年輕人，所以被稱呼叔叔也是正常的。若他們叫我哥哥，我有時可能會覺有點矯情，因同樣的情境，很多大學生也會被稱呼「叔叔」，所以我就不想太多了。
>
> M25-30yr

> 較不太能接受的稱謂是阿伯，可能不覺得自己有那麼老，故較不能接受，此一情境唯一發生過的經驗，是新手媽媽要求小孩叫我阿伯。而「哥」則是平常與同儕互動開玩笑式的稱呼，此種情境下即不會太在意真實年齡差距，而是能夠全然接受此一稱謂。
>
> M29-40yr

(三)中立型：淡化情感波動不受稱謂影響

　　此類受訪者對稱謂的接受度高，並且不將稱謂視為對個人形象的影響，而是單純的社會溝通工具。這種中立的態度反映了自我認同的穩定性和成熟性。此類個體對大多數稱謂（如「哥」、「叔叔」）均能接受，甚至在某些情境下也能接受「阿伯」。他們較注重的是溝通本質，認為稱謂僅是社交場合中的必要形式，並不代表自我價值。因此在任何場合都能輕鬆應對稱謂問題，並保持友好的態度。例如：M27-22yr提到「我認為這只是一個人與人相處間必要的稱呼方式。」以及M26-37yr提到「阿伯也可以，畢竟我已經

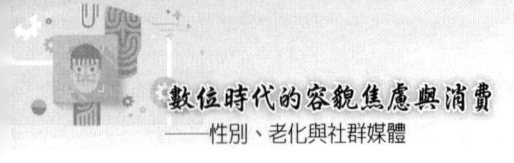

三十七、八歲了。」

> 我幾乎沒有不能接受的時候，我認為這只是一個人與人相處間必要的稱呼方式，一時的稱呼並不會影響個人的本質，除非有太誇張的稱呼，如和我相差五歲卻稱呼我為叔叔的情形，我才會不能理解，但我目前還未遇過這樣的情況。
>
> M27-22yr

> 我覺得如果被叫哥或是叔叔不會不能接受，甚至阿伯也可以，畢竟我已經三十七、八歲了，因此並沒有不能接受的時候，但我似乎也很少碰到這個狀況，大部分都是爬山的時候碰到山友聊天，彼此互相稱呼，在這種狀況之下，我並不會因為別人的稱謂好像比較老就覺得不舒服。
>
> M26-37yr

(四)小結

抗拒型消費者特別在意稱謂是否符合他們的自我形象。比如，當品牌客服或銷售人員用「叔叔」或「阿伯」來稱呼一位外表年輕的男性時，可能會引發強烈的反感，因為這與他們自認的形象不符。對這類消費者，品牌應更謹慎地使用稱謂，或提供更個性化的溝通方式，例如稱呼「先生」或使用名字，來避免冒犯並保持良好印象。

調適型消費者隨著年齡與經歷的增長，對稱謂的接受度提高。他們可能會覺得「叔叔」或「大哥」這類稱呼是社會角色的自然延伸。例如，在購買西裝或健身器材時，銷售人員用稱謂表達尊重，如「您看起來很成熟，這套西裝非常適合您的氣質」，就能讓他們感到自在，甚至願意與品牌建立長期關係。

中立型消費者對稱謂保持平和心態，更關注服務本身的功能與效率。例如，他們可能不在意被稱為「哥」或「叔叔」，只要產品或服務滿足需求即可。例如在便利店購物時，他們更看重的是收銀效率和促銷資訊，而不是店員稱呼的細節。對這類消費者，品牌應將重點放在產品性價比和服務效率上，而非過度強調稱謂上的個性化。

總的來說，男性消費者對稱謂的敏感度反映了他們的心理預期與社會互動習慣。行銷策略可以根據這些不同的態度，調整溝通方式。例如，在抗拒型的市場裏注重稱謂的細緻化，在調適型的市場裏強調情感連結，而在中立型的市場裏則突出服務本身的價值，這將有助於提高品牌的接受度和好感度。

三、年齡焦慮與消費之性別差異

在探討稱謂對於男女的影響時，部分個體認為性別並不會顯著影響對稱謂的態度，認為這只是一種文化習慣或個人偏好的表現。然而，另一部分人則認為性別的確在稱謂的接受度與反應上存在顯著差異。這些差異可能源自於不同的社會角色期望、性別刻板印象及文化認知的影響。尤其在年齡、尊重及親密度的表達上，男

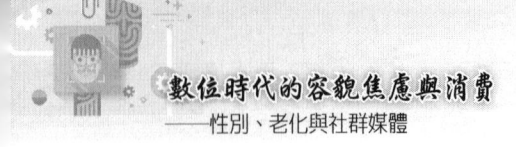

女對稱謂的反應常常有所不同。女性較為敏感於年齡相關的稱謂，如「阿姨」或「大姐」，這些稱謂容易引發對自我形象或年齡的焦慮；而男性對類似稱謂則表現出較低的敏感度，並可能將其視為尊敬的表示。此外，女性通常在社交場合中對稱謂的選擇更加謹慎，避免引發誤會或不必要的社會尷尬。這些現象反映了性別在社交互動中的深刻影響，本段將針對這些性別差異進行進一步分析，探討其中的原因及其背後的社會文化元素。

(一)性別差異的稱謂反應：年齡、尊重與親密度的社會文化影響

男性與女性面對稱謂時的性別差異，主要表現在以下三個元素：

◆女性對年齡相關稱謂的敏感度

多數女性對年齡的稱呼特別敏感，尤其是當稱謂暗示年齡較大的時候。常見的例子是「阿姨」或「大姐」，這些稱謂會讓女性覺得自己年齡被強調，進而感到不快或不舒服。因為社會上普遍對女性年齡的敏感性較高，尤其是年齡和外貌常常被聯繫在一起，女性對稱謂的反應強烈，是由於對年齡和外貌的雙重壓力，尤其當稱謂暗示她們年齡變化時，容易產生負面情緒。例如：F1提到「女生的話，像我周遭有許多美魔女，可能已經快五十歲了，都還穿迷你裙那種打扮，她們就會希望你叫她英文名字，如果你叫她XX大姊，應該會被打吧！」。

男性則較少對年齡相關的稱謂有強烈的情緒反應。他們對稱呼

第九章　他人眼中的自我：年齡焦慮與消費

「叔叔」或「哥哥」等多半不在意，即便這些稱呼暗示他們較為年長。男性對年齡的敏感度較低，並且社會上對男性的年齡更多是視為成熟的象徵。對他們來說，年齡的稱謂反而可能是一種尊重或地位的象徵。例如：F6提到「我覺得面對女生的時候，因為女孩子心思比較細膩，我可能就會先稱呼姐；男生的話感覺比較不會因為這個生氣。」M28也提到「我覺得男生通常不太會在意這些稱呼，特別是在社會互動中，『大哥』可能被視為一種尊敬。」

> 我覺得會有不一樣，如果我是女生的話，我應該會更在意別人對我的稱呼。另外一點是我覺得稱呼也代表你在他人心中的印象，比如如果我是女生的話，對方叫我某某姐，會讓我覺得我對於她來說是親近、好相處的人。但如果對方叫我某某阿姨的話，我會覺得他是在刻意強調我們之間的年齡差距。但作為男性，我覺得對方叫我某某哥的時候，是在表達他和我之間的親近感，而在叫我某某叔叔的時候，會有一種他很尊敬我，而不是特別強調年齡差距的感覺。
>
> M28-26yr

> 我覺得面對女生的時候，因為女孩子心思比較細膩，我可能就會先稱呼姐，如果她有表現出反感，我之後就會立刻去掉那個姐；男生的話感覺比較不會因為這個生氣，我就依照旁人的稱呼來去尊稱，如果大家都會加上哥，那我也會跟進。
>
> F6-34yr

> 我認為會因為性別有所差異，因為男性對此似乎真的沒有那麼在意，如同我上面舉的例子，部分我的女性主管會在一個月後偷偷地找我對談，來糾正我。而男性同事或是主管，目前尚未遇過對方對此有任何不滿，反而有稍微遇過如果把對方叫的小了，男性會稍微覺得自己被看輕了的感覺。
>
> F5-24yr

> 不論是被叫還是叫人，我覺得都有性別差異耶！例如我自己是女生，就比較容易叫得出「姊」，而不太會叫男生「哥」，因為覺得帶有一點撒嬌的感覺，不想被別人誤會自己是否有其他意思。另外，我有聽過抱怨被叫阿姨或姐的人，幾乎都是女的，哈哈！因為她們本來就是女的……不是啦，我的意思是會抱怨被叫老了的，幾乎是只有女生會這樣，男生好像比較不在乎，除非是哥哥被叫成阿伯，但好像這種事也不大會發生。女生的話，像我周遭有許多美魔女，可能已經快五十歲了，都還穿迷你裙那種打扮，她們就會希望你叫她英文名字，如果你叫她XX大姊，應該會被打吧！
>
> F1-34yr

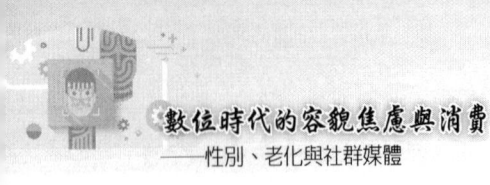

第九章 他人眼中的自我：年齡焦慮與消費

> 好像女生特別容易遇到這種情況，可能是因為男性被叫老了，可能還有種自己有種成熟魅力的錯覺，女性被叫老了，就像從稀疏的頭髮中拔下一大撮，心比頭還痛。因此對這種稱謂的問題特別敏感，如果有人叫得不上道，很容易就會注意到。就像我前面說的，他雖然看起來比我年輕一點，但叫我大姊，我還是會不開心……我可能覺得要差個二十歲，你要叫阿姨的那種年齡，才能叫大姊吧！。
>
> F13-43yr

> 我覺得有性別差異，男生如果被叫叔叔或大哥比較不會有不舒服的感覺，反之如果是女性被叫阿姨或大姐的話，可能會比較不舒服，我想這是因為女性比較重視年齡隱私的原因，因此被叫姐或阿姨就會覺得自己老了，這也是為何一般來說不太能問女性年齡的緣故。
>
> M12-42yr

> 我認為女生對年齡比較在意，對「姊」這個稱呼比較敏感，可能會想說是不是在年齡上做文章。男生好像真的沒什麼差別。
>
> M10-45yr

> 我認為有性別差異，例如我會叫男計程車司機大哥，但女計程車司機沒有叫過大姊，可能是因為女性對自己的年齡比較敏感，因此我對女性時會下意識地減少會突出年齡差異的稱謂。
>
> F14-38yr

> 我個人的經驗是比較常聽到女生說不能接受她被稱呼阿姨,但好像很少聽到男生這樣抱怨。但我個人想像如果我是男生,被稱呼叔叔,我應該還是會感到不舒服。一方面可能也是因為叔叔或阿姨對我來說,需要是比較親近的人才能使用的稱呼。
>
> F7-28yr

> 會,因為在大眾媒體或社群媒體上,似乎強調女性會更加在意自己被叫姊姊還是阿姨,所以放到現實生活中,我也會多加留意在稱呼女性時所使用的詞彙,因此我通常是使用「姊姊」,而這招到目前為止都還是蠻有用的。至於我認為男性通常不太會在意這個,但我認為也可能是因為我也是男性,從我自己的角度出發,而有這種認知上的偏誤也說不定。
>
> M24-27yr

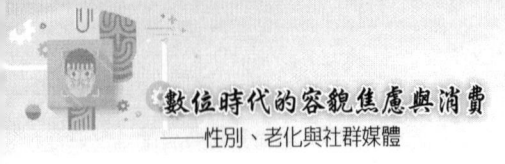

◆對親密感或疏離感的反應

第二類元素涉及對人際關係之評估,女性對親密感的需求較高,並且在稱謂中對可能暗示年齡差異或社會地位差異的反應較為敏感。這使得她們對於年齡或地位等方面的稱謂會有較高的警覺性,避免顯示過大的距離感。而男性對於稱呼中所隱含的親密感較為放鬆,尤其是在朋友或同事之間,他們更容易接受「哥」或「大哥」等具有社交尊敬意味的稱謂。男性在稱呼中較少顧慮到性別的界限,也不太在乎稱呼中帶有的親密感。他們通常會接受較為通用的稱呼,並不會過多解讀其中的性別或情感色彩。

第九章　他人眼中的自我：年齡焦慮與消費

> 但男生和女生還是有一點不一樣。朋友之間叫哥姐，個人覺得大多不會不開心，因為現在蠻常這樣，沒聽過有人不開心。但比較少聽到男生對別人叫哥哥，相較於女生間叫姐姐真的少很多，反而是年紀大的人有時候會稱呼對方XX兄，個人覺得年輕男生對稱呼比較不在意，但年長的男性反而比較注重，似乎跟女生相反。此外，好像比較少聽到男生對被稱呼叔叔會不高興，可能是男生真的不太在意吧！
>
> F3-29yr

◆男性對稱謂的接受度與專業性

男性對稱謂中的年齡意涵較不敏感，他們更容易將這些稱呼視為對其社會地位或經歷的肯定，並不過度解讀其可能的貶低意味。男性對年齡、社會地位的焦慮較少，他們往往將稱謂視為尊重和社交地位的表現，而不會過度關注其背後可能隱含的年齡問題。

> 會，因為我覺得女生通常比較在意這種稱呼，而且我是女性，我覺得我不想要的對方也不會想要，所以不會亂叫阿姨或大姐。但男性的話我就不太在乎。首先因為男性通常不太打扮，對外貌的管理也還好，所以我認為男性對這種事情好像也還好，而且應該有不少男性認為稱呼「哥」是一種尊稱，雖然我不這麼認為，但也如他們所願吧。我比較不在乎有沒有傷害到男性的情感，他們也比較不容易因為被怎樣稱呼不愉快吧！
>
> F11-27yr

數位時代的容貌焦慮與消費
——性別、老化與社群媒體

> 我認為有，女性多半不願意被認為「較具有資歷」，而男性則多半期望被肯認在社會歷練的經驗，因此更願意在稱謂中被帶有「大」字而稱呼。然此一現象好發於三十至三十五歲以上的男性，三十歲以下或更老的像是我的男性則較不具有此種意願，單純以「哥」稱呼即可。
>
> M29-40yr

> 好像女生特別容易遇到這種情況，可能是因為男性被叫老了，可能還有種自己有種成熟魅力的錯覺，女性被叫老了，就像從稀疏的頭髮中拔下一大撮，心比頭還痛。因此對這種稱謂的問題特別敏感，如果有人叫得不上道，很容易就會注意到。就像我前面說的，他雖然看起來比我年輕一點，但叫我大姊，我還是會不開心……我可能覺得要差個二十歲，你要叫阿姨的那種年齡，才能叫大姊吧！
>
> F13-43yr

> 會欸：通常男生對於被叫叔叔或哥哥比較沒那麼在意，在職場上被叫大哥或是哥好像也不會感覺有很大區別，我剛剛會不開心，是因為他叫我阿伯！如果叫叔叔，我也可接受啦！但是女生不管是在日常生活中，還是在職場，都希望自己看起來是年輕的，被叫姨或是姊就會覺得「我很老嗎？」有種自己被叫老了的感覺，很多前輩跟我抱怨過。
>
> M17-22yr

第九章　他人眼中的自我：年齡焦慮與消費

> 當然會啊！這個社會對女性要求太高了，所以女生一定比較在意啊！男生如果被誤認為老一點，不知道現在年輕的男生們會不會介意？可是和我同輩的男生有些人應該會覺得這樣比較穩重吧！就像婚配市場上，不是說女生愈老愈難嫁，男生越老越值錢，尤其是有了事業和經濟能力後。雖然這種說法對於男女雙方都非常不公平，但這種潛在的社會規範，還是影響很多人。不過感覺在乎的人未來應該會變少，因為覺得我們的社會有在往男女更平權的方向移動，影響的不只是工作上的平權，這些性別刻板印象也漸漸在被打破中。哎呀，扯太遠了。……
>
> F30-45yr

> 會有的，因社會多半較注意女性的稱呼。女性很常被預設為，要稱呼姊姊等較晚輩式的稱呼，主要是怕被貼上標籤。這樣一來，有可能引出被說是年齡歧視的疑慮。針對男性，大家多會認定男性愈老愈值錢，所以多是以長輩式的稱呼來界定眼前的男性。
>
> M25-30yr

> 我覺得有一點點差異，我覺得女生似乎會更在意被叫老了的感覺，而且不知道為何，男生同齡或同學之間互稱為哥，有時候反而是種尊稱，而且似乎很常用，有些男生很喜歡被同齡人叫哥的感覺，就好像他是領頭的老大那樣。年輕同齡女生之間互叫姐的狀況好像比較少見，多是見於職場，而且我個人也是不喜歡被這樣叫，心理上會覺得怪異，可能很少見不太習慣吧，但跟被叫阿姨的感覺又不太一樣。大哥男生接受度比較高，阿姨跟大姐有時候不一定會被接受，不過我判斷的標準男女應該差不多。
>
> F23-22yr

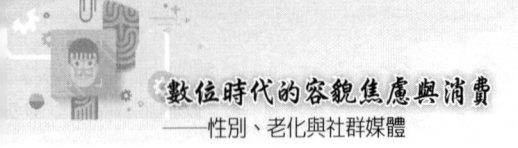

(二)無顯著性別差異的稱謂反應：文化習慣與個人偏好的交織

在討論稱謂是否具有性別差異的議題時，多數人認為男女在稱謂的接受度與敏感性上確實存在顯著差異。然而也有部分受訪者認為，性別並非決定性的影響因素，而是與其他個體特徵或社會背景有關。他們的理由主要可歸為以下幾類：

◆年齡與角色感受的影響

一些受訪者認為，不論男女，只要被稱呼為比實際年齡更年長的角色，都會感到不愉快。例如，M9提到他的父親因為白頭髮較多，被便利店店員稱為「阿伯」而感到不滿；F2則提到「被稱呼為年輕的稱謂會令人開心，而被叫老則令人不悅」，這反映了年齡角色對稱謂接受度的普遍影響。

第九章　他人眼中的自我：年齡焦慮與消費

> 我想應該男女都或多或少會在意，尤其是自己也知道自己不年輕的時候，但感覺女生會比較耿耿於懷。更準確地來說，或許女性在這方面的擔憂會更早，二十幾歲被叫阿姨就會不太能接受。男生的話叔叔應該還可以吧！但我爸，今年五十九歲，最近被7-11店員叫阿伯很不開心，哈哈！我覺得是因為他白頭髮太多了，但誰叫他那麼久沒染頭髮。
>
> M9-33yr

> 不會，我一樣都會不太高興，這不分男女，因為沒禮貌就是沒禮貌，我只會覺得他們講話前沒有好好經過腦子思考，從小被教育稱呼不認識的人就要往年輕的叫，阿姨叫成姐姐，叔叔叫成帥哥，把人往年輕叫對方不會不開心，把人叫老才會。
>
> F2-19yr

◆個人價值觀與外貌焦慮

有些受訪者認為，是否在意稱謂更多取決於個人的外貌焦慮程度或價值觀，而非性別。例如，F21認為，稱謂是否讓人不舒服，主要是看個人對外貌或年齡的敏感程度，而非單純的性別因素；M22也指出，男性和女性的稱謂偏好可能與角色感受有關，但個體間的差異更為明顯。

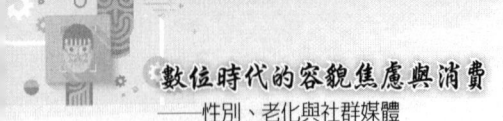

> 我覺得並不是因為是男生或是女生而在意被叫得老了，而是那個人本人會不會在意。這可能也跟他容貌焦慮的程度有關吧！像我雖然剛聽到的時候很震驚，但後來好像也沒什麼感覺。
>
> F21-23yr

> 不會吧。覺得只要是自己的稱謂被稱呼為比自己認為的角色年齡大的時候，又不喜歡被稱呼為這個稱呼隱含的角色年齡時，就會不太喜歡吧。應該跟男女沒有差別。像一般年輕男性被叫阿伯也會不太樂意吧。啊！但是即便是叫哥或姐，男性似乎也不樂意被稱呼為角色年齡感覺比他實際年齡小的，所以我會稱大哥。但女性對於被稱呼為年齡比實際年齡小的角色年齡通常不會不滿，所以可以叫姐姐，不會叫大姐。這可能有點差別。
>
> M22-23yr

◆性別刻板印象的逐漸模糊

另有受訪者認為，現代社會中，男性對形象的關注逐漸增強，使得男女在意稱謂的程度差距縮小。例如，F20提到，男性如今也愈來愈注重形象和保養，因此對被叫老同樣感到不快；F19則指出，性別影響較小，反而是年齡、經驗與文化背景在稱謂接受度上扮演了更大的角色。這些觀點表明，儘管性別差異在稱謂議題中占據一定地位，但年齡、個人價值觀以及逐漸模糊的性別刻板印象同樣不可忽視。

> 任何人,不分男女,這樣對我,我都會覺得很不受尊重。……我覺得沒有性別差異。現在男生也愈來愈注重形象和保養,所以聽到這樣的,應該也會不開心吧!只是不一定會表現出來。不過,我也沒有表現出來就是了。
>
> F20-21yr

> 我覺得對於稱謂該如何叫,又或是是否會感到不舒服,性別的差異應該不大。但可能會跟年齡、人種、個人偏好之類的比較有所關係。因為我覺得這個問題跟你這個人所接收到的價值觀、你所經歷的經驗有關係,才導致你能不能接受這樣的稱謂,性別的影響應該較小。
>
> F19-19yr

四、稱謂與年齡焦慮之消費與行銷意涵

　　稱謂作為一種社會互動中的語言符號,不僅影響人際關係,也對消費者行為和行銷策略產生深遠影響。首先,稱謂的使用會影響消費者對品牌或服務的感受。例如,對年齡較為敏感的女性消費者,若使用「阿姨」或「大姐」等稱謂,可能觸發其年齡焦慮或自我形象不滿,進而對品牌產生負面評價。而對男性消費者而言,稱謂如「大哥」或「先生」則可能被解讀為一種尊敬的表達,有助於提升對品牌的好感度。

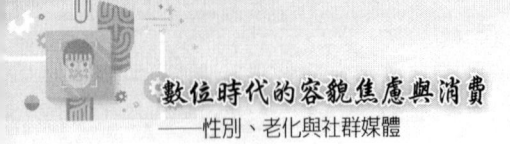

品牌在廣告中的稱謂選擇，也對目標閱聽人的情感連結與認同感至關重要。適當的稱謂可以讓消費者感受到品牌對其身分與價值的尊重，進一步提升購買意願。例如，針對熟齡族群的廣告，品牌需謹慎避免直接點出年齡特徵的稱謂，如「中老年人」或「銀髮族」，而是以正向且年輕化的語言，如「成熟魅力」或「優雅人生」來塑造積極形象。這種策略有助於降低熟齡消費者對年齡標籤的抗拒感，並增強品牌的吸引力。

此外，愈是針對熟齡族群的品牌，愈需要強調其年輕感以滿足目標消費者對自我形象的期望。這種年輕化策略可以體現在產品設計、廣告語言以及品牌形象中。例如，使用富有活力的色彩、以「保持青春」或「活出精彩」為核心的標語，能讓熟齡消費者感受到品牌對其心理需求的關注。同時，稱謂如「朋友」或「家人」的使用，也有助於營造更親切且平等的互動氛圍，減少因年齡而產生的距離感。

總而言之，稱謂在品牌與消費者的互動中是一種微妙而強大的行銷工具。透過細緻的語言選擇與文化適配性考量，品牌能更有效地提升消費者的情感共鳴與品牌忠誠度，尤其是在針對熟齡族群時，強調年輕感與積極形象更是不可或缺的策略。

第十章

顯老認知與消費啟示

➔ 女性知覺的顯老特徵與其行銷與消費者心理影響
➔ 男性知覺的顯老特徵與其行銷與消費者心理影響
➔ 消費者抗老化行為與消費模式分析

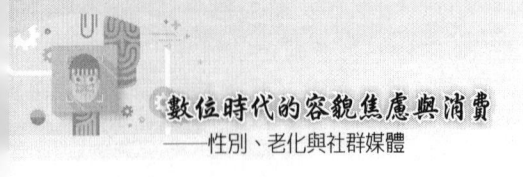

數位時代的容貌焦慮與消費
——性別、老化與社群媒體

在現代社會中，外貌與年齡的關聯日益受到關注，不僅影響個體的自我認同，也在社交互動、職場競爭和消費選擇中扮演重要角色。針對兩性對顯老特徵的認知差異，本章將深入探討男性與女性如何定義和感知「顯老」，並分析其背後的心理與文化因素。

此議題不僅涉及個人對衰老的恐懼與抗拒，還反映出不同性別在社會期望與角色認知上的深層差異。女性長期以來被期待保持年輕與美麗，外貌特徵如皺紋、肌膚鬆弛或頭髮灰白，往往直接影響社會對女性的評價與地位認知；這些現象進一步導致許多女性積極追求延緩衰老的保養或醫美措施。另一方面，男性雖然在傳統社會中對外貌的要求不如女性明顯，但隨著性別平權與審美多元化的推進，男性同樣開始重視自身形象。頭髮稀疏、體態改變、皮膚鬆弛等老化特徵，對男性而言，不僅影響其自信心，也可能左右他人對其專業能力與社會價值的判斷。

這些性別共性與差異在消費行為與市場策略中具有重要意義。無論是男性或女性，對年輕感的追求驅動了美容、保健與時尚等產業的商品設計與行銷模式。藉由探討兩性對顯老的看法，本章旨在揭示這些認知差異如何影響消費者需求，並提供行銷策略上的啟示，以協助品牌更有效地與目標族群溝通，滿足其心理需求與偏好。

一、女性知覺的顯老特徵與其行銷與消費者心理影響

在研究女性對於顯老特徵的認知與感受時，訪談結果顯示，外

第十章　顯老認知與消費啓示

貌變化是女性最爲關注的顯老表徵，特別是臉部下垂、皺紋的出現以及膠原蛋白的流失，這些特徵普遍被受訪者視爲年齡增長的主要象徵。此外，白頭髮與膚色暗沉也常被提及，反映出肌膚健康與年輕外貌的重要性。與此同時，體態的改變同樣是關鍵因素，部分女性認爲肥胖會讓人顯老，而另一部分則指出過度消瘦會呈現不健康的老態。

　　除了外貌，行爲與穿著習慣也被視爲顯老的重要標誌。例如，記憶力下降、行動遲緩以及逐漸偏好功能性或鮮豔色系的服裝，都被認爲是顯老的具體表現。此外，女性開始表現出更爲謹慎的舉止或嘮叨的行爲，亦被視爲年齡感的展現。這些因素的綜合作用，使得女性對於自身老化特徵的感知不僅限於單一方面，而是涵蓋了外貌、行爲、身材及穿著等多重層面。以下將女性感知顯老的特徵分爲五大面向：外貌特徵、身材特徵、行爲特徵、穿著特徵及其他顯老特徵，其他顯老特徵如嘮叨或無活力的眼神，則是女性感知年齡增長的非視覺性表現。這五大面向共同構成了女性對顯老的全面認知，本章將進一步探討女性對於這些顯老特徵的理解與反應，分析其背後的心理機制及消費行爲之影響。

(一)女性顯老的五大常見特徵

◆外貌特徵

　　外貌的老化通常是最直觀的顯老特徵，涉及到面部的多種變化，如皺紋、臉部下垂、膚色暗沉等。隨著年齡增長，女性面部的皮膚可能變得鬆弛，失去原本的彈性和光澤，並出現皺紋、眼袋、

197

膚色變暗等徵兆。具體特徵則包括：臉部下垂、皺紋、白頭髮、膚色暗沉、黃斑／黑斑、膠原蛋白流失、眼袋下垂、臉部浮腫／鬆弛、髮量減少。

> 就容貌而言，女生的白頭髮，還有臉頰的下垂，身材開始變得稍微肥胖都是。
>
> F4-23yr

> 最不喜歡的是皺紋，因為皺紋就是一個人外貌變老的象徵，也不太能回復，除非去醫美，但也是不可能永遠很緊緻，也多半看得出醫美的痕跡，皺紋真的是最不能騙人的特徵，皺紋也真的會讓人看起來比較老態，甚至也不只出現在臉上，其他地方也很難避免。
>
> F3-29yr

> 大概就像上面說的，我最不能接受臉頰下垂以及出現黃斑，我覺得除了明顯有年紀之外，也會影響原本的外貌，不再是自己滿意的樣子。
>
> F1-34yr

> 女性的顯老可能是白頭髮、法令紋，目前我的年紀尚未看到同儕有開始顯老的問題，不過若是長輩的話，真的會看到一年、兩年沒見的姑姑、阿姨，頭髮全白。我家的基因很容易白髮。就單看皮相其實差異不大，但馬上頭髮全白了就很顯眼。
>
> F5-24yr

第十章　顯老認知與消費啟示

> 嘴角的皺紋吧！我個人鼻基底比較低，所以笑太開會有很明顯的法令紋。中學的時候有被同學說過我笑起來很像老人……覺得有點打擊，所以我現在都盡量笑得含蓄一點，或用手遮。我自己也覺得不是很好看啦！呵呵！本來只有笑的時候會浮現，但隨著年齡增長，最近總覺得看鏡子也很明顯……唉！
>
> F21-23yr

◆ 身材特徵

　　身材的變化是女性顯老的重要指標。隨著年齡增長，女性的體型會受到脂肪分布、肌肉流失等因素的影響，導致身體形狀的改變。這些變化不僅影響外觀，還會對女性的自信心和社交行為產生影響。

> 在所有老化的特徵當中，我想我最不喜歡或最不能接受的是變得肥胖……因為，我從小到大目前為止都是偏瘦的體型，所以穿著的風格也都是配合這樣的體型，一直以來帶給別人的記憶點也好像都是「那個很瘦的女生」，感覺已經成為我的特徵的一部分，有點難想像失去這個特徵的自己會變成怎樣。因為我偏瘦的關係，從小到大親戚都會一直跟我說我這個體質是遺傳他們，也跟我說但到二十五歲之後就不會吃不胖了，會慢慢胖起來，說他們都是這樣。所以也有點好奇，二十五歲之後的我體質會不會開始改變。
>
> F4-23yr

> 這個很多耶,我想包含臉部、身材、行為特徵、穿著等。例如臉部有贅肉,例如「嘴邊肉」與肌肉鬆弛的狀況,還有皺紋。身材包含佝僂。
>
> F7-28yr

> 年輕的時候覺得有皺紋就是老,現在我覺得,臉部線條有一塊塊的才是老啊!還有,年輕女生會覺得歐巴桑都是肥肥的,但對我而言,我反而也會警惕自己不要太瘦耶!我周圍有一些女生,到了更年期之後,開始消瘦,那種消瘦,就是形銷骨立,我說不上來,就是很乾扁,沒有精神,很沒元氣那種感覺,嗯嗯……就是不飽滿,那感覺比胖的人更老!
>
> F30-45yr

> 主要是皺紋,因很多的明星都會被放大,以檢查有沒有皺紋。若是變胖,也會被當成是老人的一個特徵,表示妳這個人又老又醜。在現在很多有毒的觀念中,女性都是不能呈現疲態,要像雕像一般,永遠保值才是正常的表現。只要跟自己的全盛時期一有差異,就會被當成是偏差行為,表示妳這個女生「不乖了」。
>
> M25-30yr

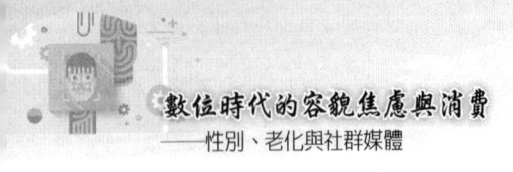

◆行為特徵

行為上的老化也會影響女性的顯老感知。這些行為表現出來的衰退或改變,通常與認知能力和身體機能的退化有關。當女性開始

第十章 顯老認知與消費啟示

感到記憶力下降、行動遲緩或戰戰兢兢時,反映在外顯行為上,也可能有嘮叨／碎碎念、無活力的眼神等,她們可能會對自己的年齡感到焦慮。

> 行為特徵包含變得神經兮兮跟戰戰兢兢,瞪大眼、腳步蹣跚等,還有很多老人家特別暴躁。衣著方面包含一些「婆婆媽媽風格」的穿著,例如一些碎花裙、顏色太過鮮豔的過時的衣裙。
>
> F7-28yr

> 女性的顯老,我想是臉上皺紋開始變多,因為更年期而導致熱潮紅、盜汗、陰道乾澀、骨骼痠痛、失眠及心情低落等症狀,開始不太會注重流行跟化妝打扮,穿著得體即可,對於那些情情愛愛的感情是非比較不那麼在意,體力沒以前那麼好,開始注重保健身體及身體健康……。如果就以上這些標準來說,我應該還不算老啦!但我有些同事,可能跟我同輩,但已經出現上面那些狀況了,就讓我覺得他們有點老。
>
> F6-34yr

> 容貌的話,我覺得女生的老大概就是臉皮微微鬆弛、膠原蛋白流失、眼角下垂、頭髮不再像以前蓬鬆茂密。衣著開始穿得比較隨便,更注重保暖。舉止方面開始注重養生、早睡早起、多喝熱水、怕冷、不敢吃辣。
>
> F20-21yr

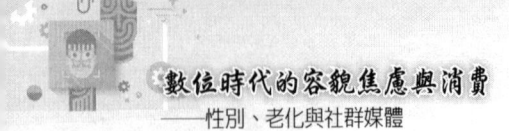

數位時代的容貌焦慮與消費
——性別、老化與社群媒體

> 就容貌而言,女生的白頭髮,還有臉頰的下垂,身材開始變得稍微肥胖都是。另外,行為特徵、舉止方面也有,那種開始不想學習瞭解新事物、記憶力的下降、無法在外久待也是。然後我覺得大媽們會有某些衣著特色,她們衣著開始以在乎機能性的衣服為主,紫紅色羽絨外套,另外也開始不穿短褲或短裙。
>
> F4-23yr

> 我覺得會開始碎碎念就可能開始算是女性的顯老,或是會開始穿比較花的衣著,對於飲食有比較多的講究,抑或是開始塗抹一堆保養品。像很多馬路三寶會在路上跟你囉哩囉嗦,也為了不引起衝突,不敢得罪她,甚至她會開始倚老賣老,都是女性顯老的表現。如果說外貌的話,可能就是眼睛吧!眼睛下面有皺紋、眼袋或魚尾紋之類的。另外皮膚也變粗一點。
>
> M12-42yr

◆ 穿著特徵

女性在穿著上的選擇也能反映她們的年齡感知。隨著年齡的增長,一些女性可能會更傾向於穿著舒適、功能性的衣物,或是選擇更鮮豔的色系來強調年輕感。穿著風格的變化可能會讓她們看起來顯得更年長,取決於選擇的衣物風格。

> 女性的顯老來自於臉，魚尾紋跟逐漸下沉的眼袋，都是透漏年紀的地方。此外，眼窩凹陷、眼尾下垂也是顯老的一大特徵。除了容貌變化外，穿衣的風格也是一大關鍵，上了年紀的女性開始喜歡穿紅色、紫色的羽絨衣，行為上也會更加的「嘮叨」，這些地方都是慢慢變老的外顯之處。
>
> M18-33yr

> 我覺得女性的顯老，一個是體現在臉部的皮膚特徵，比如膠原蛋白的流失導致皮膚的皺紋出現，或是會有一些老年斑。在行為上會比較遲緩。衣著上會選擇寬鬆透氣的面料，不會再那麼強調身材曲線。而且我觀察到很多長輩女性都喜歡剪短髮，燙成彎彎曲曲的捲髮，或許是因為這樣看起來髮量會比較多一些。
>
> M28-26yr

◆ 其他

除了上述因素之外，雖然較少提及，但也有受訪者提到顯老與否，往往更展現在心態、活力、聲音、眼神表達或是其他方面。

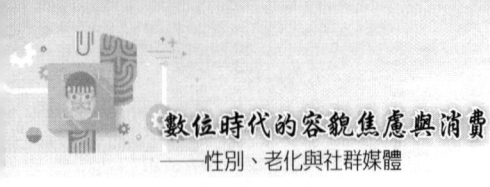

> 外表的話，可能像是皺紋、皮膚狀況、是否有一些斑、氣色等等的，肢體動作像是行走、動作是否變得緩慢不再精準有力，像年輕時那種自信健康的感覺，而開始有「老態」，易有疲憊感等等的呈現。聲音的話，像是不再有中氣且有力或呈現比較亮的聲線，而會有點氣虛無力或沙啞感等。
>
> F23-22yr

> 衣著的部分似乎比較難跟老有絕對的關係，但一般人可能會根據風格是否與近期流行的有差異，是否有「年代感」等等的來判斷，不過又常常有復古風的潮流出現，還是要看如何搭配與人整體的氣質來判斷，有些風格比較歷久不衰。……其實我個人比較喜歡判斷一個人是年輕還是已經老了的方式，是看心態跟他的活力，如果比較開放心態、活潑有好奇心，並且非常具有活力、思想靈活的人，我覺得整體上會比起同齡人來說較不顯老。
>
> F23-22yr

> 如果要說容貌層面，我覺得女生顯老首先最明顯的是容貌上的改變，各個地方突然冒出的皺紋，逐漸增多的白髮，蛋白質的流失，臉上的黑斑。另外，服裝品味上也是，衣服審美逐漸往桃紅色發展，喜歡老氣的衣服，或是更年期的脾氣暴躁，身體沒有以前來得靈活，常常受傷、生病，這些特徵都會讓我覺得她變老了。
>
> F2-19yr

> 很凶的眼神。我不知道是因為老化眼尾自然下垂，還是因為對方的心情真的很不好，或是因為平常的表情都長那樣，我覺得有些老人的眼神特別兇，我覺得有點怕怕的，加上老人的眼球會自然比較黯淡，所以更嚴重。那種眼神就像是在嫌棄你沒有主動讓座一樣，在公司比較少見，但路上早餐店、文具店等到處都看得到。我有時候也會被說眼神兇，我都要注意自己是不是不知不覺也擺出那種眼神。
>
> F13-43yr

(二)非經典的顯老特徵

值得注意的是，在訪談當中，除了上述提到的五大較為經典之顯老特徵外，也有許多具有洞察力的消費者，觀察出一些非經典、不大容易想得到，但卻是一旦擁有，就盡顯老態的特性，例如，很

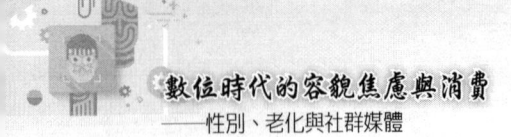

數位時代的容貌焦慮與消費
―― 性別、老化與社群媒體

多人會將眼部的皺紋視為顯老的主要指標，但實際上老態的眼睛，不完全來自於眼周細紋，更顯老態的是眼睛下垂與膠原蛋白流失的影響，眼周老化低垂遠比皺紋本身更為關鍵。這不僅僅是皮膚的問題，還包括眼睛的整體比例，隨著年齡增長，眼睛的形狀和大小會發生變化，導致眼睛在臉部的比例變小，這是很難通過簡單的保養來彌補的。

同樣地，很多人認為斑點主要體現在臉上，但實際上手部的黃斑或皺紋往往更加明顯地顯示出老化的跡象，這是許多女性忽視的細節。此外，行動上的變化，如動作變得遲緩和精準度降低，也不容易被立即聯想到老化，但卻會對日常生活和心理狀態產生深刻影響。這些因素雖不常被列為顯老的典型特徵，但實際上它們對女性的整體衰老感知和消費行為之影響卻至關重要。

> 膠原蛋白流失因為這樣就不能裝嫩了……主要還是容貌的變化，我覺得年輕女生有一種嫩感Q感，那是保養再好的中年女生也沒有的。
>
> F20-21yr

另外，以前會覺得臉上有斑就是老化的特徵，但現在我周圍，誰沒那一點斑呢？反而是手上有斑會讓我覺得老……現在因為醫美很發達，很多人臉部看起來都還好，但你仔細看他脖子和手，就是很有老態啊！乾扁或是很皺。喔！還有一個我覺得比較少人注意的，是眼睛、眼神。雖然醫美可以讓眼部皺紋都變少，但你仔細看，年紀大的女生，眼睛就是會變小，或者該說，眼睛占臉的比例變小了。我以前都會覺得眼睛大小應該是天生固定的，但後來才知道，眼睛占臉的比例，真的會隨年紀大而變小耶！想一想也不奇怪，眼睛也是一大堆組織液體構成的水水的器官啊！既然皮膚都會失去飽滿水嫩，那眼睛會縮水也是理所當然吧！

F30-45yr

外表的部分則是怕自己開始出現下垂，斑點、皺紋變嚴重。我以前都覺得變老就是皺紋很多，你看那個動漫裏面的人，老人就是眼睛下面多幾條線……但我後來發現，那個線條，不完全是皺紋的問題，主要還是下垂，我現在更怕下垂……而且這個下垂還是全方位的，不只是臉，胸部也怕下垂啊！哈哈！

F1-34yr

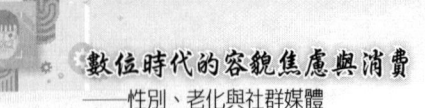

數位時代的容貌焦慮與消費
——性別、老化與社群媒體

> 這個下垂,真的很難講。我想到一個例子,有一次我在康是美,聽到背後兩、三個女人在說話,其中一個聲音說:「妳看我這個皮膚,我的美容師說我的皮膚比二十幾歲小女生都好!」,然後就周圍一陣讚歎聲,我後來偷偷繞到正面看了一下,是一位歐巴桑,她皮膚真的很細、很嫩、很白,沒有皺紋,真的沒有皺紋!可是,她還是一看就是個歐巴桑啊!我當時心裏OS就是:妳皮膚是很好,但還是看一眼就知道是歐巴桑啊!……當時,我就覺得太奇怪了,她皮膚那麼嫩白,為什麼還是知道她不年輕呢?……現在我就知道了,就是下垂了啊!她整個臉的線條都是垂的,所以外面皮再嫩也沒有用了。回到顯老……除了下垂,再來就是黃斑和膚色黯淡,還有白頭髮。肝斑真的很傷腦筋……我現在是不嚴重,但有時候狀況糟的時候,它會深一點,就要遮瑕一下,希望斑不要再變多了。大概就這樣吧!。
>
> F1-34yr

(三)女性顯老特徵與消費意涵

這些女性感知顯老的五大面向對消費行為和市場策略具有重要意涵。首先,外貌特徵的變化,如皺紋、臉部下垂、膚色變暗,會直接影響女性對美容和護膚產品的需求。這些需求不僅限於基本的抗老護理,還包括針對特定問題(如眼部下垂、膚色不均等)的精細化產品。因此,品牌需要根據消費者對顯老特徵的敏感度,推出更加多樣化和專業化的護膚產品,滿足其在年齡變化過程中的個人

第十章　顯老認知與消費啓示

化需求。

對於身材特徵的變化，消費者在面對體型變化時，會選擇符合當前需求的服裝和健身產品，這要求品牌提供針對不同體型、不同需求的穿著選擇。對於行為特徵，如記憶力下降、行動遲緩，品牌可以探索推出健康管理和補充產品，幫助消費者維持身體活力，並強調產品對日常生活品質的改善。

穿著特徵則反映了消費者對年齡的認知，鮮豔色系或功能性衣物的選擇，表明了消費者在穿著上的心理需求。這不僅影響服裝設計和顏色選擇，也對市場定位和行銷策略提出挑戰。品牌應當理解消費者對服裝風格和功能性的偏好，並根據不同年齡層的需求提供多樣化的選擇。

其他顯老特徵，如嘮叨或無活力的眼神，雖不直接與視覺外觀相關，但它們反映了女性內心對衰老的敏感度，這可以促使品牌在情感層面與消費者建立更深的聯繫。從行銷角度看，理解這些非視覺性表現對消費者心理的影響，能幫助品牌制定更具情感共鳴的廣告和產品宣傳策略，提升品牌的吸引力和忠誠度。

最後，在非經典的老化特徵方面，對消費者行為與市場需求有深遠影響。首先，隨著消費者對年齡變化的認知不僅局限於明顯的外貌改變，品牌和行銷活動需更加注重細節化的老化問題，例如針對眼部下垂、膠原蛋白流失、手部黃斑等問題開發客制化的護膚產品。這要求品牌不僅要推出針對皺紋、皮膚鬆弛的產品，還應考慮到改善整體面部比例和手部護理的需求。此外，針對行為改變如動作遲緩和疲憊感，品牌可以開發更多功能性和舒適性的產品，這不僅能提升顧客的實際生活品質，還能在情感層面滿足消費者對於自信與健康的需求。

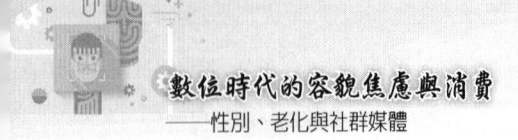

行銷策略可以更細緻地針對不同年齡層的需求，強調產品的綜合效果，不僅是針對外貌，還能提升整體生活品質和自我感知。這樣的策略能夠幫助品牌與消費者建立更深的情感聯繫，提升消費者忠誠度，並打破傳統的「顯老」定義，開創更加多元的老化護理市場。總結來說，對顯老的全面認知要求品牌在產品設計和市場推廣中更加細緻和多元，從外貌到心理層面的全方位滿足，將是未來市場成功的關鍵。

二、男性知覺的顯老特徵與其行銷與消費者心理影響

在消費者的知覺中，男性與女性的顯老特徵雖然存在一些相似之處，例如皺紋和白頭髮被視為普遍的老化標誌，但更多時候，他們在特徵的表現形式及影響力上存在顯著差異。男性的顯老特徵往往與身體外觀、行為模式和生活習慣的綜合作用有關，這些特徵不僅影響他們的外貌，還涉及到他們的氣質與心理狀態，進一步影響消費者對其形象的判斷。

本節將聚焦於消費者對男性顯老特徵的認知，結合訪談資料，系統性地分析這些特徵的具體表現形式。研究指出，男性顯老的六大特徵包括白頭髮、禿頭、皺紋及斑點、啤酒肚及體態改變、心理與行為老化以及老人味。這些特徵反映了男性在外貌與行為上的老化特徵，並呈現出與女性顯老特徵截然不同的圖景。

接下來的內容將針對每一項特徵進行深入探討，並結合受訪者的描述，揭示消費者如何感知這些特徵以及其對男性形象的影響。

第十章　顯老認知與消費啓示

此分析將有助於我們更全面地理解男性顯老特徵對消費者認知的影響，也為性別差異在老化特徵中的表現提供實證依據。

(一)男性顯老的六大常見特徵

◆白頭髮

對男性而言，頭髮變白或變稀疏，是重要的顯老特徵。白頭髮被認為是智慧與年齡的象徵，但也顯得老氣。例如：M25-30yr提到「像教授或政治人物，有愈多白頭髮愈顯得有經驗，但看起來很老氣。」

> 男性的話，則是頭髮變白。因很多的政治人物還是教授，都有著白髮的「特色」。有愈多白髮，表示你愈有智慧和經驗，同時也表示你這個人愈無聊、愈老。變胖也是一個很具殺傷力的標準，因很多政客都很胖，所以只要變胖了，就是幸福肥，也表示你這個人愈「油條」了。只要一被認定「油條」，就不會是年輕人的象徵了。
>
> M25-30yr

> 我認為男性的顯老，一大特徵是頭髮髮量減少以及髮色變蒼白。另一大特徵是啤酒肚，因為常常應酬或是工作太忙，沒空管理身材而導致肚子變大。而且就我觀察到身邊即使沒有飲酒習慣的男性長輩，在年老後也很容易有啤酒肚的發生。伴隨而來的就會是健康指標的下降，比如會有三高的健康問題。
>
> M28-26yr

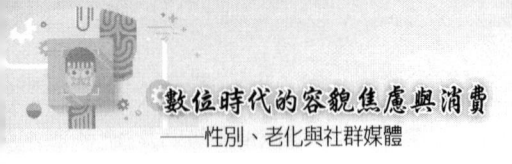

◆ 禿頭

　　頭髮稀疏或禿頭，可能是地中海髮型或全面禿頭。有些光頭被認為帥氣，但部分人選擇梳髮油掩蓋禿頭，有部分受訪者對此觀感不佳。例如：提到「如果是光頭，還能接受；但如果梳很多髮油試圖掩蓋，會顯得油膩難看。」

> 男性的顯老，大多來自於「身形」，最典型的就是愈來愈大的啤酒肚跟地中海禿頭了。相比起女性的顯老，男性在臉上的變化並不如女性劇烈（可能由於女性膚質較為乾燥），但身形卻透露了一切。
>
> M18-33yr

第十章　顯老認知與消費啓示

> 開始出現白頭髮、出現黃斑這個男生也都有，男生還有禿頭的問題。其實我覺得有些禿頭很帥，但如果是那種頭禿禿，其他頭髮又留很長又油油的，就會讓我覺得很噁心……所以重點可能不是禿頭，是那種硬要把還沒禿的那邊頭髮塗髮油梳過來那種，感覺老氣。
>
> F1-34yr

> 我認為有無禿頭是一個很明顯的外貌變化，可能中間有些微的禿頭，且慢慢擴散變成地中海髮型。另外可能會有啤酒肚、大肚子出現。也很喜歡滔滔不絕講述自己過往年輕時的豐功偉業，就算旁人表現出毫無興趣，仍會繼續講個不停。
>
> M27-22yr

> 白頭髮或禿頭應該是最明顯的。……還有就是金手錶或那種看起來很重的機械錶也是，還有那種翻開旁邊可以放名片的手機殼。
>
> M9-33yr

> 下垂、鬆垮的臉和禿頭。……我也不喜歡禿頭。但與其說是禿頭，不如說是討厭那種用很多髮油，把長瀏海梳到禿的另一邊去的那種。如果是光頭，我反而很可以接受。大概就是討厭髮油的油膩感吧！
>
> M10-45yr

213

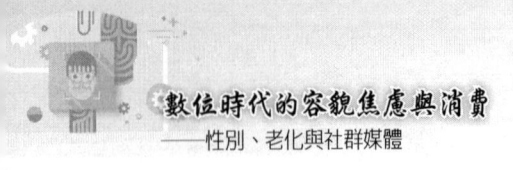

◆皺紋及斑點

和女性顯老的特徵類似,也有受訪者提到法令紋、淚溝、眼袋等明顯皺紋,皺紋通常出現在臉部、脖子,是年齡增加的表徵。例如:F2-19yr提到「法令紋和淚溝讓男性看起來非常疲憊且顯老。」受訪者提到的斑點問題,通常分布於臉部、手臂、背部等部位,由黃斑、黑斑,或因日曬、年齡造成的皮膚色素沉澱。例如:有受訪者提到「戶外活動過多導致臉上和手臂出現斑點,顯得皮膚老化。」

> 男性的話,則是頭髮變白、掉髮增多、禿頭等,我覺得男性的皺紋沒有女性來得明顯,但法令紋跟淚溝也會很顯老,皮膚也是會變差,可能還會發福,因為沒有活力去從事運動,而男性通常比女性工作應酬、喝酒的場合更多,所以啤酒肚在不運動的情況就會愈來愈明顯。
>
> F2-19yr

> 男性的顯老在容貌上,我也是看眼睛,但主要是看淚溝,男生很容易出現淚溝。再來就是禿頭,禿頭就是很顯老啊!
>
> F30-45yr

第十章　顯老認知與消費啓示

> 但我覺得面相，尤其是中年以後的面容，是可以反映出一個人的性格的，所以那種很嚴肅、嚴厲、容易暴怒的男性，通常就會有一張垮垮的臉，我希望我自己不要是那樣。幸好我現在頂多是有點斑點、皺紋而已。
>
> M10-45yr

> 如果是外貌的部分，脖子開始有皺紋就是一個很明顯的老化現象，另一個可以判斷的地方是身上會開始出現很多斑，目前我的手臂也開始有一些斑點。
>
> M26-37yr

◆啤酒肚及其他體態

多數受訪者都有提到通常由於運動不足或飲食不當造成的腹部肥胖，與中年男性應酬、喝酒等習慣相關，啤酒肚在女性的顯老特徵中，幾乎沒有提及，是較專屬於男性的部分。除了代謝不良產生的啤酒肚或中廣身型之外，也有受訪者提到，當男性駝背或是無法維持良好體態時，也會顯老。

> 而身材的部分，就是開始會駝背，脖子無力會朝前，肚子變大，看起來像河童的樣子，這也是我最不想變成的樣子。
>
> M26-37yr

> 皮膚變鬆或有斑點。雖然是男生，但我比較不擔心禿頭，肚子的話，可能大家都有一點點啦！但皮膚變鬆、有斑點，卻讓我有點在意。雖然我現在才三十三，但我還蠻在意自己皮膚有點鬆的事情，腰間和背部的皮會有點多，然後形成一條一條的。另外因為我喜歡戶外活動，之前有曬出一些斑點和皮膚變粗，雖然我不會因此就不曬太陽，但還是蠻擔心的。
>
> M9-33yr

> 另外，就是肚子，女性有肚子的好像比較不多，男性幾乎四十幾歲都有肚子。……另外皮膚變粗也蠻明顯的，尤其是手指、手掌等地方。但有時候戴錶、梳油頭是為了讓自己看起來成熟，最主要好像還是看臉和頭髮。
>
> M9-33yr

> 中年男子幾乎都有的啤酒肚，這些就是一看就不年輕了。還有就是體態姿態，就是有一種大爺的姿態，挺肚子，大搖大擺，看起來很笨重、自以為是，就不是小夥子了。
>
> F30-45yr

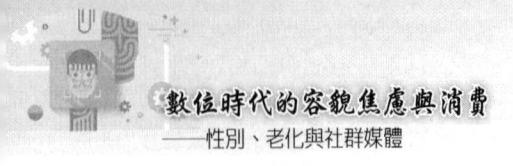

◆心理與行為老化

　　心理與行為老化特徵是一個綜合性概念，主要用於涵蓋受訪者所提到男性隨著年齡增長，在認知功能與外在行為表現上的退化現

第十章　顯老認知與消費啟示

象。該變數包括了記憶力下降、脾氣暴躁、不修邊幅以及思想頑固或說教等等概念，反映了心理認知模式僵化與行為老化的顯著特徵。和女性顯老特徵相比，較多受訪者提到男性隨著年齡增長，情緒控制能力減弱，容易因小事暴怒或顯得煩躁。此行為可能與健康下滑、心理壓力或代謝減緩相關，也可能是對失去年輕時控制感的一種反應。

> 男性的顯老大概是記憶力的衰退，外貌上開始不太在意自己的皺紋、頭髮變白，會開始蓄鬍，常常在路上看到很多老年人都是滿嘴的白鬍鬚、滿頭白髮，同時也與女性一樣，有碎碎念的徵兆，我覺得男性的顯老比女性會更常出現突然暴怒的時候。
>
> F12-42yr

> 我想男性的顯老包含了臉部、髮型、衣著、行為特徵等。就臉部來說，包含了斑點或是皺紋。很多男生上了年紀之後頭髮就變得很稀疏，或者頭髮變白而顯得髮量很少。衣著上則是很多老人家都會穿polo衫或是吊嘎。行為特徵和女性的顯老一樣，包含變得神經兮兮跟戰戰兢兢，瞪大眼、腳步蹣跚等，還有很多老人家特別暴躁。
>
> F7-28yr

> 男生也是在白頭髮、臉頰的下垂都會有點顯老,另外中老年男人也會開始變得稍微肥胖,不修邊幅那種,像是不太會刮鬍子、頭髮都會維持偏短,還有幾乎中年男人都有的啤酒肚。然後,在行為舉止方面則是:開始不想學習瞭解新事物、記憶力的下降、無法在家裏外面久待,這些和女生都很像,但他們還有寡言,就是話變少。衣著方面的話,則是那種夏天只穿白色無袖背心,冬天就是一件夾克,不會特別打扮。
>
> F4-23yr

> 聽說會尿遁,最明顯的應該是體力變差、心有餘而力不足,開始浮現老態,會有點老人味,尤其很多男生會開始掉髮變禿頭!漸漸開始不太運動,身體健康也每況愈下,很喜歡談論當年英勇,最後又開始感嘆,心理狀態沒有以前雄心壯志,哈哈!
>
> F6-34yr

> 男性顯老外貌特徵應該是臉部的皺紋,還有啤酒肚,還有髮量變少跟白頭髮,這幾點會讓男性看起來很老。行為的話應該是聽不進其他人說話,堅持己見。穿著比年輕男性更隨意,穿夾腳拖、吊嘎,沒整理頭髮就出門,對流行沒有興趣,會批評現在的流行。
>
> F3-29yr

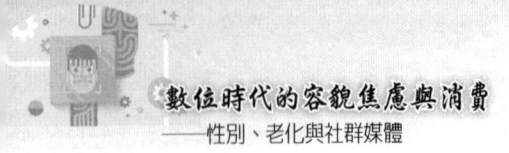

第十章　顯老認知與消費啓示

> 男性顯老的行為就是開始說教、自以為自己有成就吧。男性聚在一起時常常吹噓自己的成就，「我以前怎樣怎樣」、開始批評年輕人不懂什麼什麼，就蠻老的。外貌可能是開始留鬍子，然後穿得比較上班族、不花枝招展。但我覺得男性比較難透過打扮判斷，男性看長相大概就知道幾歲了，根本不用猜。……就像很多男性，有啤酒肚，皮帶都繫在奇怪的地方，因為要托住肚子，還有禿頭、白頭髮，或皺紋。
>
> F11-27yr

◆老人味

「老人味」是一個常被受訪者提及的老化特徵，且其表現在男性中尤爲明顯，大多數受訪者在提到老人味時，多半是和男性相連結。相比女性，男性的「老人味」更容易被辨識，這可能與其生理代謝的下降以及外在行爲習慣相關。

從生理層面來看，隨著年齡的增長，男性的代謝功能逐漸減弱，汗腺與皮脂腺的分泌發生變化，導致體內的脂質分解代謝不完全，產生特定的化學物質，從而散發出具有辨識度的體味。此外，缺乏運動和健康管理可能進一步加劇這種味道，使之更爲濃烈且持久。從行爲層面來看，男性老年人常見的不修邊幅習慣，例如忽視衣物清潔或個人衛生，也可能使「老人味」更加突出。相較女性更注重日常護理的習慣，男性通常對於異味的敏感度較低，且不太會採取主動措施來消除這種味道。

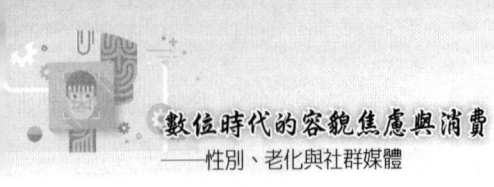

數位時代的容貌焦慮與消費
―― 性別、老化與社群媒體

> 不修邊幅，白頭髮，出門都穿拖鞋，腳看上去像十年以上沒洗。有老人臭，聽不進別人講話，思想固著，認為自己認為的一切都是對的，即便遭遇阻礙，也不反省自己。開只有自己認為好笑的玩笑，並預期或希望其他人有所反應。
>
> M22-23yr

> 在所有老化中，我最不能接受的，大概就是老了之後會散發一種老人味吧，這種味道我覺得不太好聞，也不太清楚為什麼他們會散發出這種味道，尤其在搭公車，或者是經過有老人的地方，這種味道都特別明顯又不太好聞。
>
> M16-32yr

> 喔！男性還有一個顯老的部分，就是開始有體味，其實這也就是身體健康不夠好，才會有許多代謝不良的內分泌變成體味啊！所以健康還是很重要！這好像又回到我之前說的，要追求容貌其實有很大一部分是因為健康，啤酒肚也是很不健康，禿頭有一部分原因也是因為肝火太旺啊！
>
> F30-45yr

(二)男性顯老特徵與消費意涵

在市場與行銷策略的制定中,深入理解男性顯老特徵對消費行為的影響具有深遠意義。男性的顯老特徵如白頭髮、禿頭、啤酒肚以及心理與行為老化,雖然表現形式各異,但共同影響了他們對產品與服務的選擇。外觀特徵方面,白頭髮和禿頭被視為老化的明顯標誌,這促使男性在選購植髮、頭皮護理和造型產品時更加積極。針對啤酒肚和體態改變,這些問題背後通常伴隨著營養失衡、運動不足和心理壓力,使得健身器材、健康食品以及功能性服飾的需求不斷上升。這些產品的市場定位應更強調中年男性對形象維持和自信重建的需求,以實現更有針對性的行銷效果。

心理與行為老化特徵則進一步凸顯了年齡增長對男性消費者身心狀態的全面影響。隨著新陳代謝的減緩和荷爾蒙變化,男性容易表現出脾氣暴躁、記憶力下降、不修邊幅以及思想固化等特徵。這些行為雖然未必被他們自身完全意識到,但卻深刻影響了周圍人對其形象的感知,進一步加劇了男性對自身老化的焦慮。品牌可以透過推出壓力管理課程、心理健康應用程式、輔助睡眠設備以及健康諮詢服務,滿足男性在心理層面重建平衡的需求。同時,這些產品還能延伸至提升生活品質和促進整體幸福感的層面,打造具有情感共鳴的消費體驗。

此外,「老人味」作為一個特殊且敏感的顯老特徵,代表了男性消費者對嗅覺和生活質感的重視。在針對這一特徵的行銷中,品牌可專注於提供香氛、空氣清新劑以及清潔用品等產品,幫助男性在生活環境與個人形象中營造更清新、現代的氛圍。同樣地,品牌

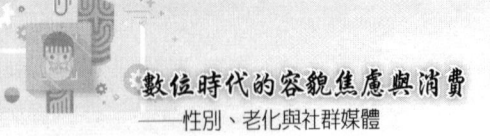

傳訊策略可藉由強調「成熟智慧」與「重拾活力」的概念，將顯老的負面影響轉化為對優雅老去的積極詮釋，讓男性消費者感受到品牌對其心理需求的深刻理解。

整體而言，男性的顯老特徵不僅表現在外貌，也延伸至心理狀態和生活方式，這些都構成了男性消費者對產品選擇的重要影響因素。通過深刻理解這些特徵並針對性地設計產品與服務，品牌不僅可以滿足男性消費者對外在形象和內在健康的需求，還能進一步提升其忠誠度與情感連結，從而在日益競爭的市場中獲得持久的優勢。

三、消費者抗老化行為與消費模式分析

在前兩節瞭解了消費者對於男性與女性顯老特徵的分析，以及相關的消費意涵，本節則欲呈現與分析消費者實際的抗老化行為，以及其模式。以下將分為女性與男性的抗老化消費模式加以延伸討論。

(一)女性抗老化的相關消費行為與模式

女性在面對抗老化議題時的消費模式，呈現出多元且動態的特徵。首先，她們大多數會從日常生活開始改善，透過化妝水、乳液、面膜與眼霜等基礎保養品維護肌膚水分，並選擇防曬乳來防止紫外線傷害，以減緩細紋和暗沉的產生。有些女性在此基礎上更進一步嘗試維他命C、B群及藍莓精華等保健品輔助，搭配美白針、玻

第十章　顯老認知與消費啟示

尿酸注射以求達到速效的外表改善；此類保養與保健的組合顯示女性消費者善於整合多種產品，期望由內而外同時達成健康與美的雙重目標。

在此同時，部分女性也會探索醫美服務，以更快速或明顯的手段改善外貌問題。儘管有些人對醫美抱有疑慮，或因為效果不如預期而中止，但雷射除斑與玻尿酸補淚溝的嘗試仍反映出她們不排斥透過技術介入來延緩老化。這種醫美消費模式背後，是女性對自身外貌要求的理性評估與感性滿足的權衡。

然而並非所有女性僅依賴保養品或醫美服務，許多女性願意投入運動與健身相關的消費來維持體態與體力。透過報名健身課或瑜伽課程、參加有氧運動及馬拉松等活動，她們以身體活動為核心，以費用投資的方式來換取健康、年輕的感受。此舉不僅提升了生理機能，也使心理狀態更為積極，強化了「由內而外」的抗老化策略。

最後，一些女性將抗老化觀念融入日常生活習慣中，而不僅止於特定產品的選擇。注重飲食調整和睡眠品質便是此類行為的核心。她們可能選擇健康食品或輕食商品來確保營養攝取均衡，也可能刻意調整生活作息、充足休息，以減緩老化的步伐。這種模式不易量化為特定消費項目，卻可能帶動相關產業如有機食品、輕食餐盒或保健食品的銷售成長。

整體而言，女性抗老化消費模式顯示出多重層次的策略運用，從簡單的保養品使用到醫美嘗試，從外在介入到內在調整，每一層面都體現出女性對自身健康與美麗的持續追求。總結以上模式，約可分為四大類型，分別為保養品與保健品、醫美服務、運動健身相關消費、作息調整（飲食調整、睡眠充足）。以下將分四類舉例說

明上述消費模式。

◆保養品與保健品

在保養品與保健品類別中,女性消費者主要會多方嘗試及使用包括化妝水、乳液、面膜、眼霜、防曬乳、維他命C、B群、藍莓精華、針對細紋與暗沉的保養產品、玻尿酸產品等等。大部分會強調使用保養品或保健品的女性消費者,往往也會提及對於醫美相關產品還不大信任或需求度不高。

> 我也有在吃維他命,因為我覺得補充維生素對於常保青春是有幫助的。
>
> F7-28yr

> 此外我也會買一些保健品,例如對於眼睛的保養等等。
>
> F8-39yr

第十章　顯老認知與消費啟示

> 個人是堅決不想整型的類型，因為我覺得沒有必要。但隨著年齡增長會開始注意一些保健品，像鈣片、B群，平常就普通洗完澡用化妝水、乳液，偶爾敷面膜而已。雖然我覺得可能心理安慰的成效比較大啦！哈哈！但前陣子買的眼霜感覺蠻有用的！可以按摩眼周，感覺眼袋有消失一點。還有防曬乳！雖然常常很懶得塗和卸，但至今為止看的皮膚科、美容室醫生都建議要塗，防止紫外線傷害皮膚加速老化。
>
> F21-23yr

◆ 醫美服務

受訪者所提及的醫美服務，主要以雷射除斑和玻尿酸補淚溝為主，也有不少消費者提及會做出第一次嘗試，因為看到社交圈內的其他人，有成功的案例，例如辦公室同事等，另外，醫美服務的團購顯然也在上班族女性社交圈中發酵，許多消費者的第一次嘗試，也往往和親友或同事團購醫美服務有關。另外，在消費者的年齡上，也是較熟齡的女性，就有嘗試的意願，可能跟實際需求有關，也與經濟能力相關。

225

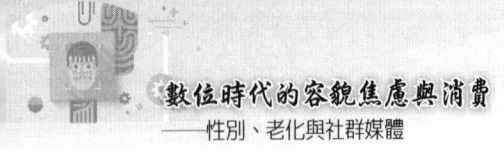

數位時代的容貌焦慮與消費
—— 性別、老化與社群媒體

> 我之前會去雷射，是同事介紹的，因為很便宜，幾千塊而已，那時剛好也不會花大錢買保養品了，就想說把這個預算挪移到雷射去。一開始真的很有用，我還想說，就一直做下去吧！但不知道第四次還是第五次，好像就沒感覺了，沒感覺就覺得沒效、浪費錢，所以做完一個包套，好像是六次吧！就沒有繼續做了。
>
> F30-45yr

> 其實就是我們辦公室的女生們，有在團購。一開始我也是沒有要參加的，因為我覺得皺紋比較困擾我。斑點還好，就是遮瑕遮一下就好了。但皺紋你沒得遮瑕，妳化妝只會更嚴重而已，更凸顯皺紋啊！但是我同事們，沒有要處理皺紋，他們就是要團購雷射，處理斑點的問題。我最初沒有加入，後來是大概三個人都去做了，回來效果很明顯。你會覺得，不只是斑點處理，她們整個臉都有變亮啊！費用也不貴。
>
> F14-38yr

> 我比較不會想要以醫美類型去做保養，可能是因為我自身對於這方面並沒有太多的認識與瞭解，所以我會認為可以透過自身努力達成的事情，就不要過於依賴技術層面的快速提升，避免造成日後的後遺症或是其他的負擔。但最近同事都在推醫美，我們很多同事都做過玻尿酸補淚溝，或是雷射，我可能會先從雷射的部分試看看吧！畢竟感覺比較不是侵入性的操作，我還是會比較能接受非侵入性的這種。
>
> F8-39yr

第十章　顯老認知與消費啓示

◆運動健身相關消費

　　此部分包含健身課、瑜伽課程、有氧運動、參與馬拉松賽事等。許多消費者強調美麗的基礎是健康的身心，因此，也有許多消費者試圖透過運動或各種相關課程，來加強自身的健康與維持年輕活力。

> 我有在定期慢跑，因為我聽說有氧運動對於延緩老化是非常有幫助的，也參加過馬拉松比賽。
> 　　　　　　　　　　　　　　　　　　F7-28yr

> 我曾經去參加過瑜伽類型的課程，來幫助自己保持身體的曲線以及每日的運動，也會和家人在暑假或是寒假時定時去外面跑步，因此我認為保住自身的青春上，我做比較多的努力是在於運動的程度提升。
> 　　　　　　　　　　　　　　　　　　F8-39yr

> 保養品和健身課，保養品可以維持肌膚狀態，舒緩肌膚發炎、曬傷等等不適，增加自己的自信，健身可以維持健康，訓練帶來的體力增加對抗老來說都是非常有幫助的。
> 　　　　　　　　　　　　　　　　　　F14-38yr

> 我很少使用保養品或去醫美，頂多使用過一些乳液、收斂水之類的產品。比較常參加一些戶外活動或是運動之類的活動，像是騎單車、打球、跑步等等的運動，來讓自己保持健康，畢竟健康是一切的本錢，健康的漂亮與自信才是最好的，沒有健康說真的也很難漂亮起來。
>
> F23-22yr

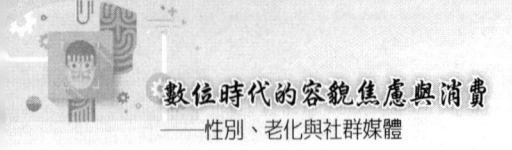

◆作息調整

一些女性不再將抗老化局限於購買特定商品上，而是直接將這種理念融入日常作息與生活模式中，著重於調整飲食結構並提高睡眠品質，以達到維持年輕活力的效果。此部分包含作息調整，例如在飲食方面的調整，以及確保睡眠充足等等。

總體而言，女性面對抗老化的「保養品與保健品」、「醫美服務」、「運動健身相關消費」以及「作息調整」四大模式，展現出一個動態的循環歷程。隨著年齡增長與經濟能力提升，她們往往從最初以「作息調整」為主的生活習慣改善，逐步進入「運動健身相關消費」以加強體能，再進一步採用「保養品與保健品」以及「醫美服務」等較高階的方式。然而值得注意的是，部分女性最後仍會返回最根本的「作息調整」模式，因為她們最終深信健康才是維持美麗與青春的根本要素，可參考圖10-1所示。

第十章 顯老認知與消費啟示

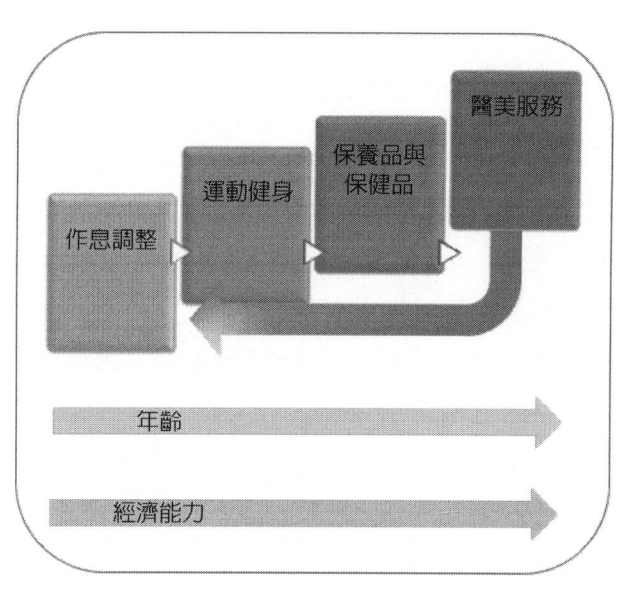

圖10-1 女性抗老消費模式關係圖

之後有去雷射過幾次，後來再也不去了，也沒再接觸醫美了。我還有去參加過健身課，是找一對一教練那種，但我太懶了，常常一個月才約一次，好像效果也不大，終究覺得健身提不起我的興趣。說來說去，就是身體健康，氣色就會好吧！像我現在休假長一點的時候，好好吃東西，每天都睡眠充足，那陣子皮膚狀態就會很好。

F30-45yr

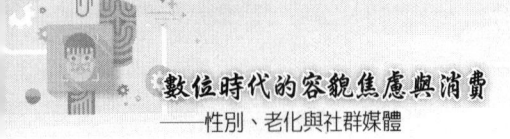

> 我覺得目前我這個年紀來說的話,如果年紀更大也許我會想嘗試別的,但目前還沒有。所以,適度的運動然後飲食正常清淡,不要亂吃一些有的沒的加工食品,然後記得要喝足夠的白開水而不是飲料,晚上儘量少熬夜,正常睡眠與起床,其實就還蠻足夠的了吧?醫美跟保養或許可以多少幫助一些,不過若是熬夜熬到皮膚不好或嚴重黑眼圈,再去醫美,好像幫助上也是蠻有限的,目前我的想法是這樣,也許以後年紀更大,會需要找別的方式,像是保養品之類的協助。
>
> F23-22yr

(二)男性抗老化的相關消費行為與模式

運動健身相關消費是男性抗老化行為的核心之一。此類消費涵蓋健身房會員、私人教練課程、重訓器材及有氧運動相關支出,以及參與球類運動和肌肉增強課程(例如肌動減脂)。此外,戶外運動如跑步、騎腳踏車等低成本甚至無成本的活動,也被視為提升體能與維持健康的有效方式。受訪者多次提到,這些運動不僅有助於塑造體態與延緩身體衰老,還能有效減壓與提升精神狀態,進一步增強整體的生命力。

保養品與保健品是另一個重要的消費模式。男性常使用化妝水、面膜、保濕乳液、防曬乳等護膚產品,以對抗皮膚乾燥與老化的跡象。此外,葉黃素、魚油、花粉等保健食品,亦被納入日常消費,旨在提升氣色與補充身體所需的微量元素。雖然部分受訪者對

第十章　顯老認知與消費啟示

某些保健食品的效果持懷疑態度，但大多數認為針對性的產品使用對於維持外貌與健康至關重要。

最後，針對「老人味」的預防與解決方式，雖然具體行動或產品的選擇尚未被明確提及，但部分受訪者對此問題的關注顯示了其市場潛力。這類嗅覺層面的抗老化需求為相關產品與服務的開發提供了新的可能性。

總體而言，男性的抗老化消費行為呈現出由技術型解決方案、傳統生活習慣與潛在需求相結合的全面性模式。不僅關注外在形象，還著眼於身心健康與整體活力，展現出更為多元與細緻的抗老化觀念。總結以上模式，約可分為三大類型，分別為運動健身相關消費、保養品與保健品、老人味之預防與解決，以下將分三類舉例說明上述消費模式。

◆ **運動健身相關消費**

運動健身相關的消費是男性抗老化的主要方式之一，涵蓋多種活動與支出。例如，有些人固定參加健身房課程，或聘請私人教練進行重訓，專注於體態雕塑與肌肉增強，甚至選擇像肌動減脂這樣的技術性課程來快速改善體型。另一部分人則偏好成本較低的戶外運動，如跑步或騎腳踏車，強調不需高額支出即可達到增強體能的效果。這些運動不僅幫助受訪者改善身體狀態，還能紓解壓力、提升精神狀況，讓整體生活更具活力。例如，一位受訪者表示，每週進行三次有氧運動不僅讓他感覺更健康，也讓皮膚看起來更有光澤、更年輕。

> 會定期去健身房運動，亦有長期參加球類相關運動，以維持自身身材與增加肌肉量。本身膚色即較為黝黑，因此認為搭配運動後將給人較為陽光、青春的印象。此外，有健身習慣也使體態較為良好，身心也更為健康，故認為定期上健身房運動有助於使自己保持青春、給予他人年輕的感受。
>
> M29-40yr

> 我主要希望能藉由運動的方式來保持自己的「青春」，因為我認為藉由流汗的方式排出身體的毒素，能更有效地保持由裏到外的健康，而我也經常至健身房重訓，透過增肌的方式防止自己身材走樣，使他人更加認為我是一位好吃懶作的老人。
>
> M24-27yr

> 每天運動加拉筋三十分鐘，輕度，保持好肌肉，才能使其老化速度減緩。出門必擦防曬，不然皮膚會變黑或曬傷。上皮拉提斯，希望能更瞭解人體肌肉的組成，並懂得如何去運動到不同的肌肉，期能更有效地運用這些小肌肉，一方面雕塑線條，一方面讓日常活動更輕鬆。
>
> M22-23yr

第十章　顯老認知與消費啓示

> 有買教練課，因為覺得自己常常肩頸痠痛，感覺這個年紀不應該是這個體力狀態，希望自己透過運動體力跟體態都更好。有做肌動減脂療程，因為肚子真的很難瘦，但是凸凸的肚子又穿衣服很不好看，而且我希望自己可以有人魚線。
>
> M17-22yr

> 有些人沒聽過，其實已經一陣子了耶！肌動減脂就是一種用機器，好像是電磁場還是什麼，去震動你的肌肉，讓你可以短時間有高度的肌肉練習。就是那種懶人運動法啦！但還蠻有效率的，他廣告說只要躺著三十分鐘，就能達到兩萬次的極限肌肉鍛鍊，等同於兩萬次的仰臥起坐效果。……不像他說的那麼有效，但其實還是蠻有效的喔！我覺得就是別人幫你做運動這樣。
>
> M17-22yr

◆保養品與保健品

　　保養品與保健品也是男性抗老化的關鍵消費之一。一些受訪者提到，會使用化妝水、面膜和保濕乳液來改善皮膚乾燥和減緩老化，防曬乳則是預防紫外線傷害的重要工具。同時，葉黃素、魚油和花粉等保健食品也經常被採用，用來提升氣色和補充營養。例如，有受訪者表示，服用葉黃素後感覺視力有所改善，氣色也更好；另一位受訪者則認為，敷面膜能有效減少皮膚問題，看起來更

233

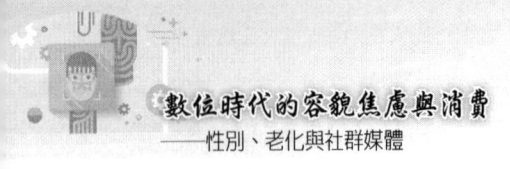

加年輕。儘管有些人對保健食品的效果抱持懷疑，但大多數受訪者相信適當使用相關產品對維持外貌與健康有幫助。

> 若長時間在外曝曬，回到室內後會敷面膜，以避免缺乏水分與過度曝曬帶來的膚質老化。
>
> M29-40yr

> 此外，我也會透過敷面膜或塗抹保濕乳液的方式防止皮膚的狀況惡化，以及改善前述的痘痘問題，以避免自己的外表看起來比實際的年齡更老。
>
> M24-27yr

> 葉黃素、魚油和花粉，因為這些保健品很常見，我吃了真的氣色變好，同時補充微量元素，健康改善真的看得見，同時也會去做瑜伽和健身課，有氧拳擊，讓自己流汗，身心比較愉悅，因為只有自己強大，別人才不會欺負你，也要和時間對抗。
>
> M15-36yr

> 我有用一些簡單的化妝水保養皮膚，然後儘量選擇原型食物，且保持良好的運動習慣，一周固定運動三次以上，運動不僅能讓心情變好，也能紓解壓力，增強身體狀況，是非常有用且有效保持年輕的方法。且運動也不限於有任何經濟門檻，也有像跑步、騎腳踏車完全不需花費的戶外運動。時常有好的心情看起來也會更年輕，沒有太多的皺紋。
>
> M27-22yr

第十章　顯老認知與消費啓示

> 我不太買保養品，因為我覺得保養品很貴，第二個是我覺得對於男生來說，皮膚的保養可以不用花太多的精力，所以我在挑選護膚用品的時候，主要以便宜量大為主，比如Cetaphil的潤膚霜，因為很大罐，所以幾乎全身都可以直接用。但我發現自己也很懶得經常擦這些潤膚產品，因為我不喜歡油膩膩的感覺，只有在曝曬之後會擦一點蘆薈霜或潤膚霜，來讓皮膚不要那麼乾燥。
>
> M28-26yr

◆老人味之預防與解決

　　部分受訪者對「老人味」問題表達了明顯關注，儘管尚未採取具體行動或使用特定產品，但這種嗅覺層面的抗老需求顯示出巨大的市場潛力。這類商品若能有效解決氣味困擾，不僅有望吸引中高年齡層消費者，還能延伸至年輕族群的預防性需求。在廣告策略方面，可透過強調產品的創新性與實效性，搭配感性的敘事，例如「保持清新，重拾自信」或「氣味，成就形象」，讓消費者感受到使用產品後的生活品質提升，進一步促進購買意願，並提升品牌形象。

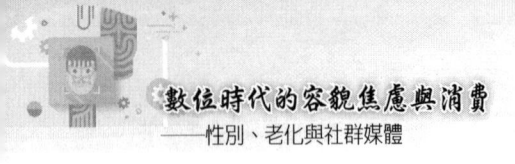

> 在所有老化中，我最不能接受的，大概就是老了之後會散發一種老人味吧，這種味道我覺得不太好聞，也不太清楚為什麼他們會散發出這種味道，尤其在搭公車，或者是經過有老人的地方，這種味道都特別明顯又不太好聞。……總覺得可以透過一些方式，就像你說年輕男生的汗臭很臭，但至少我們會用止汗劑啊！那是不是有什麼可以不要散發老人味的商品？能不能叫老人們去使用呢？如果有，我要去查一下，提早預防，哈哈！
>
> M16-32yr

(三)抗老化的相關消費模式之性別差異

從前述分析可發現，女性與男性在抗老化消費模式上展現出明顯的差異。女性的模式包含四大類型：「保養品與保健品」、「醫美服務」、「運動健身相關消費」以及「作息調整」，而男性則主要聚焦於「運動健身相關消費」、「保養品與保健品」及「老人味的預防與解決」，模式相對女性更為單純，且缺乏「醫美服務」和「作息調整」的部分。

在保養品與保健品方面，女性展現出多層次的消費策略，從基礎護膚品如化妝水、乳液到功能性產品如美白針、玻尿酸，形成「由內而外」的整合保養路徑。例如，許多女性同時使用面膜與維他命C，期望達到保濕與提亮效果。而男性則更集中於簡單的護膚產品如化妝水、防曬乳，搭配葉黃素、魚油等保健食品，目標在於

第十章　顯老認知與消費啓示

維持基本健康與提升氣色，操作性較簡化，且對某些保健品的效果保持懷疑態度。

在運動健身相關消費中，男性表現出更強的專注度，特別是重訓、球類運動與戶外運動。男性更傾向選擇低成本或無成本的方式，如跑步、騎腳踏車，同時也嘗試創新項目如肌動減脂來塑造體態。女性則在此領域展現出更多的多元性與結構化，如報名瑜伽或有氧運動課程，並將其視爲全面抗老計畫的一環。

另一方面，女性在醫美服務的嘗試上更加頻繁，如雷射除斑與玻尿酸補淚溝，儘管有些人會因效果或風險疑慮選擇中止。男性則幾乎不涉足此領域，更多地專注於基礎保養和自然的健康維持。

最後，女性強調「作息調整」的重要性，例如透過充足睡眠和健康飲食來減緩老化，這在男性的消費模式中幾乎缺席。取而代之的是部分男性對「老人味」預防的潛在需求，這是一種嗅覺層面的抗老化觀念，儘管尚未轉化爲具體的行動，卻顯示出獨特的市場潛力。

總體來看，女性的抗老化模式較男性更爲多元，從生活習慣到科技介入，全面滿足內外兼修的需求；而男性則以實用性爲導向，專注於健身和基礎保養。這些差異不僅反映了性別角色與期待的不同，也爲針對性行銷與產品開發提供了清晰的方向。

第十章

社群媒體中的修圖文化：
性別差異與容貌焦慮的交織

↗ 社群媒體中的女性視角：美肌修圖行為的態度與意涵
↗ 社群媒體中的男性視角：修圖行為的功能性與文化張力
↗ 性別差異與容貌焦慮的交織小結

數位時代的容貌焦慮與消費
——性別、老化與社群媒體

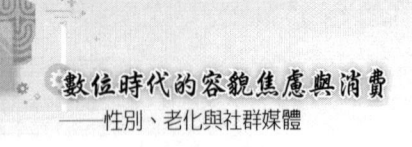

在社群媒體蓬勃發展的時代，影像已成為人際交流的重要媒介，而美肌與修圖技術的普及，進一步改變了人們在虛擬空間中展現自我的方式。隨著社群媒體的迅速普及，與美肌修圖技術的廣泛應用，現代人的自我形象管理和社會互動方式正經歷深刻變革。修圖行為不僅影響了個人的外貌呈現，更涉及性別角色、社會期待與文化價值的多重層面。這些技術讓個體能夠以更理想化的形象出現在他人面前，然而，它們同時也在無形中塑造了一種對外貌的高標準期待，甚至引發容貌焦慮與社交壓力。特別是在社群媒體上，這些影像頻繁被點讚、評論與分享，放大了外貌在社會互動中的影響力。本章將探討女性與男性在面對社群媒體時的壓力與面對修圖之態度及相關消費意涵。

一、社群媒體中的女性視角：美肌修圖行為的態度與意涵

隨著社群媒體和影像技術的普及，修圖行為已成為現代女性日常形象管理的重要一環，然而對於修圖的接受度和態度卻因個人經驗和社會期待而有所不同。一方面，許多女性認為修圖是提升外貌、減輕壓力的有效手段，特別是在相機技術過於精密的情況下，稍加修飾能讓照片更接近現實呈現（如F6、F8）。此外，職業需求和社交場合的期待也使得修圖成為必要的形象管理工具（如F5、F13）。另一方面，也有女性對修圖文化持保留態度，認為其加劇了容貌焦慮，助長了對單一審美標準的盲從（如F7、F30）。同時，過度修圖可能導致與真實形象的脫節，損害自我接納和審美多

第十一章　社群媒體中的修圖文化：性別差異與容貌焦慮的交織

樣性（如F6、F11）。這些複雜且多元的觀點，揭示了修圖行為在當代女性生活中的文化張力和心理影響，值得進一步探討其對個人與社會的深層影響，以下將分別呈現贊成與不贊成之女性受訪者實錄。

(一)贊成修圖的原因

◆提升外貌呈現以減少壓力

　　許多女性認為適度的修圖能改善外貌，減輕社交媒體上因比較而產生的壓力。例如，F6提到，由於相機拍攝過於精細，導致自然狀態難以呈現，稍微美肌可以改善氣色，看起來更符合現實，也減少他人對自己的批評壓力。類似地，F8表示，因相機技術的進步讓照片效果偏差，美肌功能讓照片更接近肉眼所見的實際效果。

> 其實我都是會想要用美肌或濾鏡的。因為實際照相時，我常常覺得我沒那麼醜吧！和鏡子裏看起來差很多啊！有可能是光線或是現在相機的設定都太精密了，不知道為什麼科技愈發達，照出來的東西愈醜，所以我還是會用美肌，覺得比較符合現實。哈哈！真的啦！人眼和相機真的不一樣，我不是在找藉口。但我也很懶得去修圖，所以這就是我很少發文的原因。
> 　　　　　　　　　　　　　　　　　　　　F8-39yr

數位時代的容貌焦慮與消費
―――性別、老化與社群媒體

> 會啊！因為上班以後，工作一忙，真的有時候氣色會很不好，而且現在相機太高級了，就是把所有細節都拍得太精準，總覺得實際上看人的時候，沒有那麼糟糕，但被拍出來就是很醜，因此真的有需要稍稍美肌一下啊！但我不是那種誇張型的修圖，就是讓臉色好看一點而已。這樣看到其他同輩的照片，也比較不會有壓力，還是搞不好變成我給他們壓力了？
>
> F6-34yr

> 但如果只是微微美肌，那我自己是會用美肌沒錯，但老實說呢，我真心覺得我本來就長成美肌後那個樣子啊！就像現在這個光線你看我，是不是覺得我臉上沒有什麼老化的線條？但我跟你說，如果是以前的老相機，畫素很低的那種，照出來，也差不多就跟眼睛看到的一樣，可是現在相機畫素都太高了啊！而且我都不知道相機那個軟體怎麼運算的，每次照完，我顴骨這個水腫就超級明顯，不信我現在自拍給你看，你會發現，不美肌的照片，臉上這邊會多兩塊贅肉，但實際上你現在應該看不到贅肉吧？
>
> F30-45yr

> 我覺得使用美肌軟體或濾鏡，只要在不損害到他人的權益下就沒什麼問題，大多數人沒有辦法做到完全自信，如果能利用這些讓自己心裏舒坦一點何嘗不可，至少在網路上能體驗一下自信的感覺，不是每個人都有那種運氣，長成自己喜歡的樣子。
>
> F2-19yr

第十一章　社群媒體中的修圖文化：性別差異與容貌焦慮的交織

◆職業需求與社交場合的期待

　　女性認為修圖有助於滿足職業和社交場合中的外貌期待。例如，F5提到，部分女性為了追求職業上的完美形象，將修圖視為一種職業素養，因為這能讓自己在專業場合中呈現最佳狀態。同樣，F13提及，外貌的光鮮亮麗在職場中可能影響他人對其能力的評價，修圖成為一種無奈的應對策略。

> 就尊重吧！可以瞭解她們為了工作，所以非得追求肌膚或是身材上的完美，所以需要修圖，對她們來說，就是呈現最好看的畫面，很像是一種職業素養，但有時候也會覺得，因為她們一直修圖，結果害我們現在不修圖、不用濾鏡上傳的照片就都很醜，然後跟她們的差距變得很大，但在真實世界當中，其實我們根本沒有差別這麼多，這對我們來說不大公平吧！
>
> F5-24yr

> 就像我一開始說的，現在是個極度外貌導向的時代啊！所以大家除了看你的那些名聲成就之外，也看你長怎樣吧！就像報章雜誌，常常會有那種「美女經理人」、「美女牙醫」的報導……就是當上經理、當上牙醫固然是個成就，但會上報導，主要還是長得美啊！那如果我好不容易有了點成就，例如我升上總監好了，結果長得很蒼老，我們這一行的，又更現實，大家大概就只會覺得「喔！她就是個工作狂，人生沒有什麼娛樂，一直工作，當然可以有成果啊！」那我真正的實力，反而沒人會肯定了。就是那種感覺吧！
>
> F13-43yr

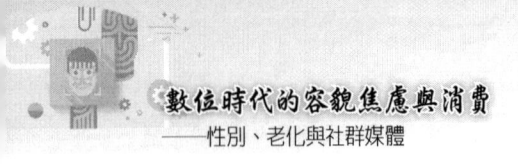

◆對美的自主權與追求

　　一些女性認為修圖是一種個人自由，展現自我控制與美的追求。例如，F4表示，修圖是他人的選擇，不會對她造成影響，也應該受到尊重。F23進一步指出，修圖是表現愛美之心的自然行為，只要適度，就無可厚非。

> 還算可以吧！就是不會評論別人，我覺得這是他們的自由。像我是不大會修圖啦！我是說那種還改鼻子、改嘴巴那種，我就是讓皮膚變好一點，可是有些人修圖修得都不像自己了，我也是覺得有點誇張。但真實世界中，還是會見到面啊！不就還是會漏餡？所以就覺得是個人自由吧！
>
> F6-34yr

> 因為我自己也會使用，大概可以理解他們的心情。覺得好像也不是認不認同的問題，他們使用美肌軟體對我不會有什麼影響，覺得是他的自由。
>
> F4-23yr

第十一章　社群媒體中的修圖文化：性別差異與容貌焦慮的交織

> 其實我覺得愛美之心人皆有之，會想要透過這些修圖軟體或美肌濾鏡，讓自己看起來更好看、更漂亮，也是無可厚非，而且若是像網紅這樣幾乎是靠臉吃飯的職業，那更是如此，別人都使用你卻沒有就會有落差，不過有時候就是適度就好吧，弄到太誇張的我覺得大家也會覺得很奇怪吧！有些就是沒有濾鏡就認不出來的那種，就有點太過分了，稍微修飾一下我是沒什麼意見，認同這也許造成現代人更容易容貌焦慮，但工具就發展出來擺在那裏，你也很難叫大家不要去用呀！
>
> F23-22yr

> 我雖然自己不大修圖，但也不會覺得別人修圖怎麼樣，其實現在都知道哪些是有修圖的了，也可以說，是為了大家賞心悅目吧！所以就當作是個人選擇，我不會特別關注這個。不過，濾鏡方面我有時候會用，因為有時候相機照出來的照片很普通，但當下的氛圍真的很好，用了濾鏡反而才是真實地呈現當下那種氛圍，尤其是夜景的部分，所以我會特別用一下濾鏡，尤其是風景照。
>
> F1-34yr

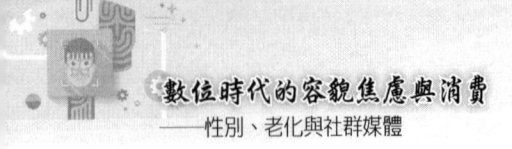

(二)不贊成修圖的原因

◆對容貌焦慮的加劇

部分女性認為修圖文化助長了容貌焦慮。例如，F7認為，修圖行為形成了一種風氣，使得所有人都不得不跟隨，增加了本不必要的心理壓力和時間成本。F13則提到，社群媒體放大了對外貌的過度關注，讓女性不得不過度美化自己來迎合他人的期待。

> 這個嘛……我剛有說過，我可以接受別人修圖，也知道放在網路上的東西就是要賞心悅目，點擊率才會高嘛！但老實說，我剛也有想到因為社群媒體上都是這些修圖修得很漂亮的女人、男人，所以會讓所有的網路使用者都無形之間被洗腦，覺得好像大家都長這樣，這其實也是一種潛在的壓力！就像我在台灣不會天天化妝，可是我之前有一陣子外派日本的時候，因為隨便走在路上就都是畫全妝的女生，所以我也就都天天化妝了，好像不化妝就沒穿衣服一樣，那種壓力是很無形的，但人總是會想要和群眾一樣吧……這個是叫做從眾壓力嗎？所以，社群媒體上如果都是這樣的修圖女性、男性，也無形當中提供了一種社會壓力的來源。
>
> F1-34yr

第十一章　社群媒體中的修圖文化：性別差異與容貌焦慮的交織

> 其實我覺得這些就是他們的自由，雖然我知道大家的自由選擇最終會形成一種風氣，甚至是一種大家都知道的規則。但是我覺得很難去干涉他們不要使用這些濾鏡或美肌軟體。我個人並不認同這樣的行為，所以我個人不會這麼做，因為我覺得實際上人們並沒有因此變得更好看，反而還花了很多時間做這件事情，而且無意間還造成其他同樣在意這件事的人，也需要花費心思和時間去做修圖這件事情，這是很累人的。
>
> F7-28yr

> 不會（修圖），我幾乎不發文，不是因為我有容貌焦慮，而是因為我覺得自己的外貌沒有這麼重要，重要到要放這麼多的注意力在上面，看到別人的貼文會有壓力，因為他們都是很在容貌、會花時間金錢打扮的人，這讓我顯得在年輕一輩裏格格不入，代表著我與他們相處的困難。但和同輩的話，大家忙家庭、忙工作，幾乎也都不會發文了。
>
> F13-43yr

◆與真實形象的脫節

　　女性對過度修圖可能使形象不自然表達擔憂。例如，F6提到，修圖修得過度可能在真實生活中無法匹配，反而會被看穿。F11則認為，適度的修圖可以接受，但過度美化反而喪失了原本的自然美。

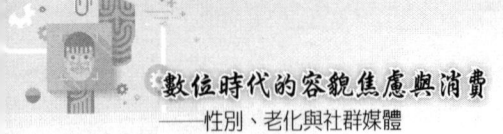

> 我會修圖,美肌倒是還好,因為我的皮膚比較好,我覺得磨皮功能只要有用就很明顯,所以不太會用,我發文都崇尚自然,嘿嘿!看到同輩照片會有壓力,但那些很愛發自己照片的人,多半都是長得漂亮又有自信,人比人氣死人,還是用自己喜歡的方式發文就好。我通常都是調一下膚色,因為真的太黃,調一下眼距,調一下照片的色調而已。
>
> F11-27yr

> 還算可以吧!就是不會評論別人,我覺得這是他們的自由。像我是不大會修圖啦!我是說那種還改鼻子、改嘴巴那種,我就是讓皮膚變好一點,可是有些人修圖修得都不像自己了,我也是覺得有點誇張。但真實世界中,還是會見到面啊!不就還是會漏餡?所以就覺得是個人自由吧!
>
> F6-34yr

◆影響自我接納與審美多元性

部分女性認為修圖文化抹煞了多元審美和自我接納的可能性。例如,F7提到,修圖讓外貌提升變得機械化,反而讓女性不再珍視自然的樣貌特質。F30補充,過度依賴修圖可能造成審美標準的單一化,進一步損害對多元化的欣賞能力。

第十一章　社群媒體中的修圖文化：性別差異與容貌焦慮的交織

> 我其實蠻討厭網紅臉的說，如果是那種修圖，那好像都修圖修到大家都一樣了，就像現在很多明星都整型整到看起來差不多了……所以修圖我是不那麼認同的。
>
> F30-45yr

> 社群媒體的普及性有關，因為社群媒體使用者會更常看到他人的樣貌，也更常被他人看見（當他發文，或者出現在他人的貼文裏面的時候），也和科技的進步有關，因為現在的鏡頭、影像像素愈來愈好，方便使用者放大照片，甚至會看到毛孔、鼻毛等等的，讓人更容易去比較／發現一個人的外表的「缺陷」。
>
> F7-28yr

二、社群媒體中的男性視角：修圖行為的功能性與文化張力

在當代社群媒體的視覺文化中，修圖行為已經成為男性形象管理的一部分，並產生了多元且具有張力的文化討論。一些男性受訪者認為適度的修圖有其功能性價值，例如調整光線或遮掩細微瑕疵，可以幫助改善外貌，提升照片的視覺效果。這尤其適用於公開場合，修圖能讓他們更有信心地展現理想形象（如M17、M24）。他們將修圖行為視為愛美之心的自然延伸，認為這是一種適應社會期待的實踐，並且有助於緩解社交壓力。然而，這類行為也可能與

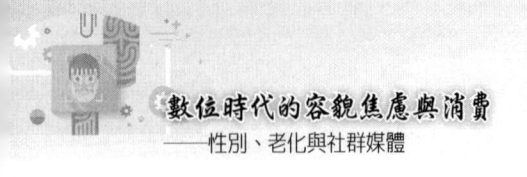

社會對男性氣質的既定期待產生矛盾，部分男性會擔心過度修圖可能讓自己看起來「gay gay的」（如M25）。

與此同時，另一部分男性對修圖持批判態度，強調自然美和真實性的重要性。他們認為，過度修圖不僅掩蓋了影像的真實性，還可能助長容貌焦慮，甚至削弱男性特質的展示（如M29、M10）。此外，有男性指出修圖行為可能帶來不必要的心理壓力和時間成本，這種加工行為被視為不必要的負擔。他們對於修圖行為可能助長單一審美文化的憂慮，也突顯了修圖對性別氣質表現的壓縮效應。

這些觀點顯示，男性在修圖行為中面臨的文化張力不僅來自於對外貌改善的功能性需求，也來自於男性氣質與社會期待之間的矛盾。一方面，修圖是一種符合社群媒體視覺審美的工具；另一方面，它挑戰了真實性與性別氣質的界限，尤其是男性在形象管理中的功能需求與文化期待之間的平衡與張力。以下分別呈現認同修圖與不認同修圖之男性受訪者的訪談實錄。

(一)贊成修圖的原因

◆適度修圖能改善外貌瑕疵

許多男性認為修圖可以幫助改善小瑕疵或不理想的光線效果，使照片更接近真實的最佳狀態。例如，M17表示手機相機自帶美肌設定，能夠「打光打得很好的感覺」，因此使用後讓照片看起來更自然。

第十一章　社群媒體中的修圖文化：性別差異與容貌焦慮的交織

> 我很少發文，所以也不會上傳照片啦！但我自己拍照，會用美肌，因為手機相機一開始就設定美肌，所以就沒有去改他了。但我的手機是那種沒有很誇張的美肌，所以就只是打光打得很好的感覺而已。
>
> M17-22yr

◆減輕社交壓力與焦慮

修圖能減少因容貌不足而帶來的壓力，尤其是在公開平台上的形象管理方面。M18指出，他特別在意認識卻不熟悉的人如何看待他的照片，修圖可以緩解這種心理負擔。

> 會想說，是不是被某個搜尋我的人看到了⋯⋯因為你想喔！如果是不認識的人，看到當然不會怎樣，反正他也不知道你是誰。所以就是在意那些認識的人，但又不是在意真的很熟、很好的朋友，因為他們對於我長什麼樣子，也很熟悉啊！所以就變成，在乎那些認識卻又不熟的人⋯⋯我有時候會想到的就是類似前女友之類的，哈哈。
>
> M18-33yr

> 我覺得那是他們的選擇，只要不要用這種照片來做非法的事就好，像是詐騙，這樣我就不太能接受。
>
> M12-42yr

數位時代的容貌焦慮與消費
——性別、老化與社群媒體

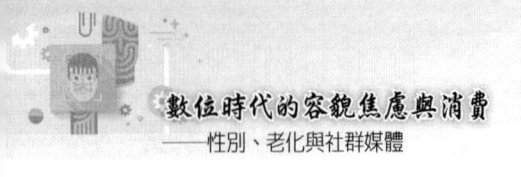

◆愛美之心與社會期待

　　M24提到，「愛美之心人皆有之」，適度使用修圖軟體是可以接受的，特別是作為提升形象的一種工具。此外，他認為這是一種符合社會審美期待的正常行為，不應過度批判。

> 因為痘痘的問題，我並不是很喜歡將自己的照片上傳至網路，若真有此需求，我就會透過相片美肌的方式，將自己較有缺陷的部分遮掩起來，不被他人發現，也因此在看到其他朋友能很有自信地發出原況照片時，總是會感到些許的壓力與忌妒。
>
> M24-27yr

> 補充一下剛剛修圖的部分，那些批判修圖與濾鏡的人，只是自以為是地站在一個道德的制高點，卻也不願承認自己就是喜歡看這些「美麗事物」的人。說到底，那些認為自己不是「外貌協會」的人，我認為都只是想呈現自己的優越感罷了。
>
> M24-27yr

第十一章　社群媒體中的修圖文化：性別差異與容貌焦慮的交織

(二)不贊成修圖的原因

◆強調自然美的重要性

部分男性認為修圖掩蓋了自然的美，甚至可能造成對自身特質的否認。M10明確表示，他更重視自然的外貌展示，並認為修圖製造了不真實的形象，加劇了閱聽者的容貌焦慮。

> 我拍照都不使用濾鏡或修圖，對我來說這是一種不誠實，而且更加深了閱聽眾的容貌焦慮。我認為比起靠修圖製造在社群中美好的假象，不如直接付出行動去努力改變，靠保養和化妝變漂亮、靠運動維持身材。
> 　　　　　　　　　　　　　　　　　　　　M10-45yr

> 我不會使用美肌功能，因為那個會讓我看起來像是化了妝，或是有點gay gay的。所以為了避免誤會，我不會上傳美肌後的照片。但我曾經會因為同輩在社群媒體上上傳了在沙灘露出腹肌的照片而感到焦慮，因為平時大家都穿著衣服，所以比較看不到腹肌的訓練效果。可是在看到別人優秀的腹肌線條後，就會開始焦慮自己是否也應該去認真練一下腹部肌肉。
> 　　　　　　　　　　　　　　　　　　　　M28-26yr

> 我多半不會使用美肌功能,與前述相同,我對於自身的外貌本已有一定的信心,且不喜歡自己既有的外貌刻意調整的模樣,故拍照上傳基本上不使用美肌功能或濾鏡,認為做自己即可。當在社群媒體上看到同儕相片時,若很明顯地看出使用美肌功能,則不會具有壓力,因其與自然展現的狀態有所出入。
>
> M29-40yr

◆ 過度修圖的造假感

　　許多男性對修圖過度的行為表示不滿,認為這種做法使得照片失去了真實性和紀實意義。例如,M25表示,他不喜歡過多濾鏡,因為「加工感太重」,照片應該追求健康美和自在美。

> 就是覺得很假啊!我也儘量不要用,但還是會有時候不得不用。只是最近愈來愈不熱衷發文了,所以就是看別人的,覺得它們很假吧!像有些網紅,你看那個肌肉根本就是某個角度ㄍㄧㄥ出來的啊!但反正這已沒有什麼違法的問題,只是我們這種普男看到就會有壓力吧!哈哈!
>
> M9-33yr

第十一章　社群媒體中的修圖文化：性別差異與容貌焦慮的交織

> 不會，因為那會讓人看起來假假的。我不喜歡太多的濾鏡，因讓人一看出來是濾出來的，那自然不是好照片。照片應是追求一個人的健康美、自在美，而不是有了化妝以後，又再度上另一層「化妝」，這樣加工感太重，如此一來已經失去了拍照的意義。
>
> M25-30yr

◆文化與審美的單一化

　　修圖可能助長單一審美標準，抹煞審美多樣性。M28提到，亞洲文化中過度修圖反映了對單一審美的盲目崇拜，長期以往可能損害審美的多元性。

> 我的印象中，我覺得亞洲女性是特別注重美肌和濾鏡效果的群體。這其實反映了我們的社會對女性的凝視和個人特質展現的寬容度不夠高。讓大家的審美比較單一。當然從正面視角來看，濾鏡和美肌軟體讓個人能夠用極低成本的方式，呈現自己最為理想的一面給別人。但我不太認同大量修圖和濾鏡的行為，因為這其實是對自我特質的否認，也是對單一審美的盲目崇拜，如此以往下去，社會會逐漸喪失多元審美出現的可能性。
>
> M28-26yr

數位時代的容貌焦慮與消費
——性別、老化與社群媒體

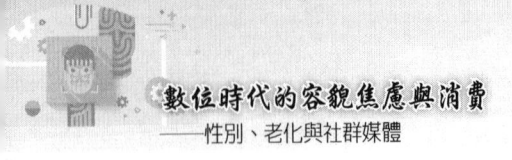

◆不必要的心理負擔與時間成本

　　修圖可能增加了心理負擔，並浪費不必要的時間。M29認為，修圖是一項無法帶來真正價值的行為，僅適合用於小範圍的搞笑或特定氛圍的渲染，而非日常使用。

> 我並不苟同大量使用美肌軟體與濾鏡，認為其是在抹煞自然的個人狀態。對我而言，濾鏡的使用多半僅是為了搞笑，特定搞笑濾鏡，或是為部分相片渲染上特定色彩，若是大量使用則泯滅了相片原本紀實的本質。故我對於大量使用美肌與濾鏡一事極度不苟同，但可接受小範圍使用或是有限度的使用，以為生活增添色彩。
>
> M29-40yr

> 這一塊我真的有點麻木了，可能學生時代，太多比較，會一直想要在班上或是自己喜歡的異性前面表現，對外表就很重視，但工作之後，因為我的工作環境都是男生，我真的沒什麼好比的，每天看到一堆男生，就像看動物一樣，就算有帥哥，我又不是GAY，也沒有什麼特別感覺，也不會拿自己跟他們比。但我要承認，我學生時期，是真的會有得失心，會希望自己再高一點、壯一點，但現在好像比較沒在想這些。要比較，可能也是比工作之類的吧！
>
> M16-32yr

第十一章　社群媒體中的修圖文化：性別差異與容貌焦慮的交織

三、性別差異與容貌焦慮的交織小結

　　在探討男性與女性對於修圖行為的看法時，可以發現兩性之間既有共通之處，也展現了明顯的差異。這些觀點反映了性別在社群媒體中的形象管理方式及文化期待中的不同動態。

　　對於女性而言，修圖主要被視為一種改善外貌的工具，以迎合社會審美標準並減輕壓力。例如，有人提到工作壓力和相機的高解析度，可能導致照片中氣色不佳，因此適度修圖有助於呈現更好的形象。同樣地，也有受訪者認為修圖是職業素養的一部分，能幫助女性在公開場合呈現最佳的視覺效果。

　　男性方面，修圖則更多被視為一種功能性的手段。例如，有人表示修圖能掩蓋因痘痘帶來的缺陷，提升自信心，特別是在與他人互動或張貼社交媒體內容時。此外，也有受訪者強調修圖能幫助應對特定的社交壓力，例如在熟人中維持理想形象。

　　在不認同修圖的方面，女性更多關注修圖可能帶來的心理負擔與不公平感。有受訪者認為過度修圖會形成一種社會規則，強迫更多人投入時間和精力追逐不必要的外貌提升。此外，另有人提到修圖過度可能導致照片過於不真實，甚至讓人感到尷尬。

　　男性對修圖的反對則更多基於對自然美的推崇與對文化張力的反感。有受訪者指出過度修圖破壞了影像的真實性，助長單一審美標準。此外，也有人提到修圖需求隨社會情境而改變，並認為在不以外貌為主的工作環境中，修圖成為多餘的行為。

　　男性與女性的共同點在於，兩者皆認為適度的修圖在特定情境

257

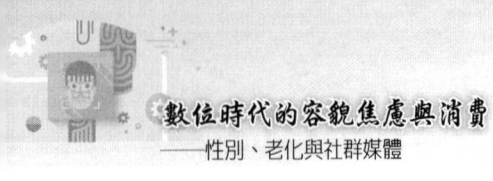

下是可以接受的，特別是為了改善外貌缺陷或應對社交壓力。此外，部分受訪者強調修圖應保持自然，避免過度誇張，因為這可能導致容貌焦慮的擴大和不必要的心理負擔。

然而，兩性在修圖行為的動機和文化張力的感知上，仍存在顯著差異。女性更多受到社會審美期待的驅動，修圖行為常與職業素養、公開形象的維持密切相關。而男性則更注重修圖的實用性與文化影響，認為修圖應該平衡功能性與真實性，避免助長單一審美文化的擴散。整體而言，修圖行為在兩性中呈現出不同的需求與價值觀。女性更多將修圖視為迎合社會期待的工具，男性則更傾向於功能性使用，並強調對自然美的推崇。

參考文獻

葉朗（2009），《美學原理》，北京：北京大學出版社。

Altabe, M. & Thompson, J. K. (1996). Body image: A cognitive self-schema construct? *Cognitive Therapy and Research*, *20*, 171-193.

Bennett, A. & Hodkinson, P. (eds.). (2020). *Ageing and Youth Cultures: Music, Style and Identity*. Routledge.

Cash, T. (1990). The psychology of physical appearance: Aesthetics, attributes and images. *Body Images: Development, Deviance and Change*.

Cash, T. F. (2000). The multidimensional body-self relations questionnaire. *Unpublished Test Manual*, *2*, 1-12.

Cash, T. F. & Brown, T. A. (1989). Gender and body images: Stereotypes and realities. *Sex Roles*, *21*, 361-373.

Cash, T. F., Wood, K. C., Phelps, K. D. & Boyd, K. (1991). New assessments of weight-related body image derived from extant instruments. *Perceptual and Motor Skills*, *73*(1), 235-241.

Chernin, K. (1983). *Womansize: The Tyranny of Slenderness*. London: Routledge.

Charles, N. & Kerr, M. (1986). Food for feminist thought. *The Sociological Review*, *34*(3), 537-572.

Fardouly, J., Diedrichs, P. C., Vartanian, L. R. & Halliwell, E. (2015). Social comparisons on social media: The impact of Facebook on young women's body image concerns and mood. *Body Image*, *13*, 38-45.

Fardouly, J., Pinkus, R. T. & Vartanian, L. R. (2021). Targets of comparison and body image in women's everyday lives: The role of perceived attainability. *Body Image*, *38*, 219-229.

Fisher, S. (2014). *Development and Structure of the Body Image: Volume 2*.

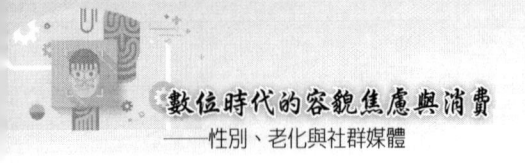

Psychology Press.

Frederick, D. A., Garcia, J. R., Gesselman, A. N., Mark, K. P., Hatfield, E. & Bohrnstedt, G. (2020). The Happy American Body 2.0: Predictors of affective body satisfaction in two US national internet panel surveys. *Body Image*, *32*, 70-84.

Furukawa, H., Matsumura, K. & Harada, S. (2019). Effect of consumption values on consumer satisfaction and brand commitment: Investigating functional, emotional, social, and epistemic values in the running shoes market. *International Review of Management and Marketing*, *9*(6), 158.

Gardner, R. M. & Moncrieff, C. (1988). Body image distortion in anorexics as a non sensory phenomenon: A signal detection approach. *Journal of Clinical Psychology*, *44*(2), 101-107.

Hart, E. A., Leary, M. R. & Rejeski, W. J. (1989). Tie measurement of social physique anxiety. *Journal of Sport and Exercise Psychology*, *11*(1), 94-104.

Hill, A. J., Oliver, S. & Rogers, P. J. (1992). Eating in the adult world: The rise of dieting in childhood and adolescence. *British Journal of Clinical Psychology*, *31*(1), 95-106.

Hirschman, E. C. & Holbrook, M. B. (1982). Hedonic consumption: emerging concepts, methods and propositions. *Journal of Marketing*, *46*(3), 92-101.

Holbrook, M. B. (Ed.). (1999). *Consumer Value: A Framework for Analysis and Research*. Psychology Press.

Holbrook, M. B. & Hirschman, E. C. (1993). *The Semiotics of Consumption: Interpreting Symbolic Consumer Behavior in Popular Culture and Works of Art* (Vol. 110). Walter de Gruyter.

Kilpela, L. S., Becker, C. B., Wesley, N. & Stewart, T. (2015). Body image in adult women: Moving beyond the younger years. *Advances in Eating Disorders: Theory, Research and Practice*, *3*(2), 144-164.

Lewis, R. N. & Scannell, E. D. (1995). Relationship of body image and creative dance movement. *Perceptual and Motor Skills*, *81*(1), 155-160.

Massara, E. B. & Stunkard, A. J. (1979). A method of quantifying cultural ideals of beauty and the obese. *International Journal of Obesity*, *3*(2), 149-152.

McKinley, N. M. & Hyde, J. S. (1996). The objectified body consciousness scale: Development and validation. *Psychology of Women Quarterly*, *20*(2), 181-215.

Mihić, M. & Čulina, G. (2006). Buying behavior and consumption: Social class versus income. *Management: Journal of Contemporary Management Issues*, *11*(2), 77-92.

Modrzejewska, A., Czepczor-Bernat, K., Modrzejewska, J., Roszkowska, A., Zembura, M. & Matusik, P. (2022). # childhoodobesity–A brief literature review of the role of social media in body image shaping and eating patterns among children and adolescents. *Frontiers in Pediatrics*, *10*, 993460.

Mohd Suki, N. & Mohd Suki, N. (2015). Consumption values and consumer environmental concern regarding green products. *International Journal of Sustainable Development & World Ecology, 22*(3), 269-278.

Muhamed, A. A., Ab Rahman, M. N., Mohd Hamzah, F., Che Mohd Zain, C. R. & Zailani, S. (2019). The impact of consumption value on consumer behaviour: A case study of halal-certified food supplies. *British Food Journal*, *121*(11), 2951-2966.

Muhamed, A. A., Ab Rahman, M. N., Mohd Hamzah, F., Che Mohd Zain, C. R. & Zailani, S. (2019). The impact of consumption value on consumer behaviour: A case study of halal-certified food supplies, *British Food Journal*, *22*(3), 269-278.

Murray, S. (2008). *The 'Fat' Female Body*. Springer.

Park, C. W., Jaworski, B. J. & MacInnis, D. J. (1986). Strategic brand concept-image management. *Journal of Marketing*, *50*(4), 135-145.

Perloff, R. M. (2014). Social media effects on young women's body image concerns: Theoretical perspectives and an agenda for research. *Sex Roles*, *71*,

363-377.

Pruis, T. A., & Janowsky, J. S. (2010). Assessment of body image in younger and older women. *The Journal of General Psychology: Experimental, Psychological, and Comparative Psychology*, *137*(3), 225-238.

Pruzinsky, T. & Cash, T. F. (1990). Integrative themes in body-image development, deviance, and change. *Body Images: Development, Deviance, and Change*, 337-349.

Quittkat, H. L., Hartmann, A. S., Düsing, R., Buhlmann, U. & Vocks, S. (2019). Body dissatisfaction, importance of appearance, and body appreciation in men and women over the lifespan. *Frontiers in Psychiatry*, *10*, 484829.

Rodin, J. & Ickovics, J. R. (1990). Women's health: Review and research agenda as we approach the 21st century. *American Psychologist*, *45*(9), 1018.

Samuels, K. L., Maine, M. M. & Tantillo, M. (2019). Disordered eating, eating disorders, and body image in midlife and older women. *Current Psychiatry Reports*, *21*, 1-9.

Schlenker, B. R. & Leary, M. R. (1982). Social anxiety and self-presentation: A conceptualization model. *Psychological Bulletin*, *92*(3), 641.

Schilder, P. (1942). The body image in dreams. *The Psychoanalytic Review (1913-1957)*, *29*, 113.

Schilder, P. (1950). *The Image and Appearance of the Human Body*. New York: Int. J. Univ. Press.

Sheth, J. N., Newman, B. I. & Gross, B. L. (1991). Why we buy what we buy: A theory of consumption values. *Journal of Business Research*, *22*(2), 159-170.

Silvera, D. H., Lavack, A. M. & Kropp, F. (2008). Impulse buying: The role of affect, social influence, and subjective wellbeing. *Journal of Consumer Marketing*, *25*(1), 23-33.

Slade, P. D. (1994). What is body image?. *Behaviour Research and Therapy*.

Solomon, M., Russell-Bennett, R. & Previte, J. (2012). *Consumer Behaviour*.

Pearson Higher Education AU.

Sorell, G. T. & Nowak, C. A. (1981). The role of physical attractiveness as a contributor to individual development. *Individuals as Producers of Their Development: A Life-Span Perspective*, 389-446.

Talumaa, B., Brown, A., Batterham, R. L. & Kalea, A. Z. (2022). Effective strategies in ending weight stigma in healthcare. *Obesity Reviews*, *23*(10), e13494.

Thompson, J. K. (2001). Assessing body image disturbance: Measures, methodology, and implementation. American Psychological Association.

Thompson, J. K. & Dolce, J. J. (1989). The discrepancy between emotional vs. rational estimates of body size, actual size, and ideal body ratings: Theoretical and clinical implications. *Journal of Clinical Psychology*, *45*(3), 473-478.

Thompson, M. A. & Gray, J. J. (1995). Development and validation of a new body-image assessment scale. *Journal of Personality Assessment*, *64*(2), 258-269.

Tian, T. (2023). Research on body image anxiety among women in the Social Media Environment. *Acad J Humanit Social Sci*, *6*(9), 51-57.

Tiggemann, M. & Slater, A. (2017). Facebook and body image concern in adolescent girls: A prospective study. *International Journal of Eating Disorders*, *50*(1), 80-83.

Usmiani, S. & Daniluk, J. (1997). Mothers and their adolescent daughters: Relationship between self-esteem, gender role identity, body image. *Journal of Youth and Adolescence*, *26*(1), 45-62.

Vartanian, L. R. & Porter, A. M. (2016). Weight stigma and eating behavior: A review of the literature. *Appetite*, *102*, 3-14.

Vered, S. G. & Walter, O. (2015). Mother-daughter relationship and daughter's body image. *Health*, *7*(05), 547.

Wright, M. R. V. (1988). Body image satisfaction in adolescent girls and boys: A longitudinal study. *Journal of Youth and Adolescence*, *18*(1), 71-83.

附　錄：定性研究深度訪談實錄

附　錄：定性研究深度訪談實錄

訪談編號	NO.1
地區	台灣北部
性別	女性
年齡	34
最常「瀏覽」的社群媒體	Facebook / Instagram / Threads / YouTube / 小紅書
最常「發文」的社群媒體	Instagram
社群媒體平均更新的頻率	一周兩至三次發文

Q（訪問者）：謝謝你參加我們的訪談。我們今天的主題主要是跟容貌焦慮有關，請問你聽過「容貌焦慮」這個詞彙嗎？你對容貌焦慮的認識是什麼？

A（受訪者）：不客氣。聽過容貌焦慮。對我而言，容貌焦慮是對自己的外表過度在意，並且因為這份過度在意而產生焦慮，不斷放大檢視自己外表的不完美。

Q（訪問者）：你覺得自己容貌焦慮的程度從1分（非常輕微）到10分（非常嚴重）大約是幾分？為什麼會這麼覺得？

A（受訪者）：我覺得我容貌焦慮的程度是4分，我會希望透過精進化妝技術來讓自己看起來氣色更好，還有出門一定距離以上就一定要化妝，但我覺得自己不算有嚴重的容貌焦慮，因為看到網路上漂亮的網美並不會感到焦慮或是嫌棄自己，只會發自內心欣賞他們的美貌。

Q（訪問者）：這樣聽起來真的算是蠻有自信的，你對自己身材滿意嗎？最滿意和最不滿意的點分別是什麼？為什麼？對於不滿意的部分，你期待達到什麼樣的身材？

A（受訪者）：我對自己的身材算不滿意吧！最不滿意的部分是小腹較大，

265

穿緊一點的衣服時會很明顯，不過也是有滿意的部分，滿意的部分是胸部和臀部，胸部和臀部的線條都很好看。如果說期待的話，我希望自己的腹部能有明顯腰身，可以穿更多好看的衣服。

Q（訪問者）：你對自己容貌滿意嗎？最滿意和最不滿意的點分別是什麼？為什麼？對於不滿意的部分，你期待達到什麼樣的狀態？

A（受訪者）：我對自己的容貌算滿意的。最滿意的部分是眼睛和鼻子，因為常常被稱讚眼睛大、鼻子挺，像混血兒。不滿意的部分是嘴巴，我希望自己的嘴唇可以再收進去一點，整體五官會更立體。

Q（訪問者）：你對自己五官很瞭解耶！特點分析得很精確！那有沒有什麼時候、情境（婚禮、公司會議、同學會……）會讓你的容貌焦慮程度提高？你通常會怎麼做？可否說明一下相關的例子？

A（受訪者）：對我來說，容貌焦慮比較會出現的時候，應該是跟不熟悉或是久未見面的人聚會時，我會更在意自己的外表是否維持在好的狀態。如果是熟人，可以比較隨便打扮就見面，但不熟的人，我會覺得第一印象很重要，所以會想要把自己呈現一個好的第一印象。

Q（訪問者）：雖然你算是蠻有自信，但也還是有提到對自己容貌身材不滿意的地方，那當你達到了自己滿意的容貌和身材之後，又如何？你覺得生活會有什麼改變？或者為何要追求上述的狀態？

A（受訪者）：我覺得我會更加有自信，不會再擔心和別人互動時，他們會不會注意到我的缺點，尤其是第一次見面的人，我可以把心力放在見面的目的上，不用擔心自己的外貌給人第一印象如何。還有拍照時，我其實會特別找一些適合自己的仰角，這樣嘴巴的線條會比較好看，如果夠美，那就不用再刻意找能掩蓋缺點的角度。

附　錄：定性研究深度訪談實錄

Q（訪問者）：聽起來就是比較「方便」……那我們來談談見面時的稱謂問題，請問在生活或職場中，對於年齡長於你的女性和男性，除了職稱之外，通常你會怎麼稱呼？有對方不能接受的時刻嗎？

A（受訪者）：在職場上的話，我自己慢慢摸索到的規則是這樣的——年齡與我的爸媽相仿的長輩我會以職稱稱呼，年齡大我十歲以內的我會直接稱呼名字，大我十歲以上的我會以英文名字稱呼，女生的話有時候會稱呼為姊姊。日常生活上，例如：鄰居或是平常遇到的商販，年齡與爸媽相仿的我會稱呼為阿姨／叔叔，年齡沒有大我太多的，我就統一稱呼為先生／小姐。好像沒有對方不能接受的時刻。

Q（訪問者）：承上題，對你而言，有被別人叫「哥」或「姊」或阿姨、叔叔……等稱謂，是你不大能接受的時候嗎？大概是什麼樣的情境（對方的年齡、兩人相交流的狀況和場合等等）？為什麼不能接受？你覺得小你幾歲以內，或是對方是怎麼樣的情況，不該叫你該稱謂？

A（受訪者）：有被叫過姊姊，也有被叫過阿姨，聽到阿姨會覺得自己有這麼老嗎？但也不會特別在意，聽到姊姊時會比較開心。但老實說，我現在的年齡，實際上也就是阿姨了啦！我自己還沒生小孩，但我周圍的同輩許多人都是媽媽了，所以被叫阿姨，也是正常吧！只是如果是被小朋友叫阿姨，那就算了，但被那種看起來是大學生的年輕人，叫我阿姨，還是會覺得……有點誇張，你懂不懂事啊！怎麼樣也就是姊姊吧！畢竟，我還沒到可以生出大學生小孩的年齡啊！好吧！如果早婚一點，可能可以，但還是覺得很誇張！我可能還沒準備好要接受……

Q（訪問者）：你認為這種不能接受會有性別差異（因遇到狀況的本人是男女而有所不同）嗎？為什麼？

數位時代的容貌焦慮與消費
——性別、老化與社群媒體

A（受訪者）：可能會，不論是被叫還是叫人，我覺得都有性別差異耶！例如我自己是女生，就比較容易叫得出「姊」，而不太會叫男生「哥」，因為覺得帶有一點撒嬌的感覺，不想被別人誤會自己是否有其他意思。另外，我有聽過抱怨被叫阿姨或姐的人，幾乎都是女的，哈哈！因為她們本來就是女的……不是啦，我的意思是會抱怨被叫老了的，幾乎是只有女生會這樣，男生好像比較不在乎，除非是哥哥被叫成阿伯，但好像這種事也不大會發生。女生的話，像我周遭有許多美魔女，可能已經快五十歲了，都還穿迷你裙那種打扮，她們就會希望你叫她英文名字，如果你叫她XX大姊，應該會被打吧！

Q（訪問者）：哈哈！那請問你對以下幾個詞彙的年齡區間估計，例如就你的感覺而言，青年、壯年、歐吉桑、歐巴桑、老年、銀髮族、熟女、輕熟女、初老，是幾歲到幾歲？

A（受訪者）：青年：15-27歲，壯年：28-45歲，就是青年之後接壯年，歐吉桑、歐巴桑：46-60歲，老年：60以上，銀髮族：60以上，熟女：30以上女生，輕熟女：26-30歲，初老：50以上。大概是這樣吧！

Q（訪問者）：請問你覺得上述詞彙有哪些適合你現在的年齡區間（或者是沒有在上述詞彙中，但你覺得適合的亦可說）？

A（受訪者）：適合我的詞彙，壯年吧！可是我覺得我沒那麼壯，我是溫柔小姊姊耶！哈哈。

Q（訪問者）：哈哈，壯年聽起來真是有點嚴肅……那溫柔小姐姐妳會「怕老」嗎？為什麼這麼覺得？

A（受訪者）：有一點怕，你說怕什麼喔……我先想到的是工作上，怕自己到四十歲了還沒有達到自己的目標成就，怕時間過太快，如果那時候還升不上去，就不用升了……另外，外表的部分則是怕自己開始出現下垂、斑點、皺紋變嚴重。我以前都覺得變老就是皺紋很多，你看那個動漫裏面的人，老人就是眼睛

附　錄：定性研究深度訪談實錄

下面多幾條線……但我後來發現，那個線條，不完全是皺紋的問題，主要還是下垂，我現在更怕下垂……而且這個下垂還是全方位的，不只是臉，胸部也怕下垂啊！哈哈！

Q（訪問者）：哈哈！那我們就來談談「下垂」好了，在你眼中，「女性的顯老」是哪方面的呈現？先從下垂開始，分析一下……

A（受訪者）：這個下垂，真的很難講。我想到一個例子，有一次我在康是美，聽到背後兩、三個女人在說話，其中一個聲音說：「妳看我這個皮膚，我的美容師說我的皮膚比二十幾歲小女生都好！」，然後就周圍一陣讚歎聲，我後來偷偷繞到正面看了一下，是一位歐巴桑，她皮膚真的很細、很嫩、很白，沒有皺紋，真的沒有皺紋！可是，她還是一看就是個歐巴桑啊！我當時心裏OS就是：妳皮膚是很好，但還是看一眼就知道是歐巴桑啊！……當時，我就覺得太奇怪了，她皮膚那麼嫩白，為什麼還是知道她不年輕呢？……現在我就知道了，就是下垂了啊！她整個臉的線條都是垂的，所以外面皮再嫩也沒有用了。回到顯老……除了下垂，再來就是黃斑和膚色黯淡，還有白頭髮。肝斑真的很傷腦筋……我現在是不嚴重，但有時候狀況糟的時候，它會深一點，就要遮瑕一下，希望斑不要再變多了。大概就這樣吧！

Q（訪問者）：那麼在你眼中，「男性的顯老」是哪方面的呈現？

A（受訪者）：和女生差不多吧！開始出現白頭髮、出現黃斑，這個男生也都有，男生還有禿頭的問題。其實我覺得有些禿頭很帥，但如果是那種頭禿禿，其他頭髮又留很長又油油的，就會讓我覺得很噁心……所以重點可能不是禿頭，是那種硬要把還沒禿的那邊頭髮塗髮油梳過來那種，感覺老氣。

Q（訪問者）：在所有老化的外貌外型特徵當中，何者是你最不喜歡或最不能接受的？為什麼？

A（受訪者）：大概就像上面說的，我最不能接受臉頰下垂以及出現黃斑，

269

我覺得除了明顯有年紀之外，也會影響原本的外貌，不再是自己滿意的樣子。

Q（訪問者）：請問你周圍或是媒體檯面上，有誰是讓你覺得老得很好看（甚至是老了比年輕更吸引人），希望自己將來即使看起來有歲月痕跡，但也能像他或她一樣有魅力的人？

A（受訪者）：劉德華吧！我之前有看過一個影片，整理了劉德華從剛出道二十三歲左右到現在的所有作品片段，那裏面二十三歲的劉德華根本不帥，老實說相當路人，可是你會發現，他就是愈來愈帥，雖然說巔峰可能是四十五歲左右，但我真心覺得他四十幾歲時的眼神、氣度和架式，完全比年輕時帥很多倍。他現在好像六十歲了，就是你之前問我銀髮族的年齡啊！可是我還是覺得他很帥！

Q（訪問者）：你曾做哪些活動或買哪些商品，來讓自己常保青春？為什麼你會覺得有幫助（例如：保養品？醫美產品？微整形？非介入性皮膚科療程雷射等？保健品？健身課？參加社團？……）？

A（受訪者）：我會觀看化妝教學影片，吸收新的化妝技巧，以及關注有沒有新的美妝產品，其實蠻有幫助的，尤其是化妝影片常常都會先介紹臉部各器官，就是眼睛、鼻子、嘴巴的特性，讓我對自己的五官更有瞭解，也知道要如何美化。也有買過一年的健身房會員，希望讓自己的身材更有線條以及能瘦小腹……可是我後來太忙了，就沒有再去了，覺得有點可惜，是說當時也沒有特別瘦下來啦！就瘦身而言，大概是無效吧！不過就健康而言，那時每周都有固定運動，我覺得對身體狀況是有幫助的，也比較不容易疲累。

Q（訪問者）：請問你有去醫美診所相關經驗嗎？請說明一下當初的心路歷程（考量的點和選擇？為什麼要做？環境的影響？工作？另一半的意見支持或反對？如何找到該診所？……）？

附　錄：定性研究深度訪談實錄

A（受訪者）：我沒有實際去過醫美診所耶，但之前我有搜尋過墊下巴的醫美案例，因為當時我覺得自己的嘴巴有一點凸，期望能透過墊下巴改善整體視覺，但後來覺得這樣治標不治本，所以最後選擇的是矯正牙齒，改善嘴巴凸。

Q（訪問者）：那我們來談談社群媒體。請問您有在使用社群媒體嗎？

A（受訪者）：有啊！

Q（訪問者）：可以說一下您最常瀏覽的社群媒體有哪些？

A（受訪者）：蠻多的耶！Facebook、Instagram、Threads、YouTube、小紅書都有看喔！而且我無聊就拿手機滑滑。

Q（訪問者）：以上這些社群媒體中，何者是您最常發文的社群媒體？

A（受訪者）：IG，我幾乎只有在IG上發文。其他都是看別人的，或是轉發而已。小紅書我幾乎不發文，但我會看，裏面資訊蠻豐富的。

Q（訪問者）：您在社群媒體上發文的頻率大約是？

A（受訪者）：IG的話，大概一周兩至三次吧！其實不一定，有時候天天發，有時候一周一次，但平均起來大概是這樣。

Q（訪問者）：你拍照後或上傳照片時，會用美肌功能嗎？為什麼？你在IG或社群媒體上看到其他同輩的照片是否會有壓力？

A（受訪者）：我很少用美肌耶！我大部分都是用原相機拍照，我覺得比較自然，但有時候拍照的環境燈光很暗，拍出來太難看時，會用IG特效拍。

Q（訪問者）：你對於現代素人、網紅大量使用美肌軟體、濾鏡，有什麼看法？你認同大量修圖和濾鏡的行為嗎？為什麼？

A（受訪者）：我雖然自己不大修圖，但也不會覺得別人修圖怎麼樣，其實現在都知道哪些是有修圖的了，也可以說，是為了大家賞心悅目吧！所以就當作是個人選擇，我不會特別關注這個。不過，濾鏡方面我有時候會用，因為有時候相機照出來的照片很普通，但當下的氛圍真的很好，用了濾鏡反而才是真實地

271

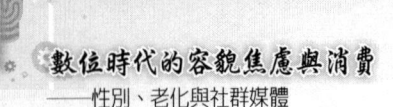

數位時代的容貌焦慮與消費
―― 性別、老化與社群媒體

呈現當下那種氛圍，尤其是夜景的部分，所以我會特別用一下濾鏡，尤其是風景照。

Q（訪問者）：對你而言，不美麗、不帥氣會帶來怎麼樣的壓力？誰會給你壓力？社群媒體是否也是壓力來源之一？為什麼？

A（受訪者）：這個嘛……我剛有說過，我可以接受別人修圖，也知道放在網路上的東西就是要賞心悅目，點擊率才會高嘛！但老實說，我剛也有想到因為社群媒體上都是這些修圖修得很漂亮的女人、男人，所以會讓所有的網路使用者都無形之間被洗腦，覺得好像大家都長這樣，這其實也是一種潛在的壓力！就像我在台灣不會天天化妝，可是我之前有一陣子外派日本的時候，因為隨便走在路上就都是畫全妝的女生，所以我也就都天天化妝了，好像不化妝就沒穿衣服一樣，那種壓力是很無形的，但人總是會想要和群眾一樣吧……這個是叫做從眾壓力嗎？所以，社群媒體上如果都是這樣的修圖女性、男性，也無形當中提供了一種社會壓力的來源。喔！對了，我時間到了喔！今天先談到這裏可以嗎？

Q（訪問者）：好的！非常謝謝你的意見，不好意思，拖到你的時間，那我們今天就到這邊為止。

A（受訪者）：有問題可以再問我喔！

附　錄：定性研究深度訪談實錄

訪談編號	NO.2
地區	台灣中部
性別	女性
年齡	19
最常「瀏覽」的社群媒體	Instagram／小紅書
最常「發文」的社群媒體	Instagram
社群媒體平均更新的頻率	每天都發文

Q（訪問者）：謝謝你參加我們的訪談。我們今天的主題主要是跟容貌焦慮有關，請問你聽過「容貌焦慮」這個詞彙嗎？你對容貌焦慮的認識是什麼？

A（受訪者）：不客氣。有聽過容貌焦慮，我認為容貌焦慮是對自己的外貌不夠自信，認為自己容貌不如他人，或怕別人因為自己的容貌而改變態度的一種患得患失的心情。

Q（訪問者）：那根據上述的定義，你覺得自己容貌焦慮的程度從1分（非常輕微）到10分（非常嚴重）大約是幾分？為什麼會這麼覺得？

A（受訪者）：我自己的容貌焦慮大約9分，很高吧！因為從國小我就覺得自己不太好看，有時就會戴上口罩，走在路上都覺得別人因為自己長得醜而看我……到疫情爆發後有了理由戴口罩，那時候真的覺得超級自在，到現在，雖然疫情趨緩，很多人都不戴口罩了，而且夏天很熱，但我就算在夏日裏，也還是除了吃飯也不會摘口罩，就算是吃飯時，也會覺得很焦慮，怕別人注意到自己的臉，而加速吃飯……像今天，我應該也不會拿下口罩……

Q（訪問者）：這樣聽起來你真的算是容貌焦慮高的耶！不過你放心，今天就是談談相關議題，口罩可以一直戴著。只是我們可能會切入一些讓你焦慮的部分，如果不想要分享，就直接說無妨。

A（受訪者）：沒問題，其實有戴口罩，我就沒差啦！

273

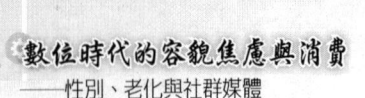

數位時代的容貌焦慮與消費
—— 性別、老化與社群媒體

Q（訪問者）：好喔！那我們繼續談談你對自己身材滿意嗎？最滿意和最不滿意的點分別是什麼？為什麼？對於不滿意的部分，你期待達到什麼樣的身材？

A（受訪者）：整體而言，我對自己身材是不滿意的。不過也有滿意的地方啦，我最滿意手臂，因為我手臂比較沒有贅肉，也蠻修長，看很多人都有蝴蝶袖，我都沒有，就覺得蠻不錯的。最不滿意的是腿跟肚子，因為總覺得腿有點粗，腿型也不太好看，而肚子跟現在很多女生比也太胖，一堆贅肉，我希望能達到腿又直又細又白，但也不要像竹竿，最好是看起來有在運動，勻稱的腿，腰也希望達到有點馬甲線的身材，至少不要看起來都是脂肪，希望整個人看起來是健康、散發活力的，不是看起來死氣沉沉的。

Q（訪問者）：聽起來很不錯，那你對自己容貌滿意嗎？最滿意和最不滿意的點分別是什麼？為什麼？對於不滿意的部分，你期待達到什麼樣的狀態？

A（受訪者）：對自己的容貌我也是不滿意的。不過這當中，還是有滿意的地方，最滿意眼睛，因為比較大，眼睫毛比較長跟濃密，不大需要用睫毛膏。最不滿意皮膚，因為有過敏體質常造成我臉紅紅的，加上是大油肌，很難根治痘痘的問題，所以，現在我最希望達到皮膚沒有痘痘跟泛紅的狀態，我真的不要求什麼光滑細緻，只要儘量接近一般人就好。以前曾多次嘗試治療，花了約五萬塊，卻每次都在以為要好轉的時候又復發，搞得自己愈來愈不自信，皮膚好壞真的會很大影響一個人的自信。

Q（訪問者）：真的，所以有沒有什麼時候、情境（婚禮、公司會議、同學會……）會讓你的容貌焦慮程度提高？你通常會怎麼做？

A（受訪者）：同學會，我通常會直接不去，實際上我也真的沒去，在有一群同齡人的狀態下，我的容貌焦慮程度又會進一步提升，像

附　錄：定性研究深度訪談實錄

同學會這種場合更有很多人會好好打扮再去，每個人都很精緻，就我自己在醜，也沒辦法以正常表情跟大家聊天，會擔心自己的表情現在看起來是怎樣子的，所以乾脆不去，去了只會後悔。

Q（訪問者）：嗯嗯！那你一定很希望能快點達到自己滿意的容貌和身材，至少會比較有自信？

A（受訪者）：我覺得至少與人的交流狀態會從容許多，說真的，我見過許多落落大方的人，其實大部分的人都是美女或帥哥，他們從內而外會散發一種自信，會有一種清新感，我上台只會畏畏縮縮，因為光是擔心外貌就擔心不完了。我想外表如果改善，可能眼中的世界看起來都會不一樣！

Q（訪問者）：那平常職場上，和同事互動也會不自在嗎？對於年齡長於你的女性和男性，除了職稱之外，通常你會怎麼稱呼（例如：王小明，稱其為王大哥？小明哥？小明？或⋯⋯）？你稱呼他人大哥或大姊的規則為何？有對方不能接受的時刻嗎？

A（受訪者）：女性我會叫XX姐，男性我會叫XX哥，我叫別人大哥的情況下是我們已經夠熟識，有聊過天，這樣叫才不會顯得沒禮貌，而叫大姐的規則則是她不介意就好，我目前還沒遇過對方不能接受的情況，他們也覺得這樣叫比較親切，叫小姐或先生反而有陌生感。

Q（訪問者）：所以，其實面對熟人，你還是很自在的，那對你而言，有被別人叫「哥」或「姊」或阿姨、叔叔⋯⋯等稱謂，是你不大能接受的時候嗎？大概是什麼樣的情境（對方的年齡、兩人相交流的狀況和場合等等）？為什麼不能接受？你覺得小你幾歲以內，或是對方是怎麼樣的情況，不該叫你該稱謂？

A（受訪者）：在之前服飾店打工，站試衣間，被一個看起來四、五十歲的阿姨叫阿姨，當下其實心情不太好，有種wtf的感覺，畢竟我比他小一輪，而且她口氣很沒禮貌，還叫得很大聲，我覺得

蠻丟臉，如果被我小的叫阿姨，我可能比較可以接受，因為十九歲就被叫阿姨實在很奇怪！

Q（訪問者）：前面兩題討論的內容，你認為會有性別差異（因遇到狀況的本人是男女而有所不同）嗎？為什麼？

A（受訪者）：不會，我一樣都會不太高興，這不分男女，因為沒禮貌就是沒禮貌，我只會覺得他們講話前沒有好好經過腦子思考，從小被教育稱呼不認識的人就要往年輕的叫，阿姨叫成姐姐，叔叔叫成帥哥，把人往年輕叫對方不會不開心，把人叫老才會。

Q（訪問者）：原來你從小有被這樣教育過，我覺得蠻厲害的耶。

A（受訪者）：沒有啦！因為我從小對於這種稱謂，是一直都很迷惘的那種……

Q（訪問者）：那請問你對以下幾個詞彙的年齡區間估計，例如就你的感覺而言，青年，壯年，歐吉桑、歐巴桑，老年，銀髮族，熟女，輕熟女，初老，是幾歲到幾歲？

A（受訪者）：對我來說，青年就是16-27歲，壯年大約28-40歲，歐吉桑則是41-55歲，老年大概就是56-70歲，銀髮族則是71歲以上，輕熟女的話……25-29歲，熟女則是30-38歲，初老是48-52歲。

Q（訪問者）：請問你覺得上述詞彙有哪些適合你現在的年齡區間？

A（受訪者）：我覺得我現在的年齡區間屬於青年，感覺以前課本上，大眾社會常認為十八歲上下就是屬於青年的階段。

Q（訪問者）：你會「怕老」嗎？為什麼這麼覺得？你認為怕老是在怕什麼？

A（受訪者）：我會怕老，因為當年齡增長，身體會逐漸負荷不住，疾病也接踵而至，很多老人都會渡過極不安穩的老年生活，有疾病就會需要治療，而治療疾病通常需要大量的時間、精力與金錢，要是這些東西都沒有的話，也沒有兒女的話，只能孤獨等待死亡，我覺得怕老就是害怕孤獨，害怕貧窮。

附　錄：定性研究深度訪談實錄

Q（訪問者）：所以你的怕老，反而是經濟性的、社會性的，比較不是容貌層面的。在你眼中，「女性的顯老」是哪方面的呈現？

A（受訪者）：如果要說容貌層面，我覺得女生顯老首先最明顯的是容貌上的改變，各個地方突然冒出的皺紋，逐漸增多的白髮，蛋白質的流失，臉上的黑斑。另外，服裝品味上也是，衣服審美逐漸往桃紅色發展，喜歡老氣的衣服，或是更年期的脾氣暴躁，身體沒有以前來得靈活，常常受傷、生病，這些特徵都會讓我覺得她變老了。

Q（訪問者）：在你眼中，「男性的顯老」是哪方面的呈現（什麼樣的線索會讓你覺得對方有點老或開始變老）？

A（受訪者）：男性的話，則是頭髮變白、掉髮增多、禿頭等，我覺得男性的皺紋沒有女性來得明顯，但法令紋跟淚溝也會很顯老，皮膚也是會變差，可能還會發福，因為沒有活力去從事運動，而男性通常比女性工作應酬、喝酒的場合更多，所以啤酒肚在不運動的情況就會愈來愈明顯。

Q（訪問者）：在所有老化的外貌外型特徵當中，何者是你最不喜歡或最不能接受的？為什麼？是否有接觸過相關的經驗或故事？

A（受訪者）：我的話……最不能接受身體機能逐漸下降，身體無法照著自己的意願行動，無法想幹嘛就幹嘛，到最後甚至無法自理，需要靠別人的幫忙，我外婆就是這樣，只能靠親戚幫忙，到最後她的脾氣也愈來愈不好，也有可能是因為力不從心的感覺，也無法再去她最愛的種田。

Q（訪問者）：請問你周圍或是媒體檯面上，有誰是讓你覺得老得很好看（甚至是老了比年輕更吸引人），希望自己將來即使看起來有歲月痕跡，但也能像他或她一樣有魅力的人？

A（受訪者）：我覺得日本男星澤村一樹就是愈老愈帥，在戲裏就覺得有種成熟的韻味，平常談吐也很沈穩，就算已經五十七歲，魅力依舊絲毫不減，但我覺得最重要的還是要好好保養、運動，

不然一般人到五十七歲只會滿臉皺紋、像小老頭子，不會有什麼成熟的韻味。

Q（訪問者）：你曾做哪些活動或買哪些商品來讓自己常保青春？為什麼你會覺得有幫助（例如：保養品？醫美產品？微整形？非介入性皮膚科療程雷射等？保健品？健身課？參加社團？……）？

A（受訪者）：曾在家做瑜伽，想說這樣會讓體態看起來比較好，很多人衰老之後體態也會不好，像是駝背，或是拖著腳走路，看起來很沒精神。好多老人看起來衰老之後都會縮小，有些甚至駝背駝到快九十度，所以我認為體態也是很重要的，正確的體態能從內而外散發活力。除了瑜伽之外，我也會用保養品，但我自己用覺得沒什麼用，可能沒找到適合自己的，我以後有錢可能會直接去打雷射，我感覺那是最有用的。

Q（訪問者）：那我們來談談社群媒體。請問您有在使用社群媒體嗎？

A（受訪者）：有啊！

Q（訪問者）：可以說一下您最常瀏覽的社群媒體有哪些？

A（受訪者）：Instagram、小紅書最常使用。

Q（訪問者）：以上這些社群媒體中，何者是您最常發文的社群媒體？

A（受訪者）：IG。

Q（訪問者）：您在社群媒體上發文的頻率大約是？

A（受訪者）：我每天都發文喔！

Q（訪問者）：那你對於現代素人、網紅大量使用美肌軟體、濾鏡，有什麼看法？你認同大量修圖和濾鏡的行為嗎？為什麼？

A（受訪者）：會，因為我自己的皮膚很差，用美肌才不會那麼明顯，能讓顏值提升一點，我才敢上傳照片。我在社群媒體看到其他同輩照片會覺得壓力，感覺每個人都很精緻，身材很好，人生勝利組，即使他們可能也有修圖，還是壓不過自己不如人的自卑感。

附　錄：定性研究深度訪談實錄

Q（訪問者）：所以你認為一個人的自信和外貌身材是有相關的？
A（受訪者）：當然有，而且我覺得使用美肌軟體或濾鏡，只要在不損害到他人的權益下就沒什麼問題，大多數人沒有辦法做到完全自信，如果能利用這些讓自己心裏舒坦一點何嘗不可，至少在網路上能體驗一下自信的感覺，不是每個人都有那種運氣，長成自己喜歡的樣子。

Q（訪問者）：嗯嗯！謝謝你寶貴的意見，希望你也可以找到自信之道，變得美美的！因為時間因素，我們今天就到這邊為止喔！
A（受訪者）：謝謝，我也收穫不少。

數位時代的容貌焦慮與消費
―― 性別、老化與社群媒體

訪談編號	NO.3
地區	台灣南部
性別	女性
年齡	29
最常「瀏覽」的社群媒體	Facebook / Instagram / Threads / YouTube / 小紅書
最常「發文」的社群媒體	Instagram / Threads
社群媒體平均更新的頻率	一周兩至三次發文

Q（訪問者）：謝謝你參加我們的訪談。我們今天的主題主要是跟容貌焦慮有關，請問你聽過「容貌焦慮」這個詞彙嗎？你對容貌焦慮的認識是什麼？

A（受訪者）：謝謝邀請。我有聽過容貌焦慮。我覺得容貌焦慮是因為和別人比較後，覺得自己的長相身材不如別人，然後覺得對自己的容貌沒有自信，尤其是因為社群媒體更容易看到陌生人的美照，所以比起以前，現代社會的人更容易有這樣的感覺。

Q（訪問者）：你覺得自己容貌焦慮的程度從1分（非常輕微）到10分（非常嚴重）大約是幾分？為什麼會這麼覺得？

A（受訪者）：我覺得自己的焦慮大概是5分，有時候沒打扮的時候看到有打扮的人會覺得有點焦慮，但如果有打扮的時候，出門會比較有自信，雖然還是會覺得其他人很漂亮，但我也欣賞自己某些地方！

Q（訪問者）：這樣聽起來的確是既不是完全沒有焦慮，也沒有過高的焦慮。那你對自己身材滿意嗎？最滿意和最不滿意的點分別是什麼？為什麼？對於不滿意的部分，你期待達到什麼樣的身材？

A（受訪者）：對自己身材不太滿意耶。不滿意的地方是希望自己可以再瘦一點，但希望是有運動線條的瘦，希望是更健康的，因為比較不常運動，所以體脂比較高，羨慕有肌肉但線條漂亮的女生，但也知道是她們努力運動而來的，所以不太會因為這樣

附　錄：定性研究深度訪談實錄

否定自己。滿意的部分應該是身高，就我自己的審美而言，不過高或過矮，平時穿衣服不會太困擾褲長的問題，所以算滿意，另外滿意的部分還有比例，雖然腿不是特別長，但整體比例而言是滿意的。

Q（訪問者）： 剛好的身高比例真的很幸福耶！那你對自己容貌滿意嗎？最滿意和最不滿意的點分別是什麼？為什麼？對於不滿意的部分，你期待達到什麼樣的狀態？

A（受訪者）： 對自己容貌也不太滿意。不滿意的地方是覺得自己鼻子不挺，希望自己鼻子可以再高一點，覺得鼻子挺的女生基本上都很漂亮～但除了醫美好像沒辦法達成，只能靠化妝～另外不滿意的地方是覺得自己膚況不好，容易出油，所以會長痘痘又容易暗沉，很羨慕皮膚光滑的人，希望自己達到臉部有自然亮光的樣子。滿意的部分是眼睛，因為喜歡自己的雙眼皮，看起來眼睛比較大、比較有精神，也不需要花太多時間畫眼妝，自己就蠻喜歡。

Q（訪問者）： 其實真的有化妝，好像對於膚況、鼻子高度都還是可以有效改變。有沒有什麼時候、情境（婚禮、公司會議、同學會……）會讓你的容貌焦慮程度提高？你通常會怎麼做？可否說明一下相關的例子。

A（受訪者）： 我覺得最容貌焦慮的是去中山或信義逛街的地方，因為在那裏出現的人多半是精心打扮過的樣子，而且只會看到對方的外表，完全就是憑外在判斷一個人的地方，不會有任何例如個性、成就等定義自己的情況，有時候只是要在那邊轉車或剛好經過買東西，沒有特別要逛街，就會感覺特別不自在、格格不入，也會覺得特別沒有自信，只想趕快回家。

Q（訪問者）： 哇！就是覺得和當地氛圍不合，這樣的確就有格格不入的感受了。若是和當地氛圍相合的話呢？若是當你達到了自己滿意的容貌和身材之後，又如何？你覺得生活會有什麼改變？

281

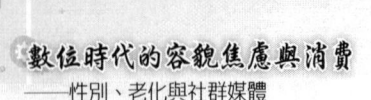

數位時代的容貌焦慮與消費
—— 性別、老化與社群媒體

A（受訪者）：我覺得人是永遠無法達到自己滿意的，因為達到了前階段目標，只會想要更好，然後跟更多更漂亮的人比較，又會開始焦慮。但如果達成某些程度後，可能會變得更有自信，而且人緣會更好，因為多數人都是注重外貌的，不管交友或是另一半，生活上更甚至職場一定多少都會有好的改變，很多事情會比較輕鬆跟簡單。

Q（訪問者）：請問在生活或職場中，對於年齡長於你的女性和男性，除了職稱之外，通常你會怎麼稱呼？

A（受訪者）：如果是年紀大我十歲以上的女性，可能會稱呼某某姐，十歲以內可能看情況，或是看別人都怎麼叫，因為女生比較在意稱呼的問題，如果沒差很多歲被叫姐，有些人可能會不開心，不確定情況就稱呼他的職位。男性的話二十歲以上大部分都稱呼某某大哥，二十歲內看情況，但也跟女性一樣，不確定就稱呼職位。

Q（訪問者）：那你會稱呼他人大哥或大姊嗎？有對方不能接受的時刻嗎？

A（受訪者）：基本上不太叫人大姐，因為感覺很老，多半女生會不開心。但大哥的話比較少聽到會不開心，但個人感覺還是偏老，所以只稱呼差二十歲以上大哥。目前，基本上沒有遇到對方不開心的時刻，主要還是注意其他人怎麼叫。

Q（訪問者）：真的，女生對大姐好像很是在意呢！那你呢？對你而言，有被別人叫「哥」或「姊」或阿姨、叔叔……等稱謂，是你不大能接受的時候嗎？大概是什麼樣的情境（對方的年齡、兩人相交流的狀況和場合等等）？為什麼不能接受？你覺得小你幾歲以內，或是對方是怎麼樣的情況，不該叫你該稱謂？

A（受訪者）：我還好耶……被朋友叫姐通常都是朋友之間開玩笑，所以不會不能接受。如果是年紀比我小的女生叫姊姊，也不會不開心，覺得是很正常的稱呼。被年紀小的小朋友、國小以下叫阿姨……我其實也不會覺得不舒服，因為確實能當他阿姨，

附　　錄：定性研究深度訪談實錄

　　　　　　　　哈哈！不會對他們太計較稱呼啦！
Q（訪問者）：聽起來你真的不是很介意啊！當然也有可能是年齡還沒到介意的時候？
A（受訪者）：有可能喔！但有一點我要特別說！我不能接受小孩的媽媽叫小孩說：「謝謝阿姨！」因為同樣身為女性，一定會知道被叫阿姨不會多開心，所以會不高興！因為覺得很沒禮貌。
Q（訪問者）：嗯嗯，我理解。就是你不會跟小孩計較，但大人就不列入不計較範圍了。那你覺得我們前面討論的內容，會有性別差異嗎？為什麼？
A（受訪者）：有吧！但男生和女生還是有一點不一樣。朋友之間叫哥姐，個人覺得大多不會不開心，因為現在蠻常這樣，沒聽過有人不開心。但比較少聽到男生對別人叫哥哥，相較於女生間叫姐姐真的少很多，反而是年紀大的人有時候會稱呼對方XX兄，個人覺得年輕男生對稱呼比較不在意，但年長的男性反而比較注重，似乎跟女生相反。此外，好像比較少聽到男生對被稱呼叔叔會不高興，可能是男生真的不太在意吧！
Q（訪問者）：那對你來說，怎樣算年輕？你對以下幾個詞彙的年齡區間估計，例如就你的感覺而言，青年，壯年、歐吉桑、歐巴桑，老年，銀髮族，熟女，輕熟女，初老，是幾歲到幾歲？
A（受訪者）：青年大概18到30，壯年30到65，歐吉桑、歐巴桑60以上，老年75以上，銀髮族75以上，熟女40以上，輕熟女35以上，初老25歲。
Q（訪問者）：請問你覺得剛剛那些詞彙有哪些適合你現在的年齡區間？或者是沒有在上述詞彙中，但你覺得適合的亦可說出來。
A（受訪者）：我現在應該是青年，另外就是學生吧！因為就還沒完全步入社會。
Q（訪問者）：你會「怕老」嗎？為什麼這麼覺得？你認為怕老是在怕什麼？

283

A（受訪者）：會耶！會怕自己身體狀況變得不好、功能下降,沒辦法隨心所欲想做什麼就做什麼,也會怕跟不上時代。就是對老的想像大概都會怕吧？

Q（訪問者）：在你眼中,「女性的顯老」是哪方面的呈現（什麼樣的線索,例如：那些容貌特徵？行為特徵？衣著或舉止……會讓你覺得對方有點老或開始變老）？

A（受訪者）：嗯嗯,這我還不是很有感……大概就是臉部的皺紋會顯老,然後開始注重養生,平時穿衣會變得比較樸素、以舒適為主,有些會穿很奇怪顏色的衣服,例如螢光色、亮粉色等等。然後不像年輕人會一直追求流行或認真打扮,會批評年輕人的穿著。還有個性變得很大刺刺,不太在意別人的看法,聽不進年紀小的人講的話。

Q（訪問者）：在你眼中,「男性的顯老」是哪方面的呈現？什麼樣的線索會讓你覺得對方有點老或開始變老？

A（受訪者）：男性顯老外貌特徵應該是臉部的皺紋,還有啤酒肚,還有髮量變少跟白頭髮,這幾點會讓男性看起來很老。行為的話應該是聽不進其他人說話,堅持己見。穿著比年輕男性更隨意,穿夾腳拖、吊嘎,沒整理頭髮就出門,對流行沒有興趣,會批評現在的流行。

Q（訪問者）：在所有老化的外貌外型特徵當中,何者是你最不喜歡或最不能接受的？為什麼？是否有接觸過相關的經驗或故事？

A（受訪者）：最不喜歡的是皺紋,因為皺紋就是一個人外貌變老的象徵,也不太能回復,除非去醫美,但也是不可能永遠很緊緻,也多半看得出醫美的痕跡,皺紋真的是最不能騙人的特徵,皺紋也真的會讓人看起來比較老態,甚至也不只出現在臉上,其他地方也很難避免。

Q（訪問者）：請問你周圍或是媒體檯面上,有誰是讓你覺得老得很好看（甚至是老了比年輕更吸引人）,希望自己將來即使看起來

附　錄：定性研究深度訪談實錄

有歲月痕跡，但也能像他或她一樣有魅力的人？

A（受訪者）：媒體上的話應該是坤達，個人感覺現在的他比以前還要帥，可能是年輕人比較沒辦法有游刃有餘的感覺，而且現在的他也比較有成熟、更吸引人的氣質，而且外貌保養得很好，皺紋看不太出來，而且整體看起來是很健康的感覺，身材也維持很好，不會有中年人的啤酒肚。

Q（訪問者）：這麼說真的是耶！那你也會設法維持自己的青春嗎？你曾做哪些活動或買哪些商品來讓自己常保青春？為什麼你會覺得有幫助？

A（受訪者）：維持的話，就是有使用保養品跟保健品，因為有些保養品有抗皺淡斑成分，可能多少有點幫助延緩長皺紋的功效，雖然跟醫美比，還是醫美比較有用，因為能馬上看到效果，但經濟尚未允許的情況，花小錢買保養品也是一種方式，雖然保養品效果有限，但還是能看到成果。保健品的話就像吃膠原蛋白或維他命C對皮膚比較好，雖然不確定是不是就真的有用，但只要沒壞處，好像也沒差，所以我都還是會試試看。

Q（訪問者）：請問你有去醫美診所相關經驗嗎？請說明一下當初的心路歷程？

A（受訪者）：沒有耶，我有蒐集相關資訊，但經濟上還不是很有辦法，所以也就是看看吧！

Q（訪問者）：你拍照後或上傳照片時，會用美肌功能嗎？為什麼？你在IG或社群媒體上看到其他同輩的照片是否會有壓力？

A（受訪者）：我不太會美肌，因為如果太不像本人反而更奇怪，看到別人精修的照片會有壓力，但知道對方是修圖就覺得壓力變小，因為代表他本人也沒有那麼完美，我只有一個要求──如果是合照希望要修自己就要幫大家都修，不要只修自己⋯⋯

Q（訪問者）：哈哈！真的！不然就只有一個人美麗，其他人都不好看了。那我們來談談社群媒體。請問你有在使用社群媒體嗎？

數位時代的容貌焦慮與消費
―― 性別、老化與社群媒體

A（受訪者）：有啊！

Q（訪問者）：可以說一下你最常瀏覽的社群媒體有哪些？

A（受訪者）：很多耶！IG啊！Threads啊！YouTube、小紅書都有，喔，還有Facebook。

Q（訪問者）：真的算蠻多的耶，所以會花很多時間在經營社群上嗎？

A（受訪者）：其實還好啦！有很多對我而言，比較是資訊接收型態的，我真正會發文的不多。

Q（訪問者）：那以上這些社群媒體中，何者是你最常發文的社群媒體？

A（受訪者）：最常的話……IG和Threads很難分誰比較常，因為一個比較貼照片文主，一個文字為主，所以很難比較耶！

Q（訪問者）：嗯嗯，沒關係，**兩個都可以算**，那個可以估計一下你在社群媒體上發文的頻率大約是？

A（受訪者）：也很難估計耶，因為我有時候會連續一整周都天天發，之後又一周都不發，看當時忙不忙……而且有時候會很想發都是文字的，就都發在Threads上面，有時候是圖片……

Q（訪問者）：那平均起來你覺得能不能估計一下？

A（受訪者）：平均大概一周會有三篇吧！

Q（訪問者）：嗯嗯，那你對於現代素人、網紅大量使用美肌軟體、濾鏡，有什麼看法？你認同大量修圖和濾鏡的行為嗎？為什麼？

A（受訪者）：我覺得想用就用，喜歡自己看起來更漂亮沒有不好，別人根本管不著，而且修圖不會危害社會跟任何人，沒有覺得哪裏不妥。啊！不好意思，是不是時間到了？因為接下來我要趕去工作的地方……

Q（訪問者）：好喔！謝謝你的意見，今天得到許多寶貴的經驗，那因為時間因素，我們今天就先到這邊。

A（受訪者）：不客氣，那我一邊收東西……其實我覺得容貌焦慮值得思考的地方真的還很多，而且因為我比較年輕，感覺會比較重視，但後來想想也不一定，也許那些老一點的人，會更在

附　錄：定性研究深度訪談實錄

　　　　　　　意，因為他們更需要面對……
Q（訪問者）：或者該說，大家需要面對的課題不同吧！
A（受訪者）：是的，那我先走了。

數位時代的容貌焦慮與消費
—— 性別、老化與社群媒體

訪談編號	NO.4
地區	台灣北部
性別	女性
年齡	23
最常「瀏覽」的社群媒體	Facebook／Instagram／YouTube／小紅書／Facebook／X（Twitter）／Dcard
最常「發文」的社群媒體	Instagram
社群媒體平均更新的頻率	超過一個月，久久才發文

Q（訪問者）：謝謝你參加我們的訪談。我們今天的主題主要是跟容貌焦慮有關，請問你聽過「容貌焦慮」這個詞彙嗎？你對容貌焦慮的認識是什麼？

A（受訪者）：容貌焦慮我聽過啊！大概就是很擔心自己長得好不好看，擔心自己不是符合大眾喜好的長相、身材。

Q（訪問者）：你覺得自己容貌焦慮的程度從1分（非常輕微）到10分（非常嚴重）大約是幾分？為什麼會這麼覺得？

A（受訪者）：我嗎？大概7分吧！因為我不太喜歡拍照，如果拍出來自己覺得不好看的話會難過一陣子，如果和朋友一起拍，但自己沒有被拍好，會默默希望他可以刪掉照片。和比較會打扮的朋友出去，也會覺得壓力很大，會花很多心思在打扮上。也會很常羨慕覺得好看的人，有時候會有「如果和這個人交換長相、身材會是什麼感覺呢」的想法。出門之後照鏡子如果覺得今天膚況不太好，或是穿著怪怪的，會萌生想回家的心情。

Q（訪問者）：聽起來容貌上的狀況會讓你產生一些壓力呢！那你對自己身材滿意嗎？最滿意和最不滿意的點分別是什麼？為什麼？對於不滿意的部分，你期待達到什麼樣的身材？

A（受訪者）：身材的話……還算滿意吧！若是說到最滿意的部分，應該是四肢細長。最不滿意的部分，我會說是太乾扁。那說到這個滿意四肢細長的原因，我會覺得是因為常常聽到有人羨慕我

附　錄：定性研究深度訪談實錄

的手腳細，自己喜歡的穿搭風格也剛好和這樣的體型很搭的樣子。然後如果說到不滿意太乾扁的原因，是因為我是比較吃不胖的體質，從側面看非常的乾扁，不太健康，也常常會被說看起來太不健康了。我是希望可以看起來是健康的瘦，而不是讓人覺得這個人好像生病了。因為瘦的關係，我也沒有什麼胸部，很慘，雖然這是事實，但有時聽到別人拿這點對我開玩笑，還是會不由自主羨慕有胸部的人。

Q（訪問者）：會開這種玩笑的人，感覺並不是很妥當呢！看起來你對自己身材方面的滿意和不滿意，其實某種程度也是一體兩面耶！對你而言，你覺得瘦和苗條有什麼不同？

A（受訪者）：我就是太瘦啊！如果是苗條，感覺就是有胸有腰，但瘦就是那種會讓人覺得有點不健康的感覺……我希望我不要太瘦，可以長一點肉。還有，我因此特別排斥因為瘦，而產生的下垂的乳房。也不算有特別的緣由，單純我個人在乎胸部的線條，自己在泡溫泉時會看到一些中年女性的身形，覺得乾癟的乳房不那麼好看，雖然我清楚知道自己未來也是如此，我覺得胸型是性吸引力的關鍵。

Q（訪問者）：那你對自己容貌滿意嗎？最滿意和最不滿意的點分別是什麼？為什麼？對於不滿意的部分，你期待達到什麼樣的狀態？

A（受訪者）：不滿意。我對容貌就是不滿意，也不是說沒有滿意的地方啦，先說滿意的地方，滿意的部分就是眼睛，那剛剛說不滿意的部分，我想最嚴重的是牙齒。至於滿意眼睛的原因，我覺得我的眼睛算大，是咖啡色的，這樣好像算是很特別。至於不滿意牙齒的原因，是因為我天生缺一顆牙的關係，所以我門牙長得非常大，整體上排牙齒有明顯的暴牙，也不算整齊。暴牙導致的嘴凸讓我的側臉非常的不好看，拍照時也幾乎都不會露牙齒笑。以前曾經想過要矯正，但覺得自己比起

暴牙好像更無法接受戴牙套的樣子，即使自己也明白矯正只是一段時間而已，可是就是覺得無法撐過去。

Q（訪問者）：是喔！如果覺得有需要，還是可以考慮一下吧！有沒有什麼時候、情境（婚禮、公司會議、同學會……）會讓你的容貌焦慮程度提高？你通常會怎麼做？可否說明一下相關的例子？

A（受訪者）：有，追星朋友的聚會會讓我比較緊張，因為追星的朋友大多都是平常在網路上聊天的人，要實際見到面會很擔心自己和社群軟體的照片有落差，追星聚會通常也會拍很多照片，所以大家都會打扮得很可愛漂亮，所以如果有要去參加這樣的聚會，會花很多心思在打扮上面。另外，見較不熟的朋友也會比較緊張，會擔心他們不知道怎麼想我，所以也會想要打扮一下。

Q（訪問者）：那我們假想，若當你達到了自己滿意的容貌和身材之後，又如何？你覺得生活會有什麼改變？或者為何要追求上述的狀態？

A（受訪者）：唉，我覺得自己不會有達到滿意的一天耶。如前面回答所述，有時候會想，自己如果和那個我喜歡的長相的人互換的話，我會有什麼感覺，但通常隔一陣子就會覺得「啊，換成誰誰誰可能會比較好」。像這樣答案一直在改變，憧憬的長相類型也一下就會變不一樣，所以覺得我應該不會有完全滿意的一天。平常也很喜歡看許多漂亮女生，例如：棒球啦啦隊員，明明自己覺得很漂亮，但常常看到網友的評論都會說很普通、不好看，就覺得自己可能永遠無法達到別人的要求，所以沒有特別想改變。

Q（訪問者）：請問在生活或職場中，對於年齡長於你的女性和男性，除了職稱之外，通常你會怎麼稱呼？你稱呼他人大哥或大姊的規則為何？有對方不能接受的時刻嗎？

A（受訪者）：女生的話，我會稱呼她名字或姐姐，但男生不會叫哥哥，這

個意義不大相同，叫哥哥好像很曖昧。至於大哥大姐，好像沒有耶，印象中幾乎沒有稱呼過別人大哥或大姐。因為自己覺得大哥、大姐這樣的稱呼好像有一點距離太近了，如果是我自己的話，會不太喜歡被這樣叫，有種叫了對方會生氣的感覺，所以我也不太會這樣稱呼別人，覺得還是名字比較安全。

Q（訪問者）：承上題，對你而言，有被別人叫「哥」或「姊」或阿姨、叔叔……等稱謂，是你不大能接受的時候嗎？大概是什麼樣的情境（對方的年齡、兩人相交流的狀況和場合等等）？為什麼不能接受？你覺得小你幾歲以內，或是對方是怎麼樣的情況，不該叫你該稱謂？

A（受訪者）：有一次在火車上坐著時，旁邊的妹妹有一直踢到我，她的媽媽和她說「妳踢到阿姨了。」那個時候有點震驚，開始思考是不是今天的穿著比較成熟之類的，還有想「原來我也開始會被認為是阿姨了！」因為那次是第一次被這樣叫，所以有點嚇到，說實話有一點難過，因為認為阿姨可能是四十歲以上才會被叫的稱呼。

Q（訪問者）：前面我們討論的內容，你認為會有性別差異嗎？為什麼？

A（受訪者）：我認為有喔。被叫阿姨這個話題自己印象中一直都是女生之間比較常在討論的樣子。因為覺得有這樣的氛圍，所以自己平常也有在特別注意避免稱呼別人「阿姨」，因為不知道他會不會在意這個。反觀男生不喜歡被叫「叔叔」的討論好像沒有聽過。

Q（訪問者）：請問你對以下幾個詞彙的年齡區間估計，例如就你的感覺而言，青年，壯年，歐吉桑、歐巴桑，老年，銀髮族，熟女，輕熟女，初老，是幾歲到幾歲？

A（受訪者）：我覺得青年是14-30，壯年大概是30-55，歐吉桑、歐巴桑是55-65，老年則是65歲以上，銀髮族也是65歲以上。熟女的

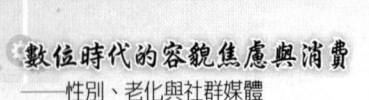

話，大概35-50，輕熟女可能30-35，初老大概是55吧！

Q（訪問者）：請問你覺得上述詞彙有哪些適合你現在的年齡區間？

A（受訪者）：覺得適合我的應該是「青年」或是「年輕人」。

Q（訪問者）：你會「怕老」嗎？為什麼這麼覺得？你認為怕老是在怕什麼？

A（受訪者）：會啊！有點害怕，我想是怕身體機能、健康狀態下降，還有皮膚狀態的老化、反應速度和理解能力下降。反正就是變差啦！另外，實際上或是網路上看到許多有關長輩不講理，或是老人失智的新聞時，其實很害怕自己也會隨著年齡慢慢沒辦法思考、無法記憶也無法理解別人說的話。害怕自己成為一個會帶給別人麻煩、不愉快、壓力的人。

Q（訪問者）：在你眼中，「女性的顯老」是哪方面的呈現（什麼樣的線索，例如：那些容貌特徵、行為特徵、衣著或舉止……會讓你覺得對方有點老或開始變老）？

A（受訪者）：顯老的線索的話，很多耶，是很全面性的……如果要分類的話，我會覺得就容貌而言，女生的白頭髮，還有臉頰的下垂，身材開始變得稍微肥胖都是。另外，行為特徵、舉止方面也有，那種開始不想學習瞭解新事物、記憶力的下降、無法在外久待也是。然後我覺得大媽們會有某些衣著特色，她們衣著開始以在乎機能性的衣服為主，紫紅色羽絨外套，另外也開始不穿短褲或短裙。

Q（訪問者）：妳有蠻獨到的觀察呢！那麼在你眼中，「男性的顯老」是哪方面的呈現？

A（受訪者）：其實我覺得差不多耶，男生也是在白頭髮、臉頰的下垂都會有點顯老，另外中老年男人也會開始變得稍微肥胖，不修邊幅那種，像是不太會刮鬍子、頭髮都會維持偏短，還有幾乎中年男人都有的啤酒肚。然後，在行為舉止方面則是：開始不想學習瞭解新事物、記憶力的下降、無法在家裏外面久

附　錄：定性研究深度訪談實錄

待，這些和女生都很像，但他們還有寡言，就是話變少。衣著方面的話，則是那種夏天只穿白色無袖背心，冬天就是一件夾克，不會特別打扮。

Q（訪問者）：**在所有老化的外貌外型特徵當中，何者是你最不喜歡或最不能接受的？為什麼？是否有接觸過相關的經驗或故事？**

A（受訪者）：在所有老化的特徵當中，我想我最不喜歡或最不能接受的是變得肥胖……因為，我從小到大目前為止都是偏瘦的體型，所以穿著的風格也都是配合這樣的體型，一直以來帶給別人的記憶點也好像都是「那個很瘦的女生」，感覺已經成為我的特徵的一部分，有點難想像失去這個特徵的自己會變成怎樣。因為我偏瘦的關係，從小到大親戚都會一直跟我說我這個體質是遺傳他們，也跟我說但到二十五歲之後就不會吃不胖了，會慢慢胖起來，說他們都是這樣。所以也有點好奇，二十五歲之後的我體質會不會開始改變。

Q（訪問者）：**請問你周圍或是媒體檯面上，有誰是讓你覺得老得很好看（甚至是老了比年輕更吸引人），希望自己將來即使看起來有歲月痕跡，但也能像他或她一樣有魅力的人？**

A（受訪者）：覺得是徐貞姬。我是因為徐貞姬女兒參與的節目，而知道她的。那時候只知道她現在已經六十歲了，結果偶然看到照片，還懷疑了很久想說確定這個是徐貞姬嗎？容貌和身材都毫無一絲老態，是我第一次看到這樣的人，覺得看起來還是非常清純，很厲害。

Q（訪問者）：**你曾做哪些活動或買哪些商品來讓自己常保青春？為什麼你會覺得有幫助（例如：保養品？醫美產品？微整形？非介入性皮膚科療程雷射等？保健品？健身課？參加社團？……）？**

A（受訪者）：我買了許多保養品，大部分都是一般的保濕保養品，但今年買了第一支眼霜。我的印象中，眼霜通常可能是輕熟年齡層

293

開始才會擦，但購買這些保養品比較大的因素還是希望自己的膚況好，比較沒有「要永保青春」這樣的意識。雖然不是因為要永保青春才做的事，但最近讓我感受到自己有變年輕的一個契機，反而是因為開始教小朋友。和小朋友聊天有一點感覺自己回到以前十幾歲的樣子。

Q（訪問者）：請問你有去醫美診所相關經驗嗎？

A（受訪者）：醫美的話，沒有去過，但蠻想試試看的，最近想試的是水飛梭，也許之後真的覺得很有需求，就會去吧！

Q（訪問者）：你拍照後或上傳照片時，會用美肌功能嗎？為什麼？你在IG或社群媒體上看到其他同輩的照片是否會有壓力？

A（受訪者）：我會用美肌功能。因為看到自己不好看的照片會很傷心，所以可能也是透過這個方式騙騙自己。另外，如果在社群媒體上看到其他人的照片，會很有壓力，尤其X大好像也常常被說是很多漂亮女生的學校，看到同儕們拍的很漂亮的照片都會很有壓力。特別是遇到那種，可能以前覺得還好，但突然變得很漂亮的人，我會更有這樣的心情。

Q（訪問者）：那我們來談談社群媒體。請問您有在使用社群媒體嗎？

A（受訪者）：有啊！

Q（訪問者）：可以說一下你最常瀏覽的社群媒體有哪些？

A（受訪者）：很多喔，但我多半都潛水。像是FB、IG、YouTube、小紅書、X（Twitter）、Dcard。

Q（訪問者）：以上這些社群媒體中，何者是你最常發文的社群媒體？

A（受訪者）：IG。

Q（訪問者）：你在社群媒體上發文的頻率大約是？

A（受訪者）：就我剛剛說的，大部分都潛水，所以我自己發文大概超過一個月才一次，因為覺得我的照片都沒什麼好看的。

Q（訪問者）：你對於現代素人、網紅大量使用美肌軟體、濾鏡，有什麼看法？你認同大量修圖和濾鏡的行為嗎？為什麼？

附　錄：定性研究深度訪談實錄

A（受訪者）：因為我自己也會使用，大概可以理解他們的心情。覺得好像也不是認不認同的問題，他們使用美肌軟體對我不會有什麼影響，覺得是他的自由。

Q（訪問者）：好喔！謝謝你的意見，因為時間因素，我們今天就到這邊為止。

A（受訪者）：不客氣。其實透過這個調查也讓我變得更瞭解自己對於外貌、身材的想法了。回憶了很多事，是個很有意義的時間。祝研究、調查順利！

Q（訪問者）：謝謝你！

數位時代的容貌焦慮與消費
——性別、老化與社群媒體

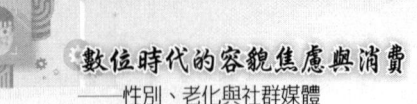

訪談編號	NO.5
地區	台灣中部
性別	女性
年齡	24
最常「瀏覽」的社群媒體	Facebook / Instagram
最常「發文」的社群媒體	Facebook / Instagram
社群媒體平均更新的頻率	每天都發文（含限動）

Q（訪問者）：謝謝你參加我們的訪談。我們今天的主題主要是跟容貌焦慮有關，請問你聽過「容貌焦慮」這個詞彙嗎？你對容貌焦慮的認識是什麼？

A（受訪者）：有喔！我知道容貌焦慮，說個題外話，我個人是台中人，我走在台北街上的時候，我的焦慮程度應該有9，因為台北人，尤其是信義區，多數女生都打扮得非常漂亮走在街頭上，沒有化妝，長得樸素的時候，走在路上會稍微覺得有點格格不入。但回到台中後，我的焦慮感有明顯下降，因為台中人大部分人也都穿T恤、短褲，素顏在路上走，因此在台中的時候，我的容貌焦慮程度大概是5，但到台北的話，焦慮感會直線上升。

Q（訪問者）：你剛剛直接提出焦慮程度的分數了，應該是以1分（非常輕微）到10分（非常嚴重）為標準吧？那平均而言，你覺得自己容貌焦慮的程度從大約是幾分？為什麼會？

A（受訪者）：我覺得我對容貌焦慮的程度大概是5，焦慮的源頭是因為我學畫畫，會花滿多時間分析五官跟三庭五眼，對於自己的五官來說，還是會希望能夠長得更接近心中審美的源頭，但又覺得自己應該不算是特別焦慮，因為我明確地知道每個人都是長得不一樣的，就算現在的長相也沒有不好，所以不會因焦慮而睡不著覺，不過偶爾還是會覺得很想打扮，走在路上會很突兀的那種打扮。

附　錄：定性研究深度訪談實錄

Q（訪問者）：原來如此，也就是你應該對於什麼是「美術理論上的五官美」有所瞭解的，那會以此來要求自己嗎？你對自己身材滿意嗎？最滿意和最不滿意的點分別是什麼？為什麼？對於不滿意的部分，你期待達到什麼樣的身材？

A（受訪者）：我對身材並不是特別滿意，我個人是梨形身材，也不是特別瘦的女生。我的大腿根部很粗，上面肉肉的，而且也有小腹跟蝴蝶袖，身材最滿意的部分可能是下手臂，因為不論我的胖瘦，我的下手臂看起來都是細的。最不滿意的部分應該是大腿，因為大腿真的滿粗的。但是對於能夠達到什麼樣的身材，我也沒有明確的想像，可能覺得大腿再瘦一點就好，不需要到太瘦，只要勻稱然後沒有很明顯粗的地方，對我來說足矣。

Q（訪問者）：你對自己容貌滿意嗎？最滿意和最不滿意的點分別是什麼？為什麼？對於不滿意的部分，你期待達到什麼樣的狀態？

A（受訪者）：整體來說的話其實還算滿意，沒有到特別漂亮，但是還算過得去。最滿意的部分應該是白皮膚，雖然不是什麼天選冷白皮，但我的皮膚算白。最不滿意的部分應該是下巴，我有咬合不正和下巴後縮，而下巴後縮進一步地導致凸嘴，導致我側面看起來真的有點像是魚，哈哈。期望的理想狀態當然是能夠改善下巴後縮，可能矯正骨暴，然後把我的下巴凹回來，但我個人不太崇尚醫美，所以可能不會想往這樣的狀態發展。

Q（訪問者）：有沒有什麼時候、情境（婚禮、公司會議、同學會……）會讓你的容貌焦慮程度提高？你通常會怎麼做？可否說明一下相關的例子？

A（受訪者）：其實在外商上班讓我蠻容貌焦慮的，會覺得穿得太醜、格格不入，或是長得不夠好看，是傳說中外商都是美女的例外，負責拉低平均，讓其他公司的人也能活之類的。我個人通

297

常的做法就是，會學穿搭跟打扮，一般來說穿搭只要剪裁對了，衣服的材質上升，對一個人的氣質就能有質的改變，我偶爾也會化妝，施展妖術讓自己融入大家之類的。

Q（訪問者）：**偶爾才化妝啊！通常在外商，會讓人覺得可能天天都要化妝呢！那當你達到了自己滿意的容貌和身材之後，又如何？你覺得生活會有什麼改變？或者為何要追求上述的狀態？**

A（受訪者）：我覺得如果變成自己滿意的容貌和身材之後，生活的變化主要是可以滿足自己的審美，和走在街上比較沒有顧忌。其實我覺得以現在的生活來說，追求更高的容貌對我來說，實質效益不大，不過我小時候其實常常被人說醜，然後有點校園霸凌的那種。說我眼睛很小，很醜，不知道我媽怎麼生的之類的。儘管對現在的生活實質效益不大，但那可能算是對小時候遇到的事情的一種反擊，有點像是對過去不看好的人反擊，那時候他們說醜都是錯的，其實我是能夠變很漂亮的之類的。

Q（訪問者）：**所以反而比較像是「可以向別人證明」的意思……也不是真的得到利益，而是對過去那個不甘心的一種安撫？**

A（受訪者）：對，就是一種反擊吧！就是我並沒有那麼差之類的。

Q（訪問者）：**那我們來談談對別人的稱謂。請問在生活或職場中，對於年齡長於你的女性和男性，除了職稱之外，通常你會怎麼稱呼？你稱呼他人大哥或大姊的規則為何？有對方不能接受的時刻嗎？**

A（受訪者）：男性和女性我同輩原先都是叫名字，只有老闆或主管會直接叫職稱，但我曾經被糾正過至少要叫姊，但年齡差不多叫姊太老了，至少要叫學姊之類的。男性的話目前尚未遇過糾正我的，不知道是那個性別的人（男性）對此比較不在意，還是有其他潛在規則。

Q（訪問者）：**那對你而言，有被別人叫「哥」或「姊」或阿姨、叔叔……**

附　錄：定性研究深度訪談實錄

等稱謂，是你不大能接受的時候嗎？大概是什麼樣的情境（對方的年齡、兩人相交流的狀況和場合等等）？為什麼不能接受？你覺得小你幾歲以內，或是對方是怎麼樣的情況，不該叫你該稱謂？

A（受訪者）：我個人並沒有因為被叫姊或是哥哥、阿姨等職稱有覺得不太能接受的時候，有可能是因為目前年齡還不到我會焦慮的時期，所以被叫這類稱謂真的不太會有什麼感覺，也有可能我的長相比較偏幼，我只有高中被叫國小生，被叫老除了親戚輩分外，還真的沒怎麼遇過。

Q（訪問者）：前面討論的內容，你認為會有性別差異（因遇到狀況的本人是男女而有所不同）嗎？為什麼？

A（受訪者）：我認為會因為性別有所差異，因為男性對此似乎真的沒有那麼在意，如同我上面舉的例子，部分我的女性主管會在一個月後偷偷地找我對談，來糾正我。而男性同事或是主管，目前尚未遇過對方對此有任何不滿，反而有稍微遇過如果把對方叫得小了，男性會稍微覺得自己被看輕了的感覺。

Q（訪問者）：請問你前面是說主管偷偷糾正你應該要叫「姐」，還是不應該要叫「姐」？

A（受訪者）：都有喔！就是我稱呼她們的職稱，會被認為把她們叫老了，所以覺得叫XX姊比較親切，但有些人又會覺得XX姊叫老了，所以提醒我，叫學姊就可以了。

Q（訪問者）：原來如此，那請問你對以下幾個詞彙的年齡區間估計，例如就你的感覺而言，青年，壯年，歐吉桑、歐巴桑，老年，銀髮族，熟女，輕熟女，初老，是幾歲到幾歲？

A（受訪者）：青年是20-30歲，壯年30-50歲，歐吉桑、歐巴桑50-60，老年60-70，銀髮族70以上，熟女大概30-40，輕熟女是20-30，初老50以上，大概是這樣吧！好多喔！

Q（訪問者）：請問你覺得上述詞彙有哪些適合你現在的年齡區間（或者是

299

數位時代的容貌焦慮與消費
——性別、老化與社群媒體

沒有在上述詞彙中，但你覺得適合的亦可說出來）？

A（受訪者）：我個人認為我目前的年齡區間適合叫我青年，我覺得其實叫女生輕熟女很怪，就是，為何一定年齡的女生是熟女，卻沒有熟男呢？甚至是輕熟女，我認為年輕女性就是年輕女性，把對方當成似乎某種成熟的東西很怪。

Q（訪問者）：所以，你的意思是，你不喜歡年齡被賦予歲數之外的其他衡量，例如成熟，是嗎？

A（受訪者）：對啊！那個熟的意思有很多種，不管哪一種都不讓人覺得有必要啊！例如：是像水果一樣的成熟，讓人覺得摻雜了情色的意念，很不舒服。那如果是性格上的成熟，其實蠻多人，並沒有因為年紀變大就變成熟了，年齡不能代表他心理成熟的程度啊！所以不管哪一種，我都不喜歡。

Q（訪問者）：瞭解，不過隨著年齡增長，雖然不一定會變成熟，但幾乎都會發生的就是變老了。你會「怕老」嗎？為什麼這麼覺得？你認為怕老是在怕什麼？

A（受訪者）：我個人可能有點怕老，但是我怕老是怕身體機能的下降，我會擔心個人年齡愈高，會沒有辦法自給自足地進行活動，想到有可能我連走樓梯都需要人攙扶，我就覺得滿可怕的。有的人可能怕老是怕容顏衰敗，但我個人對於容顏老去還好，比較擔心健康機能。

Q（訪問者）：在你眼中，「女性的顯老」是哪方面的呈現？

A（受訪者）：女性的顯老可能是白頭髮、法令紋，目前我的年紀尚未看到同儕有開始顯老的問題，不過若是長輩的話，真的會看到一年、兩年沒見的姑姑、阿姨，頭髮全白。我家的基因很容易白髮。就單看皮相其實差異不大，但馬上頭髮全白了就很顯眼。

Q（訪問者）：在你眼中，「男性的顯老」是哪方面的呈現（什麼樣的線索會讓你覺得對方有點老或開始變老）？

附　錄：定性研究深度訪談實錄

A（受訪者）：男性的顯老我比較認為是健康方面的呈現，也有可能是因為我爸很久以前四十歲時，就頭髮全白，所以沒有印象，但是他會突然不能再吃辣，或是免疫力下降，導致會有一些需要開刀的疾病。或是像是我阿公，他走路突然不俐落了，需要拄著拐杖才可以悠悠地走一點路，對我而言也是顯老的表現。

Q（訪問者）：在所有老化的外貌外型特徵當中，何者是你最不喜歡或最不能接受的？為什麼？是否有接觸過相關的經驗或故事？

A（受訪者）：我個人最不喜歡的就是會長皺紋，尤其是法令紋，真的是蠻不好看的，會很容易顯老沒精神，不過我個人沒有相關經驗，只是看到一些女明星出現了法令紋，看起來是真的令人難以接受。

Q（訪問者）：可以說一下法令紋是哪個部分難以忍受嗎？

A（受訪者）：看起來就是有一種很嚴肅、很老的感覺，好像隨時會罵人或很兇……

Q（訪問者）：原來如此，那請問你周圍或是媒體檯面上，有誰是讓你覺得老得很好看（甚至是老了比年輕更吸引人），希望自己將來即使看起來有歲月痕跡，但也能像他或她一樣有魅力的人？

A（受訪者）：蔡依林？我不太確定老得很好看的年齡區間是多大，但是蔡依林後來的階段我認為原比他年輕的時候還要更吸引人。以皮相來說，蔡依林並不是很完全符合我的審美觀，但是她非常的自信且做自己鼓勵他人的樣子，真的是非常的漂亮，那是一種由內而外透出的漂亮。

Q（訪問者）：是的，年紀大時比年輕更有魅力了。你曾做哪些活動或買哪些商品來讓自己常保青春？為什麼你會覺得有幫助？

A（受訪者）：我個人唯一有在使用的動作應該是擦防曬，因為紫外線對於皮膚的傷害的確蠻大。其他保養品我僅有擦化妝水或是基礎的保濕，有可能是因為年紀的關係，我尚未到很注重抗老的

產品，所以比較重心的保養還是著重在控油或保濕而已。

Q（訪問者）：請問你有去醫美診所相關經驗嗎？請說明一下當初的心路歷程（考量的點和選擇？為什麼要做？環境的影響？工作？另一半的意見支持或反對？如何找到該診所？……）？

A（受訪者）：非介入性皮膚科療程雷射曾經有想過，但是是想改善毛孔粗大，不過看多人分享具有蠻多後遺症問題的，因此可能還是沒有這樣的打算。

Q（訪問者）：那我們來談談社群媒體。請問你有在使用社群媒體嗎？

A（受訪者）：有啊！

Q（訪問者）：可以說一下你最常瀏覽的社群媒體有哪些？

A（受訪者）：FB和IG。

Q（訪問者）：以上這些社群媒體中，何者是你最常發文的社群媒體？

A（受訪者）：兩個都是喔！我兩個設連動，所以大概都會一起發吧！

Q（訪問者）：你在社群媒體上發文的頻率大約是？

A（受訪者）：每天都會發耶！

Q（訪問者）：你對於現代素人、網紅大量使用美肌軟體、濾鏡，有什麼看法？你認同大量修圖和濾鏡的行為嗎？為什麼？

A（受訪者）：就尊重吧！可以瞭解她們為了工作，所以非得追求肌膚或是身材上的完美，所以需要修圖，對她們來說，就是呈現最好看的畫面，很像是一種職業素養，但有時候也會覺得，因為她們一直修圖，結果害我們現在不修圖、不用濾鏡上傳的照片就都很醜，然後跟她們的差距變得很大，但在真實世界當中，其實我們根本沒有差別這麼多，這對我們來說不大公平吧！

Q（訪問者）：是的，我瞭解，就是她們似乎建立了某種基準線，好像必須要是某種典型的容貌或身材才能發文的隱性壓力，但實際上，應該不要如此的！

A（受訪者）：對啊！

附　錄：定性研究深度訪談實錄

Q（訪問者）：好喔！謝謝你的意見，因為時間因素，我們今天就到這邊為止。

A（受訪者）：不客氣，想到了許多有趣的容貌的事情，和你分享也很有趣！

數位時代的容貌焦慮與消費
——性別、老化與社群媒體

訪談編號	NO.6
地區	台灣東部
性別	女性
年齡	34
最常「瀏覽」的社群媒體	Facebook / Instagram / YouTube / 小紅書
最常「發文」的社群媒體	Facebook / Instagram
社群媒體平均更新的頻率	一周兩至三次發文

Q（訪問者）：謝謝你參加我們的訪談。我們今天的主題主要是跟容貌焦慮有關，請問你聽過「容貌焦慮」這個詞彙嗎？你對容貌焦慮的認識是什麼？

A（受訪者）：謝謝邀約！這是我第一次參加這種訪問。「容貌焦慮」這個詞彙，我聽過。就我的理解，大概就是會在意自己的外在形象是否符合社會大眾的期待，甚至到過度在意導致心理健康產生影響。或者是常常不滿意自己的外在形象，可能因為太在意他人的看法，害怕他人覺得自己長相差，感到焦慮不已，只要一出門需要見到別人，就會開始慌張。

Q（訪問者）：你覺得自己容貌焦慮的程度從1分（非常輕微）到10分（非常嚴重）大約是幾分？為什麼會這麼覺得？

A（受訪者）：我的話，1分到10分嗎？大概是6分吧！我覺得我沒有焦慮到一直要打扮或照鏡子的程度，但也不是完全不在意，如果說中點是五分，那我就是比中心點高一點的程度……那就是6分吧！

Q（訪問者）：你對自己身材滿意嗎？最滿意和最不滿意的點分別是什麼？為什麼？對於不滿意的部分，你期待達到什麼樣的身材？

A（受訪者）：不知道該說滿意還是不滿意，普通吧！說到最滿意的部分是身高，因為至少差不多為台灣女性平均身高，身邊常常有比較矮的女生朋友，站在一起就會比較突出，腿長一點跨步的距離也比較大。最不滿意的部分是較為肥胖，因為不是那

附　錄：定性研究深度訪談實錄

種纖細的身材，臉看起來腫腫的，導致整個人看起來偏胖，很多好看的衣服也無法撐起。我有期待中的身材，因為我目前身高一六○左右，希望體重四十八公斤，整個人看起來纖細，可以穿得下漂亮衣服。所以就是個比例問題。

Q（訪問者）：那容貌方面呢？你對自己容貌滿意嗎？最滿意和最不滿意的點分別是什麼？為什麼？對於不滿意的部分，你期待達到什麼樣的狀態？

A（受訪者）：不滿意。就是不滿意，很直接吧！不過也是有滿意的地方啦！很少而已，最滿意的部分就是我很白皙，因為一白遮三醜嘛，哈哈，從小印象中，都是說女生白白的，就會覺得可愛，所以這部分，我算是有占到便宜。最不滿意的是單眼皮、眼睛很小。因為人的眼睛，大眼睛比較好看、有神，從以前就會被別人嘲諷小眼睛，雖然知道是玩笑，但就是會難過，而且上妝會吃不進去，遠遠看甚至不知道是不是有張開眼睛。所以我的理想容貌中，眼睛大一定是重點！希望眼睛變大一點，有想要去縫個雙眼皮之類的，至少讓自己看來比較有神，但我真的很忙，日子也就這樣過去了，有重要的場合，只好靠化眼妝了。

Q（訪問者）：有沒有什麼時候、情境（婚禮、公司會議、同學會……）會讓你的容貌焦慮程度提高？你通常會怎麼做？可否說明一下相關的例子？

A（受訪者）：公司每個月會開重要會議，有專案在身的主管當月就會需要上台報告，各大分部的長官都會到總公司開會，如果有要上台，就需要著正裝參加，每次都害我要很注意當天自己的妝容是否到位，會一早起來請很會化妝的妹妹幫忙，不然結束後總會被人評論一番，尤其是公司新進的妹妹們，各個都很會打扮，她們可能會覺得我們這些老鳥，是不是都沒有廉恥心了，都不打扮。

305

數位時代的容貌焦慮與消費
──性別、老化與社群媒體

Q（訪問者）：這樣聽起來壓力有點大啊！那如果你能達到自己滿意的容貌和身材之後，你覺得生活會有什麼改變嗎？

A（受訪者）：差很多吧！如果達到自己滿意的容貌和身材後，不論穿衣或妝容都可以不用那麼在意，因為撐得起來，也不需要花費過多的心力和金錢在衣服跟妝容上。還有，不論去哪兒都會很有自信，跟人對到眼也不會緊張，自身狀態會變得很怡然自得，不會神經兮兮、焦躁不安地一直在注意別人的看法。

Q（訪問者）：這樣看來，真的有差呢！因為你提到辦公室後輩的問題，那我想談談在生活或職場中，對於年齡長於你的女性和男性，除了職稱之外，通常你會怎麼稱呼？你稱呼他人大哥或大姊的規則為何？有對方不能接受的時刻嗎？

A（受訪者）：我都會在名字後加一個姐或哥字，例如小美姐。要認真計較起來的話，女生的部分，我會分熟悉的跟不熟悉的，熟悉的通常不太會加那個姐字，都會直接叫名字，例如：小美，不太熟悉的怕會被覺得沒禮貌，所以只要比我大一點我都會加個姐。男生的部分我都直接叫名字，例如：小明，如果真的年紀比較大，超過六十歲左右，我就會加個大哥！目前還沒遇過什麼太誇張、對方不能接受的狀態。

Q（訪問者）：反過來說，對你而言，有被別人叫「哥」或「姊」或阿姨、叔叔……等稱謂，是你不大能接受的時候嗎？大概是什麼樣的情境？為什麼不能接受？你覺得小你幾歲以內，或是對方是怎麼樣的情況，不該叫你該稱謂？

A（受訪者）：詳細情節我有點忘了，但不能接受的時候，大概是這個「哥」或「姊」明明跟我差沒幾歲，但是我們不太熟，而且認識他／她的人都會在他們名字後加「哥」或「姊」，或者是跟我同輩，但很有成就的人，這個時候儘管我明明覺得沒那個必要，但我還是會禮貌上地加上尊稱。

Q（訪問者）：你可能有點小誤會我的意思，我不是說對方不能接受，是

附　錄：定性研究深度訪談實錄

說，是否有你不能接受的時候？

A（受訪者）：喔！哈哈！不好意思，我聽錯了！有喔！當然有！之前有一個客戶的窗口，怎麼看都比我大啊！但她可能想說她不是跟我同一層級的，畢竟我算是對到她老闆的，所以她每次看到我都會XX姊、XX姊的叫。她就已經看起來老了，我又是姊，那不就我更老！我有一次很委婉地說，妳叫我英文名字就好了，結果，下一次她叫我英文名字後面還是接一個姊！我真是XXX。

Q（訪問者）：哈哈！所以對方也許就是為了表達尊敬的意思吧！

A（受訪者）：那可以在其他方面呈現啊！就像是態度或行為啊！不用在稱呼上面！她其他方面也沒有特別尊敬，只是稱呼一直叫，就讓人覺得是要占我便宜，就是有一種想要拖我下水，好像我和她一樣老的感覺啊！

Q（訪問者）：原來如此，那前面討論的內容，你認為會有性別差異，因遇到狀況的本人是男女而有所不同嗎？為什麼？

A（受訪者）：有吧！我覺得面對女生的時候，因為女孩子心思比較細膩，我可能就會先稱呼姐，如果她有表現出反感，我之後就會立刻去掉那個姐；男生的話感覺比較不會因為這個生氣，我就依照旁人的稱呼來去尊稱，如果大家都會加上哥，那我也會跟進。

Q（訪問者）：意思就是，女生比男生在意了！請問你對以下幾個詞彙的年齡區間估計：青年，壯年，歐吉桑、歐巴桑，老年，銀髮族，熟女，輕熟女，初老，是幾歲到幾歲？

A（受訪者）：青年大約15-35歲，此時青春洋溢，身體棒。壯年是30-40，身體尚健朗，努力工作期。歐吉桑、歐巴桑是40-58，工作穩定，職位往上升。老年則是58-65，在公司已到達一定職位，即將退休。銀髮族算是66後，退休在家，享受養老生活，同時身體也變差。熟女，大概是31-43，此時身體及心靈都已成

307

熟。輕熟女，則是26-30，經歷過一番風雨，但還沒那麼成熟。初老，比較沒感覺耶！大概60-65。

Q（訪問者）：請問你覺得上述詞彙有哪些適合你現在的年齡區間？或者是沒有在上述詞彙中，但你覺得適合的亦可說出來。

A（受訪者）：本人目前三十四歲，應屬壯年，但我覺得我應該是青年耶！好啦！我心態是青年。以前就覺三十四歲很老，可是我現在真的覺得，這樣有很老嗎？

Q（訪問者）：你會「怕老」嗎？為什麼這麼覺得？你認為怕老是在怕什麼？

A（受訪者）：怕老嗎？會怕啊！就像我剛剛說的，不覺得自己很老，但有時候照鏡子，還是有種力不從心的感覺，像是眼角的小細紋啊！或是以前可以連續熬夜，現在體力好像變差了。如果未來雖然隨著年齡增長，經歷的也變多了，但是身體也變差，身體各個部位開始退化，病痛也開始發生，沒辦法隨心所欲想去那兒就去哪，想做什麼就做，甚至還會變成家人或兒女的負擔，需要別人幫忙才能做很多事情，麻煩別人的同時自己心又很累。

Q（訪問者）：在你眼中，「女性的顯老」是哪方面的呈現（什麼樣的線索，例如：那些容貌特徵？行為特徵？衣著或舉止……會讓你覺得對方有點老或開始變老）？

A（受訪者）：女性的顯老，我想是臉上皺紋開始變多，因為更年期而導致熱潮紅、盜汗、陰道乾澀、骨骼痠痛、失眠及心情低落等症狀，開始不太會注重流行跟化妝打扮，穿著得體即可，對於那些情情愛愛的感情是非比較不那麼在意，體力沒以前那麼好，開始注重保健身體及身體健康……。如果就以上這些標準來說，我應該還不算老啦！但我有些同事，可能跟我同輩，但已經出現上面那些狀況了，就讓我覺得她們有點老。

Q（訪問者）：在你眼中，「男性的顯老」是哪方面的呈現（什麼樣的線索

附　錄：定性研究深度訪談實錄

會讓你覺得對方有點老或開始變老）？

A（受訪者）：聽說會尿遁，最明顯的應該是體力變差、心有餘而力不足，開始浮現老態，會有點老人味，尤其很多男生會開始掉髮變禿頭！漸漸開始不太運動，身體健康也每況愈下，很喜歡談論當年英勇，最後又開始感嘆，心理狀態沒有以前雄心壯志，哈哈！

Q（訪問者）：你怎麼都描述得這麼具體？那在所有老化的外貌外型特徵當中，何者是你最不喜歡或最不能接受的？為什麼？是否有接觸過相關的經驗或故事？

A（受訪者）：我最不能接受的就是駝背，因為附近鄰居有個阿嬤駝背嚴重，要戴矯正器，腰也彎不太下去，然後背著矯正器身體看起來很佝僂，行動不便且無法提重物，都要請人幫忙提東西，而且整個人看起來很沒精神，也沒辦法走太遠，每天都只能坐在家門口看風景。

Q（訪問者）：請問你周圍或是媒體檯面上，有誰是讓你覺得老得很好看（甚至是老了比年輕更吸引人），希望自己將來即使看起來有歲月痕跡，但也能像他或她一樣有魅力的人？

A（受訪者）：辦公室的一位大前輩，即便年紀已經六十四歲，體力仍是很好，打扮穿著也很有型，也會跟我們一起逛街買衣服，團購衣服，即便快要退休，腦筋轉得也很快，每當其他同仁有無法解決的問題，就會去請教她，她腦袋運轉速度奇快，每次都好佩服！我覺得像她這樣的老去，是我所嚮往的。

Q（訪問者）：你曾做哪些活動或買哪些商品來讓自己常保青春？為什麼你會覺得有幫助？

A（受訪者）：因為有點微胖，每天下課都會去健身房運動個一小時左右，雖然去的當下覺得很麻煩、很累，但堅持去運動完後都會覺得很值得！

Q（訪問者）：請問你有去醫美診所相關經驗嗎？請說明一下當初的心路歷

數位時代的容貌焦慮與消費
──性別、老化與社群媒體

程（考量的點和選擇？為什麼要做？環境的影響？工作？另一半的意見支持或反對？如何找到該診所？……）？

A（受訪者）：就是之前有去雷射雀斑，因為雀斑自我國中起就一直存在，常常因此很在意別人盯著自己臉上的斑點看，或問我：為什麼有這個？是遺傳的嗎？我就會覺得很煩，也會很在意別人的看法，每每照鏡子看到那些斑斑點點，就會很難過，很想它們趕快消失，雷射完就覺得煥然一新！

Q（訪問者）：哈哈！那我們來談談社群媒體。請問你有在使用社群媒體嗎？

A（受訪者）：有啊！

Q（訪問者）：可以說一下你最常瀏覽的社群媒體有哪些？

A（受訪者）：Facebook、IG、YouTube、小紅書。

Q（訪問者）：以上這些社群媒體中，何者是你最常發文的社群媒體？

A（受訪者）：IG、小紅書。

Q（訪問者）：你在社群媒體上發文的頻率大約是？

A（受訪者）：一周兩至三次發文吧！

Q（訪問者）：你拍照後或上傳照片時，會用美肌功能嗎？為什麼？你在IG或社群媒體上看到其他同輩的照片是否會有壓力？

A（受訪者）：會啊！因為上班以後，工作一忙，真的有時候氣色會很不好，而且現在相機太高級了，就是把所有細節都拍得太精準，總覺得實際上看人的時候，沒有那麼糟糕，但被拍出來就是很醜，因此真的有需要稍稍美肌一下啊！但我不是那種誇張型的修圖，就是讓臉色好看一點而已。這樣看到其他同輩的照片，也比較不會有壓力，還是搞不好變成我給他們壓力了？

Q（訪問者）：你對於現代素人、網紅大量使用美肌軟體、濾鏡，有什麼看法？你認同大量修圖和濾鏡的行為嗎？為什麼？

A（受訪者）：還算可以吧！就是不會評論別人，我覺得這是他們的自由。

附　錄：定性研究深度訪談實錄

像我是不大會修圖啦！我是說那種還改鼻子、改嘴巴那種，我就是讓皮膚變好一點，可是有些人修圖修得都不像自己了，我也是覺得有點誇張。但真實世界中，還是會見到面啊！不就還是會漏餡？所以就覺得是個人自由吧！

Q（訪問者）：**你剛說覺得自己有點微胖，想變瘦一點，對你而言，你覺得瘦和苗條有什麼不同？你周遭有你覺得太瘦的人嗎？**

A（受訪者）：很不同喔！雖然我想變瘦一點，但就像你說的，我想要苗條，而不是很瘦。我前面忘記說，其實我覺得變胖是顯老，變瘦其實也是顯老。現在有很多中年女性，你看她就是瘦得很沒精神，很不挺，就看起來很老。大概就是沒有膠原蛋白那種Q彈感。讓我覺得，也許未來我繼續這樣微胖，看起來搞不好比那種很瘦的人更年輕，也是有可能的喔！

Q（訪問者）：**我瞭解你所說的！好喔！今天很謝謝你的意見，因為時間因素，我們今天就到這邊為止。**

A（受訪者）：不客氣。

數位時代的容貌焦慮與消費
—— 性別、老化與社群媒體

訪談編號	NO.7
地區	台灣中部
性別	女性
年齡	28
最常「瀏覽」的社群媒體	Facebook
最常「發文」的社群媒體	Facebook
社群媒體平均更新的頻率	每天都發文（含限動）

Q（訪問者）：謝謝你參加我們的訪談。我們今天的主題主要是跟容貌焦慮有關，請問你聽過「容貌焦慮」這個詞彙嗎？你對容貌焦慮的認識是什麼？

A（受訪者）：我有聽過「容貌焦慮」這個名詞，甚至可以說是非常常聽見這個名詞，可能跟我是女生有關吧，所以我接觸到的人群也比較多是女生，我覺得容貌焦慮是較常會被女生討論的。我認為容貌焦慮是一種現象和話題，它沒有精確的定義，但通常是指一個人對於他自己的容貌是否符合特定標準（無論是社會大眾給予的期待或是他自己的期待），特別是和他人進行比較而遜色的時候，感到焦慮的一種現象，這和社群媒體的普及性有關，因為社群媒體使用者會更常看到他人的樣貌，也更常被他人看見（當他發文，或者出現在他人的貼文裏面的時候），也和科技的進步有關，因為現在的鏡頭、影像像素愈來愈好，方便使用者放大照片，甚至會看到毛孔、鼻毛等等的，讓人更容易去比較／發現一個人的外表的「缺陷」。

Q（訪問者）：你覺得自己容貌焦慮的程度從1分（非常輕微）到10分（非常嚴重）大約是幾分？為什麼會這麼覺得？

A（受訪者）：我覺得我的容貌焦慮程度大約是4分吧，這是因為我相對之下是不那麼對自己的容貌感到焦慮，我通常不太和他人比較我是否更好看，但也不至於到太低分，是因為我還是會在意

附 錄：定性研究深度訪談實錄

外表是否整潔，並且很在意我的牙齒泛黃，但我也不至於因此去做牙齒美白；我每天洗頭，為了不讓別人覺得我有頭皮屑，所以我覺得大概是4分。

Q（訪問者）：你對自己身材滿意嗎？最滿意和最不滿意的點分別是什麼？為什麼？對於不滿意的部分，你期待達到什麼樣的身材？

A（受訪者）：我不滿意我的身材耶。好啦！也有滿意的地方，但整體而言是不滿意的。我最滿意的是手腕纖細，因為我個人覺得手細細的樣子是好看的，我喜歡骨架小的感覺。而我最不滿意的是我的腿，因為我覺得我的腿不夠長，在比例上是很不好看的，就算我再怎麼瘦也還是看起來腿很短。對我來說腿很短就是一件不好的事情，但我又改變不了，而且在穿衣服上，還會感覺好像褲子拉太高，感覺很笨拙。無法補救，而且是完全致命的，這就是我不滿意的部分。其實我並不是特別希望身高很高，但我期待的身材是腿長、腿很筆直，而且身材必須是端正的，所以不能長短腳，還有骨架小，至於胖瘦其實我並不是特別在意。

Q（訪問者）：你對自己容貌滿意嗎？最滿意和最不滿意的點分別是什麼？為什麼？對於不滿意的部分，你期待達到什麼樣的狀態？

A（受訪者）：我對自己的容貌，應該還是偏向「滿意」。我最滿意的部分，是我的眼睛，因為我的眼睛是雙眼皮。而我很喜歡雙眼皮，而且我知道很多人喜歡雙眼皮，在和其他人比較的時候，有被稱讚過雙眼皮是好看的，我也知道身邊有人動過割雙眼皮的手術，所以我覺得我擁有某些人特別去追逐的東西，也可以說這算是滿足了我的虛榮心。而我最不滿意的部分，就是我有點嘴凸，這讓我看起來年紀輕輕就有法令紋，而且我知道如果不矯正的話，老了以後應該是會有很明顯的法令紋，我不確定是骨爆還是暴牙，但我知道這個手術肯定不便宜也有風險，而且我也沒那麼多錢做這種矯正手術（包

313

括戴牙套），所以我對此感到特別遺憾，而不滿意；而且我也很明確知道，有人判斷是不是美女的標準，是看下巴和鼻尖是否能夠完整連成一條線，我用自己的側臉相片測過，我的上嘴唇有碰到那條線，所以我知道我不是這個標準下的美人。我其實很希望可以改善嘴凸。其實我鼻子應該也算滿塌的，或許這個也是一個「系統上的問題」，不過鼻子的部分我好像還好，我期待的還是改善嘴凸。

Q（訪問者）：有沒有什麼時候、情境（婚禮、公司會議、同學會……）會讓你的容貌焦慮程度提高？你通常會怎麼做？可否說明一下相關的例子？

A（受訪者）：拍證件照的時候會讓我的容貌焦慮程度提高，因為拍證件照的時候就會很明顯地看出你本人長什麼樣子，很簡單而粗暴地檢視你原本的相貌如何，很殘酷的是你的臉是不是有點歪歪的，都會被放大，像我的臉還是有一點點不對稱，而且在拍證件照的時候會顯得特別兇、有侵略性，所以並不是很美觀，但我也看過一些人的證件照就很正常，和他本人差不多，會讓我非常的羨慕，因此提高我的容貌焦慮程度。我通常就是不太會去看原本的照片，交給攝影師幫忙修圖，這樣我至少就不用面對自己最真實的缺陷。在拿到證件照之後，通常我都還是很滿意，像是我的高中照片，我覺得很好看，在多年以後我幾乎忘了我高中的時候可能並不是那麼上相，所以我會選擇不去看當初拍出來的樣子，只要證件照好看就好，因為多年以後只會留下那張照片，但其實已經忘記當年長什麼樣子，也不會太在意，畢竟比較在意現在鏡子裏的本人好不好看，雖然我覺得這樣也是一種欺騙自己的行為吧。

Q（訪問者）：當你達到了自己滿意的容貌和身材之後，又如何？你覺得生活會有什麼改變？或者為何要追求上述的狀態（你為誰美麗帥氣？為什麼要減肥？為什麼要保養？為什麼要微整形？美

附　錄：定性研究深度訪談實錄

麗帥氣的利益好處是什麼）？

A（受訪者）：如果我能夠擁有讓我滿意的容貌和身材，我相信我的人生會比目前更加順遂，雖然應該不會是明星的程度，因為我渴求的容貌和身材或許只是某些「路人」的體態和外表。我覺得生活會更加順利，因為某些人的外表讓他可以第一眼就讓別人覺得這個人可以與他相處，例如：那些班上看起來就很有親和力的同學，他們一出現在所有人面前，就會讓人不由自主想跟他們搭話，或許不一定是為了跟他們交往，但這些人的外表讓其他人覺得是「可以與他相處的」。而且我覺得也可以提升我的自信，因為我覺得自己某些外表上的缺陷，無意之間讓我少了某些可以正常相處、保持距離但至少不會互相討厭的人。至於為什麼要追求這種狀態，是因為我覺得我的人際關係並不是非常好，我知道某些人可能看到外表就會覺得我無法跟他們相處，所以我在穿搭上也盡量穿得樸素、簡單，但不至於不衛生或是太陰沉，例如整天帶著兜帽，我就覺得太陰沉。

Q（訪問者）：請問在生活或職場中，對於年齡長於你的女性和男性，除了職稱之外，通常你會怎麼稱呼（例如：王小明，稱其為王大哥？小明哥？小明？或……）？你稱呼他人大哥或大姊的規則為何（請分男、女回答）？有對方不能接受的時刻嗎？

A（受訪者）：我通常會叫他們的名字，或是直接叫學姐、學長，或是職稱，不太會叫哥或姐。對於男生就是叫學長，對於女生就是叫學姐，我反而是沒有針對男女做更細緻的區分，我覺得這算是一種很中性的方式，而且對方可能也會把我當成後輩，不會多想，這是我個人的看法啦！目前好像沒有遇過誰不能接受的時刻。

Q（訪問者）：承上題，對你而言，有被別人叫「哥」或「姊」或阿姨、叔叔……等稱謂，是你不大能接受的時候嗎？大概是什麼樣的

315

情境（對方的年齡、兩人相交流的狀況和場合等等）？為什麼不能接受？你覺得小你幾歲以內，或是對方是怎麼樣的情況，不該叫你該稱謂？

A（受訪者）：現在可能漸漸習慣了？但印象中第一次有這種經驗，就是我有被稱呼阿姨而不太高興的經驗。我的親戚因為生了小孩，所以對於那個小朋友來說，我確實是阿姨，但我和那個親戚基本上沒有見過很多次面，那個親戚在我十幾歲的時候就是適婚年齡，算是有一定的年齡差距，因此他帶著這個小孩到我面前，要他的小孩跟我說阿姨好的時候，我也都還不到適婚年齡。我想我會覺得不能接受，是因為我當時並不算是可以生下小孩的年齡，以台灣大部分的風氣來說，應該不會期望國中生生下小孩，而且我自己覺得我和那個親戚不熟，所以我覺得不太舒服。

Q（訪問者）：前面討論的內容，你認為會有性別差異，因遇到狀況的本人是男女而有所不同嗎？為什麼？

A（受訪者）：我覺得以其他人來說會有性別差異，我個人的經驗是比較常聽到女生說不能接受她被稱呼阿姨，但好像很少聽到男生這樣抱怨。但我個人想像如果我是男生，被稱呼叔叔，我應該還是會感到不舒服。一方面可能也是因為叔叔或阿姨對我來說，需要是比較親近的人才能使用的稱呼。

Q（訪問者）：請問你對以下幾個詞彙的年齡區間估計：青年，壯年，歐吉桑、歐巴桑，老年，銀髮族、熟女，輕熟女，初老，是幾歲到幾歲？

A（受訪者）：青年：20-40歲。壯年：30-50歲。歐吉桑、歐巴桑：50-70歲。老年：65歲以上皆可稱呼為老年。銀髮族：65歲以上皆可稱呼為銀髮族。熟女：33歲以上。輕熟女：28歲以上。初老：33-35歲左右。

Q（訪問者）：請問你覺得上述詞彙有哪些適合你現在的年齡區間？

附　錄：定性研究深度訪談實錄

A（受訪者）：我個人覺得，我應該是青年、輕熟女。

Q（訪問者）：**你會「怕老」嗎？為什麼這麼覺得？你認為怕老是在怕什麼？**

A（受訪者）：我會怕老，因為我覺得老的「症狀」（例如：皺紋、斑點、膠原蛋白流失）是不好看的，就算無視社會觀感，我覺得客觀上老人會有的標準樣貌就是相對於他年輕的時候不好看的。我認為怕老應該是怕這些客觀上不好看的樣子，但也有可能是跟老化的其他不限於外貌的變化產生了聯想，例如覺得變老就是邁向失去各種重要的東西，還有健康，我們都對於變老之後有很多的害怕和恐懼，而聯想讓我們產生了恐懼外貌的老化。

Q（訪問者）：**在你眼中，「女性的顯老」是哪方面的呈現？**

A（受訪者）：這個很多耶，我想包含臉部、身材、行為特徵、穿著等。例如臉部有贅肉，例如「嘴邊肉」與肌肉鬆弛的狀況，還有皺紋。身材包含佝僂。行為特徵包含變得神經兮兮跟戰戰兢兢，瞪大眼、腳步蹣跚等，還有很多老人家特別暴躁。衣著方面包含一些「婆婆媽媽風格」的穿著，例如一些碎花裙、顏色太過鮮豔的過時的衣裙。

Q（訪問者）：**在你眼中，「男性的顯老」是哪方面的呈現？**

A（受訪者）：我想男性的顯老包含了臉部、髮型、衣著、行為特徵等。就臉部來說，包含了斑點或是皺紋。很多男生上了年紀之後頭髮就變得很稀疏，或者頭髮變白而顯得髮量很少。衣著上則是很多老人家都會穿polo衫或是吊嘎。行為特徵和女性的顯老一樣，包含變得神經兮兮跟戰戰兢兢，瞪大眼、腳步蹣跚等，還有很多老人家特別暴躁。

Q（訪問者）：**在所有老化的外貌外型特徵當中，何者是你最不喜歡或最不能接受的？為什麼？是否有接觸過相關的經驗或故事？**

A（受訪者）：我最不能接受的肯定是身材上的變化，對我來說端正的身材

是非常重要的。我看過很多老人家的身材都是佝僂的,而且你也知道他已經無法改變,他就是僵硬而佝僂,我覺得非常不美觀。我的長輩也是這樣,他從比我還要高變得和我差不多高,這讓我覺得有很明顯的衰老感以及不健康的感覺。這也提醒了我要注意自己的姿勢。

Q(訪問者):請問你周圍或是媒體檯面上,有誰是讓你覺得老得很好看(甚至是老了比年輕更吸引人),希望自己將來即使看起來有歲月痕跡,但也能像他或她一樣有魅力的人?

A(受訪者):金城武。我覺得他真的很好看。其實從他的臉上看得出來有淚溝和輕微的法令紋,甚至是一點點的皺眉的紋路,就是完全看得出來有這幾個歲月上的痕跡,但你還是會覺得他從外表上就是很美觀,膚淺地純粹以外表來看。姑且不論氣質或是其他魅力。他老了比他年輕的時候還更好看了,這讓我很羨慕,他的老不會讓人聯想到那些失去或是不健康,反而是覺得很美。

Q(訪問者):你曾做哪些活動或買哪些商品來讓自己常保青春?為什麼你會覺得有幫助?

A(受訪者):我覺得蠻多的耶!我有在定期慢跑,因為我聽說有氧運動對於延緩老化是非常有幫助的,也參加過馬拉松比賽。我也有在吃維他命,因為我覺得補充維生素對於常保青春是有幫助的。此外我也有購買專櫃的眼霜,因為我希望可以讓我的眼睛周邊的皮膚是比較平滑的。我也有購買化妝水,在睡前的時候使用化妝水,可以讓肌膚在夜間修復的時候,有補水的作用,讓我的皮膚吸收到充足養分,我是這麼認為的啦!

Q(訪問者):請問你有去醫美診所相關經驗嗎?請說明一下當初的心路歷程?

A(受訪者):我沒有去醫美診所的經驗,不過我有去過皮膚科,去諮詢當時候較嚴重的黑眼圈的問題,但後來才知道黑眼圈是因為過

敏，因此不太可能改善，所以只好放棄。我也有諮詢痘痘的問題，當時是以擦藥膏的方式改善的。我找到這個診所是在網路上搜尋皮膚科找到的。我也不太確定那時候為什麼會長青春痘，因為我現在就沒怎麼長青春痘，可能是現在的飲食比較自然吧。

Q（訪問者）：那我們來談談社群媒體。請問你有在使用社群媒體嗎？

A（受訪者）：有啊！

Q（訪問者）：可以說一下你最常瀏覽的社群媒體有哪些？

A（受訪者）：只有臉書比較常使用。

Q（訪問者）：以上這些社群媒體中，何者是你最常發文的社群媒體？

A（受訪者）：也是臉書。

Q（訪問者）：你在社群媒體上發文的頻率大約是？

A（受訪者）：每天都會傳喔！

Q（訪問者）：你拍照後或上傳照片時，會用美肌功能嗎？為什麼？你在IG或社群媒體上看到其他同輩的照片是否會有壓力？

A（受訪者）：我拍照之後跟上傳照片時，其實都不太會特別去用美肌功能，我反而傾向去直接挑選那些拍起來不那麼難看的照片，才拿來上傳。我覺得自己修圖還蠻讓我感到尷尬的，所以我不太會自己修圖。在社群媒體看到其他同輩的照片會讓我感到羨慕，但我心中知道我和某些我心中非常漂亮的人是比不上的，反而不會太介意一定要與他比較，所以我相對之下不會因此感到太大的壓力。不過我對於自己的照片有沒有拿到一定的讚數還是會有點壓力的。

Q（訪問者）：你對於現代素人、網紅大量使用美肌軟體、濾鏡，有什麼看法？你認同大量修圖和濾鏡的行為嗎？為什麼？

A（受訪者）：其實我覺得這些就是他們的自由，雖然我知道大家的自由選擇最終會形成一種風氣，甚至是一種大家都知道的規則。但是我覺得很難去干涉他們不要使用這些濾鏡或美肌軟體。

319

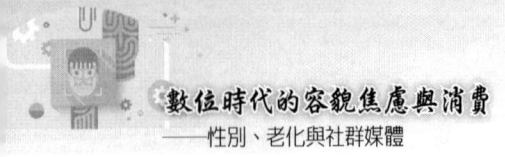

我個人並不認同這樣的行為，所以我個人不會這麼做，因為我覺得實際上人們並沒有因此變得更好看，反而還花了很多時間做這件事情，而且無意間還造成其他同樣在意這件事的人，也需要花費心思和時間去做修圖這件事情，這是很累人的。

Q（訪問者）：好喔！謝謝你的意見，因為時間因素，我們今天就到這邊為止。

A（受訪者）：我覺得容貌焦慮是一件很值得關注的議題，期待能夠看到不同的人分享的不同心得，尤其是深度的心得分享。謝謝你的訪問。

附　錄：定性研究深度訪談實錄

訪談編號	NO.8
地區	台灣南部
性別	女性
年齡	39
最常「瀏覽」的社群媒體	Instagram / TikTok / YouTube / 小紅書
最常「發文」的社群媒體	Instagram
社群媒體平均更新的頻率	超過一個月，久久才發文

Q（訪問者）：謝謝你參加我們的訪談。我們今天的主題主要是跟容貌焦慮有關，請問你聽過「容貌焦慮」這個詞彙嗎？你對容貌焦慮的認識是什麼？

A（受訪者）：不客氣。我有聽過容貌焦慮，我認為是人際互動下帶來的一種心理焦慮，大多發生於國中時期後的青少年中，看重對於他人的想法、評價，甚至嚴重影響自己的日常生活與情緒。當然現在社會有一種外貌導向，導致於現在不只國中生，我覺得上班族或一般人也普遍都有一點點容貌焦慮。

Q（訪問者）：你覺得自己容貌焦慮的程度從1分（非常輕微）到10分（非常嚴重）大約是幾分？為什麼會這麼覺得？

A（受訪者）：我認為我大約是6.5分，以我自身的經驗來說，我在國中時期是對於容貌焦慮最嚴重的時期，到了高中後生活重心轉向學業，加上就讀女校後，鮮少聽聞容貌上的評價，對於容貌的焦慮日漸減少。上班之後，一開始也都專注在工作上，所以比較沒有容貌焦慮的問題，但最近同事又會討論要不要去醫美，甚至團購醫美療程的問題，一旦開始有討論，就會有接觸，有接觸相關資訊，就會發現自己的不足，或是需求，然後就對於某些皺紋愈看愈不順眼了。

Q（訪問者）：你對自己身材滿意嗎？最滿意和最不滿意的點分別是什麼？為什麼？對於不滿意的部分，你期待達到什麼樣的身材？

A（受訪者）：我對於自己的身材還算滿意，特別滿意的部位是上肢的肩頸

321

部和背部，比較直立有線條，我偏向於梨形身材，再加上我平時習慣久坐，造成下肢比較肥胖，但是我聽聞臀腿部位粗其實對於核心訓練有幫助，能夠比較穩定，所以後來開始運動增加下肢力量，期待能夠達成有肌肉線條的身材。

Q（訪問者）：你對自己容貌滿意嗎？最滿意和最不滿意的點分別是什麼？為什麼？對於不滿意的部分，你期待達到什麼樣的狀態？

A（受訪者）：我對於自己的容貌其實是滿意的。最滿意我的眼睛，從小都會被身旁的朋友或家人稱讚，我的眼睛會笑很討喜。比較不滿意自己的鼻子，我的鼻子算是蒜頭鼻，國中時曾經上網查找鼻子的按摩方式，期望能夠改變鼻子的樣子，直到現在有時候拍照，也會因為鼻子的比例比較大，會有些困擾。但平常不會特別去注意。另外眼周可能是近幾年用眼過度，我覺得淚溝和細紋也變得有點嚴重，這是最近比較不滿意的部分。不過偷偷跟你說，其實我之前只是覺得，自己看起來有點「顯老」而已，根本沒有特別發現到底是哪邊在老，有時候還覺得就是太累了、「氣色不好」而已，直到後來辦公室同事都在討論醫美，我才慢慢學到什麼是淚溝、什麼眼周細紋。

Q（訪問者）：有沒有什麼時候、情境（婚禮、公司會議、同學會……）會讓你的容貌焦慮程度提高？你通常會怎麼做？可否說明一下相關的例子？

A（受訪者）：遇到人多的聚會，例如同學會或是家族聚會的時候，我會特別裝扮自己，例如使用化妝工具或是用髮型去修飾，所以我認為在這一種情境下的確會提升我個人的容貌焦慮，像是我在參加家族聚會的時候，我可能會在準備拍照前特別去廁所，用鏡子整理自己的外貌再去拍照。其實人多的聚會，那個照片別人也不一定會注意到你，但是因為現在大家都會把照片放在社群媒體上、放IG，所以也不知道誰會看到，就會

附　錄：定性研究深度訪談實錄

有點介意。我覺得大家可能都跟我有類似的心情，所以很多人去人多的聚會，都會特別打扮，最後就變成那個不打扮的人，顏值特別低，其實在日常生活中，搞不好她根本不是最差的。

Q（訪問者）：所以就是一種，大家都打扮，如果你不打扮就被比下去的概念嗎？當你達到了自己滿意的容貌和身材之後，又如何？你覺得生活會有什麼改變？或者為何要追求上述的狀態？

A（受訪者）：如果我能夠達到滿意的容貌和身材後，可能會在日常的交際上更顯得自信，因為我記得很小的時候，大約國中的時候，會因為容貌焦慮而對於人際交涉上缺乏自信心，後來比較沒有特別感覺。而我的日常生活上，我認為如果得到滿意的容貌和身材後，或許在拍照的時候會比較不在乎照片的成果。我認為追求上述的狀態可以透過運動和改變心理狀態。

Q（訪問者）：請問在生活或職場中，對於年齡長於你的女性和男性，除了職稱之外，通常你會怎麼稱呼？你稱呼他人大哥或大姊的規則為何？有對方不能接受的時刻嗎？

A（受訪者）：因為我目前接近四十歲，所以對於年齡比我大二十歲以內的男性與女性，我通常會稱他們XX姐或是XX哥，但是如果是七十歲以上的人，我通常會稱他們為阿姨或是叔叔，目前尚未遇到別人不能接受的時刻，可能是受到小時候父母的影響，我對於稱呼哥哥或姐姐類型會比較寬鬆，因為家人會認為將對方的稱呼稱為阿姨比較失禮。如果是六十至七十歲的話，我大概看狀況，因為有些人六十歲，看起來其實很年輕，但有些卻像七十幾……

Q（訪問者）：對你而言，有被別人叫「哥」或「姊」或阿姨、叔叔……等稱謂，是你不大能接受的時候嗎？大概是什麼樣的情境？為什麼不能接受？你覺得小你幾歲以內，或是對方是怎麼樣的情況，不該叫你該稱謂？

323

數位時代的容貌焦慮與消費
―― 性別、老化與社群媒體

A（受訪者）：第一次遇到是我曾經在十八歲暑期的工讀時被一位小學生稱為阿姨，當下會覺得不太能夠接受，但是這是第一次被這樣稱呼，所以會比較驚訝，驚訝的程度可能會大於其他不舒服的情緒，但後來在跟同事或是家人分享的時候，反而會覺得蠻有趣的，就像是一種新鮮的工作經驗一樣，而我認為當下不能接受的原因，可能是覺得自己沒有老到像是阿姨。後來遇到很多，也有那種當下不能接受的狀況……但印象都沒有那麼深刻了。反倒是有反過來的，就是被那種六十幾歲的歐巴桑，叫我妹妹，我會有點尷尬……但我想一想，也是啦，不然她要叫我什麼呢？這種年齡稱謂，真的很困難。

Q（訪問者）：前面討論的內容，你認為會有性別差異（因遇到狀況的本人是男女而有所不同）嗎？為什麼？

A（受訪者）：我認為無論是男生或是女生都會對於年齡有一些在意，但是受到社會環境的影響，像是車站大廳琳瑯滿目的醫美廣告等等，可能會加深對於女性外貌的要求，而造成女性有更大的可能性會提升容貌上的焦慮，而這種現象更來自於社會的傳統觀念，需要現在的人們去共同努力改善。

Q（訪問者）：請問你對以下幾個詞彙的年齡區間估計：青年，壯年，歐吉桑、歐巴桑，老年，銀髮族，熟女，輕熟女，初老，是幾歲到幾歲？

A（受訪者）：我認為青年多是指15到25歲，壯年是25到45歲，歐吉桑和歐巴桑是指45歲65歲，銀髮族指的是65歲以上，老年是指70歲以上，熟女因我會認為是30歲以上，輕熟女我認為是25歲以上，初老我認為是35歲以上。

Q（訪問者）：請問你覺得上述詞彙有哪些適合你現在的年齡區間？

A（受訪者）：目前我認為我屬於壯年，但可能是這個詞比較少用，聽起來也是有點奇怪，輕熟女可能更適合吧！另外我認為年輕人這個詞的使用範圍更廣，可以從高中生至社會人士都可以使用。

附　錄：定性研究深度訪談實錄

Q（訪問者）：你會「怕老」嗎？為什麼這麼覺得？你認為怕老是在怕什麼？

A（受訪者）：會吧！就是有一種覺得體力不如前的感覺。還有皺紋、淚溝真的是不知不覺，我以前都沒注意到，但現在都消不掉了。其實我覺得淚溝比皺紋更顯老，就是眼睛下方的凹陷。你看很多年輕女生就有皺紋，但淚溝就是我們這種輕熟女才會有的啊！而且我的確時常聽到長輩們對於老的擔憂，特別是在身體健康的方面，我認為這也默默影響我的生活習慣，我可能會比較注重飲食以及運動頻率等等，所以我認為怕老多是指對於日後身體健康的擔憂，以及疾病預防和治療的焦慮等等。

Q（訪問者）：在你眼中，「女性的顯老」是哪方面的呈現？

A（受訪者）：我認為女性的顯老，會分成面貌以及心理兩種，例如在面貌上可能會出現皺紋、淚溝、白頭髮等等，而心理層面可能會開始排斥娛樂性質的活動，或是對於一些衣著上的排斥，體力變差，此外，也會對於新鮮事物失去以往的熱情和活力時，我會認為對方有變老或是顯老的趨勢。

Q（訪問者）：在你眼中，「男性的顯老」是哪方面的呈現（什麼樣的線索會讓你覺得對方有點老或開始變老）？

A（受訪者）：我認為男性的顯老與女性有一些相同，特別在於心理層面上，我認為男性也會開始排斥娛樂性質的活動，或是對於一些穿著上的排斥，也會對於新鮮事物失去以往的熱情和活力，減少嘗試的可能性，而男性在外貌上可能會變胖也會讓我覺得有變老的趨勢。另外，男性其實也有淚溝、皺紋的問題，不過相比起來，我周圍同輩的男性好像白頭髮更嚴重一點。

Q（訪問者）：在所有老化的外貌外型特徵當中，何者是你最不喜歡或最不能接受的？為什麼？是否有接觸過相關的經驗或故事？

A（受訪者）：我認為在所有老化的外型外貌特徵當中，我最不能接受的是身材的變胖。因為在老了之後呢，肥胖會增加更多慢性病以及身體上的負擔，因此我認為變胖是老化中很容易發生並且傷害性很高的事情，像是我的阿嬤也是肥胖類型的身材，對於她的日常生活自我獨立性就會增加許多負擔。

Q（訪問者）：請問你周圍或是媒體檯面上，有誰是讓你覺得老得很好看（甚至是老了比年輕更吸引人），希望自己將來即使看起來有歲月痕跡，但也能像他或她一樣有魅力的人？

A（受訪者）：我認為在我的親戚中，我有一位阿姨，她在進入了六十歲以後，仍然讓我覺得她很好看，因為她會定時到健身房運動，然後也十分注意自己的身體健康，雖然她的臉上會有皺紋，但是我認為她有內在散發出的一種健康感，會讓我覺得提升了她的個人魅力。

Q（訪問者）：你曾做哪些活動或買哪些商品來讓自己常保青春？為什麼你會覺得有幫助？

A（受訪者）：我曾經去參加過瑜伽類型的課程，來幫助自己保持身體的曲線以及每日的運動，也會和家人在暑假或是寒假時定時去外面跑步，因此我認為保住自身的青春上，我做比較多的努力是在於運動的程度提升，此外我也會買一些保健品，例如對於眼睛的保養等等。

Q（訪問者）：請問你有去醫美診所相關經驗嗎？請說明一下當初的心路歷程？

A（受訪者）：我比較不會想要以醫美類型去做保養，可能是因為我自身對於這方面並沒有太多的認識與瞭解，所以我會認為可以透過自身努力達成的事情，就不要過於依賴技術層面的快速提升，避免造成日後的後遺症或是其他的負擔。但最近同事都在推醫美，我們很多同事都做過玻尿酸補淚溝，或是雷射，我可能會先從雷射的部分試看看吧！畢竟感覺比較不是侵入

附　錄：定性研究深度訪談實錄

性的操作，我還是會比較能接受非侵入性的這種。

Q（訪問者）：那我們來談談社群媒體。請問你有在使用社群媒體嗎？

A（受訪者）：有啊！

Q（訪問者）：可以說一下你最常瀏覽的社群媒體有哪些？

A（受訪者）：Instagram、YouTube、TikTok、小紅書。

Q（訪問者）：以上這些社群媒體中，何者是你最常發文的社群媒體？

A（受訪者）：IG。

Q（訪問者）：你在社群媒體上發文的頻率大約是？

A（受訪者）：我蠻久才發文的喲！超過一個月才一次。

Q（訪問者）：你拍照後或上傳照片時，會用美肌功能嗎？為什麼？你在IG或社群媒體上看到其他同輩的照片是否會有壓力？

A（受訪者）：其實我都是會想要用美肌或濾鏡的。因為實際照相時，我常常覺得我沒那麼醜吧！和鏡子裏看起來差很多啊！有可能是光線或是現在相機的設定都太精密了，不知道為什麼科技愈發達，照出來的東西愈醜，所以我還是會用美肌，覺得比較符合現實。哈哈！真的啦！人眼和相機真的不一樣，我不是在找藉口。但我也很懶得去修圖，所以這就是我很少發文的原因。

Q（訪問者）：你對於現代素人、網紅大量使用美肌軟體、濾鏡，有什麼看法？你認同大量修圖和濾鏡的行為嗎？為什麼？

A（受訪者）：就是尊重啦！也可以理解啦！

Q（訪問者）：好喔！謝謝你的意見，因為時間因素，我們今天就到這邊為止。

A（受訪者）：不客氣。

數位時代的容貌焦慮與消費
—— 性別、老化與社群媒體

訪談編號	NO.9
地區	台灣北部
性別	男性
年齡	33
最常「瀏覽」的社群媒體	Facebook / Instagram / Threads / YouTube
最常「發文」的社群媒體	Instagram
社群媒體平均更新的頻率	超過一個月,久久才發文

Q(訪問者):謝謝你參加我們的訪談。我們今天的主題主要是跟容貌焦慮有關,請問你聽過「容貌焦慮」這個詞彙嗎?你對容貌焦慮的認識是什麼?

A(受訪者):不客氣,我之前看這個主題就覺得蠻有趣的。容貌焦慮我聽過啊!我想是指對自身的外表,如長相、身高等等,因為認為不如其他人而感到焦慮,也可能進一步去買保養品、健身運動、進行醫美療程等等,自卑感可能會嚴重到做出非必要或違反常理、有害健康的事。我猜女性可能更有這方面的壓力吧!不過男生也有就是了,尤其是現代這種社群媒體興盛的時代。

Q(訪問者):所以男性也會感到壓力?你覺得自己容貌焦慮的程度從1分(非常輕微)到10分(非常嚴重)大約是幾分?為什麼會這麼覺得?

A(受訪者):我的話,我覺得我的容貌焦慮時好時壞,大概在5~7分間,有時候心情好或沒水腫,就覺得自己整體看起來也不錯看,但也常常覺得自己長得不對稱、腿短、氣色很差、衣服穿得很俗之類的。

Q(訪問者):所以總體而言,大部分時候你對自己身材滿意嗎?最滿意和最不滿意的點分別是什麼?為什麼?對於不滿意的部分,你期待達到什麼樣的身材?

A(受訪者):整體而言的話,勉強可以啦!滿意的⋯⋯至少沒有重大缺陷

附　錄：定性研究深度訪談實錄

吧。我最不滿意自己的就是腿長，我身高只有一六八，但這麼矮好歹腿也長一點吧，也沒有，大概就是五五身，胖一點就很矮肥短，然後胸肌瘦的時候跟著不見，胖的時候也沒多大。我是不指望自己能有像模特兒或健身教練的身材啦，但因為我矮，至少不要胖，可以無畏地露出平坦肚子就好了，腿也細細的就好了。不過因為我很愛吃，只好多運動，現在看起來腿滿壯的，肚子卻還是肉……唉唉！

Q（訪問者）：你對自己容貌滿意嗎？最滿意和最不滿意的點分別是什麼？為什麼？對於不滿意的部分，你期待達到什麼樣的狀態？

A（受訪者）：容貌的話，我想也是普通吧！沒有太滿意，也沒有太不滿意。最滿意的應該是鼻子，小時候有被稱讚過，還滿挺的。可是眼睛不大而且是單眼皮，所以鼻子反而顯得有點大。臉型應該是最不滿意的，偏長而且不對稱，眼睛也大小不一。雖然說不對稱本來就是正常的，但我覺得我是很明顯那種，把照片水平翻轉看起來差很多。而且我有一點戽斗，在矯正之前牙齒也咬合不正，現在側面還是滿可怕的，上半部凹下去，下半部凸出來。加上我天生黑眼圈（或因為鼻炎？），眼下看起來更凹了，我希望首先黑眼圈能好一點，然後眼睛大小不要差那麼多，側面好看一點。哈哈，沒想過男生也想這麼多吧？

Q（訪問者）：還好啦！只是每個人真的都有自己在乎的罩門或是特點耶！有沒有什麼時候、情境（婚禮、公司會議、同學會……）會讓你的容貌焦慮程度提高？你通常會怎麼做？可否說明一下相關的例子？

A（受訪者）：看到帥氣的同學、朋友的照片應該自卑感最強，他們看起來都很體面，穿得很潮，動作姿勢也很帥，然後通常都是在喝咖啡或逛文青市集、出國玩。在路上遇到他們和女朋友或是一群差不多的朋友在一起的時候，也會有種阿我怎麼這樣的

329

數位時代的容貌焦慮與消費
——性別、老化與社群媒體

感覺……

Q（訪問者）：那會想要好好地把自己打扮一下或是整頓一下之類的嗎？

A（受訪者）：會是會啦！但現在上班這麼忙，放假就只想在家裏休息，有時候也是想想就算了。

Q（訪問者）：那想像當你達到了自己滿意的容貌和身材之後，又如何？你覺得生活會有什麼改變？或者為何要追求上述的狀態？

A（受訪者）：會比較有自信吧，可以放心地拍照或穿衣服，也比較不會有種自己是歐吉桑的感覺，比較像符合自己年齡的年輕人。朋友會不會比較多不知道，因為我本來就蠻喜歡獨處的，但感覺在與他人相處上就會比較有優越感。說要追求讓我滿意的狀態嗎？好像也不會太執著，可是如果可以的話，還是希望讓別人覺得自己好完美、生活過得好這樣，總而言之現在也不錯，可是虛榮心會作祟。

Q（訪問者）：請問在生活或職場中，對於年齡長於你的女性和男性，除了職稱之外，通常你會怎麼稱呼（例如：王小明，稱其為王大哥？小明哥？小明？或……）？你稱呼他人大哥或大姊的規則為何（請分男、女回答）？有對方不能接受的時刻嗎？

A（受訪者）：通常很明顯，比我媽媽大，小時候會叫阿姨，我上班之後，職場上的叫姊或是職稱，早餐店之類的叫阿姨。目測跟我阿嬤差不多，就叫伯母。不知道年紀就先稱小姐或用職稱；男生一律都叫大哥，除非去鄉下玩之類的，有時候才會叫年紀比較大的阿伯，就是那種白頭髮或穿白背心、夾腳拖那種，或阿公，約莫是滿頭白髮或拄拐杖那種。目前沒有遇到對方不能接受的時候。

Q（訪問者）：所以職場上的幾乎都是叫姊囉？生活上才會有叫阿姨的？

A（受訪者）：當然，職場上大部分可以，都還是叫英文名字或職稱，很明顯比我大的，才叫姊。

Q（訪問者）：那對你而言，有被別人叫「哥」或「姊」或阿姨、叔叔……

附　錄：定性研究深度訪談實錄

等稱謂，是你不大能接受的時候嗎？大概是什麼樣的情境？為什麼不能接受？你覺得小你幾歲以內，或是對方是怎麼樣的情況，不該叫你該稱謂？

A（受訪者）：是不會太在意，但還是會自我懷疑一下。我有時會被叫叔叔，但對方的確也是可以叫我叔叔的年紀。只是比較麻煩的是，我比較常被叫小，尤其是穿輕鬆一點去散步的時候；參加活動之類的則常被以為是高中生或大學生。其實我不會很開心啊！因為究其原因應該是因為身高和穿著吧！也不是因為我真的年輕。如果穿寬鬆平常一點，就很像放學隨便穿一穿就和朋友出來玩的高中生。我現在大都穿襯衫西褲，看起來比較成熟一點……吧！

Q（訪問者）：所以對你而言，反而是困擾被叫年輕了？和大部分女生不同呢！那前面討論的內容，你認為會有性別差異，就是因遇到狀況的本人是男女而有所不同嗎？為什麼？

A（受訪者）：我想應該男女都或多或少會在意，尤其是自己也知道自己不年輕的時候，但感覺女生會比較耿耿於懷。更準確地來說，或許女性在這方面的擔憂會更早，二十幾歲被叫阿姨就會不太能接受。男生的話叔叔應該還可以吧！但我爸，今年五十九歲，最近被7-11店員叫阿伯很不開心，哈哈！我覺得是因為他白頭髮太多了，但誰叫他那麼久沒染頭髮。

Q（訪問者）：請問你對以下幾個詞彙的年齡區間估計，例如就你的感覺而言，青年，壯年，歐吉桑、歐巴桑，老年，銀髮族，熟女，輕熟女，初老是幾歲到幾歲？

A（受訪者）：你剛說那些之外，我覺得還有很多耶！可以一起講嗎？少年、少女：12~23，年輕人：15~28，青年：15~35，新鮮人：23~26，壯年：35~55，歐吉桑：45~65，歐巴桑：40~60，阿姨：28~40，叔叔：28~40，老年：55以上，銀髮族：55以上，輕熟女：30~35，熟女：35~45，初老：45~50。

331

Q（訪問者）：請問你覺得上述詞彙有哪些適合你現在的年齡區間（或者是沒有在上述詞彙中，但你覺得適合的亦可說出來）？

A（受訪者）：我已經很難稱自己是少年了，只會說自己是青年或是算是年輕人。叔叔其實我也會認命地接受啦，畢竟平常我也不怎麼打扮。

Q（訪問者）：可是在我剛剛的紀錄，你說年輕人是15-28耶！那你不就是超過這個歲數？……

A（受訪者）：哈哈！對耶！所以自己看客觀的詞彙和數字，是一回事，但放到自己身上衡量，又是另一回事……我有些同事當了爸爸，可能比較會覺得自己不年輕吧！但像我還沒結婚，就覺得現在過的日子，除了職稱不同，其他不是跟剛畢業時差不多嗎？就沒有那種自己已經是阿伯的感覺吧？你這麼說，我甚至覺得我也不是壯年，就算再過兩年之後也沒有自己是壯年的感覺！

Q（訪問者）：這有部分是因為你會「怕老」嗎？為什麼這麼覺得？你認為怕老是在怕什麼？

A（受訪者）：有點怕。我的話，怕皺紋和斑點吧，皮膚會變比較沒彈性。不過我覺得更可怕是身體機能變差，感覺到自己今不如昔的時候。自己曾經那麼好看、那麼有活力，卻不得不接受自己愈來愈差的老化事實，還有這意謂著自己生理上的人生巔峰已經過了，剩下的只有下坡。

Q（訪問者）：在你眼中，「女性的顯老」是哪方面的呈現（什麼樣的線索，例如：那些容貌特徵？行為特徵？衣著或舉止……會讓你覺得對方有點老或開始變老）？

A（受訪者）：較老的女性，其實有一些共通點，真的老的是皮鬆掉、駝背，如果穿那種菜市場看得到的衣服也是，或是畫以前的那種眼線或濃妝，會讓我覺得她們比普通不化妝的還老氣。如果開始變得厚臉皮或在公共場合大聲講話，那我會覺得她活

附　錄：定性研究深度訪談實錄

　　　　　　　　　脫脫就是個歐巴桑。沒那麼嚴重的初老或是媽媽化的話，就
　　　　　　　　　是變得很會擔心，聊天話題聚焦在煮飯、購物或家事上吧。

Q（訪問者）：在你眼中，「男性的顯老」是哪方面的呈現（什麼樣的線索
　　　　　　　會讓你覺得對方有點老或開始變老）？
A（受訪者）：白頭髮或禿頭應該是最明顯的。另外，就是肚子，女性有肚
　　　　　　　子的好像比較不多，男性幾乎四十幾歲都有肚子。還有就是
　　　　　　　金手錶或那種看起來很重的機械錶也是，還有那種翻開旁邊
　　　　　　　可以放名片的手機殼。另外皮膚變粗也蠻明顯的，尤其是手
　　　　　　　指、手掌等地方。但有時候戴錶、梳油頭是為了讓自己看起
　　　　　　　來成熟，最主要好像還是看臉和頭髮。

Q（訪問者）：在所有老化的外貌外型特徵當中，何者是你最不喜歡或最不
　　　　　　　能接受的？為什麼？是否有接觸過相關的經驗或故事？
A（受訪者）：皮膚變鬆或有斑點。雖然是男生，但我比較不擔心禿頭，肚
　　　　　　　子的話，可能大家都有一點點啦！但皮膚變鬆、有斑點，卻
　　　　　　　讓我有點在意。雖然我現在才三十三，但我還蠻在意自己皮
　　　　　　　膚有點鬆的事情，腰間和背部的皮會有點多，然後形成一條
　　　　　　　一條的。另外因為我喜歡戶外活動，之前有曬出一些斑點和
　　　　　　　皮膚變粗，雖然我不會因此就不曬太陽，但還是蠻擔心的。

Q（訪問者）：請問你周圍或是媒體檯面上，有誰是讓你覺得老得很好看
　　　　　　　（甚至是老了比年輕更吸引人），希望自己將來即使看起來
　　　　　　　有歲月痕跡，但也能像他或她一樣有魅力的人？
A（受訪者）：男生還滿多的，就是愈老愈有成熟味道那種，例如金城武和
　　　　　　　孔劉。女生的話好像避免不掉有紋路就會比較不好看的問
　　　　　　　題，但是我覺得這時候就已經不是外表的問題，而是自信和
　　　　　　　泰然，會讓人不論外表都覺得她很美很有氣質，例如Meryl
　　　　　　　Streep和張艾嘉。

Q（訪問者）：你曾做哪些活動或買哪些商品來讓自己常保青春？為什麼你
　　　　　　　會覺得有幫助？

數位時代的容貌焦慮與消費
―― 性別、老化與社群媒體

A（受訪者）：我還蠻懶的，所以一開始都沒用保養品，後來是朋友送我一整組，我才開始用，發現還是有一點差別，但我保養品都很簡單，有一天沒一天地擦。我還算喜歡吃蔬菜和喝水，不怎麼吃油炸的和喝飲料，所以沒什麼太大的皮膚問題。不過我覺得運動對健康和身材好，但對皮膚好像不太好耶，我有時候會因為流汗長東西，然後臉很紅。另外我覺得保健品有些根本就是智商稅，又不一定真的吃什麼就補什麼，也不用過猶不及吃一大堆。現在是想要去健身，但其實我最在乎的比例問題，也無法透過健身解決，所以也是懶懶的。

Q（訪問者）：請問你有去醫美診所相關經驗嗎？請說明一下當初的心路歷程？

A（受訪者）：只有去看皮膚問題而已，曾去看過青春痘，但沒有想要做什麼醫美，那可能都是女性或演藝人員才做的吧！

Q（訪問者）：那我們來談談社群媒體。請問你有在使用社群媒體嗎？

A（受訪者）：有啊！

Q（訪問者）：可以說一下你最常瀏覽的社群媒體有哪些？

A（受訪者）：Facebook、Instagram、Threads、YouTube。

Q（訪問者）：以上這些社群媒體中，何者是你最常發文的社群媒體？

A（受訪者）：Instagram。

Q（訪問者）：你在社群媒體上發文的頻率大約是？

A（受訪者）：我真的蠻忙的，所以大概，很久才發文一次，超過一個月吧！

Q（訪問者）：你拍照後或上傳照片時，會用美肌功能嗎？為什麼？你在IG或社群媒體上看到其他同輩的照片是否會有壓力？

A（受訪者）：我很少發文，所以只偶爾會用濾鏡，大多數的策略是直接不露臉。網美潮人朋友過得很好的貼文，就是我的焦慮和自卑來源。

Q（訪問者）：你對於現代素人、網紅大量使用美肌軟體、濾鏡，有什麼看

附　錄：定性研究深度訪談實錄

法？你認同大量修圖和濾鏡的行為嗎？為什麼？

A（受訪者）：就是覺得很假啊！我也儘量不要用，但還是會有時候不得不用。只是最近愈來愈不熱衷發文了，所以就是看別人的，覺得它們很假吧！像有些網紅，你看那個肌肉根本就是某個角度ㄍㄧㄥ出來的啊！但反正這已沒有什麼違法的問題，只是我們這種普男看到就會有壓力吧！哈哈！

Q（訪問者）：因為時間因素，我們好像差不多囉！謝謝你的意見，我們今天就到這邊為止。

A（受訪者）：不客氣，很有趣的訪談！

數位時代的容貌焦慮與消費
—— 性別、老化與社群媒體

訪談編號	NO.10
地區	台灣北部
性別	男性
年齡	45
最常「瀏覽」的社群媒體	Instagram / Dcard
最常「發文」的社群媒體	Instagram
社群媒體平均更新的頻率	超過一個月,久久才發文

Q（訪問者）：謝謝你參加我們的訪談。我們今天的主題主要是跟容貌焦慮有關,請問你聽過「容貌焦慮」這個詞彙嗎?你對容貌焦慮的認識是什麼?

A（受訪者）：有聽過。我認為隨著網路和社群媒體,愈來愈多人對自己的外表不滿意,容貌焦慮一詞也愈盛行。

Q（訪問者）：你覺得自己容貌焦慮的程度從1分（非常輕微）到10分（非常嚴重）大約是幾分?為什麼會這麼覺得?

A（受訪者）：我的話,大概7分吧!自認為外表還可以,但畢竟現在也不再青春了,聽到有人評論自己的身材,或是看到社群媒體上體態很好的人時,就會覺得焦慮和有壓力。

Q（訪問者）：你對自己身材滿意嗎?最滿意和最不滿意的點分別是什麼?為什麼?對於不滿意的部分,你期待達到什麼樣的身材?

A（受訪者）：還算滿意,滿分10分的話,我自評約7分。最滿意的部分是臀部,我努力透過健身讓臀部更翹。不滿意的部分是腹部和胸部,希望胸肌可以更大,看起來比較性感。也希望沒有小腹,如果有六塊肌、人魚線最好,「前凸後翹」一詞就是我想像的理想身材,哈哈!不是女性那種,是男性的前凸後翹。

Q（訪問者）：你對自己容貌滿意嗎?最滿意和最不滿意的點分別是什麼?為什麼?對於不滿意的部分,你期待達到什麼樣的狀態?

A（受訪者）：還算可以,滿分十分的話,我自評約六分。不滿意的部分是

附　錄：定性研究深度訪談實錄

黑眼圈，總讓我看起來很疲憊。另外，我也希望皮膚可以更好，畢竟男性肌膚比較容易出油，毛孔粗大，希望可以膚質看起來更好一點。

Q（訪問者）：有沒有什麼時候、情境（婚禮、公司會議、同學會……）會讓你的容貌焦慮程度提高？你通常會怎麼做？可否說明一下相關的例子？

A（受訪者）：工作上的重要會議、正式場合時，容貌焦慮程度較高，另外，如果有那種多年不見的朋友聚會，我也會有相當的容貌焦慮。我會特意打扮出席。平時我都素顏、西裝，但出席以上活動時，我通常會特別看看有沒有一些肌膚缺陷的狀況，也許會用遮瑕膏處理一下。

Q（訪問者）：請問你剛剛是說用「遮瑕膏」嗎？就是化妝品當中的遮瑕那種嗎？

A（受訪者）：對啊！哈哈！我是不會化妝，但是遮瑕膏很好用，是我老婆的，我之前是有個痘疤，不雅觀，後來發現，可以遮得很精準。

Q（訪問者）：當你達到了自己滿意的容貌和身材之後，又如何？你覺得生活會有什麼改變？或者為何要追求上述的狀態？

A（受訪者）：俗諺說女為悅己者容，那男性呢？我覺得不論男生、女生都不全然如此。事實上，男性或女性都為悅己而容。我們這個年紀，都結婚了，也沒必要在外面招蜂引蝶什麼的，但我還是會重視自己的容貌身材，畢竟達到滿意的容貌和身材不一定能帶來實質效益，雖然可能職場或有些活動中，別人可能因為你漂亮而特別善待你，我覺得這些利益其實對現在的我來說，沒那麼重要了。反而是一種人生苦短，所以想要好好對待自己、善待自己，讓自己有好的身材和自己欣賞的容貌，就是一種好好照顧自己吧！

Q（訪問者）：請問在生活或職場中，對於年齡長於你的女性和男性，除了

數位時代的容貌焦慮與消費
—— 性別、老化與社群媒體

	職稱之外，通常你會怎麼稱呼？你稱呼他人大哥或大姊的規則為何？有對方不能接受的時刻嗎？
A（受訪者）：	男性我會直接叫XX哥，覺得這是對對方的尊稱，男生似乎也都比較接受這種被尊重的感覺。女生的話對年齡比較在乎，因此則會先觀察看看其他人對她的稱呼，不一定會直稱姊，有可能會直接喊名字。
Q（訪問者）：	對你而言，現在應該比較常被別人叫「哥」、叔叔……等稱謂，有你不大能接受的時候嗎？大概是什麼樣的情境？為什麼不能接受？你覺得小你幾歲以內，或是對方是怎麼樣的情況，不該叫你該稱謂？
A（受訪者）：	現在喔，現在除非被叫歐吉桑，不然被叫哥、兄、叔叔、大叔，都還算習慣了啦！只是你這麼說，讓我想起，剛開始工作的時候，有被年齡比我大近十歲的人稱呼哥，對方是職場的客人。蠻無法接受，主要是因為對方年齡比我大許多，覺得很荒謬。但現在經歷多了，也就可以瞭解，也許對方是想要給我一種「尊重」的感覺，所以才會這樣稱呼吧！
Q（訪問者）：	前面討論的內容，你認為會有性別差異（因遇到狀況的本人是男女而有所不同）嗎？為什麼？
A（受訪者）：	我認為女生對年齡比較在意，對「姊」這個稱呼比較敏感，可能會想說是不是在年齡上做文章。男生好像真的沒什麼差別。
Q（訪問者）：	那我冒昧請問一下，如果你現在去便利商店買東西，被店員稱呼「阿伯」，你可以接受嗎？
A（受訪者）：	當然不行啊！哈哈！再怎麼樣我還是「先生」，總覺得阿伯是不是太老了？
Q（訪問者）：	請問你對以下幾個詞彙的年齡區間估計，例如就你的感覺而言，青年，壯年，歐吉桑，歐巴桑，老年，銀髮族，熟女，輕熟女，初老是幾歲到幾歲？

附　錄：定性研究深度訪談實錄

A（受訪者）：青年20-40，壯年31-55，歐吉桑、歐巴桑55-70，老年 65以上，銀髮族70以上，輕熟女31-40，熟女 41-50。

Q（訪問者）：請問你覺得上述詞彙有哪些適合你現在的年齡區間？

A（受訪者）：我的話，應該就是壯年吧！其實我覺得我應該還算是青年耶！壯年聽起來，比較老成那種！那之前提到的阿伯，就是歐吉桑才對啊！

Q（訪問者）：你會「怕老」嗎？為什麼這麼覺得？你認為怕老是在怕什麼？

A（受訪者）：會，但其實在和你談論的過程中，我也發現，我好像也是老了……另外，這個社會終究是愈來愈看重外貌的社會，如果因為老化而失去了得宜得體的外貌、身材，大家對你的態度也會隨之不同。不過我有時候會慶幸在這方面，我不是女性，有時候你看網路上那些酸民的言論，會覺得社會對女性的外表真的比較嚴格，也比較不友善。

Q（訪問者）：在你眼中，「女性的顯老」是哪方面的呈現（什麼樣的線索，例如：那些容貌特徵？行為特徵？衣著或舉止……會讓你覺得對方有點老或開始變老）？

A（受訪者）：就我的觀察的話，外表上，眼角可能開始有魚尾紋、皮膚失去彈性，因此會化比較濃的妝，也會用專櫃保養品，甚至去醫美打雷射之類來維持外表。穿著會減少穿顯身材、短版的衣服，可能開始走比較優雅氣質的風格，例如連身裙。

Q（訪問者）：在你眼中，「男性的顯老」是哪方面的呈現（什麼樣的線索會讓你覺得對方有點老或開始變老）？

A（受訪者）：男生一般都比較沒在打扮，所以我認為男性的顯老主要在身材上，禿頭、鮪魚肚，最多就是加上白頭髮吧！舉止上可能更愛攀比，比成就、比財富、比小孩，比不過的就提當年勇，喜歡回憶過去。

Q（訪問者）：在所有老化的外貌外型特徵當中，何者是你最不喜歡或最不

數位時代的容貌焦慮與消費
——性別、老化與社群媒體

能接受的？為什麼？是否有接觸過相關的經驗或故事？

A（受訪者）：下垂、鬆垮的臉和禿頭。也沒什麼特別的故事，但我覺得面相，尤其是中年以後的面容，是可以反映出一個人的性格的，所以那種很嚴肅、嚴厲、容易暴怒的男性，通常就會有一張垮垮的臉，我希望我自己不要是那樣。幸好我現在頂多是有點斑點、皺紋而已。另外，我也不喜歡禿頭。但與其說是禿頭，不如說是討厭那種用很多髮油，把長瀏海梳到禿的另一邊去的那種。如果是光頭，我反而很可以接受。大概就是討厭髮油的油膩感吧！

Q（訪問者）：請問你周圍或是媒體檯面上，有誰是讓你覺得老得很好看（甚至是老了比年輕更吸引人），希望自己將來即使看起來有歲月痕跡，但也能像他或她一樣有魅力的人？

A（受訪者）：湯姆克魯斯，他演《捍衛戰士》這部電影特別帥，老了外表還是很好看，甚至多了成熟男人感覺，穩重且帥氣，身材也維持得很好。

Q（訪問者）：你曾做哪些活動或買哪些商品來讓自己常保青春？為什麼你會覺得有幫助（例如：保養品？醫美產品？微整形？非介入性皮膚科療程雷射等？保健品？健身課？參加社團？……）？

A（受訪者）：身形部分，我勤勞上健身房，每周運動約三次，自主訓練來維持體態。外表部分，我比較沒那麼積極，偶爾會使用精華和乳液的保養品。就是之前我提到朋友贈送的產品，但我僅使用最基礎的保養品，之前有敷過一次臉，覺得好濕，不舒服。

Q（訪問者）：請問你有去醫美診所相關經驗嗎？請說明一下當初的心路歷程（考量的點和選擇？為什麼要做？環境的影響？工作？另一半的意見支持或反對？如何找到該診所？……）？

A（受訪者）：沒有，那可能是女生比較會想去吧？雖然我對自己的容貌有

附　錄：定性研究深度訪談實錄

不滿意的地方，但並沒有強烈到會想踏入醫美診所，畢竟怕手術失敗，而且也不想為此花費大筆金額。

Q（訪問者）：那我們來談談社群媒體。請問你有在使用社群媒體嗎？

A（受訪者）：有啊！

Q（訪問者）：可以說一下你最常瀏覽的社群媒體有哪些？

A（受訪者）：Instagram、Dcard。

Q（訪問者）：以上這些社群媒體中，何者是你最常發文的社群媒體？

A（受訪者）：Instagram。

Q（訪問者）：你在社群媒體上發文的頻率大約是？

A（受訪者）：其實我不常看，也不常用，通常都是有資訊搜尋需求時，才會去找一下，大概超過一個月都不會發文吧！

Q（訪問者）：你拍照後或上傳照片時，會用美肌功能嗎？為什麼？你在IG或社群媒體上看到其他同輩的照片是否會有壓力？

A（受訪者）：我拍照都不使用美肌或修圖，對我來說這是種欺騙。其他同輩的照片不至於使我有壓力，但有時看到某些健身同儕的貼文，我會讚歎並羨慕他們的外型就是了。

Q（訪問者）：這樣聽起來很正向呢！那是哪些外型會讓您羨慕？

A（受訪者）：就是之前有提到那些我希望達到的身材吧！好看的胸肌、手臂，還有結實的腹肌等等。

Q（訪問者）：你對於現代素人、網紅大量使用美肌軟體、濾鏡，有什麼看法？你認同大量修圖和濾鏡的行為嗎？為什麼？

A（受訪者）：我拍照都不使用濾鏡或修圖，對我來說這是一種不誠實，而且更加深了閱聽眾的容貌焦慮。我認為比起靠修圖製造在社群中美好的假象，不如直接付出行動去努力改變，靠保養和化妝變漂亮、靠運動維持身材。

Q（訪問者）：好喔！謝謝你的意見，因為時間因素，我們今天就到這邊為止。

A（受訪者）：不客氣。

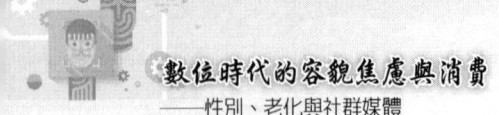

數位時代的容貌焦慮與消費
—— 性別、老化與社群媒體

訪談編號	NO.11
地區	台灣北部
性別	女性
年齡	27
最常「瀏覽」的社群媒體	Facebook / Instagram / Threads / YouTube / 小紅書
最常「發文」的社群媒體	Facebook / Threads
社群媒體平均更新的頻率	一周兩至三次發文

Q（訪問者）：謝謝你參加我們的訪談。我們今天的主題主要是跟容貌焦慮有關，請問你聽過「容貌焦慮」這個詞彙嗎？你對容貌焦慮的認識是什麼？

A（受訪者）：不客氣。容貌焦慮我聽過，意思是指人對於自己的外貌不自信，進而產生焦慮情緒。

Q（訪問者）：你覺得自己容貌焦慮的程度從1分（非常輕微）到10分（非常嚴重）大約是幾分？為什麼會這麼覺得？

A（受訪者）：我的容貌焦慮大概有7-8分，我對自己外表非常不自信。因為身高太矮、體重太重、五官不精緻，但沒有給10分滿分是因為自己懶得去調整、做出改變，我雖然不自信，但有種「我就爛」心態，懶得去減肥，也沒有能力下定決心。但主要是我認為現在亞洲審美太過單一，自己去迎合這個審美會覺得很low，但其實心裏還是不舒服。

Q（訪問者）：所以你對自己身材不大滿意，那最不滿意的點是什麼？有沒有滿意的地方？為什麼？對於不滿意的部分，你期待達到什麼樣的身材？

A（受訪者）：不滿意，我沒有什麼滿意的部分，不滿意倒是一大堆。不滿意自己的身高，非常矮，你看也知道，我不到一五五公分，體重很重，腳也很短，雖然不到過重，但絕對不算多數人眼中的「瘦」。我希望自己能長高一點，雖然來不及了，但希望自己身高至少有一百六，BMI約十九至二十，不用太瘦，

附　錄：定性研究深度訪談實錄

至少穿衣服不會太局限。現在我的身材真的穿什麼都不行，看起來一點也不精緻，跟朋友拍照很吃虧，但身高真的沒辦法改，而且我覺得身高太矮又太瘦看起來很像小孩，但太矮只要一胖就真的很胖……很難拿捏。

Q（訪問者）： 那你對自己容貌滿意嗎？最滿意和最不滿意的點分別是什麼？為什麼？對於不滿意的部分，你期待達到什麼樣的狀態？

A（受訪者）： 最滿意自己皮膚很好，從小到大沒長過幾次痘痘，從來不需要因為痘疤還是膚況不好擔心。也滿意自己看起來年輕，在國外讀書時常常被誤認為小孩，就是十五歲以下，但其實我已經快二十五歲……。最不滿意的部分是自己眼距太開、眼位太高，整個人看起來就超級不精緻，沒辦法很著重畫眼妝，眼距開、眼位高真的注定當不了美女，化不了流行的妝，而且我臉還很大，就很糟糕。總之就是希望自己眼睛大一點，臉小一點，想要長得正常一點。而且我的膚色還好黃！雖然我不黑但很黃，真的很劣勢。

Q（訪問者）： 有沒有什麼時候、情境（婚禮、公司會議、同學會……）會讓你的容貌焦慮程度提高？你通常會怎麼做？可否說明一下相關的例子？

A（受訪者）： 有，就是跟比較不常看到或是見面的同學朋友吃飯時。因為我高中唸女校，有很多朋友都高學歷且漂亮，跟她們很好，但因為課業繁忙比較不常見面，久沒見面就怕自己是不是又胖了，大家都會化精緻的妝容，但我還是一樣懶！我還是一樣醜！為了這個我可能會刻意控制飲食三至五天，至少讓自己的臉不要那麼腫，然後一定會化全妝，會儘量穿可以遮肉的衣服。當然我的朋友們人都很好，不會批評我的身材長相，但誰不想真心被稱讚是美女……

Q（訪問者）： 當你達到了自己滿意的容貌和身材之後，又如何？你覺得生

343

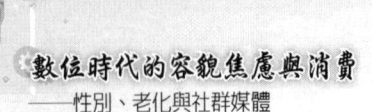

數位時代的容貌焦慮與消費
──性別、老化與社群媒體

活會有什麼改變？或者為何要追求上述的狀態？

A（受訪者）：我覺得會有很大改變欸，假設去求職還是唸研究所，兩個能力一樣的人，但一個好看、一個普通，任誰都會選好看的人。好看的人本來機會就比較多，常常被稱讚也會比較有自信。我常常被身邊的人說沒自信，但就是難以對自己的外貌認同，難以打從心底接受自己，成為有自信的人。我覺得自信很重要，能讓人從內到外的氣質改變，所以感覺還是要從接受自己開始。

Q（訪問者）：真的！其實很多有自信的人，外貌也不是那種標準美女，但有自信好像就會發光呢！那請問在生活或職場中，對於年齡長於你的女性和男性，除了職稱之外，通常你會怎麼稱呼（例如：王小明，稱其為王大哥？小明哥？小明？或……）？你稱呼他人大哥或大姊的規則為何（請分男、女回答）？有對方不能接受的時刻嗎？

A（受訪者）：我目前還是學生，所以我都會盡量避免用這些稱呼……叫人我都會叫「欸那個……不好意思」然後切入正題，但硬要叫的話，男生我不是很在乎，我都會叫大哥，或是直接叫職稱「經理」、「警衛」之類的。女生我通常都會叫「小姐」，不論年齡，明顯看起來是學生的話，我會叫同學。沒有遇到對方不能接受的時候。

Q（訪問者）：那反過來說，對你而言，有被別人叫「姊」或阿姨……等稱謂，是你不大能接受的時候嗎？大概是什麼樣的情境（對方的年齡、兩人相交流的狀況和場合等等）？為什麼不能接受？你覺得小你幾歲以內，或是對方是怎麼樣的情況，不該叫你該稱謂？

A（受訪者）：我曾被小小孩叫阿姨一次，但其實不太能接受，因為我剛從歐洲交換回來，我在歐洲都被稱呼Kid、Miss，但為什麼回台灣就變阿姨？但也沒有真的很不能接受，畢竟那種五歲以

附　錄：定性研究深度訪談實錄

下的，我硬要生也是生得出來……有時候會被什麼路邊攤店員叫姊姊，但通常都是看起來年紀輕輕、來幫爸媽的，就蠻可以接受。但我目前最常還是會被各種店員／辦事人員叫妹妹，這才是我比較熟悉的稱呼，哈哈！

Q（訪問者）：前面討論的內容，你認為會有性別差異（因遇到狀況的本人是男女而有所不同）嗎？為什麼？

A（受訪者）：會，因為我覺得女生通常比較在意這種稱呼，而且我是女性，我覺得我不想要的對方也不會想要，所以不會亂叫阿姨或大姐。但男性的話我就不太在乎。首先因為男性通常不太打扮，對外貌的管理也還好，所以我認為男性對這種事情好像也還好，而且應該有不少男性認為稱呼「哥」是一種尊稱，雖然我不這麼認為，但也如他們所願吧。我比較不在乎有沒有傷害到男性的情感，他們也比較不容易因為被怎樣稱呼不愉快吧！

Q（訪問者）：請問你對以下幾個詞彙的年齡區間估計，例如就你的感覺而言，青年，壯年，歐吉桑、歐巴桑，老年，銀髮族，熟女，輕熟女，初老是幾歲到幾歲？

A（受訪者）：青年：20-30，壯年：31-50，歐吉桑或歐巴桑：70以上，老年：70以上，銀髮族：75以上，熟女：40-55，輕熟女：35-40，初老：30以上。

Q（訪問者）：可是照你的分類，好像沒有50歲到69歲這一段耶！這一段年齡區間的人，會怎麼樣？

A（受訪者）：呃……哈哈，那個我還想到叔叔是35以上，阿姨：40以上，姐姐或大姐：35以上，年輕人：15-25。這樣50-69也算是叔叔、阿姨吧！

Q（訪問者）：請問你覺得上述詞彙有哪些適合你現在的年齡區間？或者是沒有在上述詞彙中，但你覺得適合的亦可說出來。

A（受訪者）：符合我的還有「青年」，但我一直很難相信自己快二十五

345

了,畢竟我還是廢柴學生,還覺得自己是小孩,哈哈,當然也還有「年輕人」。另外,我覺得初老比較看心態,比起外表更像是突然感覺自己哪裏身體不好,突然老了,所以我現在二十七有時候也覺得自己是初老。

Q(訪問者):你會「怕老」嗎?為什麼這麼覺得?你認為怕老是在怕什麼?

A(受訪者):有點怕,因為真的這一、兩年開始感覺到身體開始哪裏不好,開始體力不夠好,沒辦法天天熬夜讀書、偶爾跟朋友夜唱等等。但我認為市場上大家說「怕老」感覺是怕「顯老」,是外表上的老,不是身體上或心理上的老。我自認我的外表看起來比真實年齡年輕,所以對於外表上的怕老,目前還沒有太大衝擊。但心理上、體力上的「怕老」倒是有一點。因為最近開始睡不好、不能熬夜等等等。

Q(訪問者):在你眼中,「女性的顯老」是哪方面的呈現?什麼樣的線索,例如:那些容貌特徵?行為特徵?衣著或舉止⋯⋯會讓你覺得對方有點老或開始變老?

A(受訪者):行為就是開始關心自己的外貌,是否開始出現細紋等等,哈哈!以前都是買美白、保濕的化妝品,怕老應該會開始買保養、抗皺等等。衣著就是不再像以前穿得大膽,以前可能覺得穿bra top無所謂,但老了之後可能會嫌自己不莊重。還有很重要的一點,是會開始看不懂年輕人的穿著!像我現在會覺得穿得舒適就好,懶得打扮,而且現在的部分流行我實在不敢恭維。

Q(訪問者):可以說一下是哪方面不敢恭維嗎?

A(受訪者):露肚、露腰吧!還有一些穿搭風格,並不是說露哪裏,而是那種搭配方式,就覺得我應該不會喜歡。

Q(訪問者):在你眼中,「男性的顯老」是哪方面的呈現?什麼樣的線索會讓你覺得對方有點老或開始變老?

附　錄：定性研究深度訪談實錄

A（受訪者）：男性的話，和女生不大相同。男性顯老的行為就是開始說教、自以為自己有成就吧。男性聚在一起時常常吹噓自己的成就，「我以前怎樣怎樣」、開始批評年輕人不懂什麼什麼，就蠻老的。外貌可能是開始留鬍子，然後穿得比較上班族、不花枝招展。但我覺得男性比較難透過打扮判斷，男性看長相大概就知道幾歲了，根本不用猜。

Q（訪問者）：哈哈！怎麼說呢？

A（受訪者）：就像很多男性，有啤酒肚，皮帶都繫在奇怪的地方，因為要托住肚子，還有禿頭、白頭髮，或皺紋。

Q（訪問者）：**哈哈！那麼在所有老化的外貌外型特徵當中，何者是你最不喜歡或最不能接受的？為什麼？是否有接觸過相關的經驗或故事？**

A（受訪者）：我覺得都還好，目前對於身體上病痛的變化比較有感，外表還好。硬要說的話就是代謝變差，整個人比較容易腫、變胖，黑眼圈也很難消掉！所以只能透過多睡一點、常跑健身房去解決，以前外表出什麼問題多睡一下就好了，現在真的要保養品、運動、睡覺三管齊下，才能對暗沉的皮膚、黑眼圈什麼的達到改善。

Q（訪問者）：**真的！那麼，請問你周圍或是媒體檯面上，有誰是讓你覺得老得很好看（甚至是老了比年輕更吸引人），希望自己將來即使看起來有歲月痕跡，但也能像他或她一樣有魅力的人？**

A（受訪者）：我覺得大部分的西方人，無論性別，都是老了之後比較有韻味。要說亞洲人的話，我覺得男生跟女生老了差很多，女生會愈來愈有氣質，男生會愈來愈邋遢。……周杰倫就是很好的例子，看他被偶遇的圖，每年都愈來愈頹廢邋遢，也不好看，但女星們都是年齡愈大愈有氣質，如賈靜雯、蔡依林、林志玲、Ella等等。但我覺得這主要是根據年齡的打扮合適、充實自我而形成的外顯氣質。總體而言，亞洲男性，特別是

數位時代的容貌焦慮與消費
——性別、老化與社群媒體

　　台灣男生，老了就不太打扮，女性如果懂得認知到自己的年齡和氣質，就會非常有魅力。

Q（訪問者）： 你曾做哪些活動或買哪些商品來讓自己常保青春？為什麼你會覺得有幫助？

A（受訪者）： 就健身吧。體力不好就常跑健身房，開始運動後期熬夜真的也比較不累，心情不好也能透過健身排解。至於保養品部分，會開始選擇針對細紋、暗沉等產品，朋友有開始接觸打一些美白針、玻尿酸等等，但目的都不是為了「顯得年輕」，而是為了改善目前自己的膚況。可能我跟朋友年齡都還沒到真的要需要開始「防老」，所以實例不多。保健食品的話是只要去日本就會買一堆，所以會開始吃維他命C、B群改善暗沉，藍莓精華顧眼睛等等。

Q（訪問者）： 請問你有去醫美診所相關經驗嗎？請說明一下當初的心路歷程？

A（受訪者）： 有割過雙眼皮，因為自己眼距太寬又單眼皮，會讓眼睛看起來很無神、很小。剛好朋友家裏就是開整形診所，所以找醫師評估一點也不困難，割了雙眼皮後比較有自信，也常常有人說自己眼睛大，眼睛漂亮、睫毛很濃、很長之類的，會比較有自信。拍照比較好看，而且看到同儕都可以畫好看的眼妝就很羨慕，單眼皮的人真的比較少，所以利用網路資源學習化妝比較困難，哈哈。我做手術的當下沒有另一半，但若是另一半反對我應該會覺得很莫名其妙，畢竟雙眼皮手術真的是小事，我爸媽都沒意見啦！

Q（訪問者）： 那我們來談談社群媒體。請問你有在使用社群媒體嗎？

A（受訪者）： 有啊！

Q（訪問者）： 可以說一下你最常瀏覽的社群媒體有哪些？

A（受訪者）： Facebook、Instagram、Threads、YouTube、小紅書。

Q（訪問者）： 以上這些社群媒體中，何者是你最常發文的社群媒體？

附　錄：定性研究深度訪談實錄

A（受訪者）：Facebook、Threads。

Q（訪問者）：你在社群媒體上發文的頻率大約是？

A（受訪者）：一周兩至三次發文。

Q（訪問者）：你拍照後或上傳照片時，會用美肌功能嗎？為什麼？你在IG或社群媒體上看到其他同輩的照片是否會有壓力？

A（受訪者）：我會修圖，美肌倒是還好，因為我的皮膚比較好，我覺得磨皮功能只要有用就很明顯，所以不太會用，我發文都崇尚自然，嘿嘿！看到同輩照片會有壓力，但那些很愛發自己照片的人，多半都是長得漂亮又有自信，人比人氣死人，還是用自己喜歡的方式發文就好。我通常都是調一下膚色，因為真的太黃，調一下眼距，調一下照片的色調而已。

Q（訪問者）：你對於現代素人、網紅大量使用美肌軟體、濾鏡，有什麼看法？你認同大量修圖和濾鏡的行為嗎？為什麼？

A（受訪者）：我覺得可以用啊，修圖可以讓自己變漂亮為什麼不修？不要修到看不出來就好。只是我覺得現在中國流行的妝容有點太一致、太網紅臉，大家都看太多小紅書，用他們的方法、審美修圖，我覺得看多了真的蠻醜、蠻受不了，哈哈！我身邊的朋友修圖情況我不瞭解，但不太會有修得很超過的，所以真的還好。

Q（訪問者）：好喔！謝謝你的意見，因為時間因素，我們今天就到這邊為止。

A（受訪者）：不客氣。

數位時代的容貌焦慮與消費
——性別、老化與社群媒體

訪談編號	NO.12
地區	台灣中部
性別	男性
年齡	42
最常「瀏覽」的社群媒體	Facebook / Instagram / YouTube
最常「發文」的社群媒體	Instagram
社群媒體平均更新的頻率	一周兩至三次發文

Q（訪問者）：謝謝你參加我們的訪談。我們今天的主題主要是跟容貌焦慮有關，請問你聽過「容貌焦慮」這個詞彙嗎？你對容貌焦慮的認識是什麼？

A（受訪者）：我有在電視新聞看過，也聽朋友說過這個詞，我想對於現在的年輕人而言，應該很普通吧！容貌焦慮就是對於自己的容貌不滿意而感到焦慮，導致沒有自信面對人群，嚴重者甚至可能會因此而不敢出門，常常我都會看到IG上有人會發說像是「看到……光鮮亮麗的樣子，我都不敢出門」。大概就是這種的吧？

Q（訪問者）：你覺得自己容貌焦慮的程度從1分（非常輕微）到10分（非常嚴重）大約是幾分？為什麼會這麼覺得？

A（受訪者）：畢竟都大叔了，我覺得我自己算是比較沒有容貌焦慮的，大概最多3分，因為比起打扮自己，我屬於比較喜歡睡飽一點的，因此像是九點上班，常常都是睡到八點半才起床，梳洗之後就出門了，蠻常都是居家居家的，幸好我們辦公室也不大在乎這個。

Q（訪問者）：你對自己身材滿意嗎？最滿意和最不滿意的點分別是什麼？為什麼？對於不滿意的部分，你期待達到什麼樣的身材？

A（受訪者）：我小時候非常的胖，也因此國小時成為被霸凌的對象，甚至曾被關在廁所，就算到現在這麼久了，還是有點陰影，這使得我對自己的身材一直以來都不是很滿意。當然我知道這

附　錄：定性研究深度訪談實錄

也是我自己的問題，因為我不是很喜歡運動，不過我目前的BMI算是在適中範圍，但還是有肚子。老實說，我對自己的身材沒有滿意的部分，最不滿意的應該就是腹部吧，找不到方法可以減，我也希望擁有腹肌，但又一直沒有動力督促自己去健身房訓練，這輩子應該不太可能成為肌肉男了吧！

Q（訪問者）：你對自己容貌滿意嗎？最滿意和最不滿意的點分別是什麼？為什麼？對於不滿意的部分，你期待達到什麼樣的狀態？

A（受訪者）：我對自己的容貌沒有很滿意，但就如同我前面所說，我沒有很在意，因為覺得我也比不過別人。最滿意的大概就是有美人尖跟小酒窩吧，因為算是我個人的特色。而對於最不滿意的是我臉上有很多年輕時留下的痘疤，看起來皮膚很粗糙。年輕時，看了皮膚科好幾次，也都沒有改善，且常常覺得臉很油，很希望可以像明星那樣有個晶瑩剔透的臉，但可能也是自作自受，因為我長期都比較晚睡。

Q（訪問者）：有沒有什麼時候、情境（婚禮、公司會議、同學會……）會讓你的容貌焦慮程度提高？你通常會怎麼做？可否說明一下相關的例子。

A（受訪者）：現在可能呈現一種半放棄狀態吧！反正家人也不在乎，工作方面，我要露臉的機會不多，硬要說的話，大概就是以前在面試的時候，可能會讓我的容貌焦慮程度提高，記得之前在某一份工作面試時，我都很擔心我的打扮會不會讓公司留下不好的印象，因此為了讓自己看起來更好，我會特別早起床，抓頭髮、梳油頭，也會先準備好比較正式得體的衣服。

Q（訪問者）：當你達到了自己滿意的容貌和身材之後，又如何？你覺得生活會有什麼改變？或者為何要追求上述的狀態？

A（受訪者）：我覺得如果我真的達到自己滿意的容貌和身材，生活可能也不會有所改變，雖然很多人可能會覺得因此可以有比較好的異性緣，但我覺得對於找另一半這件事，比較想要用個性、

351

數位時代的容貌焦慮與消費
——性別、老化與社群媒體

興趣是否契合的方式作為標準，因為我不是外貌協會的，但我想很多人追求滿意的容貌狀態，就是為了要吸引更多的人。我們這個年歲，大概就是要求兩個人談得來、三觀要合吧！

Q（訪問者）：請問在生活或職場中，對於年齡長於你的女性和男性，除了職稱之外，通常你會怎麼稱呼（例如：王小明，稱其為王大哥？小明哥？小明？或……）？你稱呼他人大哥或大姊的規則為何（請分男、女回答）？有對方不能接受的時刻嗎？

A（受訪者）：對於年長於我的女性或男性，如果是不熟的，我可能會直接說，某某（姓氏）先生或某某（姓氏）小姐，但如果對於比較熟的人，或想要拜託他們，我可能就會稱他們某某大哥或某某大姐，我覺得相對於叔叔、阿姨，叫他們大哥或大姐反而沒有不能接受的時刻。

Q（訪問者）：承上題，對你而言，有被別人叫「哥」或「姊」或阿姨、叔叔……等稱謂，是你不大能接受的時候嗎？大概是什麼樣的情境（對方的年齡、兩人相交流的狀況和場合等等）？為什麼不能接受？你覺得小你幾歲以內，或是對方是怎麼樣的情況，不該叫你該稱謂？

A（受訪者）：我很早就被叫老了，一開始是什麼時候，也不大記得，印象中年輕時好像會為此感到很不開心！被看起來很油條的廠商叫「哥」……但後來好像也就習慣了，畢竟我肚子這麼大，一看就是「事業有成」的中年人……再來就是髮際線也有一點後退的危險，哎呀……

Q（訪問者）：前面討論的內容，你認為會有性別差異（因遇到狀況的本人是男女而有所不同）嗎？為什麼？

A（受訪者）：我覺得有性別差異，男生如果被叫叔叔或大哥，比較不會有不舒服的感覺，反之如果是女性被叫阿姨或大姐的話，可能會比較不舒服，我想這是因為女性比較重視年齡隱私的原

附　錄：定性研究深度訪談實錄

因，因此被叫姐或阿姨就會覺得自己老了，這也是為何一般來說不太能問女性年齡的緣故。

Q（訪問者）：請問你對以下幾個詞彙的年齡區間估計：青年，壯年，歐吉桑、歐巴桑，老年，銀髮族，熟女，輕熟女，初老是幾歲到幾歲？

A（受訪者）：青年：18-45，壯年：25-55，歐吉桑、歐巴桑：45-70，老年：65歲以上，銀髮族：70以上，熟女：40-50，輕熟女：35-40，初老：50-60。

Q（訪問者）：請問你覺得上述詞彙有哪些適合你現在的年齡區間（或者是沒有在上述詞彙中，但你覺得適合的亦可說出來）？

A（受訪者）：我覺得適合我的詞彙是青年吧！可能因為沒有結婚，所以覺得心態上還是跟以前沒有很大的差別，畢竟我十年前，好像也跟現在長得差不多，做類似的事情，頂多就是職稱不同而已啊！

Q（訪問者）：你會「怕老」嗎？為什麼這麼覺得？你認為怕老是在怕什麼？

A（受訪者）：我會怕老，因為我覺得老了之後身體機能會變差，也會有比較多的慢性病，這樣可能就不能做很多我想做的事，怕老我覺得就是在怕自己不能再隨心所欲、不能陪伴家人，面對死亡我想是很多人都會害怕的。但在外貌方面，就像我之前說的，我不是外貌協會，所以比較沒感覺吧！

Q（訪問者）：在你眼中，「女性的顯老」是哪方面的呈現（什麼樣的線索，例如：那些容貌特徵？行為特徵？衣著或舉止……會讓你覺得對方有點老或開始變老）？

A（受訪者）：我覺得會開始碎碎念就可能開始算是女性的顯老，或是會開始穿比較花的衣著，對於飲食有比較多的講究，抑或是開始塗抹一堆保養品。像很多馬路三寶會在路上跟你囉哩囉嗦，也為了不引起衝突，不敢得罪她，甚至她會開始倚老賣老，

353

都是女性顯老的表現。如果說外貌的話，可能就是眼睛吧！眼睛下面有皺紋、眼袋或魚尾紋之類的。另外皮膚也變粗一點。

Q（訪問者）：在你眼中，「男性的顯老」是哪方面的呈現（什麼樣的線索會讓你覺得對方有點老或開始變老）？

A（受訪者）：男性的顯老大概是記憶力的衰退，外貌上開始不太在意自己的皺紋、頭髮變白，會開始蓄鬍，常常在路上看到很多老年人都是滿嘴的白鬍鬚、滿頭白髮，同時也與女性一樣，有碎碎念的徵兆，我覺得男性的顯老比女性會更常出現突然暴怒的時候。外貌方面，和女生一樣，眼睛可能瞞不住，有皺紋、魚尾紋、眼袋。另外許多男性還有肚子。

Q（訪問者）：在所有老化的外貌外型特徵當中，何者是你最不喜歡或最不能接受的？為什麼？是否有接觸過相關的經驗或故事？

A（受訪者）：我最不能接受的是記憶力的衰退、大小便失禁等，這樣會讓我自己覺得我很沒用，而且要處處依賴他人，也會造成別人的負擔。我的阿嬤在年老後就有罹患癡呆症，常常會問過的問題沒過幾秒又再問，對於照顧者來說會比較辛苦，但我覺得這也完全不能怪他們，我媽媽雖然有時也會覺得比較麻煩，但畢竟還是自己的母親，還是會承擔這個責任照顧阿嬤。我希望自己將來不要這樣。至於容貌或身材，我可能還好啦！

Q（訪問者）：請問你周圍或是媒體檯面上，有誰是讓你覺得老得很好看（甚至是老了比年輕更吸引人），希望自己將來即使看起來有歲月痕跡，但也能像他或她一樣有魅力的人？

A（受訪者）：我覺得香蕉哥哥是個很好的例子，他雖然已經五十歲了，但還是保有童顏，甚至透過媒體報導，我才知道他比翁立友年紀還大，完全看不出來，可見香蕉哥哥花了很多時間在保養上，我也很羨慕他的基因。

附　錄：定性研究深度訪談實錄

Q（訪問者）：你曾做哪些活動或買哪些商品來讓自己常保青春？為什麼你會覺得有幫助？

A（受訪者）：我很少買保養品，不過因為我的背上有生長紋，主要是之前太胖瘦下來的關係，有到皮膚科看診，醫生建議我用皮秒雷射，因此我有固定每周到診所做皮秒雷射，目前雖然還沒完全好，但也有顯著改善了。不過如果未來有機會的話，我會想要去做抽脂，雖然過程可能會有一點痛苦，但我想這樣可能也會讓自己比較好看，這樣也可以讓我的身體比較健康一點。

Q（訪問者）：可以說明一下當初去醫美診所的心路歷程嗎？

A（受訪者）：如同前面的回答，因為痘痘跟生長紋的關係，幾乎每周都要到皮膚科報到，主要也是因為離家比較近，且這間的媒體報導形象還不錯，主要就是解決一下肌膚的問題。

Q（訪問者）：那我們來談談社群媒體。請問你有在使用社群媒體嗎？

A（受訪者）：有的！現代人應該都有吧！

Q（訪問者）：可以說一下你最常瀏覽的社群媒體有哪些？

A（受訪者）：常看的主要是臉書、IG和YouTube。

Q（訪問者）：以上這些社群媒體中，何者是你最常發文的社群媒體？

A（受訪者）：IG，很多人都說像我們這種老人，應該不用IG，但其實我和我周圍蠻多的人都是用IG啊！

Q（訪問者）：你在社群媒體上發文的頻率大約是？

A（受訪者）：一周兩至三次發文吧！

Q（訪問者）：你拍照後或上傳照片時，會用美肌功能嗎？為什麼？你在IG或社群媒體上看到其他同輩的照片是否會有壓力？

A（受訪者）：我不太會用美肌功能，因為我覺得IG就是要分享最真實的自己及生活。看到別人的照片不太會有壓力，因為我覺得那也是他們想要展現的自己。

Q（訪問者）：你對於現代素人、網紅大量使用美肌軟體、濾鏡，有什麼看

355

法?你認同大量修圖和濾鏡的行為嗎?為什麼?

A(受訪者):我覺得那是他們的選擇,只要不要用這種照片來做非法的事就好,像是詐騙,這樣我就不太能接受。

Q(訪問者):你認為一個人的自信和外貌身材是否有相關?為什麼?

A(受訪者):有吧!但其實我也看過很多長得很帥或是很漂亮的人,還是對自己沒有信心,所以這種事也很難說。

Q(訪問者):好喔!謝謝你的意見,因為時間因素,我們今天就到這邊為止。

A(受訪者):非常感謝貴機構的訪問,讓我有機會回顧自己,也對容貌焦慮更加瞭解。

附　　錄：定性研究深度訪談實錄

訪談編號	NO.13
地區	台灣南部
性別	女性
年齡	43
最常「瀏覽」的社群媒體	YouTube
最常「發文」的社群媒體	無
社群媒體平均更新的頻率	不發文

Q（訪問者）：謝謝你參加我們的訪談。我們今天的主題主要是跟容貌焦慮有關，請問你聽過「容貌焦慮」這個詞彙嗎？你對容貌焦慮的認識是什麼？

A（受訪者）：有，容貌焦慮就是擔心自己的容貌，甚至達到焦慮的程度，我想在現在這種外貌協會當道的年代，應該成為當代人的一種日常壓力了吧！

Q（訪問者）：你覺得自己容貌焦慮的程度從1分（非常輕微）到10分（非常嚴重）大約是幾分？為什麼會這麼覺得？

A（受訪者）：我覺得自己是8分。我走在路上很容易因為注意到別人的外貌而開始檢視自己的外貌，並且會開始思考今天的長相是否會引起他人的輕視、不滿與差別待遇。買衣服時會想別人會這樣穿嗎？穿衣服會想別人會這樣搭嗎？公司的人會因為我的外貌在背後對我指指點點嗎？就像今天在捷運站裏面，我看到有人背一個纏滿金條的包包，我知道她是要仿香奈兒鍊條包的風格，可是還是覺得，那你鍊條也太粗了吧！之後就開始檢視自己的包包……不過這是包包，不是外貌……哈哈！不過，外貌也有啦！今天在手扶梯上，也有看到一位大腿很直的女生，我站在她後面，她大腿雖然粗，但是很直，我覺得很美！剛好對比另外一位很瘦的女生，她大腿很細，我一直以為我會喜歡那種細的大腿，但她大腿接小腿的部分，線條很彎曲，讓人覺得不好看，我就會想，那我自己是哪一種

357

的呢？雖然我們這個年紀，也不太好再穿熱褲，所以也沒有露大腿的問題，但還是會想一下。

Q（訪問者）：你對自己身材滿意嗎？最滿意和最不滿意的點分別是什麼？為什麼？對於不滿意的部分，你期待達到什麼樣的身材？

A（受訪者）：我覺得要看情況和場合。在家裏只有我一個人時，我對自己十分的滿意，沒有任何問題。但是只要一想到現在的女生都追求纖瘦的身材，就會開始覺得自己太胖；看到社交平台上鼓吹突出的鎖骨，就會開始覺得自己肩頸不好看；看到路上有時髦的女生都很修長，就覺得自己太矮。我也因為我姐姐覺得自己腿太粗，才讓我也開始注意自己的腿的粗細。我覺得這個真的很看周遭的環境和我接收到的資訊。

Q（訪問者）：我瞭解，所以如果我們講到容貌，你也是看場合嗎？你對自己容貌滿意嗎？最滿意和最不滿意的點分別是什麼？為什麼？對於不滿意的部分，你期待達到什麼樣的狀態？

A（受訪者）：也是耶。不過和別人比較起來的話，大致上也是不滿意，最主要是戽斗、痘痘、不均勻而黑的膚色、下塌的眼睛。戽斗讓我看起來很像猿類不像人類，所以我開始矯正，想除掉戽斗。我也看皮膚科想除掉痘痘。膚色不均勻看起來髒髒的，所以我希望自己的膚色均勻一點。下塌的眼睛看起來很凶，有些人跟我反映過，我覺得這會阻礙我的人際發展，不容易陌開。

Q（訪問者）：所以哪些情境（婚禮、公司會議、同學會……）會讓你的容貌焦慮程度提高？你通常會怎麼做？可否說明一下相關的例子？

A（受訪者）：好看的人多的時候，視花錢、花時間打扮為理所當然的人多的時候。像是走在路上看到很多女生都精緻到不像要去上班一樣，像我們辦公室，在旺季真的每天都要加班、熬夜，但有一群人每天睡不到四個小時，每天還願意花兩個小時打

附　　錄：定性研究深度訪談實錄

扮。我沒有辦法，真的沒辦法。怎麼辦，人家就是漂亮、有錢追逐流行、有時間打扮。我只想睡覺啊！但我還是很在乎。只是在辦公室我也就算了，因為同事都是天天見面，大家真實的一面，早就都知道了。而且現在到了一個初老的年齡，誰臉上有什麼皺紋、淚溝，大家也都知道啊！現在的議題大概就是要不要去醫美。

Q（訪問者）：那我問個假設性問題，如果去了醫美，當你達到了自己滿意的容貌和身材之後，又如何？你覺得生活會有什麼改變？或者為何要追求上述的狀態？

A（受訪者）：我會少掉很多的容貌焦慮，並且我的人際關係會變得比較豐富，因為人類是喜歡好看的事物的生物。我覺得為了這兩個投注這麼多的時間金錢心力，對我來說不划算，這也是為什麼我覺得容貌上的改變不值得追求，這也是為什麼我現在是這個樣子。但最近我們辦公室在研究醫美，我還是有點小心動……因為總是覺得自己已經慢慢要變大嬸級的了，但我不想啊！

Q（訪問者）：好喔！這個醫美我們後面專門來談！哈哈～那先談談大嬸這個問題好了。請問在生活或職場中，對於年齡長於你的女性和男性，除了職稱之外，通常你會怎麼稱呼（例如：王小明，稱其為王大哥？小明哥？小明？或……）？你稱呼他人大哥或大姊的規則為何（請分男、女回答）？有對方不能接受的時刻嗎？

A（受訪者）：可以叫職稱，我就叫職稱。不行的話，通常不熟的客戶，我一開始就會問，請問我怎麼稱呼您？如果是路上的陌生的那種，我通常因為怕尷尬，所以會稱呼對方為「嗯那個……不好意思……」如果是女服務生我會叫小姐，不然就是跟著排在我前面的人，他怎麼叫我就怎麼叫，至今還沒有遇到過什麼問題，也沒有人跟我反映不妥，不過也有可能是對方沒有

359

表現出來啦。

Q（訪問者）：承上題，對你而言，有被別人叫「姊」或阿姨……等稱謂，是你不大能接受的時候嗎？大概是什麼樣的情境（對方的年齡、兩人相交流的狀況和場合等等）？為什麼不能接受？你覺得小你幾歲以內，或是對方是怎麼樣的情況，不該叫你該稱謂？

A（受訪者）：我這輩子第一次被叫阿姨是十八歲時打工，被一個三十幾歲的媽媽叫她女兒叫我阿姨，我「記恨」到現在，哈哈！我上個月去菜市場買褲子，被店家一個三十幾歲的男生在我背後叫我阿姨，我轉過去差點給他巴蕊，幸好他馬上改口說：啊不對！應該是美女。我就算比她大，好歹叫「那個女生」吧。

Q（訪問者）：那你覺得怎樣才能叫你阿姨？

A（受訪者）：現在如果是有那種小朋友，叫我阿姨，我就可以接受了啊！就像小孩的同學，也都會叫我「XX媽媽」啊！但你三十幾歲的男生，要叫也是叫大姊吧！但其實被叫大姊，我也不會開心耶！還是叫小姐好了。其實當時我真的很想回頭叫他「大哥」，還是「阿伯」，看他會不會氣死！但我想應該不會吧！男生好像比較不在乎。

Q（訪問者）：對，我正要問你，你認為會這種情況有性別差異（因遇到狀況的本人是男女而有所不同）嗎？為什麼？

A（受訪者）：好像女生特別容易遇到這種情況，可能是因為男性被叫老了，可能還有種自己有種成熟魅力的錯覺，女性被叫老了，就像從稀疏的頭髮中拔下一大撮，心比頭還痛。因此對這種稱謂的問題特別敏感，如果有人叫得不上道，很容易就會注意到。就像我前面說的，他雖然看起來比我年輕一點，但叫我大姊，我還是會不開心……我可能覺得要差個二十歲，你要叫阿姨的那種年齡，才能叫大姊吧！

附　錄：定性研究深度訪談實錄

Q（訪問者）：那請問你對以下幾個詞彙的年齡區間估計，例如就你的感覺而言，青年，壯年，歐吉桑、歐巴桑，老年，銀髮族，熟女，輕熟女，初老是幾歲到幾歲？。

A（受訪者）：青年：25-40、壯年：35-55、歐吉桑、歐巴桑：70以上、老年：65以上、銀髮族：70以上、熟女：35以上、輕熟女：30以上、初老：60以上。

Q（訪問者）：請問你覺得上述詞彙有哪些適合你現在的年齡區間（或者是沒有在上述詞彙中，但你覺得適合的亦可說出來）？

A（受訪者）：我現在應該還算青年吧！才超過一點點。而且，我覺得我的心態不是壯年，壯年的心態應該是一種周遭都很富足，有成就，要拉拔小孩的心態之類的。我現在的心態，其實還是青年啊！

Q（訪問者）：你會「怕老」嗎？為什麼這麼覺得？你認為怕老是在怕什麼？

A（受訪者）：會，而且我覺得自己現在就很顯老。我小學的時候只要站在我姐姐旁邊，都會被人問你是姐姐對不對，我上個月才被三十幾歲的男性叫阿姨。我覺得自己怕老是擔心以後的成就被認為是靠歲月堆疊起來的，想想就很辛酸。

Q（訪問者）：怎麼說呢？

A（受訪者）：就像我一開始說的，現在是個極度外貌導向的時代啊！所以大家除了看你的那些名聲成就之外，也看你長怎樣吧！就像報章雜誌，常常會有那種「美女經理人」、「美女牙醫」的報導……就是當上經理、當上牙醫固然是個成就，但會上報導，主要還是長得美啊！那如果我好不容易有了點成就，例如我升上總監好了，結果長得很蒼老，我們這一行的，又更現實，大家大概就只會覺得「喔！她就是個工作狂，人生沒有什麼娛樂，一直工作，當然可以有成果啊！」那我真正的實力，反而沒人會肯定了。就是那種感覺吧！

數位時代的容貌焦慮與消費
—— 性別、老化與社群媒體

Q（訪問者）：瞭解！納在你眼中，「女性的顯老」是哪方面的呈現（什麼樣的線索，例如：那些容貌特徵？行為特徵？衣著或舉止……會讓你覺得對方有點老或開始變老）？

A（受訪者）：女生的話，下垂或皺皺的皮膚、突兀的妝容、包線眼影。皮膚下垂沒辦法，失去膠原蛋白自然會這樣，但有些年輕女生太瘦也會，這就無關年齡了。突兀的妝容我不知道是因為浮粉的關係還是怎樣，但是年輕女生化妝突兀不會特別顯老，就只有有點年紀的女生會，不知道是不是以前的流行的問題。包線眼影我很確定就是以前流行的關係。

Q（訪問者）：在你眼中，「男性的顯老」是哪方面的呈現（什麼樣的線索會讓你覺得對方有點老或開始變老）？

A（受訪者）：味道、舉止、談吐。男性的老人臭自然而然會比女性還要強烈，就算不正面看對方，也會被迫察覺到這種老態。舉止上有些老阿公會吐痰，就會有一種「啊！是老人」的刻板印象。我覺得講話八九，就是有些年輕人會故意耍流氓那種感覺，自然會有一種老老的感覺，無關乎年紀，我也不知道為什麼就覺得那種口氣很老。

Q（訪問者）：在所有老化的外貌外型特徵當中，何者是你最不喜歡或最不能接受的？為什麼？是否有接觸過相關的經驗或故事？

A（受訪者）：很凶的眼神。我不知道是因為老化眼尾自然下垂，還是因為對方的心情真的很不好，或是因為平常的表情都長那樣，我覺得有些老人的眼神特別凶，我覺得有點怕怕的，加上老人的眼球會自然比較黯淡，所以更嚴重。那種眼神就像是在嫌棄你沒有主動讓座一樣，在公司比較少見，但路上早餐店、文具店等到處都看得到。我有時候也會被說眼神凶，我都要注意自己是不是不知不覺也擺出那種眼神。

Q（訪問者）：請問你周圍或是媒體檯面上，有誰是讓你覺得老得很好看（甚至是老了比年輕更吸引人），希望自己將來即使看起來

附　錄：定性研究深度訪談實錄

有歲月痕跡，但也能像他或她一樣有魅力的人？

A（受訪者）：我覺得很多老奶奶都很吸引我，我覺得她們都很可愛，但是她們並不是典型所謂的好看或是有魅力，雖然說很多人覺得梅莉史翠普是美魔女，但我反而覺得她沒有那個年紀的女性的慈祥的感覺，反而有種職場女性的銳利感，一樣很好看，但不吸引我。我喜歡的是那種很和藹可親、很慈悲的感覺，就是很有老奶奶的智慧的那種。不知道要怎麼樣變成那樣。我希望我將來可以不大顯老，皺紋不要太多、背不要太駝之類的，可是能夠有那種感覺，但好像很難。「駝背、皺紋、智慧老奶奶」，好像是一組的。

Q（訪問者）：哈哈！我懂你的意思，但也許你能開發出你的慈悲系列！那我們來談談皺紋不要太多的醫美吧！就是剛剛要談的那些。你曾做哪些活動或買哪些商品來讓自己常保青春？為什麼你會覺得有幫助（例如：保養品？醫美產品？微整形？非介入性皮膚科療程雷射等？保健品？健身課？參加社團？……）？

A（受訪者）：我有特別上課學習過化妝，那時候是公司補助我們去開發自我興趣，好多人都去學，但老實說，效果不大顯著。我也保持著嘗試的心態買過四萬元的海洋拉娜保養品，當時是想，要買就買最貴的，如果沒效，以後我就都買開架式的就好。所以我就直接去專櫃，請櫃姐幫我分析我的膚質和需要的產品，然後也沒有討價還價，就阿莎力地買了！但是我覺得自己的皮膚還是一樣黑，膚色一樣不均勻，痘痘一樣多，而且身邊有人花了幾萬塊在化妝，結果比沒化還難看，不如不化，我就覺得這種投注不划算。我最近開始研究醫美，其實是我們整個辦公室都在瘋迷醫美，我就算不想加入也無法，耳濡目染了……但是我因為戽斗的關係有開始矯正，也是一筆很大的開銷，所以醫美可能只會先做一些較便宜的項目

363

吧。

Q（訪問者）：那你已經有去醫美診所了嗎？請說明一下當初的心路歷程（考量的點和選擇？為什麼要做？環境的影響？工作？另一半的意見支持或反對？如何找到該診所？⋯⋯）？

A（受訪者）：我有雷射過。因為我上面不是說花大錢買了保養品沒用嘛，結果那時，我們辦公室正在研究雷射，其中一個妹妹去雷射回來，整個臉都紅通通，我一開始覺得很恐怖，但後來發現，她皮膚真的變得很細，就也跟著去試試看，沒想到，效果真的很明顯，就是皮膚在修復期之後，會變很好，我就買包套了。所以，算是看別人弄得不錯，也就跟著被口碑行銷了吧！

Q（訪問者）：那現在還繼續在醫美嗎？

A（受訪者）：沒有了，我大概雷射半年，想說就停一下，因為後來效果好像都沒有第一次那麼明顯，但已經買了，就要把它用完啊！我也看過一些討論說，雷射會愈做皮膚愈薄，我也就不敢做了。有一種好像回到原狀的感覺。

Q（訪問者）：那會想要進行其他種類的醫美嗎？

A（受訪者）：可能會考慮肉毒吧！因為最近皺紋愈來愈多，而且肉毒也是比較平價的選擇，但我還要再做一下功課。我們辦公室的人去做肉毒，效果也不錯的樣子。

Q（訪問者）：那我們來談談社群媒體。請問你有在使用社群媒體嗎？

A（受訪者）：有啊！

Q（訪問者）：可以說一下你最常瀏覽的社群媒體有哪些？

A（受訪者）：YouTube算嗎？其他IG、FB我雖然有，但都很少上，只是用來聯絡人而已。

Q（訪問者）：算啊！那你會發文嗎？

A（受訪者）：不會，我幾乎不發文，不是因為我有容貌焦慮，而是因為我覺得自己的外貌沒有這麼重要，重要到要放這麼多的注意力

附　錄：定性研究深度訪談實錄

在上面，看到別人的貼文會有壓力，因為他們都是很在容貌、會花時間金錢打扮的人，這讓我顯得在年輕一輩裏格格不入，代表著我與他們相處的困難。但和同輩的話，大家忙家庭、忙工作，幾乎也都不會發文了。

Q（訪問者）：**你拍照後時，會用美肌功能嗎？為什麼？你在社群媒體上看到其他同輩的照片是否會有壓力？**

A（受訪者）：我覺得修圖沒有問題，但是有修圖還說沒有修圖就不好，徒增別人的容貌焦慮。

Q（訪問者）：**好喔！謝謝你的意見，因為時間因素，我們今天就到這邊為止。**

A（受訪者）：不客氣，謝謝貴單位的邀請。

數位時代的容貌焦慮與消費
—— 性別、老化與社群媒體

訪談編號	NO.14
地區	台灣北部
性別	女性
年齡	38
最常「瀏覽」的社群媒體	Facebook / Instagram / Threads / 小紅書
最常「發文」的社群媒體	Instagram / Threads
社群媒體平均更新的頻率	半個月一次發文

Q（訪問者）：謝謝你參加我們的訪談。我們今天的主題主要是跟容貌焦慮有關，請問你聽過「容貌焦慮」這個詞彙嗎？你對容貌焦慮的認識是什麼？

A（受訪者）：不客氣，這也是我第一次受訪耶，感覺很有趣，希望能幫上一點忙。我有在社群媒體上聽過「容貌焦慮」這個名詞，我認為容貌焦慮是一種因為過度擔心自己的外貌而焦慮、憂鬱的心理問題，而造成容貌焦慮更加廣泛的原因，大抵是因為演算法推薦及社交媒體的興起。尤其對於網路原住民，也就是所謂的年輕人、Z世代而言，應該更嚴重，因為社群媒體對我們這一輩的來說，可能只是媒體的一種，但對他們而言，應該算是生活或世界的一部分了吧！

Q（訪問者）：你覺得自己容貌焦慮的程度從1分（非常輕微）到10分（非常嚴重）大約是幾分？為什麼會這麼覺得？

A（受訪者）：我覺得自己的容貌焦慮是4分，因為我依然會在意他人對自己外貌的看法，只是，畢竟都當媽媽了，現在最重要的是顧小孩啊！重心轉移，再加上隨著減少使用社群媒體之後，容貌焦慮已經變得輕微一些，也比較容易接受自己外貌上天生的小缺點。

Q（訪問者）：你對自己身材滿意嗎？最滿意和最不滿意的點分別是什麼？為什麼？對於不滿意的部分，你期待達到什麼樣的身材？

A（受訪者）：目前不太滿意。但最滿意的是腰，因為我的腰線不太會因為

附　錄：定性研究深度訪談實錄

體重而產生變化，就算發胖也不會胖在腰上，而且線條也蠻流暢。你看我生小孩後，也還是有腰，這實在讓我太感恩了。最不滿意的是身上的肥肉，因為體脂率太高，讓體能變得很差，皮膚狀態也不好，身體也容易感到疲勞，穿搭的選擇變少，不容易買到合身的衣服。因此我希望可以讓體脂率降到二十八以下，腹部和臀部的肉可以更加緊實。

Q（訪問者）：其實，當媽媽還有腰線，真的身材很不錯耶！那你對自己容貌滿意嗎？最滿意和最不滿意的點分別是什麼？為什麼？對於不滿意的部分，你期待達到什麼樣的狀態？

A（受訪者）：還算滿意。最滿意的是眼睛，因為我的眼睛是單眼皮，雖然有人會因為自己是單眼皮而感到自卑，但我覺得單眼皮是我最有特色的特徵，具有一種古典的美感，搭配適當的妝容會顯得與眾不同。最不滿意的是嘴唇，因為嘴唇有天生的色素沉澱，唇周相當暗沉，有時候顯得很沒有氣色，上妝時需要特地遮瑕才能讓唇彩顯色。因此我希望自己的膚色和唇色能夠更加均勻，顯得有氣色一點。

Q（訪問者）：單眼皮真的是古典美人的感覺。有沒有什麼時候、情境（婚禮、公司會議、同學會……）會讓你的容貌焦慮程度提高？你通常會怎麼做？可否說明一下相關的例子

A（受訪者）：通常在很多人面前露面的場合，如發表會、演出，會讓我的容貌焦慮程度提高。我通常會事先整理自己的容貌、買新衣服，或研究新的化妝手法。例如有音樂會演出，我會在一個星期前做頭髮、買衣服、除毛，儘量讓自己處在最好的狀態，以減緩容貌焦慮。

Q（訪問者）：所以就是要遇到很多人的時候，尤其這些人是比較不熟的人嗎？

A（受訪者）：對，因為熟人大概也都知道你長怎樣了啊！或者該這麼說……不是不熟的陌生人，而是知道你是誰，但還不熟的

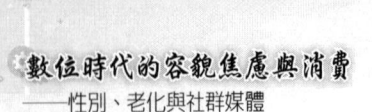

數位時代的容貌焦慮與消費
―― 性別、老化與社群媒體

人。就像去參加同學會，我也會緊張。同學雖然都認識，但很久沒見了啊！所以就是我剛剛說的「不熟的陌生人」。要是真的是不熟的人，那好像也不會在乎，因為就像路人甲乙丙，其實走在路上，我也不大管別人怎麼看我啊！但同學會就是可能會有認識的人來，或者是知道我的人，這種情況之下，就會焦慮。而且到了我們這個年齡，我覺得大家的人生途徑都差別很大，有些人沒結婚，有些人結婚沒生小孩，有些人沒結婚有小孩，有些人結婚有小孩，很像繞口令……所以，隨著現在社會價值觀也愈來愈開放，大家看的不是你有沒有結婚或生小孩，而是看你過得好不好啊！我也算是有點慶幸，自己就是那種傳統路徑的媽媽，有結婚有小孩的那種，但別人還是會看，好喔，既然你過得那麼符合社會價值，那你過得好嗎？它怎麼看過得好不好？不就是第一眼看你穿得怎樣、長得怎樣嗎？所以就是要打扮啊！

Q（訪問者）：當你達到了自己滿意的容貌和身材之後，又如何？除了讓別人覺得你過得很好，你覺得生活會有什麼改變？或者為何要追求上述的狀態？

A（受訪者）：我覺得讓別人知道我過得好，只是最末端、最邊陲的功能。當達到了自己滿意的容貌和身材之後，我覺得會變得比較自信，不會畏畏縮縮，更敢嘗試不同穿搭，也不會對拍照感到排斥，此外也會對自己的生活比較有掌控感，會有種所有事情都在軌道上的感覺。除此之外，他人對自己的印象也會比較好，更容易被人記住。簡言之，就是心理上會比較自信，生活上也會比較方便，因為少了很多要特別打扮的時間。

Q（訪問者）：請問在生活或職場中，對於年齡長於你的女性和男性，除了職稱之外，通常你會怎麼稱呼（例如：王小明，稱其為王大哥？小明哥？小明？或……）？你稱呼他人大哥或大姊的規則為何（請分男、女回答）？有對方不能接受的時刻嗎？

附　錄：定性研究深度訪談實錄

A（受訪者）：在職場上，我對年齡長於自己的女性和男性，通常會稱呼他們的英文名字，我們公司比較扁平，不管是誰，都喊英文名字。而生活中則是直接叫稱謂如老師、老闆、先生、小姐等等。我不常稱呼他人大哥或大姊，只有在叫男計程車司機時有時候會叫大哥，大姊則是沒有叫過。

Q（訪問者）：**對你而言，有被別人叫「姊」或阿姨⋯⋯等稱謂，是你不大能接受的時候嗎？大概是什麼樣的情境（對方的年齡、兩人相交流的狀況和場合等等）？為什麼不能接受？你覺得小你幾歲以內，或是對方是怎麼樣的情況，不該叫你該稱謂？**

A（受訪者）：對我而言，被別人叫「姊」或阿姨⋯⋯等稱謂不會讓人無法接受，可能是因為目前也到了這個年齡，也有小孩了啊！阿姨、媽媽都已經被叫過了，平常在公司裏面，同事都叫名字，稱謂上好像沒什麼感覺。不過如果把稱謂當作是別人對我年齡的估計，那可能⋯⋯會有一些不一樣的感受吧！

Q（訪問者）：**可以更進一步說明一下嗎？**

A（受訪者）：就是：「啊！原來在別人眼裏，我這麼老喔！」那種感覺啊！當然，從正向思維的人，會覺得你不要管別人，那是別人對年齡估計的能力有問題。但現實一點的人，如我，就會覺得：別人看起來，我就是個阿姨啊！然後就會檢討自己哪邊看起來太老。

Q（訪問者）：**但你剛剛也說過，你的年齡的確可以當阿姨，那為何要檢討呢？**

A（受訪者）：因為是被三十幾歲的人叫阿姨啊！那不就我看起來像六十幾了！而且老實說，我覺得六十幾歲的女生，也不會願意被三十幾歲叫阿姨喔！就算她的小孩也三十幾歲了，可是呢⋯⋯她會希望你叫大姊！總而言之，現在就是，只能往小的叫！

Q（訪問者）：**前面討論的內容，你認為會有性別差異（因遇到狀況的本人**

是男女而有所不同）嗎？為什麼？

A（受訪者）：當然有吧！我認為有性別差異，例如我會叫男計程車司機大哥，但女計程車司機沒有叫過大姊，可能是因為女性對自己的年齡比較敏感，因此我對女性時會下意識地減少會突出年齡差異的稱謂。

Q（訪問者）：請問你對以下幾個詞彙的年齡區間估計，例如就你的感覺而言，青年，壯年，歐吉桑、歐巴桑，老年，銀髮族，熟女，輕熟女，初老是幾歲到幾歲？。

A（受訪者）：青年：20~40歲，壯年：35~55歲，歐吉桑、歐巴桑：50~65歲，老年：65歲以上，銀髮族：65歲以上，熟女：45~55歲，輕熟女：30~45歲，初老：40歲~45歲。

Q（訪問者）：請問你覺得上述詞彙有哪些適合你現在的年齡區間（或者是沒有在上述詞彙中，但你覺得適合的亦可說出來）？

A（受訪者）：我覺得上述詞彙中，青年比較適合我現在的年齡區間。

Q（訪問者）：青年啊！為什麼不是壯年？

A（受訪者）：就是一種感覺啊！哈哈，不想承認老的感覺！

Q（訪問者）：所以，你會「怕老」嗎？為什麼這麼覺得？你認為怕老是在怕什麼？

A（受訪者）：我會「怕老」，因為害怕身體老化帶來的變化，如行動不便、生病等等，除此之外，還有容貌上的變化，臉因為年齡增長而產生皺紋、失去彈性，甚至長老人斑，因為代謝變慢會有老人臭等等。

Q（訪問者）：在你眼中，「女性的顯老」是哪方面的呈現（什麼樣的線索，例如：那些容貌特徵？行為特徵？衣著或舉止……會讓你覺得對方有點老或開始變老）？

A（受訪者）：臉上有斑點、皺紋變多、頭髮失去光澤、身材發福、皮膚不緊緻而變得鬆垮、衣著寬鬆、眼睛無神等等。很多啊！

Q（訪問者）：在你眼中，「男性的顯老」是哪方面的呈現（什麼樣的線索

附　錄：定性研究深度訪談實錄

會讓你覺得對方有點老或開始變老）？

A（受訪者）：其實差不多耶！皺紋變多、髮量變少、身材發福、不再在意自己的形象、眼袋變得愈來愈大、行動沒有那麼靈活、皮膚變得粗糙，另外，男性也是有各種斑點問題吧！

Q（訪問者）：在所有老化的外貌外型特徵當中，何者是你最不喜歡或最不能接受的？為什麼？是否有接觸過相關的經驗或故事？

A（受訪者）：皺紋變多是我最不喜歡、最不能接受的，因為皺紋是顯老的關鍵，只要臉上多幾條線就非常顯老，此外因為是不可逆的現象，所以處理、淡化皺紋非常麻煩，需要花費相當多的時間和精力才能消除皺紋。另外斑點也是個問題。

Q（訪問者）：斑點的部分可以說明一下嗎？

A（受訪者）：我們這個年紀，有生小孩，之後就很容易有斑點。像依我的觀察，我們辦公室有生小孩的女生，不知道是產後賀爾蒙的問題，還是怎樣，臉上都有黑斑或肝斑，但同樣年齡的女生，只要她沒生小孩，臉上就算有皺紋，也沒有斑點耶！可能就是媽媽的標記吧！

Q（訪問者）：可是你現在看起來沒有斑點啊！

A（受訪者）：因為我去雷射除斑了啊！

Q（訪問者）：那可以請問你去醫美診所相關經驗嗎？請說明一下當初的心路歷程（考量的點和選擇？為什麼要做？環境的影響？工作？另一半的意見支持或反對？如何找到該診所？……）？

A（受訪者）：其實就是我們辦公室的女生們，有在團購。一開始我也是沒有要參加的，因為我覺得皺紋比較困擾我。斑點還好，就是遮瑕遮一下就好了。但皺紋你沒得遮瑕，你化妝只會更嚴重而已，更凸顯皺紋啊！但是我同事們，沒有要處理皺紋，他們就是要團購雷射，處理斑點的問題。我最初沒有加入，後來是大概三個人都去做了，回來效果很明顯。你會覺得，不只是斑點處理，她們整個臉都有變亮啊！費用也不貴。

數位時代的容貌焦慮與消費
—— 性別、老化與社群媒體

Q（訪問者）：費用大概多少呢？

A（受訪者）：我後來加入的時候，因為我們人很多，所以就平均下來一次兩千五百元左右。

Q（訪問者）：所以你是看大家效果很好，就加入了？

A（受訪者）：其實是被說服的啦！因為她們團購多一點人比較優惠，好像可以差到七、八百塊一次。一開始看她們雷射之後，都紅紅的，我是有嚇到。但幾天後，效果好像不錯。

Q（訪問者）：那有跟家人溝通這件事嗎？

A（受訪者）：有跟老公討論啊！當然，這是我的臉、我的錢，他也管不著，我本來根本不想讓他知道的。可是怕他看到我雷射完之後，臉都紅紅的被嚇到，所以還是跟他說了。他一開始搞不清狀況，覺得除斑也不錯，就支持我去。可是後來，真的做了以後，他好像還是有被嚇到，就在那邊說什麼，會不會毀容……之類的，被他氣死。

Q（訪問者）：幸好後來很成功？

A（受訪者）：對啊！但因為他實在太麻煩了，所以後來我們辦公室在揪其他的醫美服務，我就都沒參加了。

Q（訪問者）：可以理解！那除了醫美，你還曾做哪些活動或買哪些商品來讓自己常保青春？為什麼你會覺得有幫助（例如：保養品？保健品？健身課？參加社團？……）？

A（受訪者）：保養品和健身課，保養品可以維持肌膚狀態，舒緩肌膚發炎、曬傷等等不適，增加自己的自信，健身可以維持健康，訓練帶來的體力增加，對抗老來說都是非常有幫助的。

Q（訪問者）：請問你周圍或是媒體檯面上，有誰是讓你覺得老得很好看（甚至是老了比年輕更吸引人），希望自己將來即使看起來有歲月痕跡，但也能像他或她一樣有魅力的人？

A（受訪者）：Martha Argerich！即使老了，皺紋、白髮還是不減她的魅力，甚至更有經過歲月淬鍊的氣質，顯得更有韻味。

附　錄：定性研究深度訪談實錄

Q（訪問者）：嗯！我也很喜歡阿格麗希！她是氣場超級強大的那種。
A（受訪者）：是的，所以有那種氣場，不管你容貌怎樣，其實還是很有魅力，歲月會變成一種智慧的氣質！
Q（訪問者）：那我們來談談社群媒體。請問你有在使用社群媒體嗎？
A（受訪者）：有啊！
Q（訪問者）：可以說一下你最常瀏覽的社群媒體有哪些？
A（受訪者）：Facebook、IG、Threads、小紅書都還蠻常亂逛的。
Q（訪問者）：以上這些社群媒體中，何者是你最常發文的社群媒體？
A（受訪者）：IG和Threads。
Q（訪問者）：你在社群媒體上發文的頻率大約是？
A（受訪者）：半個月一次發文。
Q（訪問者）：你拍照後或上傳照片時，會用美肌功能嗎？為什麼？你在IG或社群媒體上看到其他同輩的照片是否會有壓力？
A（受訪者）：我幾乎不傳照片耶！我IG可能就是發食物照，然後Threads就是文字啊！所以好像比較沒有要不要美肌的困擾。其實小孩上幼稚園之後，我好像真的很少自己的照片了，都是幫小孩照，不然就是全家福。同輩好像也是這個狀況吧！所以沒什麼壓力……那至於那些沒結婚的……就不能比啊！大家發的照片又都不一樣，他們就是出國啊！美食啊！
Q（訪問者）：好喔！謝謝你的意見，很多故事呢！因為時間因素，我們今天就到這邊為止。
A（受訪者）：不客氣。

數位時代的容貌焦慮與消費
―― 性別、老化與社群媒體

訪談編號	NO.15
地區	台灣北部
性別	男性
年齡	36
最常「瀏覽」的社群媒體	Facebook / Instagram / Threads / YouTube / TikTok / 小紅書
最常「發文」的社群媒體	Facebook
社群媒體平均更新的頻率	超過一個月，久久才發文

Q（訪問者）：謝謝你參加我們的訪談。我們今天的主題主要是跟容貌焦慮有關，請問你聽過「容貌焦慮」這個詞彙嗎？你對容貌焦慮的認識是什麼？

A（受訪者）：就是外貌協會，擔心外貌及別人的社會評價而產生的焦慮。

Q（訪問者）：你覺得自己容貌焦慮的程度從1分（非常輕微）到10分（非常嚴重）大約是幾分？為什麼會這麼覺得？

A（受訪者）：3分，原則上我不會在意，因為自己不好看，但日子也要過，以前還會打扮，但發現社會上看不起你是因為特質，不是穿著，因此決定做自己，現在很開心，穿著最破爛的衣服，過著平凡的生活，對於金錢渴望，但非常吝嗇將金錢用於打扮，人必須服老，應該有該有的年齡容貌。

Q（訪問者）：你對自己身材滿意嗎？最滿意和最不滿意的點分別是什麼？為什麼？對於不滿意的部分，你期待達到什麼樣的身材？

A（受訪者）：不滿意，原因不是身材曲線不好，而是我更在意健康，像是我最近被檢查出糖尿病前期，但我不胖啊，為何糖尿病找上我？因為生活習慣的關係，我很瘦但沒健康，沒有傲人曲線，我也不會去追求身材，因為沒錢去健身房，錢都要拿去洗腎。

Q（訪問者）：呃！還沒有到洗腎這麼嚴重吧！糖尿病前期應該是飲食控制可以改善許多，是嗎？

A（受訪者）：對啦！開玩笑的啦！我的意思是，健康更重要，所以我要把

附　錄：定性研究深度訪談實錄

錢存下來好好地用在和健康相關的事宜。

Q（訪問者）：真的！或者生活習慣也是可以影響糖尿病的！那剛剛是身材，因為我們的主題，畢竟還是容貌焦慮……所以，你對自己容貌滿意嗎？最滿意和最不滿意的點分別是什麼？為什麼？對於不滿意的部分，你期待達到什麼樣的狀態？

A（受訪者）：哈哈，我明白。我很樂意談論容貌啦！我只是覺得健康重要，但像我這樣的人，應該也是值得記錄一下意見吧！就是很主流不同的那種。

Q（訪問者）：當然囉！只要是同一個話題，就算是您認為容貌不重要，也是很寶貴的意見啊！

A（受訪者）：那回到剛剛容貌議題，我不滿意，不滿意自己的容貌。最滿意的是雙眼，因為我很會放電，但對方只感到噁心萬分。最不滿意是臉頰，像極了名畫中吶喊的形象，我希望自己的容貌，能夠得到社會最基本的尊重，最少在人群中，不會被貼標籤，不會特別突兀。

Q（訪問者）：有沒有什麼時候、情境（婚禮、公司會議、同學會……）會讓你的容貌焦慮程度提高？你通常會怎麼做？可否說明一下相關的例子。

A（受訪者）：會感到焦慮，通常是工作上上司找我談話，因為我生活很邋遢，常常沒有洗臉，或是洗臉完臉上黏衛生紙就去上班，或是刷牙泡泡沾臉上沒洗乾淨，重點是人緣不好，大家都不告訴你，等你照到鏡子，這件事已經傳開，我會選擇順其自然，馬上弄乾淨回到工作崗位繼續工作，就當沒發生任何事一樣。

Q（訪問者）：當你達到了自己滿意的容貌和身材之後，又如何？你覺得生活會有什麼改變？或者為何要追求上述的狀態？

A（受訪者）：這個嘛！我會希望自己有一些肌肉，因為這樣最少身體健康，也能使體態更挺拔，生活上大家不會為難你，因為你看

起來不好欺負，同時，也搭上健身風潮，也和社會大多數人有共同話題。

Q（訪問者）：請問在生活或職場中，對於年齡長於你的女性和男性，除了職稱之外，通常你會怎麼稱呼（例如：王小明，稱其為王大哥？小明哥？小明？或……）？你稱呼他人大哥或大姊的規則為何（請分男、女回答）？有對方不能接受的時刻嗎？

A（受訪者）：我是娘娘腔，所以大家聽到我的聲音都會以為是小姐，但見到面，會嘲笑也會不知道該以哪種稱呼來形容我，不過我看到男生會以先生，女生就是姐姐形容，通常稱呼對方愈年輕愈容易被接受，但有些責任感很強及服老的人就會糾正我，應該叫阿姨或叔叔。

Q（訪問者）：那對你而言，有被別人叫「哥」或「姊」或阿姨、叔叔……等稱謂，是你不大能接受的時候嗎？大概是什麼樣的情境（對方的年齡、兩人相交流的狀況和場合等等）？為什麼不能接受？你覺得小你幾歲以內，或是對方是怎麼樣的情況，不該叫你該稱謂？

A（受訪者）：最不能接受的是有人叫我「妖姊」，因為我是天生女「聲」，不是刻意裝的，每次面試、工作、求學都因為聲音被霸凌、嘲笑。積極反抗效果也有限，因此，被污名化後心理很受傷。

Q（訪問者）：你這麼說，讓我想到，我們想到的容貌焦慮，只有身材、長相。事實上，聲音也是廣義的第一印象的元素呢！

A（受訪者）：對啊！所以我因此而受到許多影響。這是相當不公平的。當然我也有聽過，跟我相反的，就是有些是女性，她的聲音比較像男生，也會有類似的霸凌。

Q（訪問者）：所以在聲音方面，男性、女性都有可能受到這種因為不符合刻板印象，就被認為是比較奇特的狀況。我覺得社會應該要予以尊重才是。前面兩題討論的內容，你認為會有性別差異

附　錄：定性研究深度訪談實錄

（因遇到狀況的本人是男女而有所不同）嗎？為什麼？

A（受訪者）：當然有差異，男生會以輕蔑挑釁的嘲笑，甚至還會動手，女生就是開酸或排斥，看起來遇到髒東西而躲閃，所以我盡量不講話，免得暴露。

Q（訪問者）：真是辛苦你了！希望隨著社會價值觀更多元，能讓這樣的事情不要再經常發生了！請問你對以下幾個詞彙的年齡區間估計，例如就你的感覺而言，青年，壯年，歐吉桑、歐巴桑，老年，銀髮族，熟女，輕熟女，初老是幾歲到幾歲？

A（受訪者）：青年12-18，壯年19-30，歐吉桑、歐巴桑30-60，老年61-65，銀髮族66-72，熟女35-40，輕熟女30-34，初老27-29。

Q（訪問者）：請問你覺得上述詞彙有哪些適合你現在的年齡區間（或者是沒有在上述詞彙中，但你覺得適合的亦可說出來）？

A（受訪者）：我大概就是歐吉桑了！

Q（訪問者）：你明明看起來就是青年啊！

A（受訪者）：沒有，我心理很老。

Q（訪問者）：那你會「怕老」嗎？為什麼這麼覺得？你認為怕老是在怕什麼？

A（受訪者）：不怕老，因為我就長得老，所以不怕被說老，只怕沒體力，怕老的原因，怕是會得到疾病及社會觀感，不能享受福利，會被酌收費用，會被異樣眼光對待。

Q（訪問者）：在你眼中，「女性的顯老」是哪方面的呈現（什麼樣的線索，例如：那些容貌特徵？行為特徵？衣著或舉止……會讓你覺得對方有點老或開始變老）？

A（受訪者）：皮膚暗沉，習慣不優雅，例如剔牙不遮掩，衣服配色老土，甚至看東西需要瞇眼看很久，或拿出放大鏡，同時反應超級慢。

Q（訪問者）：在你眼中，「男性的顯老」是哪方面的呈現（什麼樣的線索會讓你覺得對方有點老或開始變老）？

數位時代的容貌焦慮與消費
——性別、老化與社群媒體

A（受訪者）：穿夾腳拖，說話超大聲，隨地吐痰及嚼檳榔，不聽勸，愛逞強，色瞇瞇盯著不該看的地方看，看謎片，花錢買高爾夫球桿及奢侈品，如手錶及跑車。

Q（訪問者）：在所有老化的外貌外型特徵當中，何者是你最不喜歡或最不能接受的？為什麼？是否有接觸過相關的經驗或故事？

A（受訪者）：最不能接受的是看東西要瞇瞇眼，常常會被當變態，然後在公共場合遭到警衛驅趕，反應變慢，心有餘而力不足，最不喜歡被歸類為異類，而遭到排擠。

Q（訪問者）：請問你周圍或是媒體檯面上，有誰是讓你覺得老得很好看（甚至是老了比年輕更吸引人），希望自己將來即使看起來有歲月痕跡，但也能像他或她一樣有魅力的人？

A（受訪者）：林志穎，完全看不出來年紀很大及結過婚還有小孩，完全像個小孩，保養得宜，連皺紋都很少，當然希望自己更有才能，老來讓人覺得有學問，從外表看得出是知識分子，受人尊重。

Q（訪問者）：你曾做哪些活動或買哪些商品來讓自己常保青春？為什麼你會覺得有幫助（例如：保養品？醫美產品？微整形？非介入性皮膚科療程雷射等？保健品？健身課？參加社團？……）？

A（受訪者）：葉黃素、魚油和花粉，因為這些保健品很常見，我吃了真的氣色變好，同時補充微量元素，健康改善真的看得見，同時也會去做瑜伽和健身課，有氧拳擊，讓自己流汗，身心比較愉悅，因為只有自己強大，別人才不會欺負你，也要和時間對抗。

Q（訪問者）：請問你有去醫美診所相關經驗嗎？

A（受訪者）：沒有耶！

Q（訪問者）：那我們來談談社群媒體。請問你有在使用社群媒體嗎？

A（受訪者）：有啊！

附　錄：定性研究深度訪談實錄

Q（訪問者）：可以說一下你最常瀏覽的社群媒體有哪些？
A（受訪者）：Facebook、Instagram、Threads、YouTube、TikTok、小紅書都有喔！
Q（訪問者）：好多！以上這些社群媒體中，何者是你最常發文的社群媒體？
A（受訪者）：臉書。
Q（訪問者）：你在社群媒體上發文的頻率大約是？
A（受訪者）：很久才發，大概一個月吧！或是更久，我愛看，但基本上不發文。
Q（訪問者）：你拍照後或上傳照片時，會用美肌功能嗎？為什麼？你在IG或社群媒體上看到其他同輩的照片是否會有壓力？
A（受訪者）：我不會使用美肌功能，一方面不會使用，我要以真面目示人，又不是通緝犯，為何要遮掩？一方面我也喜歡嚇人，讓人知道我長得醜、氣色差，提醒我應該注意健康。
Q（訪問者）：哈哈！你對於現代素人、網紅大量使用美肌軟體、濾鏡，有什麼看法？你認同大量修圖和濾鏡的行為嗎？為什麼？
A（受訪者）：都是人工做的，塑膠姐妹兄弟情，大量修圖和濾鏡只為了好看，代言和形象問題，我非常不喜歡此類行為，因為就是一種詐欺，誠實面對自己不完美很難嗎？
Q（訪問者）：是的，那對你而言，不美麗、不帥氣會帶來怎麼樣的壓力？誰會給你壓力？社群媒體是否也是壓力來源之一？為什麼？
A（受訪者）：會有被霸凌的壓力啊！一天到晚聽閒言閒語的壓力啊！社群媒體都很假，所以對我影響不大。但我更希望社群媒體能有更多正確的價值觀，幫助我們這些需要的人。
Q（訪問者）：是的。社群媒體其實可以建立更多元的價值觀，而不是單一的美醜標準或刻板印象。那對你而言，因為你剛剛抱怨自己太瘦、不健康，你覺得瘦和苗條有什麼不同？
A（受訪者）：太瘦很醜啊！我就是太瘦！男生太瘦，還會被覺得很弱，別

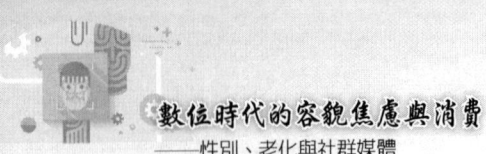

人就更會欺負你。所以我希望自己多少有點肌肉，不是為了健美身材，只是為了不要再被霸凌了。剛剛我在講顯老的時候，沒有特別說到，其實你仔細看老人，很多人也都很瘦，有時候公車上看到背影，就算她是染髮都黑髮，也沒有駝背，但還是一看就知道是老人，因為那個腿，有一種瘦削感，和年輕女生的細腿或鉛筆腿是不一樣的。所以很瘦就是給人不健康的感覺。

Q（訪問者）：好喔！謝謝你的意見，因為時間因素，我們今天就到這邊為止。

A（受訪者）：不客氣。

附　錄：定性研究深度訪談實錄

訪談編號	NO.16
地區	台灣南部
性別	男性
年齡	32
最常「瀏覽」的社群媒體	Facebook / Instagram / YouTube
最常「發文」的社群媒體	Instagram
社群媒體平均更新的頻率	一周一次發文

Q（訪問者）：謝謝你參加我們的訪談。我們今天的主題主要是跟容貌焦慮有關，請問你聽過「容貌焦慮」這個詞彙嗎？你對容貌焦慮的認識是什麼？

A（受訪者）：容貌焦慮簡單來說就是不滿意自己的外貌，通常有容貌焦慮的人會對於自己的外貌特別敏感，經常檢視自己的一個外觀，尤其有任何小瑕疵，都會特別感到擔心憂慮，而且也會因為外貌而感到沒有自信，進而影響自己的情緒，導致自信心低落，甚至出現一些負面情緒。

Q（訪問者）：你覺得自己容貌焦慮的程度從1分（非常輕微）到10分（非常嚴重）大約是幾分？為什麼會這麼覺得？

A（受訪者）：我覺得我的容貌焦慮大概是在5分吧，我自認為自己不是長得很帥的人，常常看到別人的外觀就覺得自己的外貌比不上，尤其在大場合上面，更容易有這種容貌焦慮的狀況發生。但倒也不是一天到晚都發生就是了。

Q（訪問者）：你對自己身材滿意嗎？最滿意和最不滿意的點分別是什麼？為什麼？對於不滿意的部分，你期待達到什麼樣的身材？

A（受訪者）：我對我目前的身材算是感到滿意吧。滿意的地方是我的身材應該是算適中，不偏胖也不偏瘦，不滿意的地方大概就是小腿有點細吧，我希望能夠小腿再結實一點，這樣整體的比例會好很多，如果可以的話，也希望胸肌更加強壯一點。

Q（訪問者）：你對自己容貌滿意嗎？最滿意和最不滿意的點分別是什麼？

381

為什麼？對於不滿意的部分，你期待達到什麼樣的狀態？

A（受訪者）：目前我對於自己的外貌算是不太滿意。滿意的部分的話應該是五官都還行；不滿意的地方大概就是眼睛小吧，我希望自己的眼睛能夠大一點、有雙眼皮，這樣能夠讓自己整體的五官看起來更加出色！氣場也更強吧！不過常聽女生去割雙眼皮，我倒是沒聽過男生去割雙眼皮的，所以也只是說說而已。

Q（訪問者）：**有沒有什麼時候、情境（婚禮、公司會議、同學會……）會讓你的容貌焦慮程度提高？你通常會怎麼做？可否說明一下相關的例子？**

A（受訪者）：大概我覺得應該是參加婚禮的時候吧，因為在婚禮的場合，每個人都穿著很正式，而且大家感覺衣服搭配、化妝技術都超級好，而我自己的外貌算起來應該算是普通，但我不太會特別搭配衣服或是打扮，所以在這種大場合下，我常常感到容貌焦慮。

Q（訪問者）：**那除了婚禮之外，其他時候，如果要遇到比較多人的狀況，也會焦慮嗎？**

A（受訪者）：其他時候倒是還好。不是人多少的問題，同學會，人也很多，而是大家是否都盛裝出席或特別打扮的問題。其實我就是無法把自己搞得很正式。像我上班的環境，大家都穿得很休閒，之前有聽大學同學說，什麼他們有周五休閒日，可以穿得比較casual，我當時就想，我不需要啊！我們公司每天都是周五casual日。但遇到正式場合，我就比較焦慮一點，怕自己不得體。

Q（訪問者）：**當你達到了自己滿意的容貌和身材之後，又如何？你覺得生活會有什麼改變？或者為何要追求上述的狀態？**

A（受訪者）：嗯……這個嘛，我一開始本來要說，我覺得如果我達到我剛剛上面所提到的容貌以及身材所期望的部分，我覺得未來生

活我會變得更有自信、變得更喜歡去參加各種大場合，在跟人互動方面也會比較大方、有自信，能夠交到更多更多的朋友，進而拓展自己的人脈。但後來我覺得，不是這樣耶！就算達到自己滿意的容貌和身材，如果是漸漸達到，可能我也沒感覺了，會覺得自己就是那樣，就像我現在還算滿意我的五官，但我也沒有每天都特別想起來或覺得很得意。那如果是突然達到，我可能會高興個兩、三天，之後也就習慣了吧！這麼說來，容貌焦慮的重點，還真不是長得怎樣，是你是否執著某些東西呢？

Q（訪問者）：**是的，真有道理。那請問在生活或職場中，對於年齡長於你的女性和男性，除了職稱之外，通常你會怎麼稱呼（例如：王小明，稱其為王大哥？小明哥？小明？或……）？你稱呼他人大哥或大姊的規則為何（請分男、女回答）？有對方不能接受的時刻嗎？**

A（受訪者）：男的，我通常都稱為學長或大哥，或直接叫他名字或英文名字，我們辦公室蠻多，是我同一個學校的，大家就會暱稱對方是學長。大部分都能夠接受。女的，我通常都稱為直接叫名字或英文名字，大部分都能夠接受。比較不能接受的是如果我有叫他阿姨或者是叔叔之類的，對方可能聽起來會不太舒服。但現在除了家族聚會遇到的長輩，其實也不大有機會叫別人阿姨、叔叔了，畢竟我自己就是阿伯了啊！

Q（訪問者）：**哈哈！你會稱自己是阿伯喔！其實看起來很年輕啊！**

A（受訪者）：我好像不大有這種年齡意識，小時候也有感覺不大會看人的年齡，所以年齡對我而言比較沒有意義耶。

Q（訪問者）：**怎麼說？**

A（受訪者）：就像小時候我一直以為我們學校校長是一個六十幾歲的人，就是他壯壯高高的，很嚴肅，總是穿西裝，給人一種很老的感覺，可是後來長大，到大學的時候，才有人告訴我說，那

數位時代的容貌焦慮與消費
——性別、老化與社群媒體

位校長要過六十歲大壽了！表示我從小就搞不清楚啊！所以我現在也搞不清楚。

Q（訪問者）：難怪你比較不在意這些。

A（受訪者）：對啊！因為我自己會搞錯別人年齡。

Q（訪問者）：對你而言，有被別人叫「哥」、叔叔……等稱謂，是你不大能接受的時候嗎？大概是什麼樣的情境（對方的年齡、兩人相交流的狀況和場合等等）？為什麼不能接受？你覺得小你幾歲以內，或是對方是怎麼樣的情況，不該叫你該稱謂？

A（受訪者）：明明我跟他年紀一樣大，結果他叫我阿伯，這是在百貨公司的時候，我在跟朋友逛街，結果遇到一個人，我不小心撞到他，結果他說阿伯什麼什麼之類的，當下有點不太開心，看起來他年紀應該比我大吧，結果把我叫那麼老。但除了他把我叫老，我覺得重點是很不禮貌的態度，而且當著我朋友的面，我們都很尷尬。

Q（訪問者）：前面討論的內容，你認為會有性別差異（因遇到狀況的本人是男女而有所不同）嗎？為什麼？

A（受訪者）：我覺得不管是男生或者是女生，遇到我剛剛的那個狀況的話，通常如果年紀比我大的都叫我阿伯之類的，不管是在什麼樣的情境，我覺得我都應該會很不開心。

Q（訪問者）：您可能沒聽清楚我的題目，我是說，如果被叫的人是否會有性別差異？就是今天女生被叫阿姨，和男生被叫阿伯，是否會有不同？

A（受訪者）：喔！你是說今天因為我是男的，所以聽到被叫阿伯不開心。如果聽到的人是女生，是否也會不開心？應該會更嚴重吧！女生更重視這個啊！

Q（訪問者）：請問你對以下幾個詞彙的年齡區間估計，例如就你的感覺而言，青年，壯年，歐吉桑、歐巴桑，老年，銀髮族，熟女，輕熟女，初老是幾歲到幾歲？

附　錄：定性研究深度訪談實錄

A（受訪者）：青年大概是落在18-35，壯年40-55，歐吉桑、老年、初老55以上，銀髮65以上，輕熟女大概是落在18-35，熟女40-55。

Q（訪問者）：請問你覺得上述詞彙有哪些適合你現在的年齡區間（或者是沒有在上述詞彙中，但你覺得適合的亦可說出來）？

A（受訪者）：目前這些詞彙，我覺得青年吧！但壯年也行，雖然我還沒有四十歲，但心態上總感覺自己已經不是小年輕了。

Q（訪問者）：你會「怕老」嗎？為什麼這麼覺得？你認為怕老是在怕什麼？

A（受訪者）：我當然很怕老啊，因為老了話皮膚會變差、皺皺的，禿頭，啤酒肚，而且整個體力會大下降，我喜歡的戶外運動完全都不能參與了，再加上老的話通常會變得懶得動，比較喜歡待在家，整體精神不如年輕時候那麼精力旺盛！

Q（訪問者）：所以你在意的部分，是以活動力下降為主？

A（受訪者）：也有皮膚和髮線後退的問題啦！那看起來就有一種不大衛生的感覺。雖然我剛剛說我平常打扮穿著很休閒，但至少我讓自己盡量整潔清爽，不會是那種頭髮油膩的大叔啊！

Q（訪問者）：所以你前面提到別人可以叫你阿伯，你不會在意，但你卻不想成為大叔，是這樣嗎？這兩者有什麼差別呢？

A（受訪者）：我的意思是，別人怎麼叫，我可能管不了，而且他叫我阿伯，可能有阿伯的原因，但我自己不能容忍自己變成一個油膩的大叔，這是兩回事，就是一個從別人的觀點來看，一個從自己的觀點來看。

Q（訪問者）：我瞭解了！所以是不管別人的看法，但自己不希望自己是那樣的形象。

A（受訪者）：對。是自己的期許吧！

Q（訪問者）：在你眼中，「女性的顯老」是哪方面的呈現（什麼樣的線索，例如：那些容貌特徵？行為特徵？衣著或舉止……會讓你覺得對方有點老或開始變老）？

數位時代的容貌焦慮與消費
——性別、老化與社群媒體

A（受訪者）：女生的話……皮膚開始呈現蠟黃皺皺的，出現白頭髮，而且身上散發一種老人味，穿著會變得更加隨便，不像年輕時候愛打扮，喜歡追一些流行的衣物，從這幾點特徵來看，可以看出來一個女性顯老的部分！

Q（訪問者）：在你眼中，「男性的顯老」是哪方面的呈現（什麼樣的線索會讓你覺得對方有點老或開始變老）？

A（受訪者）：和女生一樣，皮膚會開始呈現蠟黃皺皺的，而且身上也會散發一種老人味，而且頭髮也會呈現白髮，另外在穿著上變得不加重視，不像年輕時候喜歡打扮、追求新事物、飆車等等，整體的動力都不如以往，從這幾點來看可以看得出來！

Q（訪問者）：你描述男生和女生差不多……**所以對你而言，性別差異不大嗎**？

A（受訪者）：嗯，大概就是老人都是那種感覺。但如果你是說變老的過程，那好像有點不一樣。就是女生可能會先有一種憔悴感，就是臉上眼睛皺紋、法令紋什麼的，還有臉凹凹的，男生反而相反，是有一種國字臉，臉方方的、垂垂的那種感覺。身材也不大一樣，女生老了，好像容易變胖，當然也有變瘦的，可是比較常見的是女生會變腰很粗，圓滾滾的身材，茶壺奶奶那種，呃，你看過《美女與野獸》的動畫嗎？裏面那個茶壺奶奶……

Q（訪問者）：**我知道……請繼續……**

A（受訪者）：剛剛說到哪裏？喔！對女生會變圓滾滾，可是男生老了，通常都會變很瘦削。就是竹竿腿什麼的。然後都會變矮。當然也不一定啦！我突然想到我們家附近也有一些老人，是女生很瘦，就是你會看到她除了骨頭，外面好像只有一層皮而已。然後男生也有很多腦滿腸肥的人。但我說的是真正的老人，銀髮族好像就會變成剛剛那樣。腦滿腸肥的男生好像都是中年發福那種。

386

附　錄：定性研究深度訪談實錄

Q（訪問者）：所以你才會說無法忍受啤酒肚和禿頭？因為那是男性顯老的開始，是這樣嗎？

A（受訪者）：對對對，還有禿頭。女性禿頭的比較少，這好像是男生的顯老的專屬特徵。而且我不明白，為什麼禿頭就一定要留很長的瀏海，通通梳到另一邊，像條碼⋯⋯

Q（訪問者）：就是一種遮蓋的方式吧！

A（受訪者）：但我寧願看他頭皮空空的，或是剃光頭啊！身為一個男性，我自己如果將來有禿頭危機，我寧願去剃平頭或光頭，真的！我太受不了那種油頭條碼了。

Q（訪問者）：所以，在所有老化的外貌外型特徵當中，你最不喜歡或最不能接受的就是禿頭嗎？為什麼？是否有接觸過相關的經驗或故事？

A（受訪者）：其實不是！

Q（訪問者）：那不然是什麼？

A（受訪者）：在所有老化中，我最不能接受的，大概就是老了之後會散發一種老人味吧，這種味道我覺得不太好聞，也不清楚為什麼他們會散發出這種味道，尤其在搭公車，或者是經過有老人的地方，這種味道都特別明顯又不太好聞。

Q（訪問者）：老人味啊！這好像是無法避免的，似乎和賀爾蒙有關係，就像年輕男生的汗臭也特別強烈，可能也是賀爾蒙相關吧！

A（受訪者）：但總覺得可以透過一些方式，就像你說年輕男生的汗臭很臭，但至少我們會用止汗劑啊！那是不是有什麼可以不要散發老人味的商品？能不能叫老人們去使用呢？

Q（訪問者）：這個嘛！好像有聽說某些保健食品和茶飲有類似的功能，但不知道是不是真的有效？

A（受訪者）：如果有，我要去查一下，提早預防，哈哈！

Q（訪問者）：你真的很怕變成大叔耶！那請問你周圍或是媒體檯面上，有誰是讓你覺得老得很好看（甚至是老了比年輕更吸引人），

希望自己將來即使看起來有歲月痕跡,但也能像他或她一樣有魅力的人?

A(受訪者):目前來看的話,我覺得老了沒有很好看,也沒有看到一張照片對我來說,之後老了可以像他一樣有魅力,只能說如果還沒老之前,應該趁年輕時候趕快去多拍幾張照片留念!

Q(訪問者):那你現在會常拍照嗎?因為現在應該就算是你年輕的時候啊!是否要多拍照留念?

A(受訪者):哈哈,其實我不喜歡拍照耶!可能就覺得自己很普通吧!但被你這麼一說,我好像要珍惜現在自己的樣子,因為之後就會變成老人了!

Q(訪問者):也許那時候的你,會找到其他欣賞自己的地方?

A(受訪者):也許吧!希望!

Q(訪問者):那既然要常保年輕,你曾做哪些活動或買哪些商品來讓自己常保青春?為什麼你會覺得有幫助(例如:保養品?醫美產品?微整形?非介入性皮膚科療程雷射等?保健品?健身課?參加社團?……)?

A(受訪者):我曾經做過一些戶外運動,比方說登山健行、溯溪等等。我還蠻愛戶外活動的,或者是上健身課程。另外我也會購買一些保養品、防曬等來幫助自己能夠維持良好體態,展現最棒的一刻。

Q(訪問者):請問你有去醫美診所相關經驗嗎?請說明一下當初的心路歷程?

A(受訪者):沒有,那應該是女生才會去的吧!

Q(訪問者):不一定啊!就像你前面提到雙眼皮,也是有男生去做吧!而且現在很多壯年男性,會去處理一些皮膚問題之類的。

A(受訪者):我寧願把錢省下來,去上健身課耶!

Q(訪問者):那我們來談談社群媒體。請問你有在使用社群媒體嗎?

A(受訪者):有啊!

附　錄：定性研究深度訪談實錄

Q（訪問者）：可以說一下你最常瀏覽的社群媒體有哪些？
A（受訪者）：Facebook、Instagram、YouTube都有使用。
Q（訪問者）：以上這些社群媒體中，何者是你最常發文的社群媒體？
A（受訪者）：IG。
Q（訪問者）：你在社群媒體上發文的頻率大約是？
A（受訪者）：一周一次發文。
Q（訪問者）：你拍照後或上傳照片時，會用美肌功能嗎？為什麼？你在IG或社群媒體上看到其他同輩的照片是否會有壓力？
A（受訪者）：不會，我覺得我的照片應該沒什麼人要看，所以我通常都是轉發一些別人的東西，或是拍一些食物照、風景照。我們去溯溪的社團，常常有路線分享，我也會貢獻一下。
Q（訪問者）：那剛剛說在IG或社群媒體上看到其他同輩的照片是否會有壓力？
A（受訪者）：哪方面的壓力？覺得他們過得比較好之類的嗎？其實我還算滿意自己的工作和薪水，所以應該還好耶！
Q（訪問者）：嗯嗯！那容貌、身材的部分呢？
A（受訪者）：這一塊我真的有點麻木了，可能學生時代，太多比較，會一直想要在班上或是自己喜歡的異性前面表現，對外表就很重視，但工作之後，因為我的工作環境都是男生，我真的沒什麼好比的，每天看到一堆男生，就像看動物一樣，就算有帥哥，我又不是GAY，也沒有什麼特別感覺，也不會拿自己跟他們比。但我要承認，我學生時期，是真的會有得失心，會希望自己再高一點、壯一點，但現在好像比較沒在想這些。要比較，可能也是比工作之類的吧！
Q（訪問者）：好喔！謝謝你的意見，因為時間因素，我們今天就到這邊為止。
A（受訪者）：不客氣，我覺得訪談蠻有趣的。

數位時代的容貌焦慮與消費
―― 性別、老化與社群媒體

訪談編號	NO.17
地區	台灣北部
性別	男性
年齡	22
最常「瀏覽」的社群媒體	Facebook / Instagram / YouTube
最常「發文」的社群媒體	Instagram
社群媒體平均更新的頻率	超過一個月，久久才發文

Q（訪問者）：謝謝你參加我們的訪談。我們今天的主題主要是跟容貌焦慮有關，請問你聽過「容貌焦慮」這個詞彙嗎？你對容貌焦慮的認識是什麼？

A（受訪者）：我有聽過。我覺得容貌焦慮是覺得自己的外貌不夠好看的一種焦慮，像是不夠壯碩、不夠精實、皮膚不夠好，會覺得自己長得很不順眼。

Q（訪問者）：你覺得自己容貌焦慮的程度從1分（非常輕微）到10分（非常嚴重）大約是幾分？為什麼會這麼覺得？

A（受訪者）：我容貌焦慮大概有7分，我覺得我的容貌焦慮是間歇性的，通常在事情遇到挫折的時候，會對於自己的方方面面特別不滿意，有時候看到很帥、身材很好的人，也會覺得為什麼他是這樣、我卻是這樣，有比較心態的時候就會覺得特別焦慮，很多焦慮的原因跟在社群上看到很完美的人有關，就會覺得自己跟別人比很糟糕。

Q（訪問者）：你對自己身材滿意嗎？最滿意和最不滿意的點分別是什麼？為什麼？對於不滿意的部分，你期待達到什麼樣的身材？

A（受訪者）：不滿意。最不滿意的地方是腿吧！最滿意的地方可能是屁股，因為跟大部分一般人比不算太扁。不滿意的地方是腿，大概就是這樣。

Q（訪問者）：方便更進一步分析一下為什麼嗎？

A（受訪者）：因為我覺得我自己太矮了，腿很短，而且不像很多矮矮但瘦

附　錄：定性研究深度訪談實錄

瘦的人，雖然腿不是很長，但至少可以直直又有肌肉的，穿什麼樣的褲子都好看。我的腿是屬於不均勻的，然後還有點X型腿，褲子就很吃版型比例，沒辦法穿合身的褲子，會看起來變很胖、比例很差，加上因為之前受傷，有一些疤痕的色素沉澱，有時候看到就會很在意。我希望我的腿可以又長又勻稱，又有一點肌肉，然後比例好看、直直的。我覺得比例真的很重要，男生其實高就帥了，如果沒有夠高，那好歹腿要長，比例要好一點。有一次我看到一個外國男生，穿長大衣，覺得很帥，我當時很沮喪，覺得自己無法穿長大衣，因為太矮了，但後來我發現，那個外國人，只是看起來很高，但其實根本就和我一樣，大概一百七左右吧！可是他腿超長，那就是比例好，所以才會讓人覺得他很高。另外，也希望胸肌可以明顯一點，我腹肌不大練，卻有，胸肌練很多，卻一直沒有，不知道為什麼。

Q（訪問者）：**你對自己容貌滿意嗎？最滿意和最不滿意的點分別是什麼？為什麼？對於不滿意的部分，你期待達到什麼樣的狀態？**

A（受訪者）：整體而言，我對於自己的臉不滿意。最滿意的是眼睛，因為眼睛有大外雙，而且黑眼珠還算大。最不滿意的地方是臉的輪廓，因為遺傳的關係，我的下顎骨方方的，就是最近很常聽到的那種圓方臉，特定角度拍起來可以有下巴，但只要角度抓不好，整張臉就很像御飯糰，一整顆又圓又方，而且因為下顎的關係，微笑的時候整個臉的肉就往旁邊擴大，整個臉就會看起來很大，而且髮型也因為臉型受到很多限制。我雖然不喜歡花美男，不用那麼精緻，但也不大希望自己是粗曠風格。

Q（訪問者）：**粗曠風格是指？**

A（受訪者）：就是那種大方臉、很多鬍渣那種感覺。我希望自己是斯文一點的類型。穿衣顯瘦，脫衣有肉那種。

391

數位時代的容貌焦慮與消費
——性別、老化與社群媒體

Q（訪問者）：有沒有什麼時候、情境（婚禮、公司會議、同學會……）會讓你的容貌焦慮程度提高？你通常會怎麼做？可否說明一下相關的例子？

A（受訪者）：要見女友的朋友的時候，會覺得別人的男朋友都這麼帥，他們會不會覺得為什麼只有我女友的男朋友這麼普通？會不會覺得他怎麼會選這麼普通的男朋友？我通常可以的話，會打扮、抓一下頭髮再跟他們見面，然後衣服也會選比較能修飾身材的衣服，儘量讓我自己是相對我自己覺得順眼的樣子，比較不會一直想著他們會不會覺得我很醜、很邋遢。

Q（訪問者）：當你達到了自己滿意的容貌和身材之後，又如何？你覺得生活會有什麼改變？或者為何要追求上述的狀態（你為誰美麗、帥氣？為什麼要減肥？為什麼要保養？為什麼要微整形？美麗、帥氣的利益好處是什麼？……）？

A（受訪者）：我覺得如果我可以每天都很帥氣、身材很好，我覺得我應該會更有自信，因為自己的容貌變得順眼了、好看了，對於自己可能會更有信心，批判跟懷疑會少一點，生活上可能可以讓每天的心情都更好一點。我想要追求這個狀態一部分也是希望能夠得到別人的稱讚和認同，得到正面的印象分數。

Q（訪問者）：請問在生活或職場中，對於年齡長於你的女性和男性，除了職稱之外，通常你會怎麼稱呼（例如：王小明，稱其為王大哥？小明哥？小明？或……）？你稱呼他人大哥或大姊的規則為何（請分男、女回答）？有對方不能接受的時刻嗎？

A（受訪者）：通常如果年齡比較大的人，會看看身邊差不多年紀的人都怎麼叫，如果組織比較扁平，男生就會叫小明或小明哥或英文名字；女生可能就會叫英文名或是某某姊；通常遇到的情況是女生比較不喜歡被叫大姐或是姐，她們會覺得自己被叫老了，也不喜歡被叫阿姨，所以原則上就是看對方希望怎麼被叫我就怎麼叫。

附　錄：定性研究深度訪談實錄

Q（訪問者）：對你而言，有被別人叫「哥」、叔叔……等稱謂，是你不大能接受的時候嗎？大概是什麼樣的情境（對方的年齡、兩人相交流的狀況和場合等等）？為什麼不能接受？你覺得小你幾歲以內，或是對方是怎麼樣的情況，不該叫你該稱謂？

A（受訪者）：有，剛剛我在電梯裏面的時候，有個阿嬤帶著孫子進來電梯，然後就對我說「4樓，謝謝！」然後跟孫子說，跟阿伯說謝謝。我今天穿這樣，也不算老吧！我就覺得我這個年紀不值得被叫阿伯吧！我心裏會想，我看起來很老嗎？所以才被叫阿伯，總之就算是現在被叫阿伯也還不能接受。

Q（訪問者）：看起來真的還好啊！阿嬤可能沒有看清楚吧！那前面討論的內容，你認為會有性別差異（因遇到狀況的本人是男女而有所不同）嗎？為什麼？

A（受訪者）：會欸；通常男生對於被叫叔叔或哥哥比較沒那麼在意，在職場上被叫大哥或是哥，好像也不會感覺有很大區別，我剛剛會不開心，是因為他叫我阿伯！如果叫叔叔，我也可接受啦！但是女生不管是在日常生活中，還是在職場，都希望自己看起來是年輕的，被叫姨或是姊就會覺得「我很老嗎？」有種自己被叫老了的感覺，很多前輩跟我抱怨過。

Q（訪問者）：請問你對以下幾個詞彙的年齡區間估計，例如就你的感覺而言，青年，壯年，歐吉桑、歐巴桑，老年，銀髮族，熟女，輕熟女，初老是幾歲到幾歲？

A（受訪者）：青年大概30-40歲；壯年大概40-48歲；歐吉桑、歐巴桑大概65歲以上，看起來明顯有皺紋才會這樣叫（但我覺得聽起來有點沒禮貌的稱呼）；老年大概65、70歲以上；銀髮族跟老年差不多65歲以上；熟女大概40歲以上；輕熟女感覺是30-35歲；初老感覺是個症狀不是年齡，但真要說的話大概28歲以上。

Q（訪問者）：請問你覺得上述詞彙有哪些適合你現在的年齡區間（或者是

393

沒有在上述詞彙中，但你覺得適合的亦可說出來）？

A（受訪者）：我應該就是年輕人吧！我也還不算青年啊！

Q（訪問者）：你會「怕老」嗎？為什麼這麼覺得？你認為怕老是在怕什麼？

A（受訪者）：會欸，會擔心自己老了。因為老了就會有皺紋、身材不如從前，看到鏡子裏面的自己好醜、好老會難過。怕身體健康程度也會有差，會容易常常生病，沒辦法做自己想要做的事情，因為體力不夠。

Q（訪問者）：在你眼中，「女性的顯老」是哪方面的呈現（什麼樣的線索，例如：那些容貌特徵？行為特徵？衣著或舉止……會讓你覺得對方有點老或開始變老）？

A（受訪者）：法令紋開始變得很明顯、有老人斑、皮膚開始有皺紋，開始穿著變得保守、寬鬆，然後皮膚開始不緊實、胸部下垂、肚子凸出來，行為特徵的話，可能是開始一直碎唸、對於新事物的接受度愈來愈低。

Q（訪問者）：在你眼中，「男性的顯老」是哪方面的呈現（什麼樣的線索會讓你覺得對方有點老或開始變老）？

A（受訪者）：有啤酒肚、脂肪堆積的胸部、抬頭紋、法令紋；開始身上會有老人味、體力變差，開始一天到晚碎念一樣的事情，衣服開始不修邊幅、喜歡穿汗衫。

Q（訪問者）：在所有老化的外貌外型特徵當中，何者是你最不喜歡或最不能接受的？為什麼？是否有接觸過相關的經驗或故事？

A（受訪者）：皺紋和皮膚失去彈性。因為看到周圍的大人從小時候的樣子到現在，落差最大的部分是因為開始皺紋愈來愈深、皮膚愈來愈下垂，就好像有了這些特徵之後，自己就再也沒辦法回去年輕的樣貌，就只能認老，就只能被被年紀大的框架框住。

Q（訪問者）：請問你周圍或是媒體檯面上，有誰是讓你覺得老得很好看

附　錄：定性研究深度訪談實錄

（甚至是老了比年輕更吸引人），希望自己將來即使看起來有歲月痕跡，但也能像他或她一樣有魅力的人？

A（受訪者）：我的某位老師。我覺得因為她有在保養，即使看得出來她已經快四十歲，但她的穿搭變得更有質感，然後談吐也可以透露出她是有故事、有深度的人，可以知道她雖然不像二十歲的人年輕，但她的歷練讓她愈來愈有人格魅力，雖然有一點歲月的痕跡，但自信和有故事的感覺讓她很有魅力。

Q（訪問者）：**你曾做哪些活動或買哪些商品來讓自己常保青春？為什麼你會覺得有幫助（例如：保養品？醫美產品？微整形？非介入性皮膚科療程雷射等？保健品？健身課？參加社團？……）？**

A（受訪者）：我有買專櫃的保養品，讓自己的膚質更穩定，能夠保持一定的皮膚狀態。雖然很多人都說男生不用保養品，因為臉夠油，但我覺得那是刻板印象。另外，有買教練課，因為覺得自己常常肩頸痠痛，感覺這個年紀不應該是這個體力狀態，希望自己透過運動體力跟體態都更好。有做肌動減脂療程，因為肚子真的很難瘦，但是凸凸的肚子又穿衣服很不好看，而且我希望自己可以有人魚線。

Q（訪問者）：**請問肌動減脂是什麼？**

A（受訪者）：喔！有些人沒聽過，其實已經一陣子了耶！肌動減脂就是一種用機器，好像是電磁場還是什麼，去震動你的肌肉，讓你可以短時間有高度的肌肉練習。就是那種懶人運動法啦！但還蠻有效率的，他廣告說只要躺著三十分鐘，就能達到兩萬次的極限肌肉鍛鍊，等同於兩萬次的仰臥起坐效果。

Q（訪問者）：**你這麼說，我好像很久以前看過廣告，那真的有效嗎？**

A（受訪者）：不像他說的那麼有效，但其實還是蠻有效的喔！我覺得就是別人幫你做運動這樣。

Q（訪問者）：**嗯嗯！那請問你去做這個的相關經驗嗎？請說明一下當初的**

數位時代的容貌焦慮與消費
——性別、老化與社群媒體

　　　　　　　　　心路歷程（考量的點和選擇？為什麼要做？環境的影響？工作？如何找到該診所？……）？

A（受訪者）：其實我沒有考慮很多耶！就當初本來有在上健身課，可是後來課程結束了，我的健身老師又剛好要換一個地方教學，但是那裏非常的遠，所以我只好放棄繼續跟他上課。所以就有一筆多的餘裕費用，或者該說，本來就是屬於健身方面的花費。我一開始看到肌動減脂廣告的時候，就是覺得應該是智商稅吧！但他科學原理解釋得蠻清楚的，我就想說試試看也好，所以，沒什麼猶豫就去試試看，做完一次，不會太辛苦，而且真的有痠痛，像運動之後一樣，所以我就繼續做了。

Q（訪問者）：那我們來談談社群媒體。請問你有在使用社群媒體嗎？

A（受訪者）：有啊！

Q（訪問者）：可以說一下你最常瀏覽的社群媒體有哪些？

A（受訪者）：Facebook、Instagram、YouTube。

Q（訪問者）：以上這些社群媒體中，何者是你最常發文的社群媒體？

A（受訪者）：IG。

Q（訪問者）：你在社群媒體上發文的頻率大約是？

A（受訪者）：我很少發文耶！基本上是超過一個月，通常都是那種打卡送東西，或是別人幫我打卡才發文。

Q（訪問者）：你拍照後或上傳照片時，會用美肌功能嗎？為什麼？你在IG或社群媒體上看到其他同輩的照片是否會有壓力？

A（受訪者）：我很少發文，所以也不會上傳照片啦！但我自己拍照，會用美肌，因為手機相機一開始就設定美肌，所以就沒有去改他了。但我的手機是那種沒有很誇張的美肌，所以就只是打光打得很好的感覺而已。

Q（訪問者）：你對於現代素人、網紅大量使用美肌軟體、濾鏡，有什麼看法？你認同大量修圖和濾鏡的行為嗎？為什麼？

附　錄：定性研究深度訪談實錄

A（受訪者）：其實只要不拿來騙人，我都覺得用一點美肌、修圖還好吧！但是我有看過那種很誇張的，就是濾鏡拿下來，完全兩個人的，我就覺得這樣不行。

Q（訪問者）：**好喔！謝謝你的意見，因為時間因素，我們今天就到這邊為止。**

A（受訪者）：不客氣。

數位時代的容貌焦慮與消費
——性別、老化與社群媒體

訪談編號	NO.18
地區	台灣北部
性別	男性
年齡	33
最常「瀏覽」的社群媒體	Facebook / Instagram / Threads / YouTube / TikTok
最常「發文」的社群媒體	Instagram
社群媒體平均更新的頻率	半個月一次發文

Q（訪問者）：謝謝你參加我們的訪談。我們今天的主題主要是跟容貌焦慮有關，請問你聽過「容貌焦慮」這個詞彙嗎？你對容貌焦慮的認識是什麼？

A（受訪者）：有聽過容貌焦慮。我認為容貌焦慮來自對自己的不自信，縱使自己的樣貌並非如此糟糕，但很有可能會因為一些小缺陷，像是眼睛太小、眉毛不對稱，而讓自己陷入焦慮之中，不可自拔。

Q（訪問者）：你覺得自己容貌焦慮的程度從1分（非常輕微）到10分（非常嚴重）大約是幾分？為什麼會這麼覺得？

A（受訪者）：我認為有5分，因為平常沒什麼感覺，但每當看到照片中的自己，總會不經意注意到一些缺陷，然後就感覺很不好。

Q（訪問者）：你對自己身材滿意嗎？最滿意和最不滿意的點分別是什麼？為什麼？對於不滿意的部分，你期待達到什麼樣的身材？

A（受訪者）：尚可接受。最滿意的是整體身形跟比例，但不滿意腿的部分。

Q（訪問者）：方便更進一步分析一下為什麼嗎？

A（受訪者）：我認為自己的腿肌肉分布過於集中，小腿內側肌肉鼓起，並且摸起來又硬又厚實，過於粗壯，就像蘿蔔腿一樣凸出一塊。雖然這是「肌肉腿」，並非脂肪堆積的「水腫腿」，還是看得不是那麼喜歡。我期待自己的下半身能更加修長，小腿形狀好看一點，這樣夏天穿短褲起來才會更有自信。

附　錄：定性研究深度訪談實錄

Q（訪問者）：你對自己容貌滿意嗎？最滿意和最不滿意的點分別是什麼？為什麼？對於不滿意的部分，你期待達到什麼樣的狀態？

A（受訪者）：普通。對自己的容貌最滿意的在於外觀上沒有很明顯的大規模缺陷，且比例看起來還算正常。但我最不滿意自己的眼睛。

Q（訪問者）：可以進一步說明一下嗎？

A（受訪者）：由於眼睛形狀細長，再加上單眼皮，會讓我看起來時時刻刻都很沒有精神，甚至還常常被其他人說可不可以把眼睛張大點。如果可以，我希望眼睛能大一點，最好是搭配一副雙眼皮，給人的感覺會更有朝氣，眼睛在臉上的比例也會更加和諧。

Q（訪問者）：有沒有什麼時候、情境（婚禮、公司會議、同學會……）會讓你的容貌焦慮程度提高？你通常會怎麼做？可否說明一下相關的例子？

A（受訪者）：當要拍照時，我就會感到焦慮，因為常常朋友在檢查照片時，都會告訴我「不要閉眼」，縱使我眼睛從未闔上。為此，我會盡可能地瞪大我的雙眼，也會透過戴眼鏡放大我的瞳孔，只希望自己的眼睛在照片上會看起來大一些，不致於這麼沒精神。

Q（訪問者）：果然還是眼睛的部分！當你達到了自己滿意的容貌和身材之後，又如何？你覺得生活會有什麼改變？或者為何要追求上述的狀態？

A（受訪者）：如果我達到滿意的容貌和身材後，我會更有自信。不管是與人交談、去認識新的朋友，我都會更有底氣，而不會陷入自卑或認為自己做不到的泥淖中，甚至我能得到旁人更多的幫助或關注、取得更多人的信任，我的生活會少了很多「躊躇不前」，能邁開自信的步伐，勇敢向前。

Q（訪問者）：所以你覺得容貌會影響到你的貴人運？是這樣嗎？

399

數位時代的容貌焦慮與消費
—— 性別、老化與社群媒體

A（受訪者）：嗯，就是你說的這樣！我覺得眼睛是展現一個人的神情的重要指標，所以站在別人的立場，大家應該也會想要幫助一個神情或展現出的性格，是自己所欣賞的對象吧！

Q（訪問者）：好像有道理呢！請問在生活或職場中，對於年齡長於你的女性和男性，除了職稱之外，通常你會怎麼稱呼（例如：王小明，稱其為王大哥？小明哥？小明？或⋯⋯）？你稱呼他人大哥或大姊的規則為何（請分男、女回答）？有對方不能接受的時刻嗎？

A（受訪者）：一般男生喜歡被看大、享受受到尊重的感覺，因此比我年長的男性，我都會習慣「往老的稱謂叫」，像是「大哥、阿伯」；相反地，女生喜歡被叫年輕，我都會用「姐、小姐」來稱呼。那當然，一定會遇到不適用的狀況，這個時候用「帥哥、美女」來叫準沒錯，不會有太大的問題。

Q（訪問者）：那對你而言，有被別人叫「哥」、叔叔⋯⋯等稱謂，是你不大能接受的時候嗎？大概是什麼樣的情境（對方的年齡、兩人相交流的狀況和場合等等）？為什麼不能接受？你覺得小你幾歲以內，或是對方是怎麼樣的情況，不該叫你該稱謂？

A（受訪者）：我跟一般的男性不一樣，不喜歡被叫「老」。雖然我有一個跟我年紀相仿的侄子，我還是嚴正拒絕他稱我「伯伯」，每當他這麼稱呼我時，我就會感覺自己好老、好醜；相反地，我更希望他稱呼我「哥哥」，這不僅拉近我跟他的距離，也讓自己感覺更舒坦。

Q（訪問者）：前面討論的內容，你認為會有性別差異（因遇到狀況的本人是男女而有所不同）嗎？為什麼？

A（受訪者）：雖然我一開始說，男生喜歡被叫老，但根據我自己的狀況，我認為不會有性別差異。因為我是不喜歡被叫老、不願接受自己慢慢變老的事實、害怕年老的痕跡逐漸攻占自己的臉龐，所以才希望被叫年輕一點，讓自己還能躲在自己認為的

附 錄：定性研究深度訪談實錄

虛幻中騙騙自己。我想這與一般男性享受被人尊敬的感受相異。但我相信應該有和我一樣的男生吧！

Q（訪問者）：請問你對以下幾個詞彙的年齡區間估計，例如就你的感覺而言，青年，壯年，歐吉桑、歐巴桑，老年，銀髮族，熟女，輕熟女，初老是幾歲到幾歲？

A（受訪者）：我認為青年的年齡應該是介於16-25歲間，大約是高中到大學研究所畢業的就學期間，這段時間是最有活力、精力最為旺盛的階段。而壯年則是起於25歲的工作期間。歐吉桑、歐巴桑大約50-60歲吧！老年、銀髮族都是70歲以上。熟女50歲以上，輕熟女35歲以上，初老大概就30吧！

Q（訪問者）：請問你覺得上述詞彙有哪些適合你現在的年齡區間（或者是沒有在上述詞彙中，但你覺得適合的亦可說出來）？

A（受訪者）：我現在應該處於「青年」階段，青年是很好形容我年齡區間的形容詞。

Q（訪問者）：你會「怕老」嗎？為什麼這麼覺得？你認為怕老是在怕什麼？

A（受訪者）：會，我害怕變老。小時候的我，害怕自己老了會死掉，不願面對死亡。但現在的我，更害怕的是自己會隨著年齡增大而變老、變醜，斑紋、皺紋在我無法控制下，在身上毫不受控地蔓延，我也不再擁有水嫩Q彈的肌膚，而是變成厚實難看的膚質，與可能會出現的啤酒肚，還有白頭髮之類的。

Q（訪問者）：在你眼中，「女性的顯老」是哪方面的呈現（什麼樣的線索，例如：那些容貌特徵？行為特徵？衣著或舉止……會讓你覺得對方有點老或開始變老）？

A（受訪者）：女性的顯老來自於臉，魚尾紋跟逐漸下沉的眼袋，都是透漏年紀的地方。此外，眼窩凹陷、眼尾下垂也是顯老的一大特徵。除了容貌變化外，穿衣的風格也是一大關鍵，上了年紀的女性開始喜歡穿紅色、紫色的羽絨衣，行為上也會更加的

401

數位時代的容貌焦慮與消費
——性別、老化與社群媒體

「嘮叨」，這些地方都是慢慢變老的外顯之處。

Q（訪問者）：在你眼中，「男性的顯老」是哪方面的呈現（什麼樣的線索會讓你覺得對方有點老或開始變老）？

A（受訪者）：男性的顯老，大多來自於「身形」，最典型的就是愈來愈大的啤酒肚跟地中海禿頭了。相比起女性的顯老，男性在臉上的變化並不如女性劇烈（可能由於女性膚質較為乾燥），但身形卻透露了一切。穿衣風格上，年老男性會變得不喜歡打理自己，愈來愈常「穿吊嘎、藍白拖」就直接出門了。

Q（訪問者）：在所有老化的外貌外型特徵當中，何者是你最不喜歡或最不能接受的？為什麼？是否有接觸過相關的經驗或故事？

A（受訪者）：我最不能接受的是身形的改變，「駝背、禿頭、啤酒肚」讓我無法接受，而且這也是最顯老的地方。相比起容貌可以用化妝來修飾，膚況可以用日常保養來維護，身形是最沒辦法被藏起來的。所以這種類型的老化，會讓我感覺特別沒有自信，也是最在意的。

Q（訪問者）：請問你周圍或是媒體檯面上，有誰是讓你覺得老得很好看（甚至是老了比年輕更吸引人），希望自己將來即使看起來有歲月痕跡，但也能像他或她一樣有魅力的人？

A（受訪者）：湯瑪斯・克魯斯・馬波瑟四世。我覺得他老得很有韻味，就算年紀日益增大、臉上皺紋愈多、頭髮愈白，反而愈帥、愈有韻味，五官更加深邃、更加有魅力。如果我變老後，能夠像他一樣，保持良好的身材，那我覺得變老並不會是問題，反而是讓自己更有魅力的起點。

Q（訪問者）：所以對你而言，臉上的皺紋或是白髮，其實不那麼困擾，重點是身材要好，是這樣嗎？

A（受訪者）：對，就是身材好，整體感覺就好！

Q（訪問者）：你曾做哪些活動或買哪些商品來讓自己常保青春？為什麼你會覺得有幫助（例如：保養品？醫美產品？微整形？

附　錄：定性研究深度訪談實錄

　　　　　　　　　非介入性皮膚科療程雷射等？保健品？健身課？參加社團？……）？

A（受訪者）：剛剛有說過，我對自己粗壯的腿很沒有自信。因此，我曾經有非常長的時間，透過跑步跟重訓來拉伸我的小腿肌，讓它的分布好看一些。

Q（訪問者）：還有嗎？例如，你前面有提到比較在意眼睛的部分，是否會想要做一些相關的改善？

A（受訪者）：有啊！除了上面的跑步和重量訓練之外，就像你說的，我眼睛比較細長，我的眼睫毛比較淡，搭配我的細長眼型，看起來更糟。為此，我有畫眉毛，讓臉整體更立體，也讓自己看起來更年輕、更青春。

Q（訪問者）：嗯嗯！這聽起來就是很有用的方法啊！那你會買保養品嗎？

A（受訪者）：會，雖然過去觀念好像認為男生不用保養，但現在其實已經有很多男性保養品系列了。我也有擦乳液保養臉部的習慣，讓臉更保水、更緊實，看起來更青春、活力煥發。

Q（訪問者）：那我們來談談社群媒體。請問你有在使用社群媒體嗎？

A（受訪者）：有啊！

Q（訪問者）：可以說一下你最常瀏覽的社群媒體有哪些？

A（受訪者）：Facebook、Instagram、Threads、YouTube、TikTok。

Q（訪問者）：以上這些社群媒體中，何者是你最常發文的社群媒體？

A（受訪者）：IG。

Q（訪問者）：你在社群媒體上發文的頻率大約是？

A（受訪者）：半個月一次發文。

Q（訪問者）：你拍照後或上傳照片時，會用美肌功能嗎？為什麼？你在IG或社群媒體上看到其他同輩的照片是否會有壓力？

A（受訪者）：我很少發自己的照片，大概就都是食物照，但有時候被朋友tag，就會在意自己的狀態好不好。其實我覺得大合照當中，每個人都只注意自己而已，並不會特別去注意別人！所以

數位時代的容貌焦慮與消費
——性別、老化與社群媒體

根本不用去在意！就像我每次看到合照照片，都趕快找自己在哪裏，然後就看自己照得如何，之後就不會看別人了。但還是會有一些壓力，總覺得自己眼睛不好看，我也不知道為什麼，為了那個在網路某個角落偷看我的人嗎？呵呵！

Q（訪問者）：哈哈，這真的很有趣，大部分人都只注意自己，也知道照片可能沒什麼人會看，但還是會在意自己照得好不好！

A（受訪者）：對啊！會想說，是不是被某個搜尋我的人看到了……因為你想喔！如果是不認識的人，看到當然不會怎樣，反正他也不知道你是誰。所以就是在意那些認識的人，但又不是在意真的很熟、很好的朋友，因為他們對於我長什麼樣子，也很熟悉啊！所以就變成，在乎那些認識卻又不熟的人……我有時候會想到的就是類似前女友之類的，哈哈。

Q（訪問者）：你對於現代素人、網紅大量使用美肌軟體、濾鏡，有什麼看法？你認同大量修圖和濾鏡的行為嗎？為什麼？

A（受訪者）：基本上就是尊重。我自己不大會用。因為有一次用修圖軟體，結果變得好不像我，看了很怪，所以我大概是不會用的。而我也不大需要美肌，男生好像都不大需要吧？！

Q（訪問者）：好喔！謝謝你的意見，因為時間因素，我們今天就到這邊為止。

A（受訪者）：不客氣。

附　錄：定性研究深度訪談實錄

訪談編號	NO.19
地區	台灣北部
性別	女性
年齡	19
最常「瀏覽」的社群媒體	Facebook / Instagram / Threads / YouTube
最常「發文」的社群媒體	Instagram
社群媒體平均更新的頻率	一周兩至三次發文

Q（訪問者）：謝謝你參加我們的訪談。我們今天的主題主要是跟容貌焦慮有關，請問你聽過「容貌焦慮」這個詞彙嗎？你對容貌焦慮的認識是什麼？

A（受訪者）：有聽過這個名詞，個人覺得就是跟身邊的人或看過的人做比較，對自己現在的容貌，好像不僅僅是指臉，整體身材也可以感到不自信、焦慮，進而出現改變自己，例如：化妝、服裝打扮的行為，不一定會有實質上的改變，但就是會造成心理的負擔、壓力。

Q（訪問者）：你覺得自己容貌焦慮的程度從1分（非常輕微）到10分（非常嚴重）大約是幾分？為什麼會這麼覺得？

A（受訪者）：我目前覺得自己大概5分，覺得自己長得乾淨、清秀就很不錯了，不過還是會覺得還有很多人比自己漂亮、比自己亮眼。

Q（訪問者）：你對自己身材滿意嗎？最滿意和最不滿意的點分別是什麼？為什麼？對於不滿意的部分，你期待達到什麼樣的身材？

A（受訪者）：目前對自己的身材還算滿意，雖然不高但蠻瘦的。最滿意的部分可以說是整體比例蠻好的，我是說身體跟腿的比例，這樣在穿搭上面，比較不用顧慮太多，像是考量怎麼穿更能顯得腿長這種問題。最不滿意的應該是身高不夠。

Q（訪問者）：方便更進一步分析一下為什麼嗎？

A（受訪者）：雖然身高不夠不會對生活有太大的影響，但有時候還是會希望自己高一點，比較不會被當成小孩，常被別人說很幼齒、

很可愛，會被大家多照顧的感覺，但有時候也會被誤解為力氣很小、沒什麼能力，蠻委屈的，小個子也可以是很有能力的。期待的身材可能就是希望自己再高一點到一百六吧！

Q（訪問者）：你對自己容貌滿意嗎？最滿意和最不滿意的點分別是什麼？為什麼？對於不滿意的部分，你期待達到什麼樣的狀態？

A（受訪者）：對自己的容貌是蠻滿意的。最滿意可能是整體都蠻乾淨整齊的，特別是眼睛很大，感覺從小到大一直以來被稱讚的就是我的眼睛，又大又圓。最不滿意的應該是嘴巴的部分，牙齒不算整齊、嘴唇又有點太厚，不知道要怎麼笑拍照的時候會比較好看，讓人有點為難。此外我的臉算是容易長痣的，也是不喜歡。

Q（訪問者）：看不出來有長很多痣啊！

A（受訪者）：真的嗎？我是覺得，雖然有幾顆痣是有畫龍點睛的作用，但太多就顯得很亂。對於上述不滿意的部分，我國中的時候戴牙套，牙齒的部分就有所改善，但更理想的狀態，會是嘴唇再薄一點、痣再少一點。

Q（訪問者）：有沒有什麼時候、情境（婚禮、公司會議、同學會……）會讓你的容貌焦慮程度提高？你通常會怎麼做？可否說明一下相關的例子？

A（受訪者）：我不會化妝。就是不會這個技能，也有點懶得學。但上學的時候有不少同學會化妝，所以看到她們每天漂漂亮亮的，就會想說自己可能差她們一等，但其實也不會多想或多做什麼。

Q（訪問者）：因為你剛剛有說，看到別人化妝，可能有一種自己好像差一等的感覺，那為什麼不會想學呢？

A（受訪者）：感覺學校比起職場可能比較不在乎你有沒有對容貌的追求、堅持。我就只會覺得這是她們早上早起的成果，我比起化妝寧可多睡一點，也不會有因此想要學化妝的意願。而且通常

有化妝的都會跟有化妝的混在一起,沒化妝的也會有一個小圈圈,所以也不用怕沒有歸屬感的感覺。

Q(訪問者):**其實,你現在看起來很好看,好像也真的不用化妝啊!不過因為你剛剛有說,還是有個理想容貌和身材,那當你達到了自己滿意的容貌和身材之後,又如何?你覺得生活會有什麼改變?**

A(受訪者):我會覺得如果我達到了最理想的自己,在我在看鏡子的時候,我會多愛自己一點。但不是說我現在不愛,我應該要接受自己不是完美的,因為那些擁有大家夢想容貌的人肯定也失去什麼,又或是他們也羨慕別人些什麼。但除了自己對自己的想法轉變外,我不覺得會對我的生活有太大的影響,可能就會多了幾個被我的外貌吸引,從而靠近我的人,但這不完全是好的。我覺得追求理想容貌的原因就是為了看到更好的自己吧,不是為了別人,只是希望在看到鏡子裏面的人時,能更成為自己想要的樣子。

Q(訪問者):**嗯嗯!只為了自己追求喜歡的樣子,真好!那請問在生活或職場中,對於年齡長於你的女性和男性,除了職稱之外,通常你會怎麼稱呼(例如:王小明,稱其為王大哥?小明哥?小明?或……)?你稱呼他人大哥或大姊的規則為何(請分男、女回答)?有對方不能接受的時刻嗎?**

A(受訪者):通常都叫比較熟悉或是會很常相處的人哥、姊、學長、學姐這樣。不過不認識的人、路上的陌生人比較常會叫先生、小姐,比較少稱呼大哥、大姐,感覺比較尊稱!就會對比較陌生、距離感的人,比較尊重的稱謂,畢竟不認識彼此。目前沒有遇過被稱呼先生、小姐的人不能接受。

Q(訪問者):**對你而言,有被別人叫「姊」或阿姨……等稱謂,是你不大能接受的時候嗎?大概是什麼樣的情境(對方的年齡、兩人相交流的狀況和場合等等)?為什麼不能接受?你覺得小你**

幾歲以內，或是對方是怎麼樣的情況，不該叫你該稱謂？

A（受訪者）：目前沒有被稱為姊過，可能是本來年齡就小，臉又比較幼齒，所以通常都是被叫妹妹，但不會覺得不能接受，嗯嗯……就是每個人習慣的說話模式吧，有人習慣比較親切的「哥」、「姊」，有人比較習慣比較正式的「先生」、「小姐」就聽得懂、能溝通就好。當然如果有人覺得不舒服就道歉就好，並不是一個太大的問題。

Q（訪問者）：前面討論的內容，你認為會有性別差異（因遇到狀況的本人是男女而有所不同）嗎？為什麼？

A（受訪者）：我覺得對於稱謂該如何叫，又或是是否會感到不舒服，性別的差異應該不大。但可能會跟年齡、人種、個人偏好之類的比較有所關係。因為我覺得這個問題跟你這個人所接收到的價值觀、你所經歷的經驗有關係，才導致你能不能接受這樣的稱謂，性別的影響應該較小。

Q（訪問者）：請問你對以下幾個詞彙的年齡區間估計，例如就你的感覺而言，青年，壯年，歐吉桑，歐巴桑，老年，銀髮族，熟女，輕熟女，初老是幾歲到幾歲？

A（受訪者）：青年：18-30之間，輕熟女：30-35之間，熟女：35-50之間，初老：50過後，壯年：30-65之間，歐吉桑、歐巴桑、銀髮族：65-80之間，我覺得兩個給人的年齡觀感差不多，老年：80以上。

Q（訪問者）：請問你覺得上述詞彙有哪些適合你現在的年齡區間（或者是沒有在上述詞彙中，但你覺得適合的亦可說出來）？

A（受訪者）：本人目前十九歲，應該可以被稱為青年。畢竟被稱為青少年好像太老了，但壯年又顯然太年輕了。

Q（訪問者）：你會「怕老」嗎？為什麼這麼覺得？你認為怕老是在怕什麼？

A（受訪者）：我覺得一般人都會怕老吧！怕自己身體器官功能衰退、病痛

附　　錄：定性研究深度訪談實錄

折磨、讓家人擔心，更實際的醫療資源、金錢負擔。感覺老了就會很多問題出現，不用辛苦工作，但想安養天年也很有難度，哪個家庭的老人不是一身病呢？我本人也會怕老，怕老了增加子女的負擔，畢竟人在社會中是不可能獨善其身的，自己一定會影響到某些人，而老了，肯定會影響自己最親近的人，自己又無能為力。

Q（訪問者）：在你眼中，「女性的顯老」是哪方面的呈現（什麼樣的線索，例如：那些容貌特徵？行為特徵？衣著或舉止……會讓你覺得對方有點老或開始變老）？

A（受訪者）：覺得最明顯的是女生老了都會燙捲自己的頭髮跟穿花襯衫，認識的阿嬤、鄰居都有這樣的特徵。所以在路上看到這樣類型的人，就會覺得他有點年紀，也有聽說有些人會避免燙這麼捲的頭髮，又或是穿那種鮮豔的花襯衫，以免自己被誤認很老。不過也有一些女性有認知這個觀點，因此刻意不這樣做，為了不讓外人覺得自己的年齡已長。

Q（訪問者）：在你眼中，「男性的顯老」是哪方面的呈現（什麼樣的線索會讓你覺得對方有點老或開始變老）？

A（受訪者）：就我所觀察的應該是禿頭、中年發福等生理上的特徵。雖說禿頭有很多原因，生理上的又或是心理上的，但主觀來說，禿頭的人真的有顯老的感覺。而中年發福也就是啤酒肚，應該是來自生理上的原因，代謝變慢、效率變低，才導致肚子變大，聽說是這樣啦。感覺就視覺上就這兩個特性。

Q（訪問者）：在所有老化的外貌外型特徵當中，何者是你最不喜歡或最不能接受的？為什麼？是否有接觸過相關的經驗或故事？

A（受訪者）：感覺是生理上的。因為像燙頭髮或穿花襯衫這種行為上的，我可以決定、克制自己是否要這樣做。但如果是生理上的禿頭，要解決就比較困難，可能要去植髮或什麼的，就比較麻煩，又或是例如頭髮變白，就還要再花時間、花錢去染頭

409

髮。

Q（訪問者）：請問你周圍或是媒體檯面上，有誰是讓你覺得老得很好看（甚至是老了比年輕更吸引人），希望自己將來即使看起來有歲月痕跡，但也能像他或她一樣有魅力的人？

A（受訪者）：梁朝偉。感覺老了比較有味道，比年輕時的帥氣增添了成熟的感覺，覺得他有從年輕帥到老、愈老愈帥氣的感覺。也會希望自己能跟他一樣，老了能看到歲月的痕跡沒關係，但也要有另一種味道，老了也還是要是自己。

Q（訪問者）：是的，梁朝偉真的愈老愈有味道。

A（受訪者）：對了，劉德華也是，但我覺得他們不大一樣。感覺劉德華有刻意在保持年輕。可是我之前有看過網路上剪輯劉德華從二十歲出頭到六十歲的劇照，我覺得他真的是愈老愈好看，但巔峰時期大概就是五十歲左右，就是有一種成熟菁英的魅力！他剛開始出道時，雖然很年輕，但看起來沒有氣場，蠻普通的，後來就愈來愈好看。

Q（訪問者）：真的真的！那你曾做哪些活動或買哪些商品來讓自己常保青春？為什麼你會覺得有幫助？

A（受訪者）：基本上因為我現在還算年輕，沒做過手術或醫美的療程。但絕對會做的是每天的清潔，洗臉完一定會用化妝水，偶爾，真的是不定時、想到就做，大概兩、三個禮拜一次，會敷美白面膜。覺得現在還年輕就維持現狀就好，不用使用太過滋潤、刺激的產品。簡單就好！

Q（訪問者）：那我們來談談社群媒體。請問你有在使用社群媒體嗎？

A（受訪者）：有啊！

Q（訪問者）：可以說一下你最常瀏覽的社群媒體有哪些？

A（受訪者）：Facebook、Instagram、Threads、YouTube。

Q（訪問者）：以上這些社群媒體中，何者是你最常發文的社群媒體？

A（受訪者）：IG。

附　錄：定性研究深度訪談實錄

Q（訪問者）：你在社群媒體上發文的頻率大約是？

A（受訪者）：一周兩至三次發文。

Q（訪問者）：你拍照後或上傳照片時，會用美肌功能嗎？為什麼？你在IG或社群媒體上看到其他同輩的照片是否會有壓力？

A（受訪者）：不會，太麻煩了。照好照片，還要去改照片，很累，我通常就直接發照片。我看到別人的照片也不會有壓力。

Q（訪問者）：你對於現代素人、網紅大量使用美肌軟體、濾鏡，有什麼看法？你認同大量修圖和濾鏡的行為嗎？為什麼？

A（受訪者）：我覺得在沒有影響任何人的情況下可以。但如果運用這個騙人，造成傷害，就不可取。

Q（訪問者）：好喔！謝謝你的意見，因為時間因素，我們今天就到這邊為止。

A（受訪者）：不客氣。

數位時代的容貌焦慮與消費
—— 性別、老化與社群媒體

訪談編號	NO.20
地區	台灣中部
性別	女性
年齡	21
最常「瀏覽」的社群媒體	Instagram / Threads / 小紅書
最常「發文」的社群媒體	Instagram / Threads
社群媒體平均更新的頻率	一周兩至三次發文

Q（訪問者）：謝謝你參加我們的訪談。我們今天的主題主要是跟容貌焦慮有關，請問你聽過「容貌焦慮」這個詞彙嗎？你對容貌焦慮的認識是什麼？

A（受訪者）：我對於容貌焦慮的認識是沒辦法欣賞自己的長相，總是無限放大自己容貌上的缺陷，並且不斷跟別人進行比較。

Q（訪問者）：你覺得自己容貌焦慮的程度從1分（非常輕微）到10分（非常嚴重）大約是幾分？為什麼會這麼覺得？

A（受訪者）：我對我自己的認識容貌焦慮程度大概是3分，我很少會對於自己的長相感到失望不滿，儘管我知道自己可能沒有到大明星那種大眼睛以及小嘴巴，但我知道我的內雙眼睛、大大的臥蠶以及微豐厚的嘴唇也非常好看，而且我不斷告訴我自己沒有人能夠定義女孩子的美麗，我們身上的一切都是造就我們現在的美麗的一環 and I really appreciate it.

Q（訪問者）：這樣很好呢！那你應該對自己身材是滿意的。最滿意和最不滿意的點分別是什麼？為什麼？對於不滿意的部分，你期待達到什麼樣的身材？

A（受訪者）：嗯嗯！我是滿意的。最滿意的是腿，但我覺得我的手臂跟肩膀可以更強壯一點。

Q（訪問者）：可以更進一步分析一下更強壯的原因嗎？

A（受訪者）：因為我很喜歡穿背心跟洋裝，如果我的骨架再大一些，比較可以撐起來這些衣服，而且我覺得骨架太小，有種「幼態

附　錄：定性研究深度訪談實錄

美」的感覺，但我不是很喜歡。我期望的身材是健康、陽光、成熟的，那種看起來很有線條的身材，因為我自己很喜歡健康的身體線條。

Q（訪問者）：**你對自己容貌滿意嗎？最滿意和最不滿意的點分別是什麼？為什麼？對於不滿意的部分，你期待達到什麼樣的狀態？**

A（受訪者）：滿意。最滿意的是我的皮膚，因為我的膚況從小到大保養得很好。覺得可以更好的地方可能是⋯⋯我的眼睫毛⋯⋯

Q（訪問者）：**眼睫毛的哪方面呢？是指不夠長嗎？**

A（受訪者）：因為太稀疏了⋯⋯我覺得我的眼睛部分比較沒那麼明顯，可能泡泡眼加上內雙。因此睫毛不多的情況常常讓我看起來有點累、沒有精神。我期望達到的狀態是睫毛可以豐密一些，至少能夠撐起我的眼睛，讓他看起來炯炯有神。

Q（訪問者）：**有沒有什麼時候、情境（婚禮、公司會議、同學會⋯⋯）會讓你的容貌焦慮程度提高？你通常會怎麼做？可否說明一下相關的例子？**

A（受訪者）：偶爾在期末考的時候，我會比較隨性一點，但偏偏這時候很常有市集或各種活動，很容易遇到漂亮女生，偶爾站在旁邊會覺得小緊張。我的做法就是告訴自己我也是很好看的人，只不過因為目前有更重要的事情需要專注，因此比較不會花太多時間打扮，同時鼓勵自己多多欣賞，還有鼓勵稱讚漂亮女生，然後讓自己知道下次要約會可以學習看看她們的穿搭。

Q（訪問者）：**這樣很正向呢！可以感覺到你對自己的狀態是很滿意的！那當你達到了自己滿意的容貌和身材之後，你覺得和以前的生活有什麼差別嗎？**

A（受訪者）：我覺得我真的達到滿意的容貌跟身材，是當我開始規律上健身房。生活上的改變是我開始花額外的時間去健身並且調整自己的飲食模式，並且多多攝取蔬菜，同時養成早睡、多喝

數位時代的容貌焦慮與消費
——性別、老化與社群媒體

水的好習慣。我覺得這樣的改變蠻正向的。

Q（訪問者）：聽起來好健康，真好！有什麼是你改變的契機嗎？

A（受訪者）：為何追求這樣的改變，我認為是為了達到自己嚮往的生活，以及讓自己成為接近理想的自己。因為渴望對自我生活有規劃有想法，希望認真生活，因此做出的改變。

Q（訪問者）：請問在生活或職場中，對於年齡長於你的女性和男性，除了職稱之外，通常你會怎麼稱呼（例如：王小明，稱其為王大哥？小明哥？小明？或……）？你稱呼他人大哥或大姊的規則為何（請分男、女回答）？有對方不能接受的時刻嗎？

A（受訪者）：我一定叫哥哥、姊姊！我的規則是我覺得人聽到你喊阿姨、小姐、先生，其實會覺得有年紀……而且喊哥哥、姊姊還更容易拉近距離。對方不能接受的時候比較沒有遇到。

Q（訪問者）：那對你而言，有被別人叫「姊」或阿姨……等稱謂，是你不大能接受的時候嗎？大概是什麼樣的情境（對方的年齡、兩人相交流的狀況和場合等等）？為什麼不能接受？你覺得小你幾歲以內，或是對方是怎麼樣的情況，不該叫你該稱謂？

A（受訪者）：有。如果請我幫忙，最後感謝的時候叫我阿姨，我會覺得很欠扁！純屬個人感受啦！有一次有一群家人請我幫忙拍照，然後我那時候剛好從學院走出來，拍完照片後，那位爸爸就說：「快跟阿姨說謝謝！」我聽到真的躁起來，就覺得我可以幫你拍照，但你講最後一句話，讓我很後悔幫你！哈哈！還有一次我在捷運讓一個小弟弟位子，結果他阿嬤就說：「跟阿姨說謝謝！」當下聽到真的覺得嗯……我也才二十一歲……「如果你叫我姐姐，我會更開心。」

Q（訪問者）：那以你現在的想法，你要幾歲才可以被叫阿姨？

A（受訪者）：欸，我不知道耶！這很難想像。我剛剛其實有想到可能是三十五歲吧！但又覺得，要看我到時候的狀況，也許三十歲就可以了，就是一種「我準備好沒」的心態，有準備好，就

附　錄：定性研究深度訪談實錄

可以叫。

Q（訪問者）：前面討論的內容，你認為會有性別差異（因遇到狀況的本人是男女而有所不同）嗎？為什麼？

A（受訪者）：我覺得不會欸。任何人，不分男女，這樣對我我都會覺得很不受尊重。

Q（訪問者）：欸，我不是這個意思，我是說，被說的人……

A（受訪者）：喔！喔！我懂了！如果是被說的人，是男生會不會跟女生一樣介意？

Q（訪問者）：對啊！就是有沒有性別差異？

A（受訪者）：都會介意吧！我覺得沒有性別差異。現在男生也愈來愈注重形象和保養，所以聽到這樣的，應該也會不開心吧！只是不一定會表現出來。不過，我也沒有表現出來就是了。

Q（訪問者）：那回到剛剛類似的問題，請問你對以下幾個詞彙的年齡區間估計，例如就你的感覺而言，青年，壯年，歐吉桑、歐巴桑，老年，銀髮族，熟女，輕熟女，初老是幾歲到幾歲？

A（受訪者）：青年：15-24，壯年：25-45，歐吉桑、歐巴桑：45-55，老年：55-65，銀髮族：65-75，熟女：30-40，輕熟女：25-30，初老：40-45。

Q（訪問者）：請問你覺得上述詞彙有哪些適合你現在的年齡區間（或者是沒有在上述詞彙中，但你覺得適合的亦可說出來）？

A（受訪者）：我的話可能是青年吧！

Q（訪問者）：你會「怕老」嗎？為什麼這麼覺得？你認為怕老是在怕什麼？

A（受訪者）：有一些。因為我覺得我們社會有時候會把女人的年輕看太重，彷彿你不再年輕後，你的人生就變成黑白的。但我覺得我們應該要接受這件事。我之前看到一本書對於老的敘述是這樣的：aging is not just decay. Its growth，我覺得很有道理。

Q（訪問者）：說得真好呢！那你剛剛說有一些怕，是哪方面呢？

415

數位時代的容貌焦慮與消費
──性別、老化與社群媒體

A（受訪者）：我覺得怕老是怕自己不能夠再像年輕時肆意妄為，做決定要考慮很多，也要開始承擔責任。怕老是擔心自己沒辦法再像年輕時瘋狂，不能夠再連續好多天泡在酒吧，不能夠狂歡。因為大家不能再像以前一樣了，因此總覺得「老」就是負面的東西。

Q（訪問者）：在你眼中，「女性的顯老」是哪方面的呈現（什麼樣的線索，例如：那些容貌特徵？行為特徵？衣著或舉止……會讓你覺得對方有點老或開始變老）？

A（受訪者）：容貌的話，我覺得女生的老大概就是臉皮微微鬆弛、膠原蛋白流失、眼角下垂、頭髮不再像以前蓬鬆茂密。衣著開始穿得比較隨便，更注重保暖。舉止方面開始注重養生、早睡早起、多喝熱水、怕冷、不敢吃辣。

Q（訪問者）：這麼說來，就舉止方面，你也是偏向老人囉！

A（受訪者）：哈哈！對啊！但我反而現在比較喜歡自己的樣子！和剛上大學時比起來，覺得現在更好。

Q（訪問者）：我可以理解！那在你眼中，「男性的顯老」是哪方面的呈現（什麼樣的線索會讓你覺得對方有點老或開始變老）？

A（受訪者）：差不多吧！男生也是容貌方面，臉皮微微鬆弛、膠原蛋白流失、眼角下垂、頭髮不再像以前蓬鬆茂密、白頭髮。衣著開始穿得比較隨便，可能身材也不好了，有肚子之類的。

Q（訪問者）：在所有老化的外貌外型特徵當中，何者是你最不喜歡或最不能接受的？為什麼？是否有接觸過相關的經驗或故事？

A（受訪者）：膠原蛋白流失，因為這樣就不能裝嫩了……主要還是容貌的變化，我覺得年輕女生有一種嫩感Q感，那是保養再好的中年女生也沒有的。

Q（訪問者）：請問你周圍或是媒體檯面上，有誰是讓你覺得老得很好看（甚至是老了比年輕更吸引人），希望自己將來即使看起來有歲月痕跡，但也能像他或她一樣有魅力的人？

附　錄：定性研究深度訪談實錄

A（受訪者）：Victoria Beckham。她非常自律，即便六十歲還是每天堅持運動、吃菜，感覺出來即使她變老了，但還是非常性感。

Q（訪問者）：她沒有六十歲啦！她才五十歲左右而已吧！

A（受訪者）：真的嗎？我查查看⋯⋯真的耶⋯⋯這樣她看起來有點老，但還是很舒服，就是有魅力、有打扮！

Q（訪問者）：你曾做哪些活動或買哪些商品來讓自己常保青春？為什麼你會覺得有幫助？

A（受訪者）：沒有欸！

Q（訪問者）：你剛剛不是說你有去健身房？

A（受訪者）：喔！那個算喔！那有啦！就是我開始健身。

Q（訪問者）：除了健身之外，還有其他嗎？

A（受訪者）：其實我比較沒有在買保養品什麼的，除了健身，就是儘量讓自己吃得好一點，規律作息，不過這個好像前面都說過了。

Q（訪問者）：那我們來談談社群媒體。請問你有在使用社群媒體嗎？

A（受訪者）：有啊！

Q（訪問者）：可以說一下你最常瀏覽的社群媒體有哪些？

A（受訪者）：Instagram、Threads、小紅書。

Q（訪問者）：以上這些社群媒體中，何者是你最常發文的社群媒體？

A（受訪者）：IG、Threads。

Q（訪問者）：你在社群媒體上發文的頻率大約是？

A（受訪者）：一周兩至三次發文。

Q（訪問者）：你拍照後或上傳照片時，會用美肌功能嗎？為什麼？你在IG或社群媒體上看到其他同輩的照片是否會有壓力？

A（受訪者）：不會耶！我覺得大家都有自己的美麗，我很滿意自己的狀態，所以我發文也不會用美肌。

Q（訪問者）：你對於現代素人、網紅大量使用美肌軟體、濾鏡，有什麼看法？你認同大量修圖和濾鏡的行為嗎？為什麼？

A（受訪者）：就尊重吧！這好像是一種不可逆的事情了。因為現在你看網

路上那些網紅，如果沒有修圖，都被容貌羞辱得很嚴重，我覺得他們壓力好大啊！所以修圖也可以理解吧！但不能詐騙。現在有很多詐騙也都是修圖的。

Q（訪問者）：你認為一個人的自信和外貌身材是否有相關？為什麼？

A（受訪者）：當然有關啊！但我不會說一定都是有很好的外貌或身材，才有自信。可能也有人是因為很有自信，所以對自己外貌和身材滿意了，他自然就有那種氣場能夠展現自己的魅力了。

Q（訪問者）：嗯嗯！我相信！感覺你就是吧？

A（受訪者）：我還好啦，呵呵，我還是會覺得有很多人都比我美！可是我不會太在意這些。

Q（訪問者）：嗯嗯！謝謝你的意見，因為時間因素，我們今天就到這邊為止。

A（受訪者）：不客氣。

附　錄：定性研究深度訪談實錄

訪談編號	NO.21
地區	台灣南部
性別	女性
年齡	23
最常「瀏覽」的社群媒體	Facebook / Instagram / YouTube / X（Twitter）
最常「發文」的社群媒體	Facebook / Instagram / X（Twitter）
社群媒體平均更新的頻率	每天都發文（含限動）

Q（訪問者）：謝謝你參加我們的訪談。我們今天的主題主要是跟容貌焦慮有關，請問你聽過「容貌焦慮」這個詞彙嗎？你對容貌焦慮的認識是什麼？

A（受訪者）：有的，我聽過。容貌焦慮就是不滿意於自己的外表、會擔心自己的外表不滿足自己的期待，或自己假想中的大眾的期待，而感到不安、焦慮。

Q（訪問者）：你覺得自己容貌焦慮的程度從1分（非常輕微）到10分（非常嚴重）大約是幾分？為什麼會這麼覺得？

A（受訪者）：可能4或5左右，覺得自己偏比較沒有容貌焦慮的那邊，但也不能說完全沒有，整體上還是蠻滿意自己的外貌。或者說因為對於自己的外貌無法改變這件事很有認知！當然偶爾看到真的很漂亮的人，也會覺得欣賞或嚮往，但是比起焦慮可能羨慕的成分占比較多吧！

Q（訪問者）：你對自己身材滿意嗎？最滿意和最不滿意的點分別是什麼？為什麼？對於不滿意的部分，你期待達到什麼樣的身材？

A（受訪者）：我對自己容貌算滿意。最滿意的是自己的身高！雖然女生一七二常常被說太高，但我和自己喜歡的演員身高一樣，所以非常自豪！哈哈。比較不滿意的地方可能是腳掌比較大吧！

Q（訪問者）：方便更進一步說一下為什麼嗎？

A（受訪者）：小時候常常被家人說腳長太大，鞋子不好買，上游泳課什麼的會擔心被同學問。但現在已經沒那麼在意了。身高比別人

419

高的話，腳比別人大感覺也是理所當然的！哈哈哈！本來希望可以跟正常女生的腳差不多大就好了，不然喜歡的鞋子都沒有可以穿的size。

Q（訪問者）：你對自己容貌滿意嗎？最滿意和最不滿意的點分別是什麼？為什麼？對於不滿意的部分，你期待達到什麼樣的狀態？

A（受訪者）：容貌我也是還算滿意，主要也是改不了，哈哈！最滿意的可能是臉型。比較不滿意的可能是鼻子吧……

Q（訪問者）：可以說得更清楚一些嗎？為什麼滿意或不滿意？

A（受訪者）：其實臉型就是普通的臉型，但自己蠻喜歡的，不會太大或說很稜稜角角，所以就滿意。那鼻子是因為比較大，所以在臉上存在感很重，我喜歡把臉圈住的髮型，所以看起來就又更明顯。也不是說多不滿意鼻子，就是如果能鼻翼再小一點會更好看！哈哈！

Q（訪問者）：有沒有什麼時候、情境（婚禮、公司會議、同學會……）會讓你的容貌焦慮程度提高？你通常會怎麼做？可否說明一下相關的例子？

A（受訪者）：有人在議論別人長相的場合吧！雖然可能當下不是在說自己，但是會想到自己的長相是不是也在背後被人議論，特別是異性真的很喜歡議論女生的外表。

Q（訪問者）：這種狀況你常常遇到嗎？當著你的面嗎？

A（受訪者）：對啊！現在男生們很喜歡聚在一起，就討論女生的容貌、身材什麼的……當著我的面啊！只是不是說我啦！

Q（訪問者）：這種狀況你常常遇到嗎？

A（受訪者）：對啊！還有當有人誇團體中其中一個女生漂亮的時候，雖然也不是自己的外貌被貶低，只是會有一瞬想說，自己沒被誇是不是他覺得自己不好看。

Q（訪問者）：我可以理解……

A（受訪者）：我也通常不會特別做什麼，不想主動參與這種議論別人外表

附　錄：定性研究深度訪談實錄

的對話，會覺得是議論的人的問題。

Q（訪問者）：對啊！是這樣沒錯！

A（受訪者）：之前在網路上看到一個說法，當你在當著其他人的面誇團體中其中一個女生漂亮的時候，也要誇團體中其他的女生。我覺得不無道理，所以遇到這種機會的時候盡量這麼做。

Q（訪問者）：真的！那如果不管其他人，當你達到了自己滿意的容貌和身材之後，又如何？你覺得生活會有什麼改變？

A（受訪者）：感覺會好快樂欸哈哈哈！會想把喜歡的衣服都買來，把理想中的造型實踐一遍吧！但我覺得自己還是不會想和議論別人外型的人打交道，也就是我的容貌和身材，和別人的評論無關。

Q（訪問者）：請問在生活或職場中，對於年齡長於你的女性和男性，除了職稱之外，通常你會怎麼稱呼（例如：王小明，稱其為王大哥？小明哥？小明？或……）？你稱呼他人大哥或大姊的規則為何（請分男、女回答）？有對方不能接受的時刻嗎？

A（受訪者）：女性的話沒有明顯跨世代，且對方不排斥的話我都叫姐姐。如果沒差很多歲都叫下面名字，或是看大家都怎麼叫他。男性的話可能看我和對方是什麼關係，比如因為我現在還是研究生，遇到比自己大的，到五十歲左右，通通都叫學長，如果跟自己年齡差小於十歲的話，可能會叫下面名字加學長。

Q（訪問者）：承上題，對你而言，有被別人叫「姊」或阿姨……等稱謂，是你不大能接受的時候嗎？大概是什麼樣的情境（對方的年齡、兩人相交流的狀況和場合等等）？為什麼不能接受？你覺得小你幾歲以內，或是對方是怎麼樣的情況，不該叫你該稱謂？

A（受訪者）：有類似的經驗！去餐飲業打工的時候，有媽媽教小朋友，可能幼稚園左右，叫服務員時會說：跟阿姨說你要什麼～受到了人生第一次衝擊！雖然對小朋友來說我是阿姨沒錯，但從

年紀明顯大我十歲以上的媽媽口裏說出來，會有種想要吐槽「蛤？」的感覺，會想說自己看起來是阿姨嗎？很明顯妳年紀比我大吧！但後來就習慣了，我就是阿姨！欸！

Q（訪問者）：前面討論的內容，你認為會有性別差異（因遇到狀況的本人是男女而有所不同）嗎？為什麼？

A（受訪者）：嗯～還沒被成年男性叫過阿姨，所以有點難想像欸。但我覺得應該都差不多程度的不爽吧？因為單純是覺得被年紀比自己大很多的人叫阿姨覺得很扯而已，好像和性別沒有特別大的關係。雖然話說回來，我本來以為女性可能會對這種措辭會比較敏感、會刻意避開使用的說。

Q（訪問者）：欸，不是，我是問說被叫阿姨或叔叔，你覺得身為「被叫者」是否男女都會不開心？

A（受訪者）：喔！我搞錯了！我覺得，這應該是看人，不是看男女耶！

Q（訪問者）：也就是你認為這方面沒有性別差異，是嗎？

A（受訪者）：對啊！我覺得並不是因為是男生或是女生而在意被叫得老了，而是那個人本人會不會在意。這可能也跟他容貌焦慮的程度有關吧！像我雖然剛聽到的時候很震驚，但後來好像也沒什麼感覺。

Q（訪問者）：嗯！請問你對以下幾個詞彙的年齡區間估計，例如就你的感覺而言，青年，壯年，歐吉桑、歐巴桑，老年，銀髮族，熟女，輕熟女，初老是幾歲到幾歲？

A（受訪者）：青年：20~30初，壯年：30~50左右，歐吉桑、歐巴桑：55以上，老年：65以上，銀髮族：頭髮是銀的……65、70以上。熟女：45~50，輕熟女：35~45，初老：根據人而不同，我感覺25歲前後的人也很常說自己初老。

Q（訪問者）：請問你覺得上述詞彙有哪些適合你現在的年齡區間（或者是沒有在上述詞彙中，但你覺得適合的亦可說出來）？

A（受訪者）：青年和初老吧，欸……哈哈！

附　錄：定性研究深度訪談實錄

Q（訪問者）：你會「怕老」嗎？為什麼這麼覺得？你認為怕老是在怕什麼？

A（受訪者）：嗯～可是這個是難以避免的吧！雖然不能說完全不怕，但好像不是現階段會覺得非常恐懼的東西。我想我是擔心老了會失去同伴、不再擁有年輕的外貌、不被他人喜歡、被時代拋棄、孤獨死、擔心生活品質下降、自己一事無成。哇！好多擔心喔！

Q（訪問者）：就是沒有活成自己期待的樣子嗎？

A（受訪者）：對，這樣說好像比較精確。就是我不是怕皺紋或什麼的，而是怕那個不是自己喜歡的樣子。

Q（訪問者）：在你眼中，「女性的顯老」是哪方面的呈現（什麼樣的線索，例如：那些容貌特徵？行為特徵？衣著或舉止……會讓你覺得對方有點老或開始變老）？

A（受訪者）：我個人對「顯老」的認知是，雖然還沒有實際到那個歲數，但妝容、穿搭等對外貌的裝飾看起來超過實際的年齡。

Q（訪問者）：所以對你而言，顯老和看起來真的老，是不一樣的？

A（受訪者）：對。我覺得顯老的人，其實還沒老……但看起來真的老的人，就是老了。啊！好像在繞口令，哈哈。

Q（訪問者）：我瞭解。那可以更進一步說明一下你所認為的顯老嗎？

A（受訪者）：比如說不適合的口紅、眼影或是太厚的底妝，穿很老氣的衣服，或衣服穿起來的身材比例等等。就是個人感覺不太會用顯老於形容覺得對方開始變老的情形欸。但如果覺得一個人開始變老，可能是因為反應變慢、頭髮變白、皺紋變多吧！

Q（訪問者）：我懂了。那在你眼中，「男性開始變老」是哪方面的呈現（什麼樣的線索會讓你覺得對方有點老或開始變老）？

A（受訪者）：白頭髮、頭髮稀疏、皺紋變多、身體機能下降、體態改變、變得很固執難以溝通。

Q（訪問者）：在所有老化的外貌外型特徵當中，何者是你最不喜歡或最不

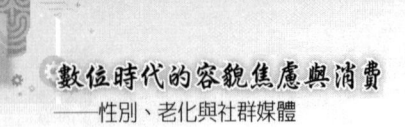

能接受的？為什麼？是否有接觸過相關的經驗或故事？

A（受訪者）：嘴角的皺紋吧！我個人鼻基底比較低，所以笑太開會有很明顯的法令紋。中學的時候有被同學說過我笑起來很像老人……覺得有點打擊，所以我現在都盡量笑得含蓄一點，或用手遮。我自己也覺得不是很好看啦！呵呵！本來只有笑的時候會浮現，但隨著年齡增長，最近總覺得看鏡子也很明顯……唉！

Q（訪問者）：其實還好耶！那請問你周圍或是媒體檯面上、有誰是讓你覺得老得很好看（甚至是老了比年輕更吸引人），希望自己將來即使看起來有歲月痕跡，但也能像他或她一樣有魅力的人？

A（受訪者）：喔！這個很多耶！我本身就蠻喜歡成熟，年齡大自己很多的男性。日文中有一個詞叫做「イケオジ」（IKEOJI），翻成中文應該叫做帥大叔吧！這種類型的我覺得蠻受歡迎，我自己也很喜歡。推薦伊勢谷友介這個演員，他就很有イケオジ的氣質。大概是因為歲月的痕跡讓他們顯得更沉穩、更有紳士魅力吧。也許還有很博學之類的印象。但感覺男性比較容易有這種隨著年齡愈來愈有魅力的現象。女性的話則是「即使到這個歲數仍保有年輕的外貌」的情況下才會覺得有魅力──好啦！你也可以說是我的偏見。之前和研究偶像的教授談論過，日本偶像的情況，相較於女性偶像的活躍期僅限於年輕時，當時討論是說三十歲前，男性偶像反而是年紀愈大愈受到歡迎，這個現象還蠻有趣的。一方面可能也顯示男性粉絲比起女性粉絲更在意年齡或外貌吧，我猜的。

Q（訪問者）：你最後一句話，是假定說男偶像都粉絲都是女的，女偶像的粉絲都是男的，是吧？

A（受訪者）：對啊！通常都是這樣的。喔！對了，題外話，但是我有一位女性老師說她不希望別人說，妳看起來比實際年齡年輕，而

是自己哪個年齡看起來就是那個年齡的樣子。我覺得那位老師也非常優雅、有魅力。

Q（訪問者）：我瞭解！

A（受訪者）：所以也是有女生覺得，成熟優雅有時候更有魅力呢！

Q（訪問者）：是啊！那你有沒有做哪些活動或買哪些商品來讓自己常保青春？為什麼你會覺得有幫助（例如：保養品？醫美產品？微整形？非介入性皮膚科療程雷射等？保健品？健身課？參加社團？⋯⋯）？

A（受訪者）：個人是堅決不想整型的類型，因為我覺得沒有必要。但隨著年齡增長會開始注意一些保健品，像鈣片、B群，平常就普通洗完澡用化妝水、乳液，偶爾敷面膜而已。雖然我覺得可能心理安慰的成效比較大啦！哈哈！但前陣子買的眼霜感覺蠻有用的！可以按摩眼周，感覺眼袋有消失一點。還有防曬乳！雖然常常很懶得塗和卸，但至今為止看的皮膚科、美容室醫生都建議要塗，防止紫外線傷害皮膚加速老化。

Q（訪問者）：紫外線好像真的很傷！那你剛剛說堅決不整形，所以應該沒有去醫美診所相關的經驗吧？

A（受訪者）：有欸，但是是我媽的推薦，我是去除毛的，店家是我媽朋友推薦的。當時是因為感覺會比較方便就去了，結果是我覺得效果沒很好，因為無法永久。其中讓我印象比較深刻的是，進行療程前有美容師諮詢的環節，雖然有表明是想做除毛課程，但美容師看了我之後直接問我媽媽要不要讓我矯正牙齒。約莫是高中生的時候，在此之前看牙醫時從來沒被問過要不要矯正，所以有點訝異。但我和我媽都認為不影響生活的話沒必要矯正，就不了了之！哈哈哈哈！

Q（訪問者）：為什麼美容師會談到牙齒啊？難道它們也有牙科或矯正科的服務嗎？

A（受訪者）：有啊！他們好像是一個很大的集團。

425

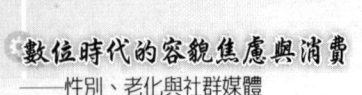

數位時代的容貌焦慮與消費
—— 性別、老化與社群媒體

Q（訪問者）：原來如此，那我們來談談社群媒體。請問你有在使用社群媒體嗎？

A（受訪者）：有啊！

Q（訪問者）：可以說一下你最常瀏覽的社群媒體有哪些？

A（受訪者）：Facebook、Instagram、YouTube、X（Twitter）。

Q（訪問者）：以上這些社群媒體中，何者是你最常發文的社群媒體？

A（受訪者）：Facebook、Instagram、X（Twitter）。

Q（訪問者）：你在社群媒體上發文的頻率大約是？

A（受訪者）：我每天都會發文喔！就隨手發一下那種。

Q（訪問者）：那你拍照後或上傳照片時，會用美肌功能嗎？為什麼？你在 IG 或社群媒體上看到其他同輩的照片是否會有壓力？

A（受訪者）：要上傳的照片我會直接把臉碼掉！原來會詢問有入鏡的朋友願不願意讓我發，現在也是一併碼掉。主要是因為個資考量就是了。所以我不太看朋友發的照片！也就沒這個問題，哈哈哈！

Q（訪問者）：沒想到還有這種處理方式！還真是不錯！哈哈！那你對於現代素人、網紅大量使用美肌軟體、濾鏡，有什麼看法？你認同大量修圖和濾鏡的行為嗎？為什麼？

A（受訪者）：最近很常在網上看到關於這題的討論耶！每個都希望讓他人看到自己最好看的一面，所以我覺得無可厚非！我在看到很可愛的照片的時候，也會想說說不定這張照片也是加工的，就覺得很好！所以我不反對加工！畢竟沒有傷害到任何人，要怎麼修圖是他的權利，也是技術！哈哈哈！所以我也無權批評，但每個人都可以發表喜不喜歡照片加工的言論啦！畢竟每個人的審美不同，不要藉此人身攻擊就好。或是拿照片欺騙人！

Q（訪問者）：我瞭解！基本上只要不騙人，其實你是蠻包容甚至欣賞大家的創作的！

附　錄：定性研究深度訪談實錄

A（受訪者）：對啊！喔！題外話，我個人比較常使用社群軟體X（twitter），不知道是不是普遍日本人都很在意外貌，基本上網路上有九成以上的照片都有加工吧！

Q（訪問者）：**我想應該是吧！印象中很多年以前去日本，就發現他們只要出門就一定會化妝打扮，男生也還算蠻整齊有打理的，後來再去日本，因為都觀光客太多了，所以沒有仔細觀察。**

A（受訪者）：對啊！日本人好像真的很重視這個部分。所以社群媒體上也都會加工一下。所以當沒有使用加工的時候還會特別標註「無加工」，結果最近開始流行一個新的詞彙叫做「すっぴん自慢」，也就是指這類強調沒有修圖的人是在「炫耀素顏」，讓人覺得蠻有趣的；感覺不管照片有沒有加工，只要在網路上你的容貌就會變成被品頭論足的對象。這可能也是讓我習慣都要把照片馬賽克的原因之一吧！

Q（訪問者）：**上面提到這個超有趣耶！從照片的修圖，到不加工的炫耀素顏，都是一種社群媒體才有的現象啊！**

A（受訪者）：喔！對了，雖然是日本的事件，但我覺得蠻有趣的，擅自和您分享！

Q（訪問者）：**請說請說！**

A（受訪者）：去年日本出現一則微整形廣告引發爭議，主要原因是該店以高中生為客群，推出了以大眾普遍認為「雙眼皮比較可愛」的價值觀進行廣告宣傳，建議女高生們應該進行雙眼皮手術。

Q（訪問者）：**哇！這個也太爭議了吧！**

A（受訪者）：對啊！先不論其推崇高中就進行醫美手術合不合理，那間診所使用的口號如「我以前不喜歡運動，因為汗水會讓雙眼皮貼脫落」、「我不害怕出汗、不怕水，也不怕不化妝！高中只有三年，我想盡可能地保持可愛」等等，強調了「唯有雙眼皮才是可愛」。更有趣的是，關於這則廣告的議論分成了

427

正反兩派，讓人意外的是，居然有不少人表示他們認為父母有義務讓他們孩子擁有割雙眼皮的權利！

Q（訪問者）：你是說，支持這則廣告的很多囉？所以很多人都認同這樣的審美觀，都覺得該讓高中生去做這個手術？

A（受訪者）：對啊！突然就覺得生活在台灣真的自由不少！哈哈哈！我個人是內雙，所以看了這則廣告乍看覺得好像有點道理，但「不是雙眼皮就不行嗎？」的違和感也油然而生。感覺在社群媒體發達、人們更容易攀比並感到焦慮的現代，重視每個人的多樣性並有更開闊、有包容性的審美的能力，是我們必須學習的。

Q（訪問者）：是的！除了你說的對於審美的包容性之外，我覺得能體察出媒體或廣告訊息中隱含的價值觀，而不被帶著走，也是很重要的。

A（受訪者）：真的！我覺得現在資訊爆炸，很容易一不注意就覺得網路上的資訊很有道理！尤其是他如果再加上一些情感訴求，或是很具體的例子，像剛剛那個勸女高中生割雙眼皮的廣告，用體育課雙眼皮貼會出油脫落，就會讓人覺得好像很有道理，就想買單。但實際上，卻忽略了這件事或這個例子，他背後的價值觀或審美觀，太絕對，或是不正確。所以要能體察媒體背後的價值觀也是很重要的耶！啊！不好意思，沒想到這麼晚了……

Q（訪問者）：是的！謝謝你的意見，真的收穫很多，而且非常有趣！那我們今天就到這邊為止。

A（受訪者）：不客氣，我也覺得訪談很有趣！謝謝您！

附　錄：定性研究深度訪談實錄

訪談編號	NO.22
地區	台灣北部
性別	男性
年齡	23
最常「瀏覽」的社群媒體	Facebook / Instagram / YouTube
最常「發文」的社群媒體	Instagram
社群媒體平均更新的頻率	超過一個月，久久才發文

Q（訪問者）：謝謝你參加我們的訪談。我們今天的主題主要是跟容貌焦慮有關，請問你聽過「容貌焦慮」這個詞彙嗎？你對容貌焦慮的認識是什麼？

A（受訪者）：有。我有聽過。大概就是對於自己呈現在他人眼中的形象過度在意，尤其是對於面貌在他人眼中的形象。且認為社會上對於外貌有一定的標準，希望自己可以達到該標準。常將自己與他人做比較，深怕自己不符標準。

Q（訪問者）：你覺得自己容貌焦慮的程度從1分（非常輕微）到10分（非常嚴重）大約是幾分？為什麼會這麼覺得？

A（受訪者）：我大概有7分喔！因為我會留意自己在社群媒體上的照片，有達到自己認為的標準的才會放上去。

Q（訪問者）：哇！那我們來談談你自己的標準。你對自己身材滿意嗎？最滿意和最不滿意的點分別是什麼？為什麼？對於不滿意的部分，你期待達到什麼樣的身材？

A（受訪者）：身材的話，我不算太滿意，但還可以接受。因為相較於自己曾經有過的體態，現在算是增胖許多，但以外界標準來看，應該算是標準身材。最滿意手臂至手指。最不滿意腹部。

Q（訪問者）：方便更進一步分析一下為什麼嗎？

A（受訪者）：我的手臂至手指，肌肉很均勻，線條算是不錯，很多人有說過我手指好看，我覺得男生的手好看，好像也是一種魅力，哈哈，自己說的。另外，不滿意肚子是因為，認為自己的腹

429

部相較於其他器官或說是身體部位，較為有肉、有脂肪、較凸的。應是內臟脂肪過多所致。希望能夠減少內臟脂肪，擁有更為纖細、有曲線的腹部。亦即有更瘦的腰圍、腰部。若可以擁有更多肌肉更好。

Q（訪問者）：你對自己容貌滿意嗎？最滿意和最不滿意的點分別是什麼？為什麼？對於不滿意的部分，你期待達到什麼樣的狀態？

A（受訪者）：容貌的話，我覺得還算滿意。畢竟容貌是較為主觀的，而且我個人認為我是很難對自己的面貌做出客觀評價的人。大概就是那種，看久了就喜歡了！不是有一種說法就是，你本來不喜歡的東西，因為熟悉度，後來就變得順眼了嗎？

Q（訪問者）：你是說重複曝光效應嗎？

A（受訪者）：嗯！我不知道專有名詞是不是，但聽起來很像，就是一直出現一直出現，最後就會讓人因為熟悉而喜歡了，是叫做「重複曝光效應」嗎？

Q（訪問者）：應該是！那你可以說一下，對於容貌滿意的部分和不那麼滿意的部分嗎？

A（受訪者）：最滿意的部分為皮膚，痘痘不多。但近期由於長了濕疹的緣故，好像也無法完全滿意皮膚的狀況。我最不滿意的的地方為蒜頭鼻以及小眼睛。我認為自己眼睛在整張臉上占的比例有些過少，以致於臉部看起來大，而眼睛小。鼻子則是太大，尤其是在拍攝照片的時候尤其明顯，就是整體比例有點怪。

Q（訪問者）：整體比例是指？

A（受訪者）：希望能夠縮小些鼻子在臉上占的比例，也就是不要蒜頭鼻，而是一般的鼻子。眼睛則希望能夠大一些。

Q（訪問者）：嗯！有沒有什麼時候、情境（婚禮、公司會議、同學會……）會讓你的容貌焦慮程度提高？你通常會怎麼做？可否說明一下相關的例子？

附　錄：定性研究深度訪談實錄

A（受訪者）：同學會吧。由於是一個扳回一城或說是重新建立自我形象在他人眼中的關鍵時刻，畢竟誰也不知道下次見是什麼時候，如果一個不注意留下差印象，後續即便自己已經改頭換面，若沒見面或發文，對方也不知道。所以我會覺得同學會會增加容貌焦慮。我通常會打理好自己，提前幾天便開始準備。一直在腦中模擬對方看到的自己，髮型、服裝都會注意。

Q（訪問者）：**當你達到了自己滿意的容貌和身材之後，又如何？你覺得生活會有什麼改變？或者為何要追求上述的狀態？**

A（受訪者）：其實，我覺得不會有什麼大改變。但是，如果身材與容貌改變的原因是源自自己的努力堅持，我認為當自己達到該目標，除了獲得滿足自己心中理想型的外貌目標外，更深層的動力或是滿足，是來自於自己能夠駕馭自己。

Q（訪問者）：**嗯，就是一種自律的成就感嗎？**

A（受訪者）：對，就是對自己的身體有掌控權，能讓身體隨自己的意思有所改變。

Q（訪問者）：**請問在生活或職場中，對於年齡長於你的女性和男性，除了職稱之外，通常你會怎麼稱呼（例如：王小明，稱其為王大哥？小明哥？小明？或……）？你稱呼他人大哥或大姊的規則為何（請分男、女回答）？有對方不能接受的時刻嗎？**

A（受訪者）：男的，我會直接稱呼名字。因為目前待過的單位，對方都這麼要求自己叫他們都名字就好，如：小明。日常生活中，男性我一律稱先生或是大哥。不管年紀看上去大我多少。女性，也是直接稱呼名字。因為目前待過的單位，對方都這麼要求自己叫他們都名字就好，如：小美。日常生活中，女性我一律稱小姐或是姐姐。不管年紀看上去大我多少。

Q（訪問者）：**對你而言，有被別人叫「哥」或「姊」或阿姨、叔叔……等稱謂，是你不大能接受的時候嗎？大概是什麼樣的情境（對方的年齡、兩人相交流的狀況和場合等等）？為什麼不能接**

數位時代的容貌焦慮與消費
——性別、老化與社群媒體

　　　　　　　　　受？你覺得小你幾歲以內，或是對方是怎麼樣的情況，不該叫你該稱謂？

A（受訪者）：我曾被叫叔叔，在我才二十一歲左右的時候。首先我不認為這個年紀就該要被叫叔叔。其次，是一位年紀比我長的媽媽叫他小孩，小孩確實比我小啦！這麼稱呼我的。心裏想：這位媽媽，妳才是阿姨好嗎，不要教妳小孩隨便亂叫別人叔叔啦！叫哥哥不好嗎？哈哈！

Q（訪問者）：哈哈，那前面討論的內容，你認為會有性別差異（因遇到狀況的本人是男女而有所不同）嗎？為什麼？

A（受訪者）：不會吧。覺得只要是自己的稱謂被稱呼為比自己認為的角色年齡大的時候，又不喜歡被稱呼為這個稱呼隱含的角色年齡時，就會不太喜歡吧。應該跟男女沒有差別。像一般年輕男性被叫阿伯也會不太樂意吧。啊！但是即便是叫哥或姐，男性似乎也不樂意被稱呼為角色年齡感覺比他實際年齡小的，所以我會稱大哥。但女性對於被稱呼為年齡比實際年齡小的角色年齡通常不會不滿，所以可以叫姐姐，不會叫大姐。這可能有點差別。

Q（訪問者）：請問你對以下幾個詞彙的年齡區間估計，例如就你的感覺而言，青年，壯年，歐吉桑、歐巴桑，老年，銀髮族，熟女，輕熟女，初老是幾歲到幾歲？

A（受訪者）：青年：18～30，壯年：31～50，歐吉桑、歐巴桑：55～65，老年：66以上，銀髮族：66以上，熟女：40～45，輕熟女：29～39，初老：39。

Q（訪問者）：請問你覺得上述詞彙有哪些適合你現在的年齡區間（或者是沒有在上述詞彙中，但你覺得適合的亦可說出來）？

A（受訪者）：我，青年吧！

Q（訪問者）：你會「怕老」嗎？為什麼這麼覺得？你認為怕老是在怕什麼？

附　錄：定性研究深度訪談實錄

A（受訪者）：會。因為我想過如果我漸漸無法掌控自己的身體，我寧願只活到四十歲最多。

Q（訪問者）：**會不會太誇張？**

A（受訪者）：因為我怕對於自己身體的掌握或是掌控度下降，如果身體機能隨著年齡增長而下降，會有種漸漸被困在這具身體裏的感覺。人生不能控制的東西已經很多了，現在居然要連走路或是使用自己的身體都要受限。

Q（訪問者）：**在你眼中，「女性的顯老」是哪方面的呈現（什麼樣的線索，例如：那些容貌特徵？行為特徵？衣著或舉止……會讓你覺得對方有點老或開始變老）？**

A（受訪者）：首先是胖。然後，不修邊幅，不搭理自己的外貌、穿著，去菜市場買衣服。長白頭髮、開始去大賣場或是藥妝店看染髮產品，加入line團購並下單。吃家人剩下的晚餐當早餐，並叨念不能浪費食物……

Q（訪問者）：**我怎麼覺得你是心中想著某個對象在描述？**

A（受訪者）：哈哈！被你發現了。不能說是誰，但我就是描述我周圍開始顯老的女性啦！

Q（訪問者）：**在你眼中，「男性的顯老」是哪方面的呈現（什麼樣的線索會讓你覺得對方有點老或開始變老）？**

A（受訪者）：不修邊幅，白頭髮，出門都穿拖鞋，腳看上去像十年以上沒洗。有老人臭，聽不進別人講話，思想固著，認為自己認為的一切都是對的，即便遭遇阻礙，也不反省自己。開只有自己認為好笑的玩笑，並預期或希望其他人有所反應。

Q（訪問者）：**這也好寫實喔！看起來男性和女性有一些不同？**

A（受訪者）：對啊！是不一樣。

Q（訪問者）：**在所有老化的外貌外型特徵當中，何者是你最不喜歡或最不能接受的？為什麼？是否有接觸過相關的經驗或故事？**

A（受訪者）：白髮與聽不進他人說話。白髮很難逆轉或是抵抗，而且無法

433

數位時代的容貌焦慮與消費
—— 性別、老化與社群媒體

一勞永逸，需要一直買染髮劑。啊當然不染就沒差了啦。如果是一頭白髮，而且白得很好看，我應該可接受，但白髮參雜在黑髮中的我真的會很想戴帽子出門，或是去染頭髮。這樣就因為老而多了筆固定支出，如果要一直去染的話。聽不進他人說話不是外貌外型特徵，那就不多說了。

Q（訪問者）：沒關係，也可以解釋一下。

A（受訪者）：就是上面有提到的，固執己見啊！然後明明網路上找一找，就可以看到很多資訊或證據，但還是不肯服輸，就眼光狹隘那樣。不open，沒有開放的心胸，我覺得很糟糕，人生也會愈活愈黯淡。

Q（訪問者）：請問你周圍或是媒體檯面上，有誰是讓你覺得老得很好看（甚至是老了比年輕更吸引人），希望自己將來即使看起來有歲月痕跡，但也能像他或她一樣有魅力的人？

A（受訪者）：蒂姐絲雲頓，她是《奇異博士》裏飾演古一大師的人。白髮好看又有型。歲月讓她的面貌更有稜有角，加上白髮，整體識別度更高。而且即使有年紀了，也還是把自己打理得很好。

Q（訪問者）：是的，我也喜歡她。你曾做哪些活動或買哪些商品來讓自己常保青春？為什麼你會覺得有幫助（例如：保養品？醫美產品？微整形？非介入性皮膚科療程雷射等？保健品？健身課？參加社團？……）？

A（受訪者）：每天運動加拉筋三十分鐘，輕度，保持好肌肉，才能使其老化速度減緩。出門必擦防曬，不然皮膚會變黑或曬傷。上皮拉提斯，希望能更瞭解人體肌肉的組成並懂得如何去運動到不同的肌肉，期能更有效地運用這些小肌肉，一方面雕塑線條，一方面讓日常活動更輕鬆。

Q（訪問者）：皮拉提斯課會有很多男性嗎？

A（受訪者）：不多，但還是有。和一般大肌群的健身課比起來，我其實比

附　錄：定性研究深度訪談實錄

較喜歡皮拉提斯，覺得更有意義。另外，雖然很多人都說男生不會用保養品，但實際上我也會買面膜或是面霜，每晚擦，保持肌膚水分及彈性，希望消除淡斑或細紋。使用時也會帶到脖子，希望消脖紋。

Q（訪問者）：你很認真保養耶！那請問你有去醫美診所相關經驗嗎？

A（受訪者）：沒有欸，覺得太貴，且我覺得我不需要靠儀器，可以靠自己的努力。

Q（訪問者）：那我們來談談社群媒體。請問你有在使用社群媒體嗎？

A（受訪者）：有啊！

Q（訪問者）：可以說一下你最常瀏覽的社群媒體有哪些？

A（受訪者）：Facebook、Instagram、YouTube。

Q（訪問者）：以上這些社群媒體中，何者是你最常發文的社群媒體？

A（受訪者）：IG。

Q（訪問者）：你在社群媒體上發文的頻率大約是？

A（受訪者）：超過一個月，久久才發文。

Q（訪問者）：你拍照後或上傳照片時，會用美肌功能嗎？為什麼？你在IG或社群媒體上看到其他同輩的照片是否會有壓力？

A（受訪者）：不會。我很少上傳，有好照片才傳，不好看就別po，不然就遮住。

Q（訪問者）：你對於現代素人、網紅大量使用美肌軟體、濾鏡，有什麼看法？你認同大量修圖和濾鏡的行為嗎？為什麼？

A（受訪者）：沒有特別感覺耶！我自己是不會用啦！

Q（訪問者）：好喔！謝謝你的意見，因為時間因素，我們今天就到這邊為止。

A（受訪者）：不客氣。

435

數位時代的容貌焦慮與消費
―― 性別、老化與社群媒體

訪談編號	NO.23
地區	台灣中部
性別	女性
年齡	22
最常「瀏覽」的社群媒體	Facebook、Instagram、YouTube
最常「發文」的社群媒體	Instagram
社群媒體平均更新的頻率	每天都發文

Q（訪問者）：謝謝你參加我們的訪談。我們今天的主題主要是跟容貌焦慮有關，請問你聽過「容貌焦慮」這個詞彙嗎？你對容貌焦慮的認識是什麼？

A（受訪者）：我聽過。大概就是對於自己的外在容貌容易感到不適與焦慮，會時時刻刻在意自己的外在，並且跟他人比較，深怕一點缺點或不如其他人，但其實在其他人眼裏看來覺得還好，很正常。像是會覺得今天臉是不是比較腫啊，頭髮是不是有點亂啊，穿這個衣服褲子比例好不好看、會不會比較顯胖等等的，如果太嚴重會干擾到處理一些日常事務的效率，甚至對生活會感到困難。

Q（訪問者）：你覺得自己容貌焦慮的程度從1分（非常輕微）到10分（非常嚴重）大約是幾分？為什麼會這麼覺得？

A（受訪者）：我自己覺得大約7到8分吧，因為確實出去外面都會容易想東想西感到很困擾，然後常常因為不想想太多，就乾脆戴著口罩出門，減少一些焦慮感，結果現在一旦沒有口罩，就變得不太願意出門，焦慮程度會直線上升。

Q（訪問者）：你對自己身材滿意嗎？最滿意和最不滿意的點分別是什麼？為什麼？對於不滿意的部分，你期待達到什麼樣的身材？

A（受訪者）：還算滿意吧！如果不在乎外界的眼光的話。最滿意的部分，其實還好，沒有太不滿意的，但也沒有特別滿意的，硬要說的話就是蠻健康的吧！

附　　錄：定性研究深度訪談實錄

Q（訪問者）：可以說一下為什麼嗎？
A（受訪者）：雖然不是特別纖細高䠷，不過因為蠻喜歡運動的，所以有點肌肉，以後老了可能比較不容易肌少症。最不滿意的部分，可能是身高吧，雖然不是特別矮到很誇張，但真的也是有點偏矮，如果可以高一點的話，身材比例看起來也會比較修長，也比較不會看起來很小隻，不過看起來目前我這個年紀，身高還要長高是比較沒有希望，只能靠穿搭去改善看起來的感覺。

Q（訪問者）：你對自己容貌滿意嗎？最滿意和最不滿意的點分別是什麼？為什麼？對於不滿意的部分，你期待達到什麼樣的狀態？
A（受訪者）：不太滿意！最滿意的部分……好像沒有，如果一定要選一個應該是眼睛吧！

Q（訪問者）：眼睛最滿意是哪方面呢？
A（受訪者）：也不是啦！就是眼睛……至少沒有太大的缺陷這樣。皮膚也沒有特別爛到需要常常就診，都還算是滿健康的人，不過常常覺得長得漂亮的人，確實還是很多地方會比較吃香一點。最不滿意的部分應該是鼻子吧，覺得鼻頭、鼻翼有點大，然後鼻樑跟山根不太高，就會覺得不是太好看，尤其鼻子又是在整張臉的正中央，蠻影響整體看起來的感覺的。

Q（訪問者）：有沒有什麼時候、情境（婚禮、公司會議、同學會……）會讓你的容貌焦慮程度提高？你通常會怎麼做？可否說明一下相關的例子？
A（受訪者）：有，像是一些大家必須把目光與注意力集中到我身上時的情境，容貌焦慮的程度就會變高，會更加焦慮，然後想很多，比如說以前學校上台報告，或一群人開會討論輪到我發言的時候，而且如果愈重要的場合程度也會隨之提高，比如說像是面試一間很想要去工作的公司時，就會更加注重。通常如果狀況允許，我會選擇戴上口罩或把自己隔在一個東西的後

437

面,例如講台。保持距離可以減少焦慮,不能的話,只能一直請親友幫我看看是否有什麼奇怪的地方,然後多練習之類的,減少焦慮感。

Q(訪問者):當你達到了自己滿意的容貌和身材之後,又如何?你覺得生活會有什麼改變?或者為何要追求上述的狀態(你為誰美麗帥氣?為什麼要減肥?為什麼要保養?為什麼要微整形?美麗帥氣的利益好處是什麼)?

A(受訪者):如果達到了自己滿意的容貌和身材之後,應該會比現在有自信很多吧!也會比較少一點焦慮感,不過會好多少不確定,因為人常常總是不滿意自己現在的狀況,然後覺得如果怎樣怎樣,我就會怎樣怎樣,其實還是要學著接受自己,如果可以改進的地方,自己也覺得想要改進,那就去嘗試看看,不能改變的也是必須學著接受才行。不然再漂亮的人也會有人嫌東嫌西,如果總是聽別人的,那可能永遠都焦慮不完。至於為何要追求上述狀態,因為人總是會有一些夢想跟目標吧,心目中的一個藍圖,希望自己可以變成那樣,然後努力朝那個方向邁進,如果成真了,自己的心裏會很開心很滿意吧!如果可以讓自己更有自信我覺得也是不錯的事。

Q(訪問者):請問在生活或職場中,對於年齡長於你的女性和男性,除了職稱之外,通常你會怎麼稱呼?(例如:王小明,稱其為王大哥?小明哥?小明?或……)你稱呼他人大哥或大姊的規則為何?(請分男、女回答),有對方不能接受的時刻嗎?

A(受訪者):不太常用到稱呼,如果非得使用的話,大部分都用先生 / 小姐,好像很少會用到大哥 / 大姐來稱呼對方,通常我都是身旁的人怎麼稱呼,我就跟著怎麼稱呼,不然就是不帶稱呼地直接講事情,您好,我是……。比較常稱呼大哥的大概是司機一職,然後目測四十歲以上的中老年人。大姐也差不多是稱呼中老年人,但比較常使用阿姨,如果四十以下或可能在

附　錄：定性研究深度訪談實錄

乎被稱作阿姨的，通常會叫姐姐，不然就是直接想其他辦法省略稱呼。好像還好，目前沒遇過，但其實他心裏不能接受沒有當面跟我說，我也不會知道。

Q（訪問者）：對你而言，有被別人叫「姊」或阿姨……等稱謂，是你不大能接受的時候嗎？大概是什麼樣的情境（對方的年齡、兩人相交流的狀況和場合等等）？為什麼不能接受？你覺得小你幾歲以內，或是對方是怎麼樣的情況，不該叫你該稱謂？

A（受訪者）：同輩同歲的叫我姐會有點不太能接受，就會覺得比較彆扭，心裏覺得蠻怪的。但可能我給人的感覺心態上比較成熟吧，不曉得是不是這樣才被這樣叫。

Q（訪問者）：有可能對方不知道彼此的年齡？

A（受訪者）：不是喔！對方知道同年齡喔！阿姨好像還好，沒什麼印象有被這樣叫過，有好像也是被幼稚園年紀的小朋友這樣叫，就覺得也還好，沒什麼感覺，反正小朋友分不出來，但常常被不認識的長輩誤會是國、高中生。

Q（訪問者）：前面討論的內容，你認為會有性別差異（因遇到狀況的本人是男女而有所不同）嗎？為什麼？

A（受訪者）：我覺得有一點點差異，我覺得女生似乎會更在意被叫老了的感覺，而且不知道為何，男生同齡或同學之間互稱為哥，有時候反而是種尊稱，而且似乎很常用，有些男生很喜歡被同齡人叫哥的感覺，就好像他是領頭的老大那樣。年輕同齡女生之間互叫姐的狀況好像比較少見，多是見於職場，而且我個人也是不喜歡被這樣叫，心理上會覺得怪異，可能很少見不太習慣吧，但跟被叫阿姨的感覺又不太一樣。大哥男生接受度比較高，阿姨跟大姐有時候不一定會被接受，不過我判斷的標準男女應該差不多。

Q（訪問者）：請問你對以下幾個詞彙的年齡區間估計，例如就你的感覺而言，青年，壯年，歐吉桑、歐巴桑，老年，銀髮族，熟女，

439

數位時代的容貌焦慮與消費
——性別、老化與社群媒體

　　　　　　　　　　　輕熟女，初老是幾歲到幾歲？

A（受訪者）：青年：20-35，壯年：35-60，歐吉桑、歐巴桑：45以上，老年：60以上，銀髮族：65以上，熟女：38以上，輕熟女：30-38，初老：48以上。

Q（訪問者）：請問你覺得上述詞彙有哪些適合你現在的年齡區間（或者是沒有在上述詞彙中，但你覺得適合的亦可說出來）？

A（受訪者）：我覺得在上述詞彙中，我應該算是青年的範圍吧！二十幾歲附近，其他應該還不太符合，雖然有時候會開玩笑說自己老了、體力變差了，不然如果青年跟壯年算在一起叫青壯年，我也應該在這個區間。

Q（訪問者）：你會「怕老」嗎？為什麼這麼覺得？你認為怕老是在怕什麼？

A（受訪者）：當然會，老了代表身體機能的退化，不只是外表上的，如果是像內臟器官等等的，甚至是大腦這些，都是一種不可逆的過程。有些人怕老是怕外表的老化，變得不再年輕、不再漂亮了，不過其實除了外表外，我覺得我更怕的，是更嚴重的像是很多退化的部分，退化到一定程度就會產生疾病，然後導致種種的不方便。像是骨骼肌肉的退化，那會變成行走坐臥都不方便，大腦老化有時會導致失智或一些控制思想與動作的精細程度不如以往等等的。

Q（訪問者）：在你眼中，「女性的顯老」是哪方面的呈現（什麼樣的線索，例如：那些容貌特徵？行為特徵？衣著或舉止……會讓你覺得對方有點老或開始變老）？

A（受訪者）：外表的話，可能像是皺紋、皮膚狀況、是否有一些斑、氣色等等的，肢體動作像是行走、動作是否變得緩慢不再精準有力，像年輕時那種自信健康的感覺，而開始有「老態」，易有疲憊感等等的呈現。聲音的話，像是不再有中氣且有力或呈現比較亮的聲線，而會有點氣虛無力或沙啞感等。衣著的

附　錄：定性研究深度訪談實錄

部分似乎比較難跟老有絕對的關係，但一般人可能會根據風格是否與近期流行的有差異，是否有「年代感」等等的來判斷，不過又常常有復古風的潮流出現，還是要看如何搭配與人整體的氣質來判斷，有些風格比較歷久不衰。

Q（訪問者）：好細緻的觀察！

A（受訪者）：哈哈，其實我個人比較喜歡判斷一個人是年輕還是已經老了的方式，是看心態跟他的活力，如果比較開放心態、活潑有好奇心，並且非常具有活力、思想靈活的人，我覺得整體上會比起同齡人來說較不顯老。

Q（訪問者）：在你眼中，「男性的顯老」是哪方面的呈現（什麼樣的線索會讓你覺得對方有點老或開始變老）？

A（受訪者）：我覺得男生的顯老大致上跟我上面說女性的差不多，外表、肢體行為以及聲音等等的呈現，是比較可以判斷一個人是否身體狀況還在年輕的巔峰狀態，還是已經開始在走下坡了。不過除了像雄性禿以外，我覺得女生會更加注重在外表上，如果同樣有皺紋，女生有跟男生有皺紋，其實女生似乎大家會比較認為顯老，男生其實接受度比較大，只是如果有禿頭狀況也會比較顯老。

Q（訪問者）：也就是大家對女性比較嚴格嗎？

A（受訪者）：對啊！而男生的顯老我覺得跟他們是否還具有體力與活力相關，像是是否還有精力出去運動、打球等等，一個比較宅、不愛運動的男生，跟一個比較陽光、愛運動的同齡男生，我覺得陽光一些的比較不容易顯老，不過當然，女生愛運動也會相對不容易顯老就是。心態上我覺得也跟上面描述的差不多，愈開放有活力我覺得愈容易顯年輕，頑固又死板容易讓人覺得這人比較老。

Q（訪問者）：在所有老化的外貌外型特徵當中，何者是你最不喜歡或最不能接受的？為什麼？是否有接觸過相關的經驗或故事？

441

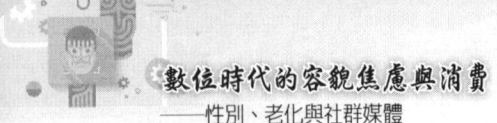

數位時代的容貌焦慮與消費
―― 性別、老化與社群媒體

A（受訪者）：我覺得是禿頭或是骨頭有狀況，我比較不能接受，女生禿頭的機率其實沒有男生高，不過女生禿頭的話，我感覺我個人還是比較不能接受的。

Q（訪問者）：那前面提到骨頭的部分是指？

A（受訪者）：然後骨頭的話像是走路必須彎著腰拄著拐杖，整個身體呈現蜷曲成一團的樣子，不是很好看也很不舒服、不方便，不小心跌倒可能就摔斷腿，還有骨頭不好，牙齒隨便一咬就掉下來，笑起來牙齒缺一塊，也是有點不太好，吃東西也不方便。

Q（訪問者）：請問你周圍或是媒體檯面上，有誰是讓你覺得老得很好看（甚至是老了比年輕更吸引人），希望自己將來即使看起來有歲月痕跡，但也能像他或她一樣有魅力的人？

A（受訪者）：黃仁勳吧，雖然他年輕跟老了，都不能算是嚴格意義上的帥哥，但總覺得他現在的照片，比起他年輕時候的照片更加順眼，也比較好看，個人感覺啦！

Q（訪問者）：可以更進一步說明嗎？

A（受訪者）：覺得變得更加和藹、容易親近的感覺，不曉得是不是跟長期以來每個人的心情、常做的臉部表情有關係？總覺得更加自信但又是很圓融，不會露鋒芒的那種自信感，臉色也是滿不錯的，還是不算帥哥，但真的覺得老了反而更好看。當然除了整體外表以外，黃仁勳有其他有魅力的地方啦，畢竟作為公司老闆，領導魅力一定還是不可或缺的。

Q（訪問者）：你曾做哪些活動或買哪些商品來讓自己常保青春？為什麼你會覺得有幫助（例如：保養品？醫美產品？微整形？非介入性皮膚科療程雷射等？保健品？健身課？參加社團？……）？

A（受訪者）：我很少使用保養品或去醫美，頂多使用過一些乳液、收斂水之類的產品。比較常參加一些戶外活動或是運動之類的活動，像是騎單車、打球、跑步等等的運動，來讓自己保持健

附　錄：定性研究深度訪談實錄

康，畢竟健康是一切的本錢，健康的漂亮與自信才是最好的，沒有健康說真的也很難漂亮起來。

Q（訪問者）：**真的！健康真的才會氣色很好。**
A（受訪者）：我覺得目前我這個年紀來說的話，如果年紀更大也許我會想嘗試別的，但目前還沒有。所以，適度的運動然後飲食正常清淡，不要亂吃一些有的沒的加工食品，然後記得要喝足夠的白開水而不是飲料，晚上儘量少熬夜，正常睡眠與起床，其實就還蠻足夠的了吧？醫美跟保養或許可以多少幫助一些，不過若是熬夜熬到皮膚不好或嚴重黑眼圈，再去醫美，好像幫助上也是蠻有限的，目前我的想法是這樣，也許以後年紀更大，會需要找別的方式，像是保養品之類的協助。

Q（訪問者）：**那我們來談談社群媒體。請問你有在使用社群媒體嗎？**
A（受訪者）：有啊！
Q（訪問者）：**可以說一下你最常瀏覽的社群媒體有哪些？**
A（受訪者）：Facebook、Instagram、YouTube。
Q（訪問者）：**以上這些社群媒體中，何者是你最常發文的社群媒體？**
A（受訪者）：IG。
Q（訪問者）：**你在社群媒體上發文的頻率大約是？**
A（受訪者）：我每天都發文喔！
Q（訪問者）：**你拍照後或上傳照片時，會用美肌功能嗎？為什麼？你在IG或社群媒體上看到其他同輩的照片是否會有壓力？**
A（受訪者）：還好耶！我不大用美肌啦！但也不排斥。
Q（訪問者）：**你對於現代素人、網紅大量使用美肌軟體、濾鏡，有什麼看法？你認同大量修圖和濾鏡的行為嗎？為什麼？**
A（受訪者）：其實我覺得愛美之心人皆有之，會想要透過這些修圖軟體或美肌濾鏡，讓自己看起來更好看、更漂亮，也是無可厚非，而且若是像網紅這樣幾乎是靠臉吃飯的職業，那更是如此，別人都使用你卻沒有就會有落差，不過有時候就是適度就好

吧,弄到太誇張的我覺得大家也會覺得很奇怪吧!有些就是沒有濾鏡就認不出來的那種,就有點太過分了,稍微修飾一下我是沒什麼意見,認同這也許造成現代人更容易容貌焦慮,但工具就發展出來擺在那裏,你也很難叫大家不要去用呀!

Q(訪問者):我們時間上差不多囉!還有想到相關的議題嗎?什麼都可以說喔!如果你有想到的話……

A(受訪者):喔!有一個!就是我那天聽到我媽在和我阿姨聊天啊!可能和今天的話題有關。他在討論四、五十歲的女生,還要不要穿短裙。因為我媽的腿還很漂亮啊!所以她短裙都還留著沒有丟。可是我媽跟我阿姨說,那些裙子不知道為什麼,穿出去就是覺得怪怪的!我阿姨就說:因為雖然妳的腿還很細,可是我們到了這個年齡,已經沒有二十歲女生那種蹦跳感了啊!和短裙就不是很配。我雖然說不上來蹦跳感是什麼,但聽了覺得很有道理耶!

Q(訪問者):好有趣!蹦跳感啊……可能就是像膠原蛋白嗎?我好像可以想像,又不能。好喔!謝謝你的意見,因為時間因素,我們今天就到這邊為止。

A(受訪者):不客氣。

附　錄：定性研究深度訪談實錄

訪談編號	NO.24
地區	台灣南部
性別	男性
年齡	27
最常「瀏覽」的社群媒體	Facebook / Instagram / YouTube / X
最常「發文」的社群媒體	Instagram / X
社群媒體平均更新的頻率	一周兩至三次發文

Q（訪問者）：謝謝你參加我們的訪談。我們今天的主題主要是跟容貌焦慮有關，請問你聽過「容貌焦慮」這個詞彙嗎？你對容貌焦慮的認識是什麼？

A（受訪者）：有，我認為有「容貌焦慮」的人指的是經常性地認為自己的外在條件不如他人，並且因此而感到心情不愉快的狀況，有嚴重容貌焦慮的人甚至有可能導致足不出戶，或是花上好幾個小時在化妝或是打扮上，也不願與人有過多接觸，以避免對方發現自己外表上的不足。

Q（訪問者）：你覺得自己容貌焦慮的程度從1分（非常輕微）到10分（非常嚴重）大約是幾分？為什麼會這麼覺得？

A（受訪者）：我認為我是3分，我不太會對自己的外貌有過多的擔憂，但有時候皮膚狀況較差或是水腫發生時，還是會擔心別人的看法。

Q（訪問者）：你對自己身材滿意嗎？最滿意和最不滿意的點分別是什麼？為什麼？對於不滿意的部分，你期待達到什麼樣的身材？

A（受訪者）：我應該算是稍微不滿意吧！最滿意的話應該是會想要透過裸露出更多的肌膚部分給他人觀看，並且會因此而得到大量自信；最不滿意的標準應該是指完全不想讓任何人看見自己身體的任何部分，而可能選擇穿著厚重的外衣或是口罩、帽子等遮蔽。

Q（訪問者）：可以說一下為什麼嗎？

445

數位時代的容貌焦慮與消費
——性別、老化與社群媒體

A（受訪者）：我認為我目前體脂仍然有點偏高，有時會不願意讓他人看見自己的身材（例如在海邊的時候），希望有朝一日可以達到能看到腹肌的程度。

Q（訪問者）：**你對自己容貌滿意嗎？最滿意和最不滿意的點分別是什麼？為什麼？對於不滿意的部分，你期待達到什麼樣的狀態？**

A（受訪者）：我的話，普通吧！最滿意的話，我應該就會成為那種經常在社群媒體上發自己的自拍照的人，並且積極透過各種角度的照片來向他人展現自己的優勢；最不滿意的話應該就是除了不會想要發照片之外，光是連跟朋友合照這件事都會有非常大的壓力，也會希望朋友不要將包含自己在內的照片給發到社群媒體，以防止他人看見自己糟糕的外貌。

Q（訪問者）：**那可以具體說一下哪方面不滿意呢？**

A（受訪者）：我不滿意的部分在於膚況，痘痘的問題經常出現，使我不太願意拍照，經常會透過戴口罩或喬角度的方式，遮掩自己的缺陷，使得光是連拍照一事都感到麻煩，最終放棄。

Q（訪問者）：**有沒有什麼時候、情境（婚禮、公司會議、同學會……）會讓你的容貌焦慮程度提高？你通常會怎麼做？可否說明一下相關的例子？**

A（受訪者）：與大學同學的聚會時會提高我的容貌焦慮程度，由於大家出社會之後，對於外貌也因為公司的要求而不得不做出改變，已經無法像大學時，就算很邋遢也不會受到責難，這讓持續升學的我感到十分不習慣，這讓我也變得不太願意參加如大學同學會等等的活動。

Q（訪問者）：**當你達到了自己滿意的容貌和身材之後，又如何？你覺得生活會有什麼改變？或者為何要追求上述的狀態（你為誰美麗帥氣？為什麼要減肥？為什麼要保養？為什麼要微整形？美麗帥氣的利益好處是什麼）？**

A（受訪者）：我認為若我達到了我自己滿意的容貌和身材之後，我可能會

附　錄：定性研究深度訪談實錄

更願意積極地將我的生活分享至社群媒體上，這也可能使得大家認為我從一個較陰沉的人，轉變為一位較開朗活潑的人，而我認為這樣子的改變也是需要的，這樣別人才會更願意與我對話，也能獲得更多生活或就業上的幫助。

Q（訪問者）：請問在生活或職場中，對於年齡長於你的女性和男性，除了職稱之外，通常你會怎麼稱呼（例如：王小明，稱其為王大哥？小明哥？小明？或……）？你稱呼他人大哥或大姊的規則為何（請分男、女回答）？有對方不能接受的時刻嗎？

A（受訪者）：對於男性，我通常會稱呼大哥而不太會加入姓名，由於一樣都是生理男性，我認為男性較不會在意這種稱謂，而目前也沒有發生對方不能接受的場合。對於女性，若比我大的話，我則會在稱謂上多加著墨，會優先觀察其他人都如何稱呼，若真的無法觀察的話，我通常會稱呼如「Amy姐」這樣的方式，以避免對方認為我不禮貌，但也並未有感覺到對方不能接受的時刻。

Q（訪問者）：對你而言，有被別人叫「哥哥」或叔叔……等稱謂，是你不大能接受的時候嗎？大概是什麼樣的情境（對方的年齡、兩人相交流的狀況和場合等等）？為什麼不能接受？你覺得小你幾歲以內，或是對方是怎麼樣的情況，不該叫你該稱謂？

A（受訪者）：會不能接受啊！因為我認為叔叔大概也要三十歲以上才能叫，所以被年紀比我小的人叫叔叔，我會不太能接受，如果是幼稚園或小學生也就算了，有時候國、高中生這樣叫時，我就會感到不悅，但表面上當然不會直接表現出來。

Q（訪問者）：那被叫哥也是嗎？

A（受訪者）：但對於被叫「哥」時，我則認為會比直接叫名字還要來得有親近感。兩個對我而言是不一樣的！

Q（訪問者）：前面討論的內容，你認為會有性別差異（因遇到狀況的本人是男女而有所不同）嗎？為什麼？

數位時代的容貌焦慮與消費
―― 性別、老化與社群媒體

A（受訪者）：會，因為在大眾媒體或社群媒體上，似乎強調女性會更加在意自己被叫姊姊還是阿姨，所以放到現實生活中，我也會多加留意在稱呼女性時所使用的詞彙，因此我通常是使用「姊姊」，而這招到目前為止都還是蠻有用的。至於我認為男性通常不太會在意這個，但我認為也可能是因為我也是男性，從我自己的角度出發，而有這種認知上的偏誤也說不定。

Q（訪問者）：請問你對以下幾個詞彙的年齡區間估計，例如：就你的感覺而言，青年，壯年，歐吉桑、歐巴桑，老年，銀髮族，熟女，輕熟女，初老是幾歲到幾歲？

A（受訪者）：青年：18-30，壯年：30-50，歐吉桑、歐巴桑：50~60，老年：60以上，銀髮族：75以上，熟女：40-45，輕熟女：35~40，初老：35。

Q（訪問者）：請問你覺得上述詞彙有哪些適合你現在的年齡區間（或者是沒有在上述詞彙中，但你覺得適合的亦可說出來）？

A（受訪者）：我目前的年齡是二十七，因此我認為適合形容我的詞彙便是「青年」。

Q（訪問者）：你會「怕老」嗎？為什麼這麼覺得？你認為怕老是在怕什麼？

A（受訪者）：會，我主要是擔心行動與思考速度層面的問題。雖然現在都可以正常地活動，在思考事情上也尚能用較理性的角度觀察。但我擔心年老之後無法如現在一般，能自由地想去哪裏就去哪裏，而必須考量自己的體力與耐力。也擔心在思考問題上變得太過狹隘，成為一般人口中食古不化的老古板。

Q（訪問者）：在你眼中，「女性的顯老」是哪方面的呈現（什麼樣的線索，例如：那些容貌特徵？行為特徵？衣著或舉止……會讓你覺得對方有點老或開始變老）？

A（受訪者）：「女性的顯老」我個人認為源自於外貌上的老化，這個想法可能源自於在大眾媒體上經常將女性的老化與其肌膚的狀況

附　錄：定性研究深度訪談實錄

一起探討……

Q（訪問者）：怎麼說呢？

A（受訪者）：就像化妝品的廣告也常以「回春」作為號召，似乎使用了之後就可以回復所謂年輕的狀態，也因此我認為女性的老化在現今的社會觀感下與外貌脫離不了關係。

Q（訪問者）：在你眼中，「男性的顯老」是哪方面的呈現（什麼樣的線索會讓你覺得對方有點老或開始變老）？

A（受訪者）：男性的顯老可能會呈現在其思考能力的方面，我們較少在大眾媒體上因為男性外貌的老化就戲謔其為老男人，多半是以其作出的作為評斷的標準。而且男性就算不重視外貌的老化，也不太會受到抨擊。

Q（訪問者）：也就是大家對女性比較嚴格嗎？

A（受訪者）：某種程度是吧！女性就更有可能因其不顧外貌而被批判，但我認為男性比較可能因其思考的鈍化而被抨擊為老人。

Q（訪問者）：在所有老化的外貌外型特徵當中，何者是你最不喜歡或最不能接受的？為什麼？是否有接觸過相關的經驗或故事？

A（受訪者）：我最不喜歡的老化外貌在於臉上的皺紋，因為其他身體的部分都可以藉由衣服或褲子來遮擋，但臉上的老化是難以透過配件等方式來遮掩的，就算是現代人常用的口罩也不可能一直都配戴著，這也反映在當今的醫美診所經常以臉部手術做為號召，吸引那些同樣認為臉部老化為最大問題的人前往。

Q（訪問者）：請問你周圍或是媒體檯面上，有誰是讓你覺得老得很好看（甚至是老了比年輕更吸引人），希望自己將來即使看起來有歲月痕跡，但也能像他或她一樣有魅力的人？

A（受訪者）：我認為老得很好看的藝人是知名男星基努李維。

Q（訪問者）：可以更進一步說明嗎？

A（受訪者）：以前看過他所演過的《駭客任務》就覺得是一位帥哥，但他在年紀增長後卻更散發出一股成熟男人才有的獨特魅力，就

數位時代的容貌焦慮與消費
——性別、老化與社群媒體

連身為生理男性的我,都不自覺地受到吸引,希望將來老了以後,也可以成為如其一般的成熟帥大叔。

Q（訪問者）：你曾做哪些活動或買哪些商品來讓自己常保青春？為什麼你會覺得有幫助（例如：保養品？醫美產品？微整形？非介入性皮膚科療程雷射等？保健品？健身課？參加社團？……）？

A（受訪者）：我主要希望能藉由運動的方式來保持自己的「青春」,因為我認為藉由流汗的方式排出身體的毒素,能更有效地保持由裏到外的健康,而我也經常至健身房重訓,透過增肌的方式防止自己身材走樣,使他人更加認為我是一位好吃懶作的老人。

Q（訪問者）：很健康啊！那還有其他嗎？

A（受訪者）：此外,我也會透過敷面膜或塗抹保濕乳液的方式,防止皮膚的狀況惡化,以及改善前述的痘痘問題,以避免自己的外表看起來比實際的年齡更老。

Q（訪問者）：那我們來談談社群媒體。請問你有在使用社群媒體嗎？

A（受訪者）：有啊！

Q（訪問者）：可以說一下你最常瀏覽的社群媒體有哪些？

A（受訪者）：Facebook、Instagram、YouTube、X。

Q（訪問者）：以上這些社群媒體中,何者是你最常發文的社群媒體？

A（受訪者）：IG和X。

Q（訪問者）：你在社群媒體上發文的頻率大約是？

A（受訪者）：時多時少,不一定,大概一周兩至三次發文吧！

Q（訪問者）：你拍照後或上傳照片時,會用美肌功能嗎？為什麼？你在IG或社群媒體上看到其他同輩的照片是否會有壓力？

A（受訪者）：會,因為痘痘的問題,我並不是很喜歡將自己的照片上傳至網路,若真有此需求,我就會透過相片美肌的方式,將自己較有缺陷的部分遮掩起來,不被他人發現,也因此在看到其

附　錄：定性研究深度訪談實錄

他朋友能很有自信地發出原況照片時，總是會感到些許的壓力與忌妒。

Q（訪問者）：你對於現代素人、網紅大量使用美肌軟體、濾鏡，有什麼看法？你認同大量修圖和濾鏡的行為嗎？為什麼？

A（受訪者）：認同，畢竟大家就是喜歡美的事物，我覺得修圖只是拿掉不好的部分。

Q（訪問者）：我們時間上差不多囉！還有想到相關的議題嗎？什麼都可以說喔！如果你有想到的話……

A（受訪者）：補充一下剛剛修圖的部分，那些批判修圖與濾鏡的人，只是自以為是地站在一個道德的制高點，卻也不願承認自己就是喜歡看這些「美麗事物」的人。說到底，那些認為自己不是「外貌協會」的人，我認為都只是想呈現自己的優越感罷了。

Q（訪問者）：嗯！修圖這件事真的是要看從哪一個觀點切入呢！非常謝謝你的意見，因為時間因素，我們今天就到這邊為止。

A（受訪者）：不客氣。

訪談編號	NO.25
地區	台灣北部
性別	男性
年齡	30
最常「瀏覽」的社群媒體	Facebook / Instagram / Threads / YouTube
最常「發文」的社群媒體	Instagram
社群媒體平均更新的頻率	超過一個月，久久才發文

Q（訪問者）：謝謝你參加我們的訪談。我們今天的主題主要是跟容貌焦慮有關，請問你聽過「容貌焦慮」這個詞彙嗎？你對容貌焦慮的認識是什麼？

A（受訪者）：就我所知，容貌焦慮是有關人對他人的臉部想像、投射，並因無法掌控其評價，所帶來的壓抑、憤怒和疲倦等的情緒。因評論的對象是自己，所以無法逃脫鋒利般的評語，使自己陷入人為刀俎、我為魚肉的無奈情境中。雖然可以暫時抽離自己的情緒，但長久下來還是會有如慢性病般的侵蝕。

Q（訪問者）：感覺你有深刻的體驗？你覺得自己容貌焦慮的程度從1分（非常輕微）到10分（非常嚴重）大約是幾分？為什麼會這麼覺得？

A（受訪者）：我個人大學畢業前，對自己的容貌焦慮高達9分，因當時的朋友會對我的穿著和長相去做批評，以導致走在路上時，都會覺得每個人在「種族歧視」式地評價、議論我的臉。但在大學後，已脫離了友誼的焦慮，因此愈來愈不在意別人的看法，並降至3分。雖然還是不時會有「外來者注視」的感受，當走在路上時。

Q（訪問者）：你對自己身材滿意嗎？最滿意和最不滿意的點分別是什麼？為什麼？對於不滿意的部分，你期待達到什麼樣的身材？

A（受訪者）：滿意。我最滿意我的比例，因很多人說我有一百八，但其實只有一百七十幾。我也常保持運動與飲食的習慣，以避免自

附　錄：定性研究深度訪談實錄

己沾上肥胖的症狀。

Q（訪問者）：**這樣對自己滿意很不錯呢！**
A（受訪者）：如果說不滿意的部分，應該是肌肉。很多人要求男性都該有肌肉，但我認為比例好看最重要，雖有時會覺得有一點太弱。我個人其實沒有期待要有什麼樣的身材，只要不肥胖即可。若能變成精壯型的身體，也是不錯的選項。

Q（訪問者）：**你對自己容貌滿意嗎？最滿意和最不滿意的點分別是什麼？為什麼？對於不滿意的部分，你期待達到什麼樣的狀態？**
A（受訪者）：我滿意自己的容貌，雖有時會被說像方塊臉，但我覺得五官也很重要，而我五官是整齊的。我的髮型搭配我的五官，至少給人感覺是有原則的一個人，因此這是我滿意我容貌的地方。

Q（訪問者）：**我覺得你蠻瞭解自己的特色的，所以都沒有不滿意之處？……**
A（受訪者）：有時別人也會說，我的側面缺乏弧度，有點太方正，但我知道那是無法改變的。即使之前也戴過牙套，但骨頭是固定的，所以不會過度不滿意。若能期待改變，我希望臉型能更圓滑一些即可。

Q（訪問者）：**有沒有什麼時候、情境（婚禮、公司會議、同學會……）會讓你的容貌焦慮程度提高？你通常會怎麼做？可否說明一下相關的例子？**
A（受訪者）：婚禮或大型餐會的時候。因要跟很多人見面，但我無法掌握別人在想什麼，因此愈多人時，我的焦慮會愈高。現在社群媒體泛濫，可能一不小心就被人「群組公審」面貌，或是在threads上被譏笑長相，所以我都會儘量避免這類沒必要的社交的場合。若真的參加了，我也會避免跟那些愛拍照或議論長相的人談話，走路時會假裝聞到怪味道，以手遮住嘴巴等。

Q（訪問者）：**最後這一招還蠻特別的！**

453

數位時代的容貌焦慮與消費
──性別、老化與社群媒體

A（受訪者）：哈哈！是之前戴口罩得來的靈感。

Q（訪問者）：當你達到了自己滿意的容貌和身材之後，又如何？你覺得生活會有什麼改變？或者為何要追求上述的狀態（你為誰美麗帥氣？為什麼要減肥？為什麼要保養？為什麼要微整形？美麗帥氣的利益好處是什麼）？

A（受訪者）：若我真的達到了，我想我的生活並不會有太大的改變。因我看待我自己，即使我滿意，也會有人不滿意，甚至覺得你的臉是被「詛咒」了。所以我不會去想別人的看法，而是要儘量避免跟這類的人認識。雖然我覺得我的臉型，可再更圓滑一些，因會減少別人攻擊的可能性，但愈是在乎，其實愈會引起有心人的興趣，所以乾脆不要想太多。同理，我的身材愈是有肌肉線條，別人會愈覺得我的肌肉不夠多，所以只要是自己能夠用的就好了。

Q（訪問者）：請問在生活或職場中，對於年齡長於你的女性和男性，除了職稱之外，通常你會怎麼稱呼（例如：王小明，稱其為王大哥？小明哥？小明？或……）？你稱呼他人大哥或大姊的規則為何（請分男、女回答）？有對方不能接受的時刻嗎？

A（受訪者）：有關男性，我會稱呼他的名字。如果別人比我年長很多，我可能會加個大哥，但最後還是取決別人的意願。目前還沒有人有反映什麼問題，因現在多是叫別人的名字。有關女性，我也是會稱呼她的名字。要是別人已生小孩或是年長我多一些，我才可能稱呼別人「姐」，不然我都是以名字為主。先前也沒有人反映不喜歡我的稱呼，因多是已溝通過了。

Q（訪問者）：對你而言，有被別人叫「哥」或叔叔……等稱謂，是你不大能接受的時候嗎？大概是什麼樣的情境（對方的年齡、兩人相交流的狀況和場合等等）？為什麼不能接受？你覺得小你幾歲以內，或是對方是怎麼樣的情況，不該叫你該稱謂？

A（受訪者）：我有被叫過叔叔，多是小朋友會這樣稱呼。可能會覺得有點

老，所以會不太喜歡小朋友這樣稱呼我。

Q（訪問者）：會很介意嗎？

A（受訪者）：但因我也不是剛出社會的小朋友、年輕人，所以被稱呼叔叔也是正常的。若他們叫我哥哥，我有時可能會覺有點矯情，因同樣的情境，很多大學生也會被稱呼「叔叔」，所以我就不想太多了。

Q（訪問者）：前面討論的內容，你認為會有性別差異（因遇到狀況的本人是男女而有所不同）嗎？為什麼？

A（受訪者）：會有的，因社會多半較注意女性的稱呼。女性很常被預設為，要稱呼姊姊等較晚輩式的稱呼，主要是怕被貼上標籤。這樣一來，有可能引出被說是年齡歧視的疑慮。針對男性，大家多會認定男性愈老愈值錢，所以多是以長輩式的稱呼來界定眼前的男性。

Q（訪問者）：請問你對以下幾個詞彙的年齡區間估計，例如：就你的感覺而言，青年，壯年，歐吉桑、歐巴桑，老年，銀髮族，熟女，輕熟女，初老是幾歲到幾歲？

A（受訪者）：青年：40歲前，壯年：40-60歲，歐吉桑、歐巴桑：50歲以上，老年：70歲以上，銀髮族：70歲以上，熟女：40-60歲，輕熟女：28-40歲，初老：50歲。

Q（訪問者）：請問你覺得上述詞彙有哪些適合你現在的年齡區間（或者是沒有在上述詞彙中，但你覺得適合的亦可說出來）？

A（受訪者）：這個嘛……青年、壯年、輕熟男、青壯男、壯年男子或成年男子。

Q（訪問者）：你會「怕老」嗎？為什麼這麼覺得？你認為怕老是在怕什麼？

A（受訪者）：會。因會有一些慢性疾病或是肌肉減少的症狀，最擔心的是不能走路，那就會像是軟禁了。主要大家會怕老，就是現在每個人都是商品，你愈老表示你貶值愈多，那若你還沒結婚

數位時代的容貌焦慮與消費
—— 性別、老化與社群媒體

或是成家立業，甚至沒對象的話，你極有可能會被當成反社會分子。基本上，會被說是神經病的居多，因為不結婚就是腦袋有問題，有傳統家庭觀念的人都很愛這樣說。

Q（訪問者）：哈哈，顯然你是不認同的。

A（受訪者）：那當然，尤其現在社會都那麼多元化了，每個人都可以有自己的選擇和未來不是嗎？

Q（訪問者）：當然！若照你說的，人們被當作商品，那在你眼中，「女性的顯老」是哪方面的呈現（什麼樣的線索，例如：那些容貌特徵？行為特徵？衣著或舉止……會讓你覺得對方有點老或開始變老）？

A（受訪者）：主要是皺紋，因很多的明星都會被放大，以檢查有沒有皺紋。若是變胖，也會被當成是老人的一個特徵，表示妳這個人又老又醜。在現在很多有毒的觀念中，女性都是不能呈現疲態，要像雕像一般，永遠保值才是正常的表現。只要跟自己的全盛時期一有差異，就會被當成是偏差行為，表示妳這個女生「不乖了」。

Q（訪問者）：真的！有時候看一些記者撰文都覺得蠻誇張的！

A（受訪者）：坦白講，有這種想法的人都很無聊。

Q（訪問者）：在你眼中，「男性的顯老」是哪方面的呈現（什麼樣的線索會讓你覺得對方有點老或開始變老）？

A（受訪者）：男性的話，則是頭髮變白。因很多的政治人物還是教授，都有著白髮的「特色」。有愈多白髮，表示你愈有智慧和經驗，同時也表示你這個人愈無聊、愈老。變胖也是一個很具殺傷力的標準，因很多政客都很胖，所以只要變胖了，就是幸福肥，也表示你這個人愈「油條」了。只要一被認定「油條」，就不會是年輕人的象徵了。

Q（訪問者）：在所有老化的外貌外型特徵當中，何者是你最不喜歡或最不能接受的？為什麼？是否有接觸過相關的經驗或故事？

附　錄：定性研究深度訪談實錄

A（受訪者）：皺紋或白頭髮吧！因為一有皺紋，整個臉就會很難掌控，致使肌膚的狀況愈多。

Q（訪問者）：那前面提到白頭髮的部分是指？

A（受訪者）：白頭髮則是不想染髮，因很麻煩，也不是多健康的舉動。現在有時會長白頭髮，很擔心會有「挑染」的狀況，搞得會太像業務人員、油條政客或是政府官員，讓人一種很油膩的感覺直接油然而生。

Q（訪問者）：請問你周圍或是媒體檯面上，有誰是讓你覺得老得很好看（甚至是老了比年輕更吸引人），希望自己將來即使看起來有歲月痕跡，但也能像他或她一樣有魅力的人？

A（受訪者）：Tilda Swinton和Natalie Portman。

Q（訪問者）：可以更進一步說明嗎？

A（受訪者）：她們有自己的味道，即使有了一些皺紋，但配合她們的談吐和氣質，會讓人覺得她們的謙遜、專業和敬業。即使有了歲月的痕跡，也不須太擔心失去了自己獨有的韻味，所以她們是我的楷模。老了不是問題，而是要怎麼健康地老，才是要點所在。

Q（訪問者）：你曾做哪些活動或買哪些商品來讓自己常保青春？為什麼你會覺得有幫助（例如：保養品？醫美產品？微整形？非介入性皮膚科療程雷射等？保健品？健身課？參加社團？……）？

A（受訪者）：化妝水、面膜。主要是保水用，畢竟臉一乾的話，很難再救回來。而會有皺紋也可能是因為沒有保濕，因此這兩個用品很重要。再來就是日常生活，只要保持身材和身體健康，即使運動很累，也是增加心肺功能的一個方式。有時也會購買保健食品，因為可能補充體能，也可延緩老化。

Q（訪問者）：那我們來談談社群媒體。請問你有在使用社群媒體嗎？

A（受訪者）：有啊！

數位時代的容貌焦慮與消費
—— 性別、老化與社群媒體

Q（訪問者）：可以說一下你最常瀏覽的社群媒體有哪些？
A（受訪者）：Facebook、Instagram、Threads、YouTube。
Q（訪問者）：以上這些社群媒體中，何者是你最常發文的社群媒體？
A（受訪者）：IG。
Q（訪問者）：你在社群媒體上發文的頻率大約是？
A（受訪者）：很少發文，超過一個月，久久才發文。
Q（訪問者）：你拍照後或上傳照片時，會用美肌功能嗎？為什麼？你在IG或社群媒體上看到其他同輩的照片是否會有壓力？
A（受訪者）：不會，因為那會讓人看起來假假的。我不喜歡太多的濾鏡，因讓人一看出來是濾出來的，那自然不是好照片。照片應是追求一個人的健康美、自在美，而不是有了化妝以後，又再鍍上另一層「化妝」，這樣加工感太重，如此一來已經失去了拍照的意義。
Q（訪問者）：你對於現代素人、網紅大量使用美肌軟體、濾鏡，有什麼看法？你認同大量修圖和濾鏡的行為嗎？為什麼？
A（受訪者）：跟之前說的一樣，已經非常不自然了。若是別人需要透過濾鏡來肯定你，那也表示你的容貌焦慮已經處於一個不健康的狀態，且須急迫治療。若是一個人拍照，要不停地一直修圖，那你只會讓人覺得你很有距離感，甚至是心機很重，所以才會要這麼多層的修飾。這樣的文化，一直都在侵襲我們的心靈。
Q（訪問者）：是的！謝謝你的意見，因為時間因素，我們今天就到這邊為止。
A（受訪者）：不客氣。

附　錄：定性研究深度訪談實錄

訪談編號	NO.26
地區	台灣中部
性別	男性
年齡	37
最常「瀏覽」的社群媒體	Facebook / Instagram / YouTube
最常「發文」的社群媒體	Facebook / Instagram
社群媒體平均更新的頻率	半個月一次發文

Q（訪問者）：謝謝你參加我們的訪談。我們今天的主題主要是跟容貌焦慮有關，請問你聽過「容貌焦慮」這個詞彙嗎？你對容貌焦慮的認識是什麼？

A（受訪者）：這個詞我聽過，大概的理解是對自己的長相沒有自信，對於在人前出現有障礙，認為自己再怎樣打扮都不夠好。

Q（訪問者）：你覺得自己容貌焦慮的程度從1分（非常輕微）到10分（非常嚴重）大約是幾分？為什麼會這麼覺得？

A（受訪者）：如果要評估我自己容貌焦慮的程度，大概是2分，會這樣認為的原因是知道自己的長相不算好看，但也不會因為這樣就特別想要改變，頂多就是會買些洗臉的東西把自己弄乾淨而已。

Q（訪問者）：你對自己身材滿意嗎？最滿意和最不滿意的點分別是什麼？為什麼？對於不滿意的部分，你期待達到什麼樣的身材？

A（受訪者）：我對自己的身材不是很滿意，所以並沒有最滿意的地方，頂多只能說是沒有意見而已。

Q（訪問者）：可以說一下為什麼嗎？

A（受訪者）：最不滿意的地方是我的腰跟腹部，雖然我的BMI屬於正常範圍，但我的內臟脂肪和體脂率都偏高，是泡芙人的身形，因此肚子很大，沒辦法穿太緊身的衣服，覺得自己看起來像河童，因此我對於自己身材的期望，就是能夠把腹部減下來，除了可以讓穿衣服的選擇更多，在戶外場合也不會覺得彆扭。

459

數位時代的容貌焦慮與消費
―― 性別、老化與社群媒體

Q（訪問者）：你對自己容貌滿意嗎？最滿意和最不滿意的點分別是什麼？為什麼？對於不滿意的部分，你期待達到什麼樣的狀態？

A（受訪者）：我對自己的容貌滿意度應該是普通，最滿意的地方是沒有近視，所以不用戴眼鏡。

Q（訪問者）：不用戴眼鏡，所以比較方便、好看嗎？

A（受訪者）：我覺得只要近視的人把眼鏡脫下來，就會給人眼神渙散的感覺，但不是每個人戴眼鏡都好看，所以能夠不用戴眼鏡，我認為是一件很棒的事情。

Q（訪問者）：那是否有不滿意的地方呢？

A（受訪者）：最不滿意的部分是下巴，因為我的下巴很容易長痘子，臉其他部分幾乎沒有，這會讓我在照鏡子的時候覺得自己很奇怪，因此對我來說最理想的狀態應該是臉要能乾淨，沒有青春痘跟痘疤，至於長相我沒有特別在意。

Q（訪問者）：有沒有什麼時候、情境（婚禮、公司會議、同學會……）會讓你的容貌焦慮程度提高？你通常會怎麼做？可否說明一下相關的例子？

A（受訪者）：我覺得沒有場合會讓我容貌焦慮提高。

Q（訪問者）：哇！這樣聽起來很不錯喔！所以不管到哪裏，或是不管什麼樣的情境，都不會對自己的樣貌和打扮有壓力嗎？

A（受訪者）：欸，我剛剛是說容貌方面啦，但如果拆分為身材跟容貌的話，我在身材方面會有一定程度的焦慮感，因為我的肚子很大，所以在爬山、跑步這些戶外活動的時候，我的服裝很難遮住我的肚子，因此在拍照的時候就會看到自己的肚子非常明顯，通常這個時候我會穿外套遮住肚子，但有時很難做到，比如太熱的時候。

Q（訪問者）：當你達到了自己滿意的身材之後，又如何？你覺得生活會有什麼改變？或者為何要追求上述的狀態（你為誰美麗帥氣？為什麼要減肥？為什麼要保養？為什麼要微整形？美麗帥氣

附　錄：定性研究深度訪談實錄

的利益好處是什麼）？

A（受訪者）：我有曾經在身材方面達到自己滿意的程度，那時候我是靠瘋狂運動，把體重從原本的七十五公斤降到六十三公斤，主要是透過慢跑，也藉此參加了很多場馬拉松比賽，在減重之餘也有達到自我實現的目標，生活上的改變很明顯，我覺得那時候的我是比較有自信的。

Q（訪問者）：**聽起來很有自我實現的感覺！**

A（受訪者）：但後來受傷加上疫情關係，沒辦法照之前的模式生活，體重又恢復到七十公斤上下，也或許我對身材上的焦慮沒像過去一樣，我覺得追求讓自己身材更好的過程很辛苦，但如果願意撐過去，得到的回饋也非常明顯，因此有能力、有時間的話，我其實也願意再試著去追求一次過去這種改變身材的經驗。

Q（訪問者）：**請問在生活或職場中，對於年齡長於你的女性和男性，除了職稱之外，通常你會怎麼稱呼（例如：王小明，稱其為王大哥？小明哥？小明？或……）？你稱呼他人大哥或大姊的規則為何（請分男、女回答）？有對方不能接受的時刻嗎？**

A（受訪者）：我會直接叫職稱，因為我的立場是不和同事有太多地交集，除非這個同事是我很尊敬的人，那通常我會比較親暱地稱呼學長、學姐，我通常在面對陌生人的時候會叫大哥、大姐，但通常是明顯看起來比我還老的人，我才會這樣稱呼，目前沒有碰過對方不能接受的狀況。

Q（訪問者）：**對你而言，有被別人叫「哥」或叔叔……等稱謂，是你不大能接受的時候嗎？大概是什麼樣的情境（對方的年齡、兩人相交流的狀況和場合等等）？為什麼不能接受？你覺得小你幾歲以內，或是對方是怎麼樣的情況，不該叫你該稱謂？**

A（受訪者）：我覺得如果被叫哥或是叔叔不會不能接受，甚至阿伯也可以，畢竟我已經三十七、八歲了，因此並沒有不能接受的時

461

候，但我似乎也很少碰到這個狀況，大部分都是爬山的時候碰到山友聊天，彼此互相稱呼，在這種狀況之下，我並不會因為別人的稱謂好像比較老就覺得不舒服。

Q（訪問者）：前面討論的內容，你認為會有性別差異（因遇到狀況的本人是男女而有所不同）嗎？為什麼？

A（受訪者）：我覺得多少會有性別上的差異，像女生可能就比較不能接受自己被叫老，可是當女生真的很老的時候，被人家叫大姐似乎還比較開心，上面僅僅是自己個人的經驗認為如此，如果要探究原因的話，我認為還是男生跟女生在感受上的差異，男生會比較大而化之。

Q（訪問者）：請問你對以下幾個詞彙的年齡區間估計，例如就你的感覺而言，青年，壯年，歐吉桑、歐巴桑，老年，銀髮族，熟女，輕熟女，初老是幾歲到幾歲？

A（受訪者）：青年：18-30，壯年：31-50，歐吉桑、歐巴桑：51-70，老年：70以後，銀髮族：70以後，熟女：38-50，輕熟女：28-38，初老：65歲。

Q（訪問者）：請問你覺得上述詞彙有哪些適合你現在的年齡區間（或者是沒有在上述詞彙中，但你覺得適合的亦可說出來）？

A（受訪者）：我認為自己目前處於壯年的階段，會這樣認為的原因還是在於目前這個年齡層是社會發展的中流砥柱，也是逐漸會開始發現自己有些身體狀況的年紀。

Q（訪問者）：你會「怕老」嗎？為什麼這麼覺得？你認為怕老是在怕什麼？

A（受訪者）：我一定是怕老，主要原因還是在行動力跟執行力會開始變差，代謝和循環也不像年輕的時候，同時也不能像以前一樣，不顧忌飲食和生活模式，我覺得人老了之後最怕的除了疾病和死亡，更怕的是孤單，當你無法任意行動，這種孤獨感會更容易加深。

附　錄：定性研究深度訪談實錄

Q（訪問者）：在你眼中，「女性的顯老」是哪方面的呈現（什麼樣的線索，例如：那些容貌特徵？行為特徵？衣著或舉止……會讓你覺得對方有點老或開始變老）？

A（受訪者）：如果我周邊有女生會開始討論保養品牌跟醫美課程，我就會覺得她有容貌焦慮並覺得自己顯老，但這是行為舉止上的呈現，對我來說，顯老的表現始終在於活動力與執行力的下降。

Q（訪問者）：所以比較是行為面的觀察？還有其他線索嗎？

A（受訪者）：對，所以當女性行動緩慢，我就認為是顯老的表現，如果要再多說幾個線索，大概是開始不是很在意化妝跟服裝風格開始變得居家。

Q（訪問者）：在你眼中，「男性的顯老」是哪方面的呈現（什麼樣的線索會讓你覺得對方有點老或開始變老）？

A（受訪者）：如果是外貌的部分，脖子開始有皺紋就是一個很明顯的老化現象，另一個可以判斷的地方是身上會開始出現很多班，目前我的手臂也開始有一些斑點，而身材的部分，就是開始會駝背，脖子無力會朝前，肚子變大，看起來像河童的樣子，這也是我最不想變成的樣子。

Q（訪問者）：在所有老化的外貌外型特徵當中，何者是你最不喜歡或最不能接受的？為什麼？是否有接觸過相關的經驗或故事？

A（受訪者）：我覺得老了之後不能接受的外型是駝背，因為我已經開始有一些駝背的跡象了，目前是透過健身課來企圖改變姿勢跟增加肌肉量，由於常在家裏附近看到作資源回收的老人，身體幾乎是呈現九十度的彎曲，但卻要推著重物在街上行走。我想我也會老，但我希望自己在年老之後，能夠站得挺、坐得直。

Q（訪問者）：請問你周圍或是媒體檯面上，有誰是讓你覺得老得很好看（甚至是老了比年輕更吸引人），希望自己將來即使看起來

463

數位時代的容貌焦慮與消費
── 性別、老化與社群媒體

有歲月痕跡，但也能像他或她一樣有魅力的人？

A（受訪者）：以有出現在媒體上的人物來說，我覺得湯姆克魯斯和喬治克隆尼都讓我覺得愈老愈好看。

Q（訪問者）：可以更進一步說明嗎？

A（受訪者）：前者主要是他仍然在從事動作電影的拍攝，展現出的活力讓我自嘆不如。後者則是讓我有一種穩重的感覺，會讓我認為一個單身老男人最後應該要達到的境界就是像他一樣，充滿自信和優雅。

Q（訪問者）：你曾做哪些活動或買哪些商品來讓自己常保青春？為什麼你會覺得有幫助（例如：保養品？醫美產品？微整形？非介入性皮膚科療程雷射等？保健品？健身課？參加社團？⋯⋯）？

A（受訪者）：除了健身課外，我沒有進行過任何上面所描述的活動，我會選擇健身課的原因也和常保青春無關，目標是為了增加自己的肌肉，並期待透過這些課程改善自己的健康。

Q（訪問者）：真的！健康真的才會氣色很好。

A（受訪者）：因此從這方面來看的話，常保青春或許是一個附加的好處，目前我從事健身活動已經快兩年，雖然體脂肪的下降和肌肉量的上升速度緩慢，但一切都朝著好的方向在走，也感受到自己的體能相較疫情期間有明顯的進步，因此我認為進行健身活動是有幫助的。

Q（訪問者）：那我們來談談社群媒體。請問你有在使用社群媒體嗎？

A（受訪者）：有啊！

Q（訪問者）：可以說一下你最常瀏覽的社群媒體有哪些？

A（受訪者）：Facebook、Instagram、YouTube。

Q（訪問者）：以上這些社群媒體中，何者是你最常發文的社群媒體？

A（受訪者）：IG、Facebook。

Q（訪問者）：你在社群媒體上發文的頻率大約是？

附　錄：定性研究深度訪談實錄

A（受訪者）：我比較是潛水居多，大概都是看別人吧！要說到發文，大概半個月一次。

Q（訪問者）：**你拍照後或上傳照片時，會用美肌功能嗎？為什麼？你在IG或社群媒體上看到其他同輩的照片是否會有壓力？**

A（受訪者）：不會。應該說，我發文大概都沒有自拍，所以也用不到美肌。我的同輩，發文都是小孩、寵物，也很少看到他們，所以，也沒什麼壓力吧！

Q（訪問者）：**你對於現代素人、網紅大量使用美肌軟體、濾鏡，有什麼看法？你認同大量修圖和濾鏡的行為嗎？為什麼？**

A（受訪者）：基本上就是尊重啦！現在這種看臉的時代，可以理解網路工作者的壓力，但我是覺得沒必要。

Q（訪問者）：**好喔！謝謝你的意見，因為時間因素，我們今天就到這邊為止。**

A（受訪者）：不客氣。

數位時代的容貌焦慮與消費
—— 性別、老化與社群媒體

訪談編號	NO.27
地區	台灣南部
性別	男性
年齡	22
最常「瀏覽」的社群媒體	Instagram
最常「發文」的社群媒體	Instagram
社群媒體平均更新的頻率	超過一個月，久久才發文

Q（訪問者）：謝謝你參加我們的訪談。我們今天的主題主要是跟容貌焦慮有關，請問你聽過「容貌焦慮」這個詞彙嗎？你對容貌焦慮的認識是什麼？

A（受訪者）：我聽過容貌焦慮，我覺得容貌焦慮就是對自己的外表、身材不滿意，焦慮自己外貌不佳，可能在人際關係、交往上造成阻礙。

Q（訪問者）：你覺得自己容貌焦慮的程度從1分（非常輕微）到10分（非常嚴重）大約是幾分？為什麼會這麼覺得？

A（受訪者）：我認為我的容貌焦慮大概3分，對外表不會過度焦慮，但會希望能夠學習整理頭髮、保養皮膚，讓整體看起來更乾淨。

Q（訪問者）：你對自己身材滿意嗎？最滿意和最不滿意的點分別是什麼？為什麼？對於不滿意的部分，你期待達到什麼樣的身材？

A（受訪者）：我對身材還不算滿意。最滿意的是肚子沒有太多贅肉。不滿意的部分是腿和手臂。

Q（訪問者）：可以說一下為什麼嗎？

A（受訪者）：我期望能達到一般有運動習慣的人的身材，有明顯肌肉線條、肌肉量的樣子。因為我的腿和手臂都有點太細，常常被當作沒有運動習慣的人，但可能是我吃太少或消化系統功能較差，因此吸收比較差，所以我希望能增加更多肌肉，讓我的整體身材看起來更健康。

Q（訪問者）：你對自己容貌滿意嗎？最滿意和最不滿意的點分別是什麼？

附　錄：定性研究深度訪談實錄

　　　　　　　　為什麼？對於不滿意的部分，你期待達到什麼樣的狀態？

A（受訪者）：我對我的容貌整體都還算滿意，最滿意的部分是五官，長得都很和諧，沒有特別不好看或不一致的地方，而我最不滿意的部分是頭髮。

Q（訪問者）：頭髮是哪方面不滿意呢？

A（受訪者）：我覺得我的頭髮髮量有點過於稀少，常常在運動的過程中會有瀏海分岔的問題，因此我希望能增加我的髮量，達到一般人的平均量即可，運動後不會有瀏海分岔的問題，且髮際線也不會太高，看起來髮量過少。

Q（訪問者）：有沒有什麼時候、情境（婚禮、公司會議、同學會……）會讓你的容貌焦慮程度提高？你通常會怎麼做？可否說明一下相關的例子？

A（受訪者）：我在街上看到有其他人穿著很時尚的時候，會提高我的焦慮，我會觀察他們的穿衣風格、品牌，多思考他們的穿搭是如何搭配，讓他們的風格很抓眼球、好看，從他們身上學習更多穿衣的方法與技巧，藉此來學習、應用在穿搭上面。

Q（訪問者）：當你達到了自己滿意的容貌和身材之後，又如何？你覺得生活會有什麼改變？或者為何要追求上述的狀態（你為誰美麗帥氣？為什麼要減肥？為什麼要保養？為什麼要微整形？美麗帥氣的利益好處是什麼）？

A（受訪者）：我認為達到自己滿意的狀態會對於自己更有自信，不論是與人說話上、社交時，都會更有自信，也會更愛自己，認為自己有努力進步成為自己想要的樣子，因此追求達到滿意的容貌或身材，我認為更多是內在更肯定自己，增加自信心。

Q（訪問者）：請問在生活或職場中，對於年齡長於你的女性和男性，除了職稱之外，通常你會怎麼稱呼（例如：王小明，稱其為王大哥？小明哥？小明？或……）？你稱呼他人大哥或大姊的規則為何（請分男、女回答）？有對方不能接受的時刻嗎？

467

數位時代的容貌焦慮與消費
―― 性別、老化與社群媒體

A（受訪者）：我通常稱呼對方為姊姊、哥哥，或是學長、學姊，我通常看外表，如果男性比我的爸爸大很多，那我就會稱呼對方為叔叔，女性則大多還是以姐姐為優先，因為女性會較在意這方面的稱呼。我有某次稱呼對方為阿姨時她就不接受，因此我後來就以稱呼女性為姊姊為主。

Q（訪問者）：對你而言，有被別人叫「哥」或叔叔……等稱謂，是你不大能接受的時候嗎？大概是什麼樣的情境（對方的年齡、兩人相交流的狀況和場合等等）？為什麼不能接受？你覺得小你幾歲以內，或是對方是怎麼樣的情況，不該叫你該稱謂？

A（受訪者）：我幾乎沒有不能接受的時候，我認為這只是一個人與人相處間必要的稱呼方式，一時的稱呼並不會影響個人的本質，除非有太誇張的稱呼，如和我相差五歲卻稱呼我為叔叔的情形，我才會不能理解，但我目前還未遇過這樣的情況。

Q（訪問者）：前面討論的內容，你認為會有性別差異（因遇到狀況的本人是男女而有所不同）嗎？為什麼？

A（受訪者）：我認為會有所不同。因為女性相較男性更在乎自身外表狀態，而稱呼對方為阿姨也代表看起來較老，因此女性大部分希望對方稱自己較年輕的稱呼，會更開心也更容易接受，而男性則較不注重自身外貌，因此對於稱呼也不會過於在意。

Q（訪問者）：請問你對以下幾個詞彙的年齡區間估計，例如就你的感覺而言，青年，壯年，歐吉桑、歐巴桑，老年，銀髮族，熟女，輕熟女，初老是幾歲到幾歲？

A（受訪者）：青年是20到30歲，壯年是30到50歲，歐吉桑、歐巴桑是50到60歲，老年是60歲以上，銀髮族也是60歲以上，熟女是30到40歲，輕熟女是40到50歲，初老是50到60歲。

Q（訪問者）：請問你覺得上述詞彙有哪些適合你現在的年齡區間（或者是沒有在上述詞彙中，但你覺得適合的亦可說出來）？

A（受訪者）：我目前應該是身處於青年的階段。

附　錄：定性研究深度訪談實錄

Q（訪問者）：你會「怕老」嗎？為什麼這麼覺得？你認為怕老是在怕什麼？

A（受訪者）：我會怕老，因為我會害怕身體狀況下滑，無法應付運動的需求。我認為很多人怕老是害怕身體狀況、體能變差，因此無法自行行動，或有疾病病發，無法像以前一樣擁有許多自由，能夠從事的活動與能吃的食物受限，感覺到被限制。

Q（訪問者）：在你眼中，「女性的顯老」是哪方面的呈現（什麼樣的線索，例如：那些容貌特徵？行為特徵？衣著或舉止……會讓你覺得對方有點老或開始變老）？

A（受訪者）：我認為女性的顯老是變得很固執，無法接納別人的意見，且談話一直圍繞在同一件事，在重複的地方打轉，且很喜歡碎碎念。另外還有體力變差，可能骨質流失很快因此無法進行太過劇烈的活動，需要保護膝蓋及骨頭，補充鈣質。

Q（訪問者）：所以就是比較行為面的，和身體面的？

A（受訪者）：對。

Q（訪問者）：在你眼中，「男性的顯老」是哪方面的呈現（什麼樣的線索會讓你覺得對方有點老或開始變老）？

A（受訪者）：我認為有無禿頭是一個很明顯的外貌變化，可能中間有些微的禿頭，且慢慢擴散變成地中海髮型。另外可能會有啤酒肚、大肚子出現。也很喜歡滔滔不絕講述自己過往年輕時的豐功偉業，就算旁人表現出毫無興趣，仍會繼續講個不停。

Q（訪問者）：男性的話則是行為和容貌方面都有？

A（受訪者）：對啊！因為啤酒肚和禿頭太明顯了。

Q（訪問者）：在所有老化的外貌外型特徵當中，何者是你最不喜歡或最不能接受的？為什麼？是否有接觸過相關的經驗或故事？

A（受訪者）：我最不喜歡的是禿頭，因為我覺得有部分地方禿頭有部分有頭髮很奇怪，為什麼不能全部剃掉變成光頭。

Q（訪問者）：怎麼說呢？

469

數位時代的容貌焦慮與消費
―― 性別、老化與社群媒體

A（受訪者）：我只是看得不太順眼，我也不強求大家都要把頭髮剃掉，我只是覺得這樣看起來比較正常。我也沒有任何相關經驗，只是單純個人好惡。

Q（訪問者）：**請問你周圍或是媒體檯面上，有誰是讓你覺得老得很好看（甚至是老了比年輕更吸引人），希望自己將來即使看起來有歲月痕跡，但也能像他或她一樣有魅力的人？**

A（受訪者）：我覺得是我的大學教授。

Q（訪問者）：**可以更進一步說明嗎？**

A（受訪者）：雖然我沒有看過他年輕時的樣子，但他現在的樣子就已經非常帥氣，雖然是光頭，但還是不減他的風采，我認為是因為他的個人幽默感與保持良好的身材，不會過於走鐘，讓他現在依舊保持非常良好的外貌，也很受大家歡迎。

Q（訪問者）：**你曾做哪些活動或買哪些商品來讓自己常保青春？為什麼你會覺得有幫助（例如：保養品？醫美產品？微整形？非介入性皮膚科療程雷射等？保健品？健身課？參加社團？……）？**

A（受訪者）：我有用一些簡單的化妝水保養皮膚，然後儘量選擇原型食物，且保持良好的運動習慣，一周固定運動三次以上，運動不僅能讓心情變好，也能紓解壓力，增強身體狀況，是非常有用且有效保持年輕的方法。且運動也不限於有任何經濟門檻，也有像跑步、騎腳踏車完全不需花費的戶外運動。時常有好的心情看起來也會更年輕，沒有太多的皺紋。

Q（訪問者）：**真的！健康真的才會氣色很好。**

A（受訪者）：對啊！

Q（訪問者）：**那我們來談談社群媒體。請問你有在使用社群媒體嗎？**

A（受訪者）：有啊！

Q（訪問者）：**可以說一下你最常瀏覽的社群媒體有哪些？**

A（受訪者）：Instagram。

附　錄：定性研究深度訪談實錄

Q（訪問者）：只有IG嗎？

A（受訪者）：比較常用的就是IG了，其他真的都很少⋯

Q（訪問者）：你在社群媒體上發文的頻率大約是？

A（受訪者）：也很少發文，大概超過一個月，平均一個月以上才發文一次。

Q（訪問者）：你拍照後或上傳照片時，會用美肌功能嗎？為什麼？你在IG或社群媒體上看到其他同輩的照片是否會有壓力？

A（受訪者）：會，但我很少發文，所以也可以說不會。因為我的美肌主要是相機自帶的美肌，你如果不特別去關掉，它就會一直有，但不是很強烈的那種美肌，就是微微的。

Q（訪問者）：瞭解。那你對於現代素人、網紅大量使用美肌軟體、濾鏡，有什麼看法？你認同大量修圖和濾鏡的行為嗎？為什麼？

A（受訪者）：就尊重吧！我雖然可用可不用，但我知道有些女生一定要美肌，可能她們也有一些同儕壓力吧！

Q（訪問者）：好的。謝謝你的意見，因為時間因素，我們今天就到這邊為止。

A（受訪者）：不客氣。

數位時代的容貌焦慮與消費
——性別、老化與社群媒體

訪談編號	NO.28
地區	台灣東部
性別	男性
年齡	26
最常「瀏覽」的社群媒體	Facebook / Instagram / Threads / YouTube / WeChat / reddit
最常「發文」的社群媒體	Instagram / reddit
社群媒體平均更新的頻率	一周兩至三次發文

Q（訪問者）：謝謝你參加我們的訪談。我們今天的主題主要是跟容貌焦慮有關，請問你聽過「容貌焦慮」這個詞彙嗎？你對容貌焦慮的認識是什麼？

A（受訪者）：我有聽過容貌焦慮這個詞，它的意思是對因為外在形象而引發的焦慮情況。比如在看到他人的外在條件後，對比自己，覺得自己不符合大眾期待的理想形象，因而產生焦慮。

Q（訪問者）：你覺得自己容貌焦慮的程度從1分（非常輕微）到10分（非常嚴重）大約是幾分？為什麼會這麼覺得？

A（受訪者）：我覺得自己的容貌焦慮大概是4分。在進入大學後，我發現身邊的朋友都很注重打扮，比如出門噴髮膠或是去健身房，喝蛋白粉。曾經讓我比較擔心不夠精緻的外型條件，會不會影響他們對我的看法。但我本身不太喜歡花太多時間在外形上，後來也找到自己喜歡的著裝品牌，所以就有自己固定的穿搭方案，修飾一些身高缺陷，所以就不會太在意他人的想法。

Q（訪問者）：你對自己身材滿意嗎？最滿意和最不滿意的點分別是什麼？為什麼？對於不滿意的部分，你期待達到什麼樣的身材？

A（受訪者）：我對自己的身材總體來說還算滿意，最喜歡的部位是我的手臂，因為之前有一陣子很喜歡去攀岩，所以我覺得手臂的肌肉有鍛鍊到，看起來比較紮實，所以我平常也喜歡穿無袖的上衣，露出手臂的部分。最不滿意的部分我覺得應該是身高和腿長。

附　錄：定性研究深度訪談實錄

Q（訪問者）：可以說一下為什麼嗎？

A（受訪者）：因為我覺得自己的身高不算是很有優勢，大概一七五左右，相較於同齡人來說雖然不會太矮，可是在穿搭上就需要多考慮身高的限制，腿長的部分是我覺得我的身材比例沒有到很好，腿偏短一點，所以如果能夠讓我的腿再長十到二十公分，我覺得會讓我對自己的身材更加的滿意。

Q（訪問者）：你對自己容貌滿意嗎？最滿意和最不滿意的點分別是什麼？為什麼？對於不滿意的部分，你期待達到什麼樣的狀態？

A（受訪者）：我對自己的容貌還算滿意，最滿意的部分是眼睛。

Q（訪問者）：眼睛最滿意是哪方面呢？

A（受訪者）：因為我覺得自己的眼睛還算大顆，而且是雙眼皮，這讓我看起來會比較的有精神，所以在和別人交流的時候，我也更喜歡有眼神接觸，讓對方能夠感受到我的善意和誠意，畢竟眼睛是心靈的窗戶。

Q（訪問者）：那有不滿意的地方嗎？

A（受訪者）：最不滿意的地方我覺得是我的膚質，因為我的皮膚應該偏油，而且容易出汗，就會讓我偶爾會長一些痘痘。雖然我覺得男生的皮膚可以不用太細膩，但是如果能夠讓膚色均勻一些，或是鼻頭上的毛孔小一點，或是鬍渣不要太明顯，就會讓我對自己的容貌更加滿意。

Q（訪問者）：有沒有什麼時候、情境（婚禮、公司會議、同學會……）會讓你的容貌焦慮程度提高？你通常會怎麼做？可否說明一下相關的例子？

A（受訪者）：我覺得在參加學術會議的時候，會讓我的容貌焦慮比較偏高，因為在向別人報告研究的時候需要上台，而且大部分人都會穿著正式的服裝。但我平時比較沒有穿正裝的經驗，也不太瞭解自己適合什麼樣的款式。所以當我在那個場合看到同齡的朋友都打扮得很得體的時候，就會開始焦慮自己的打

473

數位時代的容貌焦慮與消費
——性別、老化與社群媒體

扮是否合適、會不會不夠正式，或是過於正式，而影響老師對我的看法。近期我在參加學術報告的時候，就準備了一套白襯衫和西裝褲，還特別選購了一雙同色系的皮鞋，在現場的時候，我發現大部分的同儕都有穿著正裝，甚至有人還穿了西裝外套，可是很少有人跟我一樣選擇穿搭皮鞋。而且大家都有特別修理過自己的髮型，但我平時都是留很短的頭髮，這就讓我感到焦慮自己的髮型和著裝會不會不匹配。

Q（訪問者）：聽起來已經足夠正式了吧！當你達到了自己滿意的容貌和身材之後，又如何？你覺得生活會有什麼改變？或者為何要追求上述的狀態？

A（受訪者）：我覺得如果能夠達到理想的容貌和身材，會讓我更加的自信，可能在生活中別人對你的態度也會更加友善，或是對你容易留下深刻的印象。比如說在玩交友軟體的時候，也許你會更願意展示自己的容貌和身材給對方，讓更多人看到你的照片之後，想要跟你有進一步的接觸。另外一點是我覺得追求一個得體的容貌和身材，其實是自律和自我約束的一種表現，讓別人知道你是有在認真生活、認真訓練自己的，這其實也會影響他人對你的預想。

Q（訪問者）：請問在生活或職場中，對於年齡長於你的女性和男性，除了職稱之外，通常你會怎麼稱呼（例如：王小明，稱其為王大哥？小明哥？小明？或……）？你稱呼他人大哥或大姊的規則為何（請分男、女回答）？有對方不能接受的時刻嗎？

A（受訪者）：如果對方和我的關係比較親密，我會用他的名字加上哥或姐，比如XX哥或XX姐，但如果我們之間沒有很熟悉的話，我會用姓氏加上哥或姐比如王哥或何姐。我發現大部分的人都會很容易接受這樣的稱呼，但有時候年齡差距過於大的時候，對方也會修正我的叫法，他覺得我稱呼他哥或姐會太過客氣，他們覺得可以改叫叔叔或阿姨。

附　錄：定性研究深度訪談實錄

Q（訪問者）：對你而言，有被別人叫「哥哥」或叔叔……等稱謂，是你不大能接受的時候嗎？大概是什麼樣的情境（對方的年齡、兩人相交流的狀況和場合等等）？為什麼不能接受？你覺得小你幾歲以內，或是對方是怎麼樣的情況，不該叫你該稱謂？

A（受訪者）：最近的一次經驗是我回家的時候在電梯裏面遇到鄰居的小孩。鄰居的阿姨直接讓她的小孩叫我叔叔。當下雖然我的表情沒有露出任何的不愉快，但是我的內心還是比較震驚的，我甚至開始計算自己和這個小孩的年齡差距，最後我還是不覺得他應該叫我叔叔，應該叫我哥哥。所以在離開的時候我特意跟他說弟弟再見，希望他下次再遇到我的時候可以叫我哥哥，哈哈！

Q（訪問者）：前面討論的內容，你認為會有性別差異（因遇到狀況的本人是男女而有所不同）嗎？為什麼？

A（受訪者）：我覺得會有不一樣，如果我是女生的話，我應該會更在意別人對我的稱呼。另外一點是我覺得稱呼也代表你在他人心中的印象，比如如果我是女生的話，對方叫我某某姐，會讓我覺得我對於她來說是親近、好相處的人。但如果對方叫我某某阿姨的話，我會覺得他是在刻意強調我們之間的年齡差距。但作為男性，我覺得對方叫我某某哥的時候，是在表達他和我之間的親近感，而在叫我某某叔叔的時候，會有一種他很尊敬我，而不是特別強調年齡差距的感覺。

Q（訪問者）：請問你對以下幾個詞彙的年齡區間估計，例如就你的感覺而言，青年，壯年，歐吉桑、歐巴桑，老年，銀髮族，熟女，輕熟女，初老是幾歲到幾歲？

A（受訪者）：青年：20-30，壯年：30-50，歐吉桑、歐巴桑：50-70，老年：70-100，銀髮族：60-100，熟女：30-40，輕熟女：28-35，初老：25-35。

Q（訪問者）：請問你覺得上述詞彙有哪些適合你現在的年齡區間（或者是

475

數位時代的容貌焦慮與消費
——性別、老化與社群媒體

沒有在上述詞彙中,但你覺得適合的亦可說出來)?

A(受訪者):我覺得對我來說,我比較適合青年這個年齡區間。

Q(訪問者):你會「怕老」嗎?為什麼這麼覺得?你認為怕老是在怕什麼?

A(受訪者):我覺得我會有一點怕老,一個我擔心自己因為年齡限制找不到比較好的工作,而被迫去接受那些自己不太喜歡的工作。第二是我擔心身體的體力衰退,讓我無法做更多的運動,或是在我有一定的財富累積的條件下,卻不能自由地到處旅行。

Q(訪問者):所以主要是體力和活力上的擔憂?

A(受訪者):對。

Q(訪問者):在你眼中,「女性的顯老」是哪方面的呈現(什麼樣的線索,例如:那些容貌特徵?行為特徵?衣著或舉止……會讓你覺得對方有點老或開始變老)?

A(受訪者):我覺得女性的顯老,一個是體現在臉部的皮膚特徵,比如膠原蛋白的流失導致皮膚的皺紋出現,或是會有一些老年斑。在行為上會比較遲緩。衣著上會選擇寬鬆透氣的面料,不會再那麼強調身材曲線。而且我觀察到很多長輩女性都喜歡剪短髮,燙成彎彎曲曲的捲髮,或許是因為這樣看起來髮量會比較多一些。

Q(訪問者):在你眼中,「男性的顯老」是哪方面的呈現(什麼樣的線索會讓你覺得對方有點老或開始變老)?

A(受訪者):我認為男性的顯老,一大特徵是頭髮髮量減少以及髮色變蒼白。另一大特徵是啤酒肚,因為常常應酬或是工作太忙,沒空管理身材而導致肚子變大。而且就我觀察到身邊即使沒有飲酒習慣的男性長輩,在年老後也很容易有啤酒肚的發生。伴隨而來的就會是健康指標的下降,比如會有三高的健康問題。

Q(訪問者):女性比較偏容貌上的,男性比較偏身材上的?

附　　錄：定性研究深度訪談實錄

A（受訪者）：其實都有啦！女性老的時候也會顯胖。
Q（訪問者）：**在所有老化的外貌外型特徵當中，何者是你最不喜歡或最不能接受的？為什麼？是否有接觸過相關的經驗或故事？**
A（受訪者）：我最不喜歡的特徵就是腹部變大或是有啤酒肚，因為這讓整個人看起來比較臃腫，不太精神。而且在褲裝的選擇上就會比較困難，如果要買尺碼比較大的褲子，褲長也會更長，所以在買衣服的時候需要花更多心思去尋找合適的款式。
Q（訪問者）：**啤酒肚好像真的是男性容易發生？**
A（受訪者）：小時候我常常嘲笑爸爸和別的叔叔，打招呼的時候兩個人的手還沒有碰到一起，他們的肚子就已經碰到一起了。現在長大了，我發現男性在老化後真的非常容易有這個狀況，所以也很擔心自己以後會不會有啤酒肚。
Q（訪問者）：**請問你周圍或是媒體檯面上，有誰是讓你覺得老得很好看（甚至是老了比年輕更吸引人），希望自己將來即使看起來有歲月痕跡，但也能像他或她一樣有魅力的人？**
A（受訪者）：我個人很喜歡謝祖武的老化狀態。
Q（訪問者）：**可以更進一步說明嗎？**
A（受訪者）：因為小時候媽媽很喜歡看他演的戲，所以我在小時候就對他的臉很有印象，但我發現即使在我長大之後，他的長相跟小時候我對他的印象，幾乎沒有太大的差別，而且我通過社交媒體，瞭解到他是一個很自律的人，非常認真在管理自己的形象，所以我覺得他是一個很好的優雅老去的榜樣。
Q（訪問者）：**你曾做哪些活動或買哪些商品來讓自己常保青春？為什麼你會覺得有幫助（例如：保養品？醫美產品？微整形？非介入性皮膚科療程雷射等？保健品？健身課？參加社團？……）？**
A（受訪者）：我不太買保養品，因為我覺得保養品很貴，第二個是我覺得對於男生來說，皮膚的保養可以不用花太多的精力，所以我

數位時代的容貌焦慮與消費
——性別、老化與社群媒體

> 在挑選護膚用品的時候，主要以便宜量大為主，比如Cetaphil的潤膚霜，因為很大罐，所以幾乎全身都可以直接用。但我發現自己也很懶得經常擦這些潤膚產品，因為我不喜歡油膩膩的感覺，只有在曝曬之後會擦一點蘆薈霜或潤膚霜，來讓皮膚不要那麼乾燥。

Q（訪問者）：瞭解，就是基本保養為主。那還有其他方面嗎？

A（受訪者）：我沒有報名什麼健身課程，但我有加入一些減糖飲食或生酮飲食的社團，從裏面瞭解到簡單的飲食搭配，就可以幫助自己維持身材。

Q（訪問者）：如果你連保養品都很少使用，那應該也不會特別考慮醫美囉？

A（受訪者）：我沒有去過醫美診所，但我知道我有男性朋友去做過除毛。他會想要去除毛是因為他覺得自己身上比較容易有異味，特別是在流汗過後，而且台灣又非常的熱，他擔心身上的味道會讓別人對他投來異樣的目光。他的女朋友也很支持他去做局部的除毛，比如腿毛和腋毛，他女朋友也覺得除毛之後會看起來更清爽一點點。

Q（訪問者）：那我們來談談社群媒體。請問你有在使用社群媒體嗎？

A（受訪者）：有啊！

Q（訪問者）：可以說一下你最常瀏覽的社群媒體有哪些？

A（受訪者）：Facebook、Instagram、Threads、YouTube、WeChat、reddit。

Q（訪問者）：以上這些社群媒體中，何者是你最常發文的社群媒體？

A（受訪者）：Instagram、reddit。

Q（訪問者）：你在社群媒體上發文的頻率大約是？

A（受訪者）：大概一周兩至三次發文。

Q（訪問者）：你拍照後或上傳照片時，會用美肌功能嗎？為什麼？你在IG或社群媒體上看到其他同輩的照片是否會有壓力？

A（受訪者）：我不會使用美肌功能，因為那個會讓我看起來像是化了妝，

附　錄：定性研究深度訪談實錄

或是有點gay gay的。所以為了避免誤會，我不會上傳美肌後的照片。但我曾經會因為同輩在社群媒體上上傳了在沙灘露出腹肌的照片而感到焦慮，因為平時大家都穿著衣服，所以比較看不到腹肌的訓練效果。可是在看到別人優秀的腹肌線條後，就會開始焦慮自己是否也應該去認真練一下腹部肌肉。

Q（訪問者）：你對於現代素人、網紅大量使用美肌軟體、濾鏡，有什麼看法？你認同大量修圖和濾鏡的行為嗎？為什麼？

A（受訪者）：在我的印象中，我覺得亞洲女性是特別注重美肌和濾鏡效果的群體。這其實反映了我們的社會對女性的凝視和個人特質展現的寬容度不夠高。讓大家的審美比較單一。當然從正面視角來看，濾鏡和美肌軟體讓個人能夠用極低成本的方式，呈現自己最為理想的一面給別人。但我不太認同大量修圖和濾鏡的行為，因為這其實是對自我特質的否認，也是對單一審美的盲目崇拜，如此以往下去，社會會逐漸喪失多元審美出現的可能性。

Q（訪問者）：真的！我們時間上差不多囉！還有想到相關的議題嗎？什麼都可以說喔！如果你有想到的話……

A（受訪者）：雖然訪談比較花時間，但是在回答的過程當中，我也逐步更清晰地瞭解到自己對於外在形象管理的一些感受，因為平時沒有能夠和我暢聊這個話題的朋友，所以我一直都感覺自己其實不是非常注重外在的。在回憶過往經驗的時候，我才發現其實自己對外在形象管理的態度正在逐步發生轉變……

Q（訪問者）：很開心，好像對你在這方面能有一些拋磚引玉，也謝謝你提供許多非常有啓發的insights！因為時間因素，我們今天就到這邊為止。

A（受訪者）：不客氣。

數位時代的容貌焦慮與消費
—— 性別、老化與社群媒體

訪談編號	NO.29
地區	台灣中部
性別	男性
年齡	40
最常「瀏覽」的社群媒體	Facebook / Instagram / YouTube / X（Twitter）
最常「發文」的社群媒體	Instagram / X（Twitter）
社群媒體平均更新的頻率	每天都發文

Q（訪問者）：謝謝你參加我們的訪談。我們今天的主題主要是跟容貌焦慮有關，請問你聽過「容貌焦慮」這個詞彙嗎？你對容貌焦慮的認識是什麼？

A（受訪者）：我對容貌焦慮的認知是：當透過與他人所展現出的外貌比較時，認為自己的外貌有相形見絀之處，因而對自己信心降低、產生焦慮感。

Q（訪問者）：你覺得自己容貌焦慮的程度從1分（非常輕微）到10分（非常嚴重）大約是幾分？為什麼會這麼覺得？

A（受訪者）：我覺得自己容貌焦慮約莫2分，因為雖然並非具有非常有優勢的外貌，但仍曾受他人稱讚過，且自己知道本身外貌優勢處為何，故較不易產生容貌焦慮的問題。

Q（訪問者）：你對自己身材滿意嗎？最滿意和最不滿意的點分別是什麼？為什麼？對於不滿意的部分，你期待達到什麼樣的身材？

A（受訪者）：我對自己身材尚算滿意，其中最滿意之處為腿部，最不滿意之處為小腹。

Q（訪問者）：可以說一下為什麼嗎？

A（受訪者）：前者因為長期具有運動習慣，我長期在登山，故腿部整體肌肉較為結實、具有線條感；後者則係因為相較之下是肌肉較不明顯的身體部位，故較不滿意。對於不滿意部位期望能達到小腹較為平坦，且具有稍微肌肉線條的狀態，且全身其他部位的肌肉線條亦可更加明顯。不過其僅為單一部位，故對

附　錄：定性研究深度訪談實錄

於自身身材整體而言尚算滿意。

Q（訪問者）：你對自己容貌滿意嗎？最滿意和最不滿意的點分別是什麼？為什麼？對於不滿意的部分，你期待達到什麼樣的狀態？

A（受訪者）：我對自己的容貌挺滿意的，其中最滿意的部分是眉毛與眼睛，最不滿意的部分是鼻頭。

Q（訪問者）：眼睛和眉毛最滿意是哪方面呢？

A（受訪者）：前二者係因為眉毛整體較為濃密整齊，且眼睛明亮有神，易給人有自信、有精神的感覺；後者則係因為鼻頭有一個較為明顯的痘疤，故屬最不滿意之處。期望達到的狀態是痘疤徹底剷平，且鼻頭毛孔能縮小一些。不過因其只是容貌中的單一較小範圍，也未曾聽他人論及相關部位，故整體而言對於自己容貌是滿意的。

Q（訪問者）：有沒有什麼時候、情境（婚禮、公司會議、同學會……）會讓你的容貌焦慮程度提高？你通常會怎麼做？可否說明一下相關的例子？

A（受訪者）：個人認為容貌焦慮提高的情境主要是在戲水時露出上半身，因小腹如前述為全身較為明顯的不足之處，因此在與同儕具有較平坦小腹者共同戲水而需露出上半身時，會產生較為明顯的焦慮感。通常會選擇以花襯衫等衣物遮蔽，如月中去台南漁光島戲水時，至少皆著花襯衫稍微遮擋，而避免能使他人直接看到小腹。

Q（訪問者）：當你達到了自己滿意的容貌和身材之後，又如何？你覺得生活會有什麼改變？或者為何要追求上述的狀態？

A（受訪者）：個人認為達到理想的身材生活未必有顯著改變，但若整體身材具備更明顯的肌肉線條的話，身體也會隨著此一改善過程而更加健康。至於容貌部分則是期望能在眾人之中成為更受矚目的存在。因此我認為改善容貌和身材生活未必會有顯著改變，至多是自身心理與生理的變化。

481

數位時代的容貌焦慮與消費
──性別、老化與社群媒體

Q（訪問者）：請問在生活或職場中，對於年齡長於你的女性和男性，除了職稱之外，通常你會怎麼稱呼（例如：王小明，稱其為王大哥？小明哥？小明？或……）？你稱呼他人大哥或大姊的規則為何（請分男、女回答）？有對方不能接受的時刻嗎？

A（受訪者）：在生活中若是對方年齡與我差距十歲以內，女生多半會直接稱呼「姊姊」，男生則會稱為「哥」。在我認知內，女生通常不太願意被稱為「大姊」，卻對「姊姊」的接受度較高，因此唯有明顯具有社會地位差距或生活歷練的女性，才會稱其為「大姊」；至於「大哥」則多半是年齡差距十歲以上，且多半從事運輸業的男性，如司機等。目前就此一稱呼方式尚未有對方不能接受的時刻。

Q（訪問者）：對你而言，有被別人叫「哥」或叔叔……等稱謂，是你不大能接受的時候嗎？大概是什麼樣的情境（對方的年齡、兩人相交流的狀況和場合等等）？為什麼不能接受？你覺得小你幾歲以內，或是對方是怎麼樣的情況，不該叫你該稱謂？

A（受訪者）：較不太能接受的稱謂是阿伯，可能不覺得自己有那麼老，故較不能接受，此一情境唯一發生過的經驗，是新手媽媽要求小孩叫我阿伯。而「哥」則是平常與同儕互動開玩笑式的稱呼，此種情境下即不會太在意真實年齡差距，而是能夠全然接受此一稱謂。

Q（訪問者）：前面討論的內容，你認為會有性別差異（因遇到狀況的本人是男女而有所不同）嗎？為什麼？

A（受訪者）：我認為有，女性多半不願意被認為「較具有資歷」，而男性則多半期望被肯定在社會歷練的經驗，因此更願意在稱謂中被帶有「大」字而稱呼。然此一現象好發於三十至三十五歲以上的男性，三十歲以下或更老的像是我的男性，則較不具有此種意願，單純以「哥」稱呼即可。

Q（訪問者）：很有趣，為什麼你剛會說「此一現象常出現於三十至三十五

附　錄：定性研究深度訪談實錄

　　　　　　　歲以上的男性，三十歲以下或更老的像是我的男性則較不具
　　　　　　　有此種意願」？
A（受訪者）：大概就是三十至三十五歲的男性比較需要被肯定，但更老一
　　　　　　　點之後，在專業上或工作上比較有成長，也就比較不需要外
　　　　　　　在的肯定。
Q（訪問者）：請問你對以下幾個詞彙的年齡區間估計，例如就你的感覺而
　　　　　　　言，青年，壯年，歐吉桑、歐巴桑，老年，銀髮族，熟女，
　　　　　　　輕熟女，初老是幾歲到幾歲？
A（受訪者）：青年：大學畢業後-30；壯年：30-45；歐吉桑、歐巴桑：60
　　　　　　　以上；老年：65以上；銀髮族：70以上；熟女：35-45；輕熟
　　　　　　　女：30-35；初老：50以上。
Q（訪問者）：請問你覺得上述詞彙有哪些適合你現在的年齡區間（或者是
　　　　　　　沒有在上述詞彙中，但你覺得適合的亦可說出來）？
A（受訪者）：個人認為自己的年齡區間仍適宜被稱作「壯年」，因已有社
　　　　　　　會歷練而不宜以青年斷定。
Q（訪問者）：你會「怕老」嗎？為什麼這麼覺得？你認為怕老是在怕什
　　　　　　　麼？
A（受訪者）：自身不太怕老，因為認為年齡成長必然是伴隨得到與失去的
　　　　　　　過程，隨著社會經歷的增加，年華的老去也不過是伴隨現
　　　　　　　象，並不是單純一無所獲地老去，因此不太怕老。而我認為
　　　　　　　多數人怕老是因為害怕失去年華方盛的模樣，一方面不願意
　　　　　　　面對自己的時代逐漸衰微，另一方面也擔憂自己不再是耀眼
　　　　　　　的存在，因而對於年華衰退而害怕。
Q（訪問者）：在你眼中，「女性的顯老」是哪方面的呈現（什麼樣的線
　　　　　　　索，例如：那些容貌特徵？行為特徵？衣著或舉止……會讓
　　　　　　　你覺得對方有點老或開始變老）？
A（受訪者）：對我而言，女性顯老在容貌上主要是法令紋與魚尾紋的加
　　　　　　　深。行為舉止則是極度注意飲食的規律與正常，會以健康或

生理因素,而迫使自己攝取特定食品或避免食用特定食品。衣著特徵則是多半減少穿著短褲或短裙的時機,且服裝風格趨向深色系。

Q(訪問者):在你眼中,「男性的顯老」是哪方面的呈現(什麼樣的線索會讓你覺得對方有點老或開始變老)?

A(受訪者):我認為男性的顯老主要體現於穿著上,多半是轉以穿著polo衫與襯衫搭配長褲,球鞋等休閒鞋的穿搭比例也會大幅下降,多半選擇較不活潑的色調或是圖案。此外,男性顯老的另一特質是明顯的黑斑,相較之下女性會較注重而使其不明顯。

Q(訪問者):也就是女性會更早注意到斑點等問題嗎?

A(受訪者):也可以這麼說。

Q(訪問者):在所有老化的外貌外型特徵當中,何者是你最不喜歡或最不能接受的?為什麼?是否有接觸過相關的經驗或故事?

A(受訪者):我最不能接受的是明顯的駝背,對我而言駝背不僅僅是生理的象徵,更是精神上的象徵,直不起得脊梁好似象徵著被世代重擔壓垮的具現,因此我對於駝背最不能接受,認為其就是將老化衰退直接表露於外。多半在路上遇到明顯駝背的老人家,也多半從事回收等較不被社會認可光彩的工作,且自身也會對其背負的重擔感到不捨。

Q(訪問者):請問你周圍或是媒體檯面上,有誰是讓你覺得老得很好看(甚至是老了比年輕更吸引人),希望自己將來即使看起來有歲月痕跡,但也能像他或她一樣有魅力的人?

A(受訪者):我認為對我而言,此一代表人物為小勞勃道尼。

Q(訪問者):可以更進一步說明嗎?

A(受訪者):小勞勃道尼年輕時雖然已經俊美,但有些許陰鬱之感,而邁入中老年的他,相較之下則具備較粗獷的面容,使其給人渾厚、可靠的感覺。因此認為其成熟後的容貌,比年輕時更加

附　錄：定性研究深度訪談實錄

吸引人，也期望自己未來能如他一般地老去。

Q（訪問者）：你曾做哪些活動或買哪些商品來讓自己常保青春？為什麼你會覺得有幫助（例如：保養品？醫美產品？微整形？非介入性皮膚科療程雷射等？保健品？健身課？參加社團？……）？

A（受訪者）：會定期去健身房運動，亦有長期參加球類相關運動，以維持自身身材與增加肌肉量。本身膚色即較為黝黑，因此認為搭配運動後將給人較為陽光、青春的印象。此外，有健身習慣也使體態較為良好，身心也更為健康，故認為定期上健身房運動有助於使自己保持青春、給予他人年輕的感受。此外，自身若長時間在外曝曬，回到室內後亦會敷面膜，以避免缺乏水分與過度曝曬帶來的膚質老化。

Q（訪問者）：那我們來談談社群媒體。請問你有在使用社群媒體嗎？

A（受訪者）：有啊！

Q（訪問者）：可以說一下你最常瀏覽的社群媒體有哪些？

A（受訪者）：Facebook、Instagram、YouTube、X（Twitter）。

Q（訪問者）：以上這些社群媒體中，何者是你最常發文的社群媒體？

A（受訪者）：YouTube、X（Twitter）。

Q（訪問者）：你在社群媒體上發文的頻率大約是？

A（受訪者）：我每天都發文喔！

Q（訪問者）：哇！是因為工作關係嗎？

A（受訪者）：哈哈！沒錯！在我這個年紀，天天發文的應該不多吧！

Q（訪問者）：你拍照後或上傳照片時，會用美肌功能嗎？為什麼？你在IG或社群媒體上看到其他同輩的照片是否會有壓力？

A（受訪者）：我多半不會使用美肌功能，與前述相同，我對於自身的外貌本已有一定的信心，且不喜歡自己既有的外貌刻意調整的模樣，故拍照上傳基本上不使用美肌功能或濾鏡，認為做自己即可。當在社群媒體上看到同儕相片時，若很明顯地看出使

485

用美肌功能，則不會具有壓力，因其與自然展現的狀態有所出入。

Q（訪問者）：你對於現代素人、網紅大量使用美肌軟體、濾鏡，有什麼看法？你認同大量修圖和濾鏡的行為嗎？為什麼？

A（受訪者）：我並不苟同大量使用美肌軟體與濾鏡，認為其是在抹煞自然的個人狀態。對我而言，濾鏡的使用多半僅是為了搞笑，特定搞笑濾鏡，或是為部分相片渲染上特定色彩，若是大量使用則泯滅了相片原本紀實的本質。故我對於大量使用美肌與濾鏡一事極度不苟同，但可接受小範圍使用或是有限度地使用，以為生活增添色彩。

Q（訪問者）：好喔！謝謝你的意見，因為時間因素，我們今天就到這邊為止。

A（受訪者）：不客氣。

附　錄：定性研究深度訪談實錄

訪談編號	NO.30
地區	台灣東部
性別	女性
年齡	45
最常「瀏覽」的社群媒體	Facebook / Instagram / 小紅書
最常「發文」的社群媒體	Facebook
社群媒體平均更新的頻率	半個月一次發文

Q（訪問者）：謝謝你參加我們的訪談。我們今天的主題主要是跟容貌焦慮有關，請問你聽過「容貌焦慮」這個詞彙嗎？你對容貌焦慮的認識是什麼？

A（受訪者）：不客氣，第一次被這樣深度訪談，我也覺得很有趣。我有聽過容貌焦慮這個詞彙，我想容貌焦慮指的就是對自己容貌過度在意，或是患得患失的狀況，這個人可能就是時時刻刻都覺得要很在意自己的容貌身材或是穿著打扮，然後時時都覺得自己不夠好，所以才會焦慮嘛！

Q（訪問者）：你覺得自己容貌焦慮的程度從1分（非常輕微）到10分（非常嚴重）大約是幾分？

A（受訪者）：我覺得很難講耶……感覺會變來變去……有時候會有點高，例如重要時刻，我會可能會想要花一天來打扮還是做造型、妝髮什麼的，但有時候又蠻沒感覺，可以不化妝、不打扮，大剌剌地出門也沒差，可能和我自己的身心狀況也有密切關係。有時候身心狀況好，不打扮就覺得自己也蠻美的，皮膚也很亮，但身體狀況不好，就覺得自己看起來像黃臉婆。

Q（訪問者）：那如果給一個平均分數呢？你覺得大概平均幾分？為什麼會這麼覺得？

A（受訪者）：我覺得平均的話大概6分吧！大部分時候，我是不大在乎，也覺得自己長得不錯、身材不錯，可是還是會有那種連續熬夜或是工作很忙的時候，看起來很憔悴，就會覺得自己很糟

487

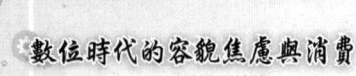

糕,那時候就會想要去搞很多有的沒的保養,還是化妝相關的東西。

Q(訪問者):你對自己身材滿意嗎?最滿意和最不滿意的點分別是什麼?為什麼?對於不滿意的部分,你期待達到什麼樣的身材?

A(受訪者):嗯,現在算是我比較偏胖的時候,所以應該是不滿意吧!我不知道該怎麼說,就是我再瘦個三至四公斤的話,旁邊的人其實看不大出來哪裏瘦,但大家就都會稱讚說:妳看起來氣色好好喔!所以不滿意的點,大概就是全身都有點胖吧!但你要說身材上滿意的點,好像也是雖然有點胖,但胖得很均勻,我沒有什麼嚴重的小肚子或大屁股⋯⋯胸部也還蠻剛好的,所以,雖然我對自己的身材不滿意,但怎麼講呢,我還蠻喜歡自己的身體的耶!不知道你懂不懂那種心情?就是覺得挑不出太嚴重的毛病,而且還蠻感恩就是只要瘦一點就好看了!我會這樣說是因為,有些人就算瘦一點,可能也還有很多有的沒的,例如:人很瘦,但卻有小肚子那種⋯⋯但我沒有,所以就覺得蠻不錯的,哈哈。

Q(訪問者):你對自己容貌滿意嗎?最滿意和最不滿意的點分別是什麼?為什麼?對於不滿意的部分,你期待達到什麼樣的狀態?

A(受訪者):對自己的容貌算是滿意吧!眼睛、眉毛、鼻子、嘴巴我都覺得蠻好看的啊!我有一次在路上,還被問過是在哪裏整形,那個女生覺得我的鼻子線條太美了!我只好跟她說是媽媽給我的!我也很喜歡自己的眼睛,就是有一種溫柔的感覺,算是圓眼睛嗎?不過,現在算是有不滿意的地方,就是我的眼下。可能是老了,總覺得那邊很容易水腫,只要身體狀況差一點,或是熬夜,就會水腫,你現在看應該還是腫腫的⋯⋯那個水腫讓我眼睛下線條有點奇怪,我希望身體可以再好一點,那個區塊可以不要水腫。

Q(訪問者):有沒有什麼時候、情境(婚禮、公司會議、同學會⋯⋯)會

附　錄：定性研究深度訪談實錄

讓你的容貌焦慮程度提高？你通常會怎麼做？可否說明一下相關的例子？

A（受訪者）：就是你說的那些都會讓容貌焦慮程度提高啊！或者嚴格說來，也不完全，應該說，人多的場合且裏面有我在意的人的場合，才會讓我容貌焦慮提高。因此有些婚禮，雖然人很多，但比較是公事應酬之類的，我就比較不會患得患失，比較像是去看戲的，或是一個觀察者的角色。但如果是同學會，那可能就會想要好好打扮一下，通常一定要去洗頭吧！然後好好化妝，最近的話，身體狀況比較好，氣色也還可以，所以花的時間就不會太多。除了臉上的水腫，但這個化妝也沒用，我也就放棄了。

Q（訪問者）：當你達到了自己滿意的容貌和身材之後，又如何？你覺得生活會有什麼改變？或者為何要追求上述的狀態？

A（受訪者）：我覺得我不是在「追求」完美的容貌或身材耶，我覺得是「維持」。因為年紀愈大，愈發現身體健康，容貌和身材才能夠很好看，就像我前面說的，身體狀況好的時候，氣色就很好，粉上很薄一層，就可以了，而且身體好的人也不會有什麼黑斑之類的。身體好的人，身上也不會堆積多餘的脂肪，所以就是要維持自己在那個健康的狀態，接下來閃耀登場就很簡單。那至於你說為什麼要？我覺得也分兩部分，一部分就是，我本來就想要健康的身體啊！另一部分是，想要更省時間，就是隨便衣服套一下就可以出去了。

Q（訪問者）：那有沒有更具體的，妳覺得你為誰美麗帥氣？為什麼要減肥？為什麼要保養？美麗帥氣的利益好處是什麼？

A（受訪者）：嗯嗯，利益就是剛才說的，省時間，當然，身材容貌美麗，讓別人看了覺得賞心悅目，也是很大的利益，現在社會就是個看臉的時代，並不是說臉好看就世界無敵，而是一個人的樣貌身段，難道不也是反映出這個人的一些特質嗎？所以

489

數位時代的容貌焦慮與消費
──性別、老化與社群媒體

就像我說的，我很喜歡自己的眼睛，是那種很溫柔有光的眼睛，同樣地，我在身材上，也就是會追求一種溫潤美好的自在感吧！不是一定要幾公斤，也不是一定要什麼前凸後翹，嗯就像我從來沒想要隆乳一樣，因為我不覺得那是我想要的，就是身材容貌其實也是反映出一種我自己是什麼樣的人，所以我是為了呈現那個我而追求這些吧！

Q（訪問者）：就是一種在身材容貌上呈現自我的概念？

A（受訪者）：對，你可以這麼說。

Q（訪問者）：請問在生活或職場中，對於年齡長於你的女性和男性，除了職稱之外，通常你會怎麼稱呼（例如：王小明，稱其為王大哥？小明哥？小明？或……）？你稱呼他人大哥或大姊的規則為何（請分男、女回答）？有對方不能接受的時刻嗎？

A（受訪者）：大部分還是叫職稱，比較多時候會叫英文名字。如果是沒有英文名字的場合，那就男生叫X大哥，女生會叫X小姐，我不敢叫大姊，因為大姊一聽起來就很老啊！應該會被所有女生白眼吧！至於XX姐，是對方要我叫的話，我才會叫，有時候我會直接問說：那請問我怎麼稱呼您方便呢？對方就會說出她覺得可以接受的稱謂了。我好像沒有什麼對方不能接受的經驗……有一次看到一個老先生，我應該要叫「阿伯」，結果不知道為什麼，腦中一片空白，我就叫了「阿公」，他好像覺得我很奇怪，又不是他孫女，幹嘛叫他阿公那種感覺……當時覺得超丟臉的。

Q（訪問者）：阿公應該還好吧！感覺除了是家人的稱謂，應該也可以當作對長輩的稱謂才對啊？那對你而言，有被別人叫「姊」或阿姨……等稱謂，是你不大能接受的時候嗎？大概是什麼樣的情境（對方的年齡、兩人相交流的狀況和場合等等）？為什麼不能接受？你覺得小你幾歲以內，或是對方是怎麼樣的情況，不該叫你該稱謂？

附　錄：定性研究深度訪談實錄

A（受訪者）：這種喔……我常在網路上看到年輕女生被小孩叫阿姨，然後就很生氣，說應該要叫姊姊，但那種事，老實說，我沒遇過耶，可能我比較娃娃臉，或者該說，我開始變老，都是有小孩以後……那既然我已經有小孩了，被別人叫阿姨也就正常了啊！

Q（訪問者）：**請問您大約是幾歲有小孩？方便說嗎？**

A（受訪者）：三十幾，就真的可以當小學生或幼稚園小孩的阿姨了啊！但你說被叫某些稱謂不大能接受，我倒是有想到一個，之前我去買菜的菜市場，裏面的攤販，本來都叫我「美女」，結果有一次，我狀況不好，有點水腫又沒打扮，他就直接說「姐！」不知道為什麼，就覺得好沮喪，哈哈，他看起來是比我年輕啦，但老實說，那是因為我對於容貌和年齡看得很準……如果是別人看應該會覺得我們差不多才對。而且重點是，他以前叫美女啊……如果他以前就叫姐，那好像就還好。

Q（訪問者）：**那我們前面討論的內容，你認為會有性別差異（因遇到狀況的本人是男女而有所不同）嗎？為什麼？**

A（受訪者）：當然會啊！這個社會對女性要求太高了，所以女生一定比較在意啊！男生如果被誤認為老一點，不知道現在年輕的男生們會不會介意？可是和我同輩的男生有些人應該會覺得這樣比較穩重吧！就像婚配市場上，不是說女生愈老愈難嫁，男生愈老愈值錢，尤其是有了事業和經濟能力後。雖然這種說法對於男女雙方都非常不公平，但這種潛在的社會規範，還是影響很多人。不過感覺在乎的人未來應該會變少，因為覺得我們的社會有在往男女更平權的方向移動，影響的不只是工作上的平權，這些性別刻板印象也漸漸在被打破中。哎呀，扯太遠了……

Q（訪問者）：**不會，您說的很有道哩，那請問你對以下幾個詞彙的年齡區**

491

數位時代的容貌焦慮與消費
——性別、老化與社群媒體

  間估計，例如就你的感覺而言，青年，壯年，歐吉桑、歐巴桑，老年，銀髮族，熟女，輕熟女，初老是幾歲到幾歲？

A（受訪者）：青年大約是25-49歲吧！之前不是有說十大青年感覺也有四十幾歲的啊！壯年40-60歲。歐吉桑、歐巴桑這個很看氣質耶，但硬要說，大概就是55以上到75吧！更老就老年了，銀髮族也是要看他頭髮啊！現在大家都染髮……哈哈，或者也可以說，就是再也不想染髮了的年齡，我覺得大概也是65以上吧？熟女感覺40以上就是，輕熟女大概30以上，初老……這個其實很年輕，我公司裏25歲的就在說自己初老了，大概25-35歲吧！更老就是老了，不能叫「初」了，哈哈。

Q（訪問者）：請問你覺得上述詞彙有哪些適合你現在的年齡區間？

A（受訪者）：青年、歐巴桑、熟女吧？其實壯年才是我現在的年齡，可是不知道為什麼，我對這個詞很沒有親切感……就覺得我離壯年還很遠啊！我的心情不是壯年啊！壯年感覺就是很不年輕了，社會的中堅分子那樣，一天到晚會訓人、罵人之類的……可是我對我家小孩或公司下屬也從來都不用罵的啊！

Q（訪問者）：你會「怕老」嗎？為什麼這麼覺得？你認為怕老是在怕什麼？

A（受訪者）：怕吧！就是覺得很難老得好看……我這邊說的好看，不是容貌身材而以，而是一種從容自在的感覺，所以健康的部分可能占蠻多比例的，體力、元氣也是，還有外顯於健康的容貌和身材。

Q（訪問者）：在你眼中，「女性的顯老」是哪方面的呈現（什麼樣的線索，例如：那些容貌特徵？行為特徵？衣著或舉止……會讓你覺得對方有點老或開始變老）？

A（受訪者）：很多耶，年輕的時候覺得有皺紋就是老，現在我覺得，臉部線條有一塊塊的才是老啊！還有，年輕女生會覺得歐巴桑都是肥肥的，但對我而言，我反而也會警惕自己不要太

492

附　錄：定性研究深度訪談實錄

瘦耶！我周圍有一些女生，到了更年期之後，開始消瘦，那種消瘦，就是形銷骨立，我說不上來，就是很乾扁，沒有精神，很沒元氣那種感覺，嗯嗯……就是不飽滿，那感覺比胖的人更老！另外，以前會覺得臉上有斑就是老化的特徵，但現在我周圍，誰沒那一點斑呢？反而是手上有斑會讓我覺得老……現在因為醫美很發達，很多人臉部看起來都還好，但你仔細看他脖子和手，就是很有老態啊！乾扁或是很皺。喔！還有一個我覺得比較少人注意的，是眼睛、眼神。雖然醫美可以讓眼部皺紋都變少，但你仔細看，年紀大的女生，眼睛就是會變小，或者該說，眼睛占臉的比例變小了。我以前都會覺得眼睛大小應該是天生固定的，但後來才知道，眼睛占臉的比例，真的會隨年紀大而變小耶！想一想也不奇怪，眼睛也是一大堆組織液體構成的水水的器官啊！既然皮膚都會失去飽滿水嫩，那眼睛會縮水也是理所當然吧！

Q（訪問者）：在你眼中，「男性的顯老」是哪方面的呈現（什麼樣的線索會讓你覺得對方有點老或開始變老）？

A（受訪者）：男性的顯老在容貌上，我也是看眼睛，但主要是看淚溝，男生很容易出現淚溝。再來就是禿頭，禿頭就是很顯老啊！還有中年男子幾乎都有的啤酒肚，這些就是一看就不年輕了。還有就是體態姿態，就是有一種大爺的姿態，挺肚子，大搖大擺，看起來很笨重、自以為是，就不是小夥子了。喔！男性還有一個顯老的部分，就是開始有體味，其實這也就是身體健康不夠好，才會有許多代謝不良的內分泌變成體味啊！所以健康還是很重要！這好像又回到我之前說的，要追求容貌其實有很大一部分是因為健康，啤酒肚也是很不健康，禿頭有一部分原因也是因為肝火太旺啊！

Q（訪問者）：在所有老化的外貌外型特徵當中，何者是你最不喜歡或最不能接受的？為什麼？是否有接觸過相關的經驗或故事？

493

數位時代的容貌焦慮與消費
―― 性別、老化與社群媒體

A（受訪者）：你是說我自己最不能接受，還是說，我不能接受別人？

Q（訪問者）：**兩者有何不同？妳也可以都說說看。**

A（受訪者）：我自己不能接受的，應該就是體力變差，以及身體老化帶來的容貌衰退，像是臉垮下來，很容易累，看起來沒有活力，掉頭髮，頭髮稀疏這種。就是看起來不健康，實際上也不大健康這樣。但對別人的話，因為體力變差或不健康是他的事情，與我無關啊，所以不大能接受的應該是體味吧！這是最影響我的，不論是身體的味道還是口氣……另外，駝背很嚴重，甚至有些人要駝背到垂直了，我也不大能接受。

Q（訪問者）：**請問你周圍或是媒體檯面上，有誰是讓你覺得老得很好看（甚至是老了比年輕更吸引人），希望自己將來即使看起來有歲月痕跡，但也能像他或她一樣有魅力的人？**

A（受訪者）：有一位長輩，她年輕時很美，是那種古典美人，看照片是那種很清麗的，但我是她中年以後才認識她，覺得她更有魅力了，是那種洞察世事卻又很圓融包容的眼睛，雖然論清麗而言，她年輕時比較好看，可是論魅力而言，她中年之後那種有智慧的眼神和得宜的舉止，更讓人無法拒絕。至於男性的話，比女生多更多啊，很多日劇的演員，我都覺得比年輕更有魅力，像小日向文世、澤村一樹，就是老得很好。至於有一些到老都維持得很美麗的女明星，我覺得維持得很不錯，但反而不會讓我覺得她很有魅力。所以這也讓我反思自己，到老了，最重要的是那種，人還是要會發光的感覺。

Q（訪問者）：**你曾做哪些活動或買哪些商品來讓自己常保青春？為什麼你會覺得有幫助（例如：保養品？醫美產品？微整形？非介入性皮膚科療程雷射等？保健品？健身課？參加社團？……）？**

A（受訪者）：年輕的時候就是瘋狂買保養品，那時候薪水也才四萬多，卻可以一次就花四萬買海洋拉娜。但也是因為高級的保養品都

附　錄：定性研究深度訪談實錄

用過了，現在確定保養品真的不用買太高級……哈哈。之後有去雷射過幾次，後來再也不去了，也沒再接觸醫美了。我還有去參加過健身課，是找一對一教練那種，但我太懶了，常常一個月才約一次，好像效果也不大，終究覺得健身提不起我的興趣。說來說去，就是身體健康，氣色就會好吧！像我現在休假長一點的時候，好好吃東西，每天都睡眠充足，那陣子皮膚狀態就會很好。

Q（訪問者）：**前面說你有去雷射過，可以說一下去醫美診所相關經驗嗎？請說明一下當初的心路歷程（考量的點和選擇？為什麼要做？環境的影響？工作？另一半的意見支持或反對？如何找到該診所？……）？**

A（受訪者）：我之前會去雷射，是同事介紹的，因為很便宜，幾千塊而已，那時剛好也不會花大錢買保養品了，就想說把這個預算挪移到雷射去。一開始真的很有用，我還想說，就一直做下去吧！但不知道第四次還是第五次，好像就沒感覺了，沒感覺就覺得沒效、浪費錢，所以做完一個包套，好像是六次吧！就沒有繼續做了。至於其他醫美就是有聽朋友說一些失敗的案例，就不敢去。而且老實說……每次我看醫美廣告裏的明星，很多年齡都跟我差不多啊，但它們的照片不修圖，其實也跟我差不多啊！……所以我就覺得不用花這個錢了。

Q（訪問者）：**那我們來談談社群媒體。請問你有在使用社群媒體嗎？**

A（受訪者）：有啊！

Q（訪問者）：**可以說一下你最常瀏覽的社群媒體有哪些？**

A（受訪者）：比較常用的就是臉書、IG吧！小紅書也會看一下，但可能就是要找某些資訊時才會去看。

Q（訪問者）：**以上這些社群媒體中，何者是你最常發文的社群媒體？**

A（受訪者）：FB，我是老人啊～哈哈。IG比較是拿來看別人的東西。

Q（訪問者）：**你在社群媒體上發文的頻率大約是？**

495

數位時代的容貌焦慮與消費
——性別、老化與社群媒體

A（受訪者）：不一定耶，看狀況，如果要說平均的話，大概半個月一次吧！但有時候我也會一天發個三篇之類的。

Q（訪問者）：你拍照後或上傳照片時，會用美肌功能嗎？為什麼？你在IG或社群媒體上看到其他同輩的照片是否會有壓力？

A（受訪者）：壓力是不會啦！我覺得自己狀況還算ok啊，而且我的同輩，大家也都用美肌了吧！美肌很容易看出來啊！我自己拍照也會用美肌，因為我手機的相機，拍人像好像就是默認美肌了，如果你不去把它關掉，它就會一直都有。一開始還以為我手機怎麼都把光線照得這麼美，後來才發現，喔，相機就內建微微的美肌功能了。

Q（訪問者）：你對於現代素人、網紅大量使用美肌軟體、濾鏡，有什麼看法？你認同大量修圖和濾鏡的行為嗎？為什麼？

A（受訪者）：嗯，我其實蠻討厭網紅臉的說，如果是那種修圖，那好像都修圖修到大家都一樣了，就像現在很多明星都整型整到看起來差不多了……所以修圖我是不那麼認同的。但如果只是微微美肌，那我自己是會用美肌沒錯，但老實說呢，我真心覺得我本來就長成美肌後那個樣子啊！就像現在這個光線你看我，是不是覺得我臉上沒有什麼老化的線條？但我跟你說，如果是以前的老相機，畫素很低的那種，照出來，也差不多就跟眼睛看到的一樣，可是現在相機畫素都太高了啊！而且我都不知道相機那個軟體怎麼運算的，每次照完，我顴骨這個水腫就超級明顯，不信你現在自拍給你看，你會發現，不美肌的照片，臉上這邊會多兩塊贅肉，但實際上你現在應該看不到贅肉吧？

Q（訪問者）：目前看起來是沒有贅肉。

A（受訪者）：（受訪者自拍中）你看，拍好了，沒有美肌的話，這兩塊是不是很明顯、很突兀？……

Q（訪問者）：真的耶！可是我現在坐在你正對面，我都看不出來！

附　錄：定性研究深度訪談實錄

A（受訪者）：所以，美肌之後才是我真實的樣子啊！但說了別人都不信，哈哈……之前有一位專家跟我說，過去那種洗底片的相機，就是直接把人像印在底片上再沖洗出來，但因為數位相機不是用這種原理，數位相機的鏡頭接收了光之後，會轉換成0101的符號，再轉換成影像，所以這個轉換程式每一間手機品牌都不一樣，有些就會失真，或是變太醜。我聽了之後，才想到，對耶，用iphone拍的人像，只要不是正中間那一位，其他都很醜啊！應該就和這個有關。

Q（訪問者）：**這真的是一個值得思考的發現！而且以你的例子而言，剛剛那樣也差太多了，也許相機沒有反映我們的真實面！那因為時間有限，最後再請教您對你而言，不美麗、不帥氣會帶來怎麼樣的壓力？誰會給你壓力？社群媒體是否也是壓力來源之一？為什麼？**

A（受訪者）：社群媒體上的其他女性照片，可能不完全是我的壓力來源，就像我之前說，我會看小紅書啊，那裏面幾乎不會有真實的臉孔，照片一定都是改過的嘛，我也知道，而且看久了也有辦法辨認出那些是有美肌或是有修圖的，加上可能對自己容貌自信還算夠，所以比較不會因社群媒體而受影響。但剛剛說的是社群媒體上的圖片部分，如果說加上內容，我想可能就會有些壓力……這裏說的內容，不是真正的親朋好友發文的內容，而是那些社群媒體上的官網、粉絲頁，它們所提到的東西，例如網民的評論，或者是某些文章的標題，光是那些標題有時候就會讓人覺得：哇！當女生真辛苦，連這個也要注意喔！所以，社群媒體因為沒有一個品質過濾機制，什麼樣的言論都能在上面發酵，那當然也就會有一些很沙文主義，或是物化女性的東西，這部分無形中還是影響到我了吧！

Q（訪問者）：**好的！謝謝你的意見，今天很有收穫，尤其是相機那一段，**

497

數位時代的容貌焦慮與消費
——性別、老化與社群媒體

真的很神奇,但因為時間因素,我們今天就到這邊為止了。

A(受訪者):不客氣,也讓我反思了一些自己的想法,很有趣呢!

數位時代的容貌焦慮與消費
——性別、老化與社群媒體

作　　者	／沈宗南
出 版 者	／揚智文化事業股份有限公司
發 行 人	／葉忠賢
總 編 輯	／閻富萍
地　　址	／新北市深坑區北深路三段258號8樓
電　　話	／(02)8662-6826
傳　　真	／(02)2664-7633
網　　址	／http://www.ycrc.com.tw
E-mail	／service@ycrc.com.tw
ISBN	／978-986-298-441-3

初版一刷／2025年2月
定　　價／新台幣650元

＊本書如有缺頁、破損、裝訂錯誤，請寄回更換＊

國家圖書館出版品預行編目（CIP）資料

數位時代的容貌焦慮與消費：性別、老化與社群媒體 = Appearance anxiety and consumption in the digital age : gender, aging, and social media / 沈宗南著. -- 初版. -- 新北市：揚智文化事業股份有限公司, 2025.02
　　面；　公分

ISBN 978-986-298-441-3（平裝）

1.CST: 社會心理學　2.CST: 面貌　3.CST: 網路社群　4.CST: 資訊時代

541.75　　　　　　　　　　　114001363